高等院校公共事业管理专业“十二五”规划教材

# 公共事业管理新论

苗丽静　主编

清华大学出版社

北　京

## 内容简介

本书以公共事业的有效供给与管理构建知识体系，系统论述了公共事业管理的内涵、特点、理论依据及研究方法，重点介绍了公共事业管理的主要内容，包括文化、教育、科技、卫生、体育、公共住房、社会保障、公共交通、公共环境、公共资源和公共安全等事业的管理。本书紧密结合我国转轨时期各项事业发展的实际，探讨了我国公共事业管理改革的原因、发生机理和发展趋势，提供了大量现实资料，体现了较强的实用性和启发性。

本书适合高等学校公共事业管理、行政管理和城市管理等公共管理类相关专业作为教学与研究用书，也可以作为广大公务员和社会组织人员的学习参考用书或培训用书。

本书配有课件，下载地址：http://www.tupwk.com.cn/downpage。




图书在版编目(CIP)数据

公共事业管理新论 / 苗丽静 主编. —北京：清华大学出版社，2014（2022.8重印）
(高等院校公共事业管理专业“十二五”规划教材)

ISBN 978-7-302-37682-8

Ⅰ. ①公… Ⅱ. ①苗… Ⅲ. ①公共管理—高等学校—教材 Ⅳ. ①D035

中国版本图书馆 CIP 数据核字(2014)第 186398 号

责任编辑：施 猛 马遥遥
封面设计：常雪影
版式设计：方加青
责任校对：曹 阳
责任印制：宋 林

出版发行：清华大学出版社
网 址：http://www.tup.com.cn，http://www.wqbook.com
地 址：北京清华大学学研大厦 A 座 邮 编：100084
社 总 机：010-83470000 邮 购：010-62786544
投稿与读者服务：010-62776969，c-service@tup.tsinghua.edu.cn
质 量 反 馈：010-62772015，zhiliang@tup.tsinghua.edu.cn
课 件 下 载：http://www.tup.com，010-62794504

印 装 者：北京九州迅驰传媒文化有限公司
经 销：全国新华书店
开 本：185mm×260mm 印 张：21.75 字 数：476 千字
版 次：2014 年 10 月第 1 版 印 次：2022 年 8 月第 6 次印刷
定 价：59.00 元

产品编号：051889-03

# 前　言

公共事业管理是以政府为核心的多元主体为保证社会公共利益的发展而对特定的社会性和经济性公共事务进行管理的过程。随着我国改革的深入和公共事业的社会化，公共事业管理作为一个新的研究领域和学科，在理论和实践上正不断建构和发展。加强公共事业管理的学习和研究，对于正确认识市场经济体制下的政府职能，调整政府管理与社会管理的关系，进而构建中国特色社会主义公共事业管理体制，都具有十分重要的意义。

## 本书的适用范围

科学技术与管理是现代文明和社会发展的两大支柱，我国的现代化建设离不开科学先进的管理知识。本书正是为适应我国改革与发展要求和满足公共管理教学需要而编写的，它主要适用于高等学校公共事业管理、行政管理和城市管理等公共管理类相关专业的教学与研究。由于本书具有涉猎范围广泛和强调本土化的特点，所以，它也可以作为公共事业管理和行政管理部门广大在职人员的参考用书以及培训用书。

## 内容与结构

全书共十二章。作为起点，第一章相当于引论，分析了公共事业的性质和管理特征，阐释了公共事业管理的理论基础和研究方法。后续各章属于管理实务，主要涉及各项特定公共事业的管理原理和方法。第二章是文化事业管理，重点探讨了我国文化事业的管理体制和发展模式，分析了我国城乡及社区文化事业的发展和管理。第三章是教育事业管理，分析了教育事业的性质和管理体制，重点探讨了义务教育管理和高等教育管理。第四章是科技事业管理，主要阐释了科技事业管理的内容、原则和模式，介绍了国外科技管理的经验，探讨了我国国家创新体系建设和科技发展政策。第五章是卫生事业管理，分析了卫生事业管理的必要性和基本内容，阐述了政府公共卫生管理和社区公共卫生管理。第六章是体育事业管理，分析了体育事业管理的理论和方法，探讨了我国体育事业管理体制改革，介绍了体育公共服务管理、体育产业政策、体育市场管理以及体育赛事的经营与管理知识。第七章是公共住房管理，阐释了公共住房基本理论，探讨了我国住房公积金制度和廉租房制度，分析了我国公共住房管理的现状与问题，借鉴发达国家经验提出了我国公共住房的发展对策。第八章是社会保障管理，介绍了社会保障的范围、资金筹集、基金运营等知识，重点探讨了我国社会养老保险、社会医疗保险和社会救助的性质与要求。第九章是公共交通管理，介绍了国外成功的城市公共交通管理经验，阐释了我国城市公共交通管理相关法规政策，分析了国内外城市公共交通管理的实际案例。第十章是公共环境管理，分析了环境管理基本理论，着重介绍了国际环境管理体系认证知识和环境非政府组织的作用。第十一章是公共资源管理，主要分析了我国水资源、土地资源和矿产资源管理存在的问题和改革的方向。第十二章是公共安全管理，重点分析了公共危机应急决策、公共危机社会管理和公共危机管理沟通，介绍了我国自然灾害救助的管理体制和方法。

## 本书的特色

公共事业管理作为新兴专业学科，其各方面的建设还不够成熟。写作本书的初衷就在于为人们提供一本能够运用公共事业管理理论指导实践和解读现实的普及型书籍。遵循依据经典、与时俱进、深入浅出、体系完整和理论联系实际的基本原则，本书通过十二章的内容把公共事业管理的基本理论展现在读者面前。作为一种创新的尝试，本书有如下特色。

首先，尝试了一种内容体系的创新。本书根据公共事业管理的学科性质和研究对象，着眼于公共事业的客体特征来构建公共事业管理学科的知识框架。一般而言，我们都认为公共事业管理是公共管理的一个子领域，主要研究公共事业领域的管理问题。但由于公共事业管理是现代公共管理发展中的新兴学科，其知识体系还不十分成熟，所以导致我国学术界对于公共事业管理的研究对象和研究范式尚存分歧。我国原国家教委指出公共事业管理的范围主要包括“文教、体育、卫生、环保和社会保险”，这些范围主要涉及的是我国原有的事业单位。但是随着经济发展和人民生活水平的提升，公共事业的范畴实际上是在不断扩展和演进的。基于上述认识，我们认为公共事业涵盖范围的界定不宜太过狭窄，它既应包括科、教、文、卫、体等各个领域，也应包括社会保障、住房、交通、资源、环境和公共安全等范畴。因此，本书研究以上各类公共事业的供给和管理过程，形成了以研究对象客体特征为逻辑依据的全新的公共事业管理知识体系框架。

其次，紧密围绕公共管理学和经济学等基础理论阐释公共事业管理内容。本书借助科学的理论知识和方法，对公共事业进行研究和分析，揭示公共事业管理活动的规律，为指导公共事业实践而努力。比如，公共管理理论关于政府改革的论述和关于引入市场机制重新调整国家、社会、市场三者关系等主张，经济学的公共物品理论、交易成本理论和产权理论等，奠定了本书界定公共事业管理主体职责以及进行多样化制度安排的理论基础。

再次，理论联系实际，强调对现实问题的解读。本书本着理论和实践相结合、掌握知识和培养技能相结合的原则，注重科学性、实用性、先进性和整体性的有机统一，突出时代性和实用性，尽可能反映现代公共事业管理新成果并力求通俗简练。为突出对公共事业管理发展前沿的追踪，本书从学科整体高度把握公共事业管理信息资源的研究和应用，书中配有大量扩展阅读，并设计了思考练习题，提高了各章内容的专业针对性与现实拓展性，为当前我国社会发展中的诸多公共事业管理现实问题提供了基本的理论概括与应用分析。

## 本书的编纂分工

本书是理论研究和教学实践的总结，参加本书编写的都是公共事业管理专业的教师和研究生。本书由苗丽静提出写作大纲，各章初稿的写作分工如下。第一章：苗丽静；第二章：苗丽静、霍英楠；第三章：苗丽静、焦木子；第四章：苗丽静、老思儒；第五章：李晶、钟誉源；第六章：李敏、白振天；第七章：苗丽静；第八章：苗丽静、宋宸；第九章：苗丽静；第十章：李晶、孙嘉良；第十一章：苗丽静；第十二章：苗丽静、李敏、李佳。初稿完成后，由苗丽静对各章内容进行了修改、总纂和定稿。

## 鸣谢

在本书的写作过程中，参阅了国内外大量的相关研究成果，在书中我们都尽可能地做了说明，在此谨向原作者表示诚挚的谢意！本书的出版工作得到了清华大学出版社施猛编辑的大力支持，在此向他表示衷心的感谢！同时，对书中的不足之处，我们恳请广大读者提出宝贵意见。(本书反馈邮箱：miaolijing@sina.com，wkservice@vip.163.com。)

苗丽静

2014年5月30日

# 目　录

# 第一章　导论

现代管理学呈现多样化发展的特征，因主体不同可以有诸如政府管理、社会管理或企业管理等分类；因客体不同可以有人力资源管理、财务管理、物流管理、信息管理以及资源环境管理等分支学科。公共事业管理是公共管理学的重要组成部分，是以管理客体为依据而设立的学科。从学科发展角度看，公共事业管理学是一门新兴学科，是为了应对当代社会越来越复杂的社会问题而产生和发展的。学习和研究公共事业管理学，首先必须正确认识和把握这一学科的基本内涵及其特征，了解公共事业管理与其他相关管理的区别和联系，明确公共事业管理作为一门独立学科的理论基础和研究方法。

## 第一节　公共事业管理基本概念的界定

现实生活中，前面冠有“公共”(public)的名词有很多，目前常用的便有几十个，如公共利益、公共精神、公共治理、公共机构、公共经济、公共投资、公共工程、公共问题、公共选择、公共政策、公共关系、公共领域、公共活动、公共财政、公共设施，等等。这些词语大多没有形成统一、权威和公认的含义，许多概念边界不清，词义多解，极易混淆。特别是一些与公共事业概念有关联的词语，如果不厘清它们之间的关系，势必对相关的规范研究和实证研究造成困难，因此，有必要对与公共事业相关的主要概念进行辨析。

### 一、“公共”的概念

我国《辞海》将“公”解释为“公共、共同，与‘私’相对”，即“公共”的中文语义强调多数人共同或公用。古希腊语汇中的“公共”有两个起源，一是古希腊词汇“pubes or maturity”，强调个人能超出自身利益去理解并考虑他人的利益，同时意味着具备公共精神和意识；二是古希腊词汇“koinon”，英文“common”(共同)就起源于该词，意为人与人之间在工作、交往中相互照顾和关心的一种状态。《牛津高级英汉双解词典》对“公共”的解释是：“public”意指“公众的、与公众有关的”，或“为公众的、公用的、公共的(尤指由中央或地方政府提供的)”。德国学者洛厚德提出关于“公共”的地域或空间标准，即公共是一定空间内关系大多数人利益的范畴，这个空间多以国家的政权、行政组织为单位。德国学者纽曼则提出了“公共”的人数标准，即公共是一个涉及不确定多数人利益的概念，这个不确定的多数受益人就是公共的含义。美国行政学家德怀特·沃尔多从三个方面阐释了对“公共”含义的理解：①可以根据政府与国家之类的词给“公共”下定义，这就涉及主权、合法性、普通福利等法律概念、哲学概念和普通政治理论方面的问题。②可以按照在某种社会中人们认为有哪些公共职能或公共活动的认识简单地从经验方面给“公共”下定义。这样一来，由于人们的认识不同，很难有统一的规定。③可以根据政府所执行的职能或活动的常识性方法来定义，但有许多政府行为是不稳定的或不确定的。沃尔多所给出的解释“公共”之三种角度实际上可以归结为规范和经验两个层面。规范层面的解释更具理论厚度和说服力度，而经验层面的解释则容易导致价值祛除，并引发认识上的混乱。

在我们看来，“公共”是相对于“私有”而言的，它表明了针对某一对象拥有所有权或使用权的人数。从最宽泛的意义上说，凡是涉及一个人以上的对象都属于“公共”的范畴。私相对于公，只是人群集合规模的大小。小的人群中的事相对于大的人群中的事来说，属于私；反之，则属于公。同样，个人相对于群体来说，再大的事也属于私；而群体相对于个人来说，再小的事也属于公。所以，公私的概念一般是依人的集合状态或规模的状况而定，所指的只是一种个人与集体的相对关系。

## 二、“公共利益”的概念

公共利益由“公共”和“利益”两个抽象的概念所构成。何谓“利益”？《辞海》对利益的解释是“好处”。“利益”在拉丁语中的含义是“在场”、“有份”，利益表现为某个特定的(精神或者物质)客体对主体具有意义。法国思想家霍尔巴赫认为，利益是我们每个人认定的对自己的幸福所不可缺少的东西。美国法学家庞德则认为，利益是个人所提出来的一些要求、愿望或需要。德国学者认为，利益是在主体及客体关系中存有价值判断或价值评判的一种价值形成，基于此价值判断所形成之利益不限于物质上的利益，也包括理想上的利益，如文化、风俗及宗教等利益皆可包含在内。无论是英美学者还是德国学者，都认为利益的含义具有不确定性。利益内容的不确定性与多面性还表现在价值判断的历史性，在不同的社会发展时期，人们的价值判断标准是不可能完全一样的。因而利益的内容必然随着动态的国家社会情形而有所不同，呈现不确定性与多面性。

廓清了“公共”与“利益”的涵义后，继而需要厘清什么是“公共利益”。就公共利益的主体来看，公共利益是符合社会全体或大多数成员需要，体现他们的共同意志，让他们共同受益的利益。从公共利益的提供者来看，由于政府具有以普遍利益的形式而表现的公共权力，因而一般被认为公共利益的提供者主要是政府。但随着社会的进步和利益的多元化趋势，提供者已经由“政府是唯一的提供者”向“政府并不是唯一的提供者”转变。据此可以得出公共利益的两种特征：其一是非排他性。公共利益不能排除单个人的享有机会，而应体现为社会共享性，因而既不是封闭的也不会专为某个人保留。例如某一城市的居民或某街道的居民，他们虽因行政区域划分而与别的城市相分离，而这只不过是透过地方的界限使某一群人聚居在某一区域，任何第三人都可以通过住所的设定而成为该区域的成员。其二是层次性。公共利益不是绝对的利益，而是比较性的相对利益。按照高低层次，公共利益可分为国际性或全球性公共利益、全国性公共利益、地方性(包括省市县乡)公共利益和基层性(街道、社区、村)公共利益四大类。公共利益的层次性表明公共利益的种类繁杂、范围迥异，时常存在内在冲突。如何有效处理冲突，确定相应的优先次序，是一个异常复杂的问题，需要综合考虑公共利益的性质、受益范围的大小以及迫切程度等诸多方面。①

## 三、“公共事业”的概念

在中国，“事业”是特有的一个行业集合性概念。《辞海》没有收录“事业”这一词条，但收录了“事业单位”这个词条。所谓事业单位一般被解释为没有生产收入，由国家经费开支，不进行经济核算的单位。“单位”一词的使用目的就在于使其有别与企业。这种解释反映了我国政府曾经包办“事业”的局面。考察西方高校的学院设置和专业设置，尚未发现有“公共事业”这一称呼，一般与“公共事业”涵义接近的有“公共事务”、“公共卫生”和“公共管理”等。例如，哥伦比亚大学就设置了国际与公共事务学院(School of International and Public Affairs)和公共卫生学院(School of Public Health)，开设了公共卫生(Public Health)、城市事务(Urban Affairs)等专业；哈佛大学、卡内基·梅隆大学、霍普金斯大学、斯坦福大学等学校设置了公共事务(Public Affairs)、公共卫生(Public Health)、公共管理(Public Administration)、城市事务(Urban Affairs)等专业。可以说，中国的“公共事业”概念，其内涵与国外的“公共事务”“公共卫生”“公共管理”等专业有某些相似的地方，但并不是与它们等同的概念。由此而导致在实践中对“公共事业” 一词的英文翻译产生混乱，出现了“public causes”或“undertakings”。而对“公共事业管理”则有“public concern management”、“public enterprise management”、“public utilities management”和“public affairs management”等几种表达形式。公共事业概念英文翻译形式的混乱，导致国内学者对公共事业管理难以形成统一的认识和理解，也难以有效地获取国外最新的研究成果；另一方面，英文形式的不同还导致对公共事业管理的定义、范围、性质、专业设置、课程体系、培养目标等方面理解的混乱，进而影响了公共事业管理学科的发展，使得公共事业管理的理论难以有效地指导实践。事实上，学者们使用的“concern、enterprise、utility、cause、undertaking、affair”的词意尽管在某些方面有相同或相似之处，但是它们的本质内涵并不能等同视之。由于公共事业一定是与公共利益相关的事业(事务)，通常不涉及私人方面或私人性企业方面的事情，因此，就公共性而言，英文“public affairs”更接近“公共事业”一词的本意。②

公共事务可划分为政治性公共事务、经济性公共事务和社会性公共事务。由于不同的公共事务在阶级性、公益性和经济性特征方面存在明显差异，可以根据这一点从理论

① 周义程. 公共利益、公共事务和公共事业的概念界说[J]. 南京社会科学，2007，(1)：77-82.

② 李水金，王琼. 公共事业管理的概念内涵及其与行政管理、公共管理的关系辨析[J]. 湖北师范学院学报：哲学社会科学版，2009，(6)：72-75.

上把公共事务分为政治性公共事务、社会性公共事务和经济性公共事务三类。所谓政治性公共事务，是指与国家政权建设紧密相关，涉及国家政权稳定和国家政治发展的，需要依靠国家强制力加以解决的公共事务，如军事、外交、司法和维护公共安全等。社会性公共事务是不必然依靠国家强制力来解决的公共事务，如教育、科学、文化、卫生、体育、民政、社会保障、环境保护、交通、医药卫生等方面。经济性公共事务则主要涉及公共资源和公共基础设施等领域的经营管理等。在我国，政治性公共事务往往会体现政府管理的强制性或规制性，因此人们习惯上一般不将体现政府主体行为的行政管理包括在公共事业之内。而基于我国传统事业单位体制的把公共事业基本等同于文化、教育、科学研究、卫生、体育等事业的狭义理解也不符合公共事业的真实内涵。我们在既要抓住概念的本质内涵，又要结合具体国情的基础上，对“公共事业”定义如下：公共事业是公共组织以实现公共利益为目的，利用国有资本或社会资本所从事的社会性和经济性公共事务。

公共事业的发展既要着眼于社会的共同发展和进步，也要关注其自身的生存机制。基于前者，当公共事业趋于强制推行时，就较多具有行政性质，所以公共事业的管理并不排除行政的和法律的手段；基于后者，当公共事业趋于追求其经营之道时，就更类似于工商业的性质，对公共事业的管理亦可采用经济的手段。因此，界定公共事业概念的核心在于其目的性和行为准则方面。公共事业的最大特点是公共性，具体表现为公众性、公用性、公益性和非营利性等基本特征。从公共物品的属性角度进行分类，可以将公共事业分为纯公益性事业和准公益性事业。当我们用比较分析的视角对公共利益、公共事务和公共事业的概念加以审视时可以发现，它们的内在关联性主要体现在：公共利益是公共事务处理的目标追求，公共事务是公共利益的载体，公共事务包括政治公共事务、经济公共事务以及社会公共事务三大类型，因而公共事务与公共事业是包含与被包含的同心圆关系。

公共事业的涵盖领域非常广泛，从其主体的表现来看，有些公共事业由政府从事，有些是由专门的公共事业组织从事，还有些则是由公共企业来从事。从其客体表现来看，公共事业主要包括公共资源管理、环境保护、科技事业、文化事业、教育事业、体育事业、社会保障、市政公用事业、公共卫生、公共住房、公共交通、公共信息、社区物业和公共危机管理等方面。在中国现阶段，随着公众对公共物品和服务要求的日益提高，虽然公共物品和服务已不由公共财政独力支撑，但不可否认的是，从投入量来看，提供公共物品和服务基本支持的是公共财政，公共财政仍然是公共事业发展经济基础的最主要构成部分。公共财政来源于税收，因而公共物品和服务供给的能力就取决于公共财政状况，也就是取决于一定时期的税率(实际上，非政府组织及一些公用事业单位提供公共物品和服务的能力相当程度上也取决于税率)。与市场中的商品供求类似，在公共事业管理的高层也存在着一个特殊的“市场”，管理者如政府为了使社会生活有序化，必须在供给(即立法机关所确定的税率)与需求(即公众和各种利益集团的利益和要求)之间进行平衡。这种平衡是以整个社会为基点的宏观平衡，即整个社会公共事业领域内的公共需求的总体规模与公共物品和服务的总体规模基本平衡，以及这一总体公共需求构成与总体公共物品和服务的构成相适应。从中国未来的改革趋势看，诸如文化、教育、社会保障、城市供水、环保气象、城市交通等事业正以不同的所有制形式、组织形态发挥着自身的作用，但是，其明显的趋势是国家垄断的减弱，营利目的的淡化，社会化程度的增强和管理自律性的提高。

## 四、“公共事业管理”的概念

管理存在于人类社会实践活动的每个方面，从事公共事业活动自然也离不开管理。公共事业管理首先是从属于管理内涵的。就一般意义来说，管理是人们为了达到一定目的而有意识、有组织开展的一种社会实践活动。管理是人类共同劳动的产物，也是共同劳动得以进行的必要条件。在人类的共同劳动中，为了完成个体所不能单独完成的目标，当他们的劳动和资源结合在一起时，就需要一个管理过程。由于每个成员都只是在完成总任务中的一部分，协调就显得很必要，使个人的努力与所要取得的集体目标协调一致是管理的目的所在，所以协调就成为管理的本质。公共事业管理又具有自身的特点。由于现阶段我国公共管理学领域知识系统比较混杂，在学科体系上还有一些理不清的头绪，某些学科由于定位模糊，其知识体系往往成为各种随意性很大的知识拼凑在一起的混杂领域。所以要搞清公共事业管理的含义，还需要对众多的相近概念进行辨析。

### 1. 公共事业管理与行政管理的区别

行政管理又称“行政学”、“政府管理”或“公共行政”。在西方国家，公共行政作为一个独立的研究领域，起源于1887年威尔逊发表的《行政学之研究》(*The Study Of Administration*)、1900年古德诺发表的《政治与行政》(*Politics and Administration*)以及1926年怀特发表的《公共行政导论》(*Introduction to the Study of Public Administration*)，在这些著作中，行政管理或公共行政一词的英文形式是“administration”或“public administration”，行政管理或者说公共行政是从政治与行政的关系的角度来理解的，将公共行政视为一种公共事务的执行活动，其基本的含义包括了与政府指令的执行及政府服务的相关内容。在中国，大多数学者认为行政管理包括两方面的内容：一是政府对国家和社会公共事务的管理；二是政府对内部公共事务及人员的管理。即行政管理学主要反映“政府(国家行政机关)管理国家事务、社会事务和自身事务的活动”。公共事业管理与行政管理有着许多相同之处，如二者都重视对公共事务的管理，都以政府为核心管理主体，都将管理效率视为一个重要的目标，都重视公共性价值等。但是二者又存在重要的区别，表现在：一是管理主体不同。行政管理的主体是政府，而公共事业管理的主体不仅包括政府，还包括事业单位、非政府组织等较为广泛的公共部门。二是研究对象不同。行政管理研究的对象是国家事务、社会事务及政府内部事务，至于第三部门的管理问题，即非政府公共机构及公益企业的管理问题，则在行政管理学的视野之外，而这正是公共事业管理学的主要研究范围。三是研究侧重点不同。行政管理侧重于理论研究，主张研究政府管理中的基本理论及其相互之间的关系，而公共事业管理则把研究重点放在公共事业的管理上，强调针对性、可操作性和执行性。四是人才培养模式不同。行政管理培养综合性的理论和实践人才，而公共事业管理则强调培养实践性与应用型人才。五是管理手段不同。行政管理的手段较单一，通常采用行政手段、经济手段和法律手段，而公共事业管理的手段更加多样化，更加强调管理的科学性、技术性和服务性。六是理论基础不同。行政管理建立在政治与行政二分法及严格的韦伯官僚制的基础上，重视层级节制及上下级之间的领导关系，而公共事业管理建立在公共物品的理论基础上，重视公共物品的供给效率及多元化的供给方法。

2. 公共事业管理与公共管理的区别

在西方国家，公共管理是20世纪60—70年代兴起的一种新范式。公共管理的英文形式是“Public Management”，这与以“政治与行政二分法”为传统的“Public Administration”(公共行政)并非同一范式。但是这里有一个问题，中国国务院学位委员会于2000年首批了24所MPA(公共管理硕士)培养试点单位，MPA的英文形式是“Master of Public Administration”，在这里将“Public Administration”译为“公共管理”。之所以采用这种译法，可能有三个原因：一是学科设置的特性，将“公共管理”归属国家“管理学”门类下的一级学科，下设行政管理、社区医学与卫生事业管理、教育经济与管理、社会保障、土地资源管理五个二级学科，译为公共管理以显示与行政管理的区别；二是将“Public Administration”译为“公共管理”可以与已被公认的“Master of Business Administration”(工商管理硕士)相对应；三是按照《英汉大词典》的解释，“Administration”一词确有“管理”之意。事实上在中国，人们之所以将“Public Administration”(本应为公共行政)译为“公共管理”，主要的原因应在于习惯的力量及概念本身的发展，因为20世纪末21世纪初中国将“Master of Public Administration”一词引入时，西方国家已经处于公共管理发展的鼎盛时期，并且传统的公共行政受到了大量的批判，因此，为了与当前形势及西方国家接轨，中国自然习惯性地接受了“公共管理”一词，将“Public Administration”译为“公共管理”；另一方面，概念本身是不断发展的，在中国引入“Master of Public Administration”时，西方国家事实上已经从传统的“Public Administration”发展到了“Public Management”，其内涵已发生了深刻的变化，而中国的公共行政还处于借鉴与消化阶段，难以对概念进行仔细地辨别、创新和转型，因而自然沿用了西方国家“公共管理”一词。其实在西方国家，也存在公共行政与公共管理之争，一种观点认为，公共管理从属于公共行政，是公共行政的一个技术子领域。如格拉哈姆等认为，公共管理即是“关注效率、义务、目标实现及其他大量管理性和技术性的问题”。另一种观点认为，公共管理是一个超越了公共行政的新的范式，如欧文·休斯就认为：“公共行政注重的是过程、程序和符合规定，公共管理涉及的内容则更广泛。一个公共管理者不仅仅是服从指令，他注重的是取得‘结果’和为此负有责任……因此，使用‘公共管理’一词正在成为人们的偏好，‘公共行政’一词即使还未被丢弃，现在也似乎已经过时了。”20世纪70年代出现的借鉴企业化管理方法与技术的新公共管理运动以及20世纪90年代出现的治理理论，则进一步完善了公共管理的理论体系。因此，可以将公共管理视为一种超越于行政管理的新范式，这种新范式的含义可以界定为：以政府为核心的社会多元主体，为了最大限度地追求公共利益而广泛采用现代化的管理方法和技术并动员整个社会力量参与公共事务管理的过程。从以上分析可以看出，公共管理是一个整合了广泛思想、理论、技术、管理方法并超越了公共行政的新范式，而公共事业管理则是具体地涉及公共管理的某些领域，或者说是作为公共管理的一个子领域而存在的。二者的管理主体都是以政府为核心的多元主体，都是为了实现公共利益，都采用了现代化的管理方法与技术，都是动员社会力量对公共事务的管理过程。二者的区别就在于它们各自的范围、重心和手段等都不同。其一是管理的范围不同。相比公共管理所包括的广泛的国家和社会事务管理，公共事业管理的范围自然比公共管理的范围要窄。其二是管理的重心不同。公共管理侧重于研究一些宏观上的基本的理论问题和综合性实践问题，而公共事业管理则侧重于微观上的具体实践中的公共问题，强调研究的实践性和可操作性。其三是管理手段不同。公共管理以刚性手段(如行政手段、法律手段、经济手段等)和柔性手段相结合，虽然也重视管理的方法和技术，但更强调政策和法规在公共管理中的运用。而公共事业管理则以柔性管理手段(如说服、公共规范、榜样、价值导向等)为主导，强调管理的服务性和技术性。①

#### 3. 公共事业管理与市政管理的区别

从管理学分类的角度，市政管理学与公共事业管理学各自应有自己独特的学科体系、理论构架以及各自的认识论与方法论。作为一种特殊形式的管理，市政管理是城市的国家行政机关行其政事的过程，所以，理解市政，需先强调“政”的涵义。政，《说文解字》(汉许慎)称“正”也，《新华词典》称“从攴(pū)从正”：在划定的界线之内，不偏不斜，是为“正”；以手持杖敲击则为“攴”。原始社会的部落人早就有训练大象、牛、骆驼等动物进行生产劳动，并用鞭子棍棒来矫正驯养动物的行为，此是“政”字最原始的意义。原始社会由于生产力极低，生存环境极其恶劣，部落人为了生存，必须举全部落集体之力，明确分工合作之职责，各司其职，由部落人共同推举的首领统一指挥而行动，违反计划部署要求或者纪律者要受到斥责、矫正和处罚，此应当是“政”字最原始的引申意义。部落首领手持权杖发号施令，指挥部落人统一行动生产、狩猎、打仗、庆祝、拜祭等活动，要求包括首领在内的所有部落人都必须到规定的位置执行任务。故此“政”字与现在使用的政治的“政”就基本上相同了。即统治者用暴力来维持其统治意志和利益，对违反其统治意志者用暴力或者以暴力相威胁来进行矫正和惩罚。由此看来，严格意义上的“市政”，是一个政治学范畴的概念，市政管理就是城市政府根据国家法律，为实现城市的社会经济发展，制定城市运行规则和公共政策，并

① 李水金，王琼. 公共事业管理的概念内涵及其与行政管理、公共管理的关系辨析[J]. 湖北师范学院学报：哲学社会科学版，2009，(6).

主要通过行政手段来保障城市公共事务运行的管理和监督行为。需要说明的是，市政管理只是行政管理的一个分支，与“行政管理”相比，市政管理强调的是城市政府的社会管理和公共服务职能，而行政管理则强调中央政府体系下的各级政府的宏观政治统治职能。

前面提到公共事务可划分为政治性公共事务、经济性公共事务和社会性公共事务，不难看出，市政管理与公共事业管理的着眼点应该都是社会公共事务的管理，公共物品都是其管理的基本客体，但两种管理的主体、客体和手段仍有不同。市政管理的主体是城市政治权利系统，具体包括市人民代表大会、市政府、市人民法院、检察院等，而公共事业管理的主体既有政府部门，也有社会性公共组织，甚至也有企业的参与。两种管理对象的范围也不同。市政管理是对城市公共事务的管理，公共事业管理不仅包括城市的公共事务，也包括农村的公共事务。同时，还需要强调的是，两种管理的层次和方法也不一样。市政管理同国家的政治权力体系及其运行紧密相连，是城市政府依法治市的过程。市政管理的手段，主要是国家的法律、法规和规章；而在公共管理学语境下的公共事业管理中，以政府为核心的管理主体系统不仅在纵向上存在着由政府组织、非政府组织以及准政府组织如我国的事业单位组成的各个子系统，而且，由于这些管理机构在国家制度中的地位不同所决定的承担的职责、任务和管理范围的不同，在横向上也存在着一定的权利和义务的划分，从而构成了不同的管理层次。而不同管理层次由于其在有关公共事业的公共政策的制定和实施过程中所处的地位不同，而具有不同的具体管理职能。公共事业管理机构是根据自己所承担的任务和具体职能，通过一定的管理手段或方法对各种客体进行有效的管理，这些管理手段或方法构成了公共事业管理的方法体系。

4. 公共事业管理与企业管理的区别

最后，需要弄清公共事业管理与企业管理的区别。企业管理是指为实现企业目标，完成企业任务而对企业生产经营活动进行计划、组织、激励、协调和控制的过程。它与公共事业管理的区别本来是一目了然的，一个属于非营利性组织，一个属于营利性组织，二者完全不同。但由于事业单位的市场化改革，使得人们对公共事业部门的性质的认识存在某种程度的误解。因此，区分公共事业管理与企业管理的不同特点是必要的。从组织性质上来说，二者的主要区别集中体现在追求目标、资金来源和运行方式等方面。从追求的目标看，企业管理追求的是利润的最大化。在企业活动中，经济效益是企业经营决策的核心，经济效益是评估企业业绩的重要标准，也是企业生存与发展的决定性因素。公共事业管理的目标是满足社会共同需要，因此评价它的标准是社会效益，即看其对社会的贡献大小，提供服务的数量和质量，满足社会需要的程度。这些标准难以量化分析，也不好以利润标准来衡量。从资金的来源看，企业的收益完全来自于其生产经营所得，顾客购买企业的产品或服务而支付的货币是企业收益的基本源泉。而公共事业管理的资金主要来源于公共财政、社会捐赠等形式。公共事业内部的不同组织如“顾客支持型组织”和“公众支持型组织”，它们的收入来源也不相同：前者如地方医院、私立学校等，其收入主要来源是服务收费；后者如基础教育、环境保护等，其收入中的相当部分都依靠政府的财政支持或社会捐赠等。从运行的方式看，企业管理由于在经济领域内进行，对市场内的供求变化非常敏感，它必须按照市场机制的要求去进行运营与管理。企业管理的核心是市场需求管理，即根据不同的市场需求状况，采取不同的管理战略或策略组合。而公共事业管理由于在社会领域中进行，它必须按照社会机制的要求去进行运作与管理。公共事业运行以社会公益为核心，因此它的管理活动也必然是“以人为本”的，是围绕着人的发展与享受的需求而进行的。需要指出的是，由于公共事业组织经常面临经费不足的局面，因此也需要加强经营之道的研究。随着市场经济的发展和改革开放的深化，出现了多元化的资金来源，公共事业组织的经费不再完全来源于政府，还可以通过会员费、社会募捐和项目资金等方式获得经费来源。但公共事业组织始终是不以营利为目的的。非营利组织可以开展一定形式的经营性业务，在这些业务中往往会产生一定的超出经营总成本的剩余收入。如果是企业，高于经营总成本的剩余收入当然地被作为利润在投资者之间进行分红，但是作为公共事业组织，无论开展何种形式的经营业务，其经营收入都不能作为利润在成员之间进行分配(分红)，而只能用于组织所开展的各种社会活动及自身发展。同时，公共事业组织不得将组织的资产以任何形式转变为私人财产。企业的资产归企业的所有者所用，其产权界定是明确的。公共事业组织的资产严格地说并不属于组织所有，也不属于捐赠者，它是一定意义上的“公益或互益资产”，属于社会。所以，如果公共事业组织解散或破产，它的剩余资产不能像企业那样在成员之间分配，而只能转交给其他公共部门(政府或其他的非营利组织)。

综上所述，我们定义公共事业管理的概念如下：公共事业管理是由政府和非营利组织为社会公共利益得到保证和发展，而对特定的社会性和经济性公共事务进行供给、调节和控制的过程。

## 第二节　公共事业管理的理论基础

一门学科的发展，不仅取决于它的具体研究对象，更重要的还应取决于其学科大厦的基石。作为公共管理起点和归宿的公共事业管理，公共物品理论、新制度经济学理论、新公共管理理论等是其研究和发展的理论基础。

### 一、公共物品理论

公共事业管理的理论基础首先是公共部门经济学，其核心部分是公共财政学。因为任何管理活动都离不开对经济资源的配置与调剂，都离不开物质资金基础，都需要公共财政为之当家理财。公共财政学以政府收支活动为直接研究对象，具体言之，就是如何通过国家预算组织财政收入、安排财政支出、提供公共物品、矫正市场失灵、优化资源配置以及调节收入分配。公共财政学的基础内容是公共物品理论，该理论细致地区分出公共物品与私人物品的各种类型，其意义在于，合理界定政府组织与市场组织及其他社会组织在公共物品提供与生产中的相互依存和伙伴关系，从而有助于清晰地划分各级政府组织的职责范围。对公共物品提供途径的分析，有利于根据公共物品的属性，进行多样化的制度安排，实现公共物品与劳务的有效供给。

1. 公共物品的一般属性

根据公共经济学理论，社会物品分为公共物品和私人物品。按照萨缪尔森在《公共支出的纯理论》中的定义，纯粹的公共物品或劳务是这样的物品或劳务，即每个人消费这种物品或劳务不会导致别人对该种物品或劳务的减少。而且公共物品或劳务具有与私人物品或劳务显著不同的三个特征：效用的不可分割性、消费的非竞争性和受益的非排他性。而凡是可以由个别消费者所占有和享用，具有敌对性、排他性和可分性的物品就是私人物品。介于二者之间的物品称为准公共物品。

(1) 效用的不可分割性。所谓效用的不可分割性是指私人物品可以被分割成许多可以买卖的单位，谁付款，谁受益。公共物品是不可分割的。国防、外交、治安等最为典型。所谓受益的非排他性是指私人物品只能是占有人才可消费，谁付款谁受益。然而，任何人消费公共物品不排除他人消费(从技术加以排除几乎不可能或排除成本很高)。因而不可避免地会出现“白搭车”现象。

(2) 消费的非竞争性。所谓消费的非竞争性一是指边际生产成本为零，在现有的公共物品供给水平上，新增消费者不需增加供给成本(如灯塔等)。二是指边际拥挤成本为零，即任何人对公共物品的消费不会影响其他人同时享用该公共物品的数量和质量。个人无法调节其消费数量和质量(如不拥挤的桥梁、未饱和的互联网等)。边际拥挤成本是否为零是区分纯公共物品、准公共物品或混合物品的重要标准。在认识公共物品时必须注意以下几点：第一，由于私有制国家也有公共物品，公有制国家也有私人物品。因此，公共物品和私人物品的划分不是由社会制度决定的，与社会制度没有必然联系。第二，在不同社会中，由于受社会制度和社会发展程度的影响和制约，公共物品的范围存在客观的差别，例如，森林、土地、矿产资源等在私有制国家完全可以成为私人物品，公共性并不确定，而在公有制国家则成为公共物品，具有较强的公共性，往往是通过法律予以明确规定的。

(3) 受益的非排他性。公共物品的非排他性使其在生产和消费上与私人物品有明显的不同。首先，公共物品都必须具有相当的规模才能让公众同时消费，因而其成本是很高的，但又正由于它可以同时为许多人享用，因而每个享用者所分摊的费用并不一定很高。这也就决定了在现代社会中，公共物品的费用最好由所有的居民共同分担。这种共同分担的基本形式就是税收，以公共支出予以保证。其次，公共物品的非排他性，决定了它不仅可以让许多人同时消费，还可以反复消费，因而其效率远远高于私人物品，这也就决定了公共物品不可能由营利机构来经营管理，而只能由非营利的组织来负责。其三，由于公共物品的非排他性，就会出现“免费搭车”的现象，即不管是否付费都可以获得消费利益，使得有些人认为既然不付费可以获得利益，而付费也未必能获得更多利益，从而尽可能地逃避付费。因此，公共物品的生产费用的筹措通常需要税收的方式强制地进行分摊。

2. 准公共物品及其特征

公共物品具有非排他性和非竞争性，但并非所有的公共性的物品都同时具备这两个特征，或者这两个特征表现得很鲜明。因此，公共物品一般可以分为纯公共物品和准公共物品。纯公共物品是指完全具备非排他性和非竞争性特点的物品，如国防、行政管理、基础科学研究、社会科学研究、立法、司法、环境保护等。准公共物品是指具备上述两个特点中的一个，另一个不具备或不完全具备，或者虽然两个特点都不完全具备但却具有较大的外部收益的物品。准公共物品亦称"混合物品"，根据其所具备的公共物品两个特点的不同的组合，准公共物品可以分为俱乐部物品与公共池塘资源两大类。俱乐部物品的特征是，在一定范围是共享的，而且边际成本为零，但在一定范围外，存在着拥挤效应，边际成本不为零。其比较典型的例子是高速公路：在一定的范围内，每增加一辆汽车，其边际成本为零。这时，从社会效益的角度来看，价格为零，能够发挥高速公路的最大效益。如果收费，就会排挤一部分汽车不走高速公路，从而影响高速公路的社会效益。但车增加到一定数量，车的密度就会大到影响行驶速度的水平，这时，高速公路就产生了拥挤效应。为了让高速公路确保高速行驶，就需要征收拥挤费，其价格水平正好等于其所产生的拥挤效应所产生的边际成本。这样，可以让能够进入高速公路的车，都享受到快速便利的好处，并且其收益是所有的车中最大的，把收益比较小的车排除在高速公路之外。如果拥挤到一定水平，则说明需要拓宽或者新建高速公路，扩大供给。俱乐部物品的问题就在于利润最大化与社会效益最大化总是存在矛盾。比如电影院是俱乐部物品，如果是利润最大化的，往往会制定高价格，让很多位子空着也不降低价格。如果电影院是社会效益最大化的，最好的价格是能够让所有的座位都不空的价格，但这样做电影院可能亏本，难以继续维持高质量的服务。俱乐部物品运作的最佳模式应该是会员制，也就是说先用会员费支付俱乐部物品的基本运转，然后再支付优惠的使用费来维持服务的边际运转。

公共池塘资源类物品与俱乐部物品不同，是分享的，而且这类物品往往有自我生产能力，所以在一定范围内其供给成本为零，但在一定范围之外，消费能力超出其自我生产能力时，其供给能力会因消费过分而下降，甚至消失。草场资源和渔业资源，是典型的公共池塘资源类物品。草场资源是能够自我生产的，在其生产能力范围内，增加任意数量的羊，都是没有问题的。但是，当羊的吃草能力超出草场生长能力的时候，就会导致草不够吃。这时，草场就出现了退化问题。如果不加以遏制，草场很可能变成沙漠。渔业资源也一样，如果捕捞量在一定范围内，增加任意的捕捞作业都是没有问题的。但是，当捕捞能力超出鱼的生长能力的时候，就会出现渔业资源枯竭的问题。黄河水在一定的使用范围内是取之不尽、用之不竭的，但超过一定的范围，黄河就会断流，甚至像很多北方的河那样，在大部分时间只是干涸的河床。[①]此外，还可以按受益范围将公共

① 毛寿龙. 坐而论道、为公立学：制度分析与公共政策分析[J]. 甘肃行政学院学报，2005，(4)：66-68.

物品划分为全国性公共物品和地方性公共物品。前者指全国居民都受益的公共事务，如国防、外交、全国性立法、国家行政事务管理等。后者指一定地区或社区居民受益的公共事务，如地方性行政管理、执法、道路、环卫、治安等。地方性公共物品按照受益的范围，还可以进一步划分。一般来说，地方性公共物品由地方性的公共组织提供，但具有溢出效应。通常，全国性的公共物品大多属于纯公共物品，而地方性公共物品则以准公共物品为主，有些实际上已属于俱乐部物品。

总之，经济学认为，物品有公共物品和私人物品之分，而介于两者之间的是准公共物品。区分三种物品的异同，通常有排他性、使用或消费的共同性、衡量尺度和选择程度四个方面的标准。①排他性是在市场机制条件下提供的私人物品和服务的一个必要特征。当物品或者服务的潜在用户能够被排除从而满足零售的界线与条件时，就存在排他性。当排他性不可行时，只要供给某一物品，任何人都可以从中受益，这种物品就是公共物品。物品或服务的另一个属性涉及使用或者消费的共同性。在这种情况下，消费完全是不可分的。不具有消费之共同性且排他是可行的物品是纯粹的私人物品。另外，公共物品难以衡量，而私人物品更易于衡量和说明，并与成本计算程序和管理控制联系起来。同时，当一物品具有共同消费、不能排他特质时，用户一般不能进行选择，并且在是否消费方面也别无选择。然而，制度安排的结构对个人所具有的选择的程度可能有一定的影响。在物品或服务的上述四个属性中，一般来说，排他性和共同性是最基本的属性，而且是独立的属性。实际上，消费的排他性和共同性只是程度上的差异，而不存在绝对的排他性或者彻底的共同的东西。消费特征的两个极端，即完全可分与完全不可分，在逻辑上把纯粹的私人物品与纯粹的公共物品区别开来。在排他性或共同性二者之间还存在较弱的部分，这样，可以将共同性分为高度可分的分别使用和低度可分的共同使用。排他性也可以分为高度的可排他的和低度的可排他。准公共物品就是这种具有较弱排他性和共同性的物品，也称收费物品。比如，教育在公共物品方面的性质就较少，而具有较多收费物品的性质。政府机构提供的广泛的服务可能包括所有不同类型的物品和服务。然而，大多数政府只提供属于纯粹性质的公共物品，准公共物品则由公共事业组织来提供。这些变化对于开发收费机制以及在政府活动的运作中引入市场机制具有显著的意义。

## 二、新制度经济学理论

公共事业管理的理论基础中还包括新制度经济学体系中的诸种理论，如交易成本理论和产权理论。交易成本理论认为，在产权关系界定模糊不清、环境不确定、信息不对称以及人类有限理性与规则匮乏等情况下，交易成本会变得异常高昂。因此，政府强化其建立产权制度、确立相关法律秩序的作用，通过合理的制度安排和制度创新，可以有效地控制与减少交易成本的支出，提高经济活动的内在效率。公共事业管理过程中存在两种不同的权力主体：政府部门与社会组织。这里所说的社会组织，既包括各种民间

① 迈克尔·麦金尼斯. 多中心体制与地方公共经济[M]. 上海：上海三联书店，2000：50，98-104.

机构、中介组织、社会团体等非营利组织，也包括各类营利组织。为了解决有限的公共服务资源有效利用问题，必须对政府部门权力和社会组织权力进行富有成效的组合与配置。两种权力如何安排，根据新制度经济学的产权理论的论证，人们是以交易费用最低为原则进行选择的。在传统体制下，我国公共事业服务供给是首先依赖政府权力来分配资源的，即政府综合消费者的偏好，组织和实现公共服务的供给。实践证明，发展到了一定阶段这种模式是低效率的。在公共事业服务领域，由计划经济向市场经济转换，就是要由主要依赖政府权力来分配公共资源的体制，过渡到共同依赖政府与社会组织的权力并通过市场来配置公共资源的体制。

1. 信息成本与制度边界

一般说来，从交易成本的角度来解释人们的选择行为，更符合经济学逻辑。而所有的交易成本都可以简化为信息成本。[①]信息成本是决定公共物品供给的制度边界及其范围的重要因素之一，是决定政府与市场化供给的制度边界的一个关键内生变量，或者说，它是决定公共资源是由政府行为还是由市场行为进行配置的基本变量。当政府提供公共服务的边际信息成本恒为零或始终接近于零时，从理论上说，政府提供公共服务的范围便可以无所不包，即能够在广度上和深度上包括全部公共服务的供给，形成完全的政府一元化供给模式。而在存在信息成本或信息不对称的情况下，政府搜寻信息的成本和监督成本都很高，采取政府一元化供给模式就是代价极高、效率极低的一种选择。

事实上，为了弄清公共物品供给的政府与市场化的制度边界，只需要确定政府提供范围，或者确定市场化供给的范围即可。我们把政府提供公共物品的范围或提供的程度($S$)，用政府行为的边际成本与边际收益相等时的政府供给范围($G$)与可能的完全政府供给范围($A$)的比率来度量，即

$$S=G/A$$

当这一比率的数值为1时，即$S$=1时，公共物品将完全由政府提供。即政府供给范围与可能的完全政府供给范围相等，它意味着所有要提供的公共物品项目都由政府去完成。反之，当这一比率的数值为零时，即$S$=0时，公共物品的供给是完全市场化或民营化的。亦即是说政府的提供为零，所有公共服务项目均由市场供给。而无论是这一比率的数值为1还是为零，都是一种极端情况，但它给出了一个“供给域”，制度边界通常介于二者之间。政府供给范围与市场化供给范围的界定取决于政府搜寻、监督等信息成本的大小。

就信息成本本身而言，对它产生决定性影响的因素主要包括：①公共物品供给和生产主体的多样化程度；②信息搜寻、监督的难易程度；③社会经济的动态变化速度。假定这三者是可连续度量的，信息成本是这种因素的连续函数，若用$M_1$、$M_2$、$M_3$分别表示这些因素的数量，用$I$表示信息成本，便有

$$I=(M_1，M_2，M_3)$$

信息成本的存在，意味着信息不是一种“免费财货”，而是一种耗用经济资源的物

① 霍奇逊. 现代制度主义经济学宣言[M]. 北京：北京大学出版社，1993：238.

品。当用于收集和处理信息等活动的资源越多，说明公共物品的供给边界越靠近政府行为，由市场配置公共资源的活动越少；反之，当用于收集和处理信息等活动的资源越少，公共物品的供给边界越靠近市场行为。因为市场化意味着由市场处理信息，在这种情况下，往往信息成本低，供给效率高于政府行为。

在政府一元公共事业管理体制情况下，一方面，政府决策者获取信息是耗费资源的，从而是需要支出一定费用的，资源的这种占用会抑制公共物品的有效生产量，并且，获得信息的边际成本是递增的；另一方面，信息是不确定的，获取新的信息有助于提高政府公共物品的供给数量和质量，但获取信息的边际收益是递减的。若决策者在信息的边际成本与边际收益相等时获得的信息量，是可搜寻的最佳信息量，那么与这种最佳信息量相对应的政府供给的制度边界，便是最佳的制度边界，与这种最佳信息量相适应的制度边界，是市场经济条件下公共物品供给的有效制度边界。如图1-1所示。

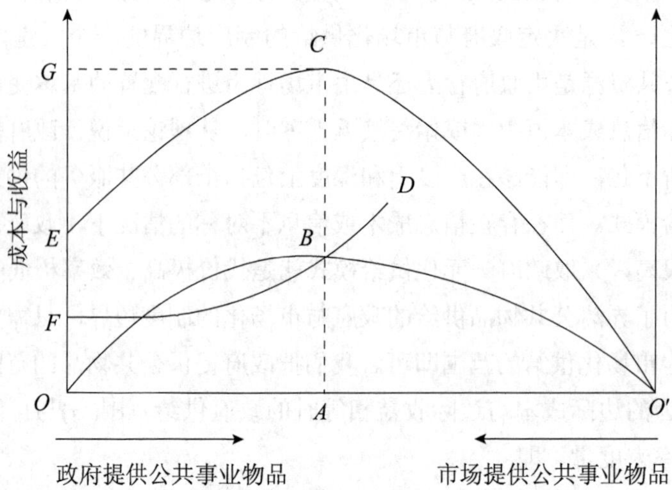


图1-1　信息边际成本与边际收益相等时的制度边界

图1-1中的线段$OO'$表示给定的公共物品供给总量，曲线$FD$为信息的边际成本，曲线$OBO'$为信息的边际收益，曲线$ECO'$为公共物品的总产出水平。图形显示，政府提供的公共物品数量为零时，公共物品的总产出水平为$OE$；政府提供公共物品项目数量的最大值为$OO'$时，即政府提供了所有的公共物品，这时，市场化领域的有效产出水平为零。在$B$点，信息的边际成本与边际收益相等，政府提供公共物品的项目数量为$OA$，公共物品的产出最大。与这一最大产出水平$OG$相适应的政府供给与市场化供给的制度边界，即是最佳的或均衡而有效的边界。

2. 制度边界的动态性

需要说明的是，公共物品供给的政府与市场化范围和程度的边界划分是制度安排的区别。制度边界分析是建立在“组织－环境互适性”概念之上的，即每种组织都和总体环境的某个部分相互影响，相互作用，我们把这一情境称为相关环境。每种组织都积极地从事各自的事业，并与它的环境交换各种价值。那些能够较好地适应其环境的组织将获得成功。从产权理论来分析，公共物品的政府与市场化供给边界的确定是社会选择的结果。组织－环境互适性强调的就是这种选择的过程，而它的选择标准则是信息成本。究竟是利用政府，还是利用社会组织来配置社会资源，就看哪种组织在实施公共服务供给过程中的组织成本与信息成本相比较来得更经济，更具效率。从这个意义上说，公共物品供给的制度边界就是寻求组织－环境互适性强、信息成本最低的供给范围。换言之，为了有效地利用有限的社会公共资源，社会在能够利用社会组织来进行资源的市场化配置场合，要毫不迟疑地利用社会组织；在无法利用社会组织，或利用社会组织来分配资源反而会增加交易成本的场合，则选择政府来配置公共服务资源。由此可见，公共物品的制度边界不是一个固定的边界，从某种程度上说，它更可能是一个函数，即组织对环境条件的反应函数。

我们沿着“反应函数”的思路深入下去，组织与环境条件的相依关系可以用图1-2来大致描述。

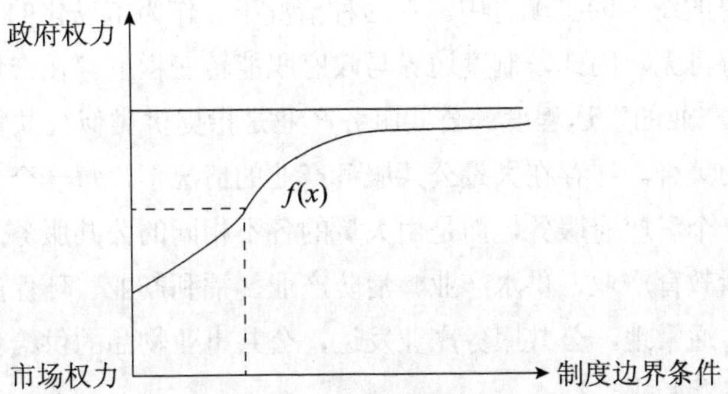


图1-2　制度边界的动态性

图1-2中，横轴表示的是公共物品供给制度边界确定的一些约束条件。纵轴表示从市场权力到政府权力之间的伸缩性或可扩展性。$f(x)$表示在制度边界约束条件下公共事业物品供给水平的诸种可能情况。我们可以设想两个极端的情形——政府高度集权和社会的离散化。在这两者之间，公共服务规模和水平如何确定，要考虑若干标准。这些标准包括控制、效率、利益及地方自主决定。①它们之间有时是相互冲突的。

应用于公共事业物品供给的制度边界的第一个标准是政治管辖权的边界状况。对于任何一个社会来说，政治控制都是必不可少的。因为对于任何社会来说，“秩序是先于其他一切价值的”，是不可或缺的，但“社会秩序是建造物，而不是生成物”。要建立和保持这种秩序，就需要国家政权这种对社会成员具有普遍约束力的强制性权力对社会进行调节和控制。然而，由于社会互动在空间上的配置各不相同，其边界也可以粗略地进行界定。在确定公共事业物品供给的制度边界的过程中，还必须考虑效率的原则。比如，在无法利用政府权力，或政府权力来配置公共服务资源反而会增加交易费用的场合，选择其他社会力量来分配资源可能效率更高。

制度边界确立的另一个标准要求考虑各供给主体的利益差别。无论是政府组织还是各种组织都代表了不同的利益。政府部门借助于权力总是有一种谋求自身利益、扩大自

① 迈克尔·麦金尼斯. 多中心体制与地方公共经济[M]. 上海：上海三联书店，2000：50.

己权限的天然倾向，而行政手段的管理往往有较大的自由裁量的余地。这种状况不改变，提供公共物品的其他社会组织的利益就得不到根本的保证。

有效控制、效率和利益的标准，能够根据一般的理论基础得以确定，但是它们在任何政治体制中得以应用则取决于特定的制度。地方自主治理假设公共物品能够成功地内部化。在任何自主治理体制中隐含的地方公共服务的选择，都预设公共组织的模式以及在一个地区不同地方社群中提供的公共物品实际上是多种多样的。

在图1-2中，公共事业物品供给的制度边界在政府权力与市场权力之间是可变动的，$f(x)$在政府权力到市场权力之间的伸缩性主要取决于特定环境下制度边界的各种约束条件。这些约束条件包括如下几个方面。

(1) 公共物品供给体制的集权程度。在一个高度集权的社会里，政府总是通过控制主要的公共资源，建立纵向的等级制度体系和相应的组织体系，试图将任何社会的、民间的力量纳入自身的统一的支配之中。在这种情况下，作为市场化的公共服务供给主体的作用就变得可有可无。因此，制度边界与政府职能转变程度存在密切关系。

(2) 公共服务产业的发达程度。公共服务产业是指提供类似公共物品的相互关联的一组机构或企业的集合。在存在大量公共服务产业的情况下，每一个公民所面对的公共服务都不只是“一个”政府服务，而是由大量的各不相同的公共服务产业所服务，这些公共服务产业包括教育产业、供水产业、消防产业、福利产业、环保产业、健康服务产业和警察产业等。通常地，公共服务产业发达，公共事业物品的供给就可以以契约的形式而不是依靠政府垄断来进行。

(3) 信息搜寻和监督的难易程度。在其他条件不变的情况下，公共服务政府直接提供的一个前提，是政府能够获得足够多的相关信息，从而降低信息搜寻和监督成本。如果政府供给所需要负担的信息费用太高，表明进一步扩大政府权力边界是不经济的，选择市场化过程则更为有效率。而这种市场化过程必定是给定的体制框架中具有特定效用函数的经济活动主体追求最优化的过程。

(4) 公共服务需求的差异程度。公共物品供给只有很好地满足公共服务需求，才是有效的供给。公共需求结构取决于公共消费主体偏好函数，这种偏好函数是一个地区所有公共消费主体的偏好加总的结果。因此，公共服务需求存在差异性。但是，在缺乏规范的公共选择机制和公共服务需求的有效表达机制的情况下，公共物品供给可能就会表现出一种自上而下的强制性，从而使制度边界向政府权力方向转移。

### 3. 有效边界：政府与市场化供给的替代性与互补性

上述分析中，隐含着这样的理论假设：制度边界的变动，表明政府行为和市场行为有时可能是互补的，也可能是互替的，抑或是互动的。这便是制度边界的有效性，或称有效边界。

整个公共服务的供给都涉及某组投入到产出或生产函数的转换。当我们使用生产函数分析公共物品供给时，就会发现生产函数会涉及严格可替代的过程。这种替代存在两种极端的情况：一是政府供给完全替代市场化供给；二是公共服务的最大产出可以单独由市场全部生产出来。现实中若存在这两种替代必然是低效率的。在政府垄断的情况下，导致低效率的原因是缺乏竞争的激励。而竞争的过程是一个选择的过程，即给公共物品消费主体更多的选择空间，同时也促成公共物品供给者之间的竞争。在独家垄断情况下，上述机制不存在了。因为公共消费者没有选择的自由，只能被动接受政府提供或政府委托公共企业提供的公共服务的数量与价格，而公共企业缺乏竞争压力，经营上往往是低效的，低效率必然外在表现为较高的成本和消费价格。同样，市场化供给对政府的完全替代也必定是低效率的。因为公共投资者投资于公共设施与服务，追求的是对未来收益的一种预期。对于那些公益性与市场性并存的公共物品投资，公共投资者首先考虑的自然是市场收益性。在这种情况下，就可能会出现投资者资本投资的高效率是建立在整个社会的效率损失基础之上的。

显然，如果投入是严格可替代的，就不存在政府与其他社会组织协作的潜力。更确切地说，设法使二者进行协作来供给公共物品便不存在任何优势。但是，在公共物品的供给过程中，政府行为与市场行为之间却存在严格意义上的互补效应。这种互补效应既包括政府对市场化供给的互补性，也包括市场化对政府供给的互补性。只有在存在互补性的情况下，二者之间才可能出现互动的局面。

当政府和市场化供给是互补的时候，公共服务产出由来自两方面的某些组合最佳地生产出来。如图1-3所示。

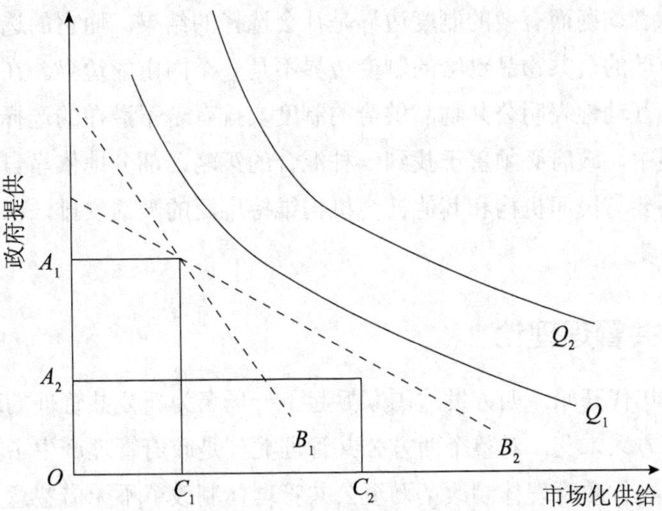


图1-3　政府与市场化供给的互补性贡献

现在，存在着双方协作的潜力。如图1-3所示，具有这样的生产函数时，有可能以来自政府供给与市场化供给的许多组合达到相同的产出水平。如果同政府提供的效率相比较，对社会组织来说投入的机会成本较高，如$B_1$所示，最小成本组合将是来自社会组织的投资$C_1$和来自政府机构的公共投资$A_1$。同样数量的产出$Q_1$也可由来自社会投入的$C_2$和来自政府机构的$A_2$生产出来，而这也将是最小成本组合，其相对成本如预算约束$B_2$

所示。

这样，我们就把政府与市场化供给的互补性贡献转化为对效率的衡量。出于效率或成本—收益的考虑，公共机构和社会机构的投资决策者都能随情况变化而改变生产函数的形状和组成部分。在公共物品供给过程中，创造性的企业家精神更可能存在于公共服务的投资活动中。

在这样的情形之下，双方的互补性贡献就直接表现为：在一个共同系统中，社会组织的所作所为使政府供给的努力更有效，反之亦然。进一步说，双方供给的互补效应类似于如果一方增加投入会引起另一方在相同水平或更高水平上的投入，进而能够增加公共事业物品的供给总量。这个互动的效果是相当明显的。在这个过程中，公共事业物品的消费者获得了从双方协作中高质量的服务。

如果一种官僚制公共行政体制，在其中所有关系都通过一个命令结构的单一最高权威中心来协调，在这样的体制中，任何其他社会组织都没有可以存在的余地。相反，如果这种关系通过契约安排、竞争性安排和冲突解决机制来协调，其产生的效率可能高于组织为唯一垄断者的并且为精巧的政府机构供给的情形。这就是说，当政府将所提供的公共服务严格地限定在职能范围之内时，政府与市场及其社会产生互动效应。但是当政府自己渗入了本应由市场或由社会力量配置效率更高的公共物品供给领域，就可能产生对市场或社会的某种替代效应，而这种替代往往是低效率的。

总之，在公共事业物品的供给过程中，政府与市场化供给所涉及的是一个统一的资源配置过程。二者均衡而有效的制度边界是社会选择的结果。而它的选择标准则是信息成本。同时，有效的公共物品供给的制度边界不是一个固定的边界。在一定约束条件下边界的动态性和互动性表明公共物品供给的制度安排有若干潜在的选择。因此，在发达的公共事业发展中，政府必须善于找到一种混合的策略，部分地依靠自己的力量提供公共服务，同时还要与民间机构和其他社会机构维持广泛的契约安排，以生产出公共消费者所偏好的服务集。

## 三、新公共管理理论

从上世纪80年代开始，西方发达国家掀起了一场名为新公共管理的政府改革运动。这场运动，至今方兴未艾，对整个西方公共管理尤其是政府管理产生了重大影响，对中国政府机构改革、行政管理体制改革乃至公共管理体制改革不无借鉴意义。新公共管理理论主张引入市场竞争机制，采用私人部门的管理理论、方法及技术，以市场或顾客为导向，重新调整国家、社会、市场三者的关系，提高公共管理水平及公共服务质量。其理论要点可归纳如下。

首先，强调以市场为取向提供高效公共服务。以市场看待政府运作，则公众如顾客，政府为厂商。政府不再是发号施令的权威官僚机构，而是以人为本的服务提供者。作为“企业家”的政府并非以营利为目的，而是把经济资源从生产效率较低的地方转移到效率较高的地方。公民是享受公共服务的“顾客”，可以“用脚投票”自由选择服务机构。这样，新公共管理理论就建立了以“顾客”的满意度为中心内容的绩效考核机制。

其次，提出确立政府有限责任。新公共管理理论认为，政府首先应该解决自身职责定位问题，即该管什么不该管什么，分清管理和具体操作。政府的角色应是“掌舵”而不是“划桨”，传统政府低效的一个重要原因就是忙于“划桨”而忘了“掌舵”，“掌舵”后，应将“划桨”的任务交给私人部门和非营利组织、社区组织、公民自治组织等第三部门，政府则在政策和资金方面，施加各种可行和有利的影响。

第三，提出要在政府管理中引入市场竞争机制。政府的公共服务，可采用合同外包的办法，通过市场检验，判断出新政策的合意性。竞争的目的是追求效率，为此，新公共管理理论提出三种方法：一是实施绩效目标控制；二是更加重视结果；三是引入私营部门成功的管理经验。

新公共管理理论的一个重要启示是公共管理主体的多元化。随着社会的不断发展，政府无法包揽所有公共事务，需要非政府组织、非营利组织即“第三部门”参与承担。与政府相比，第三部门有明确的服务对象，具有更贴近基层的优势，有利于提高解决问题的效率。与企业相比，这一部门又具有鲜明的非营利和服务特性以及具有维护社会公平的优势。这些特点，使它在政府与企业间、在政府与公民中承担起沟通、协调、承上启下等社会整合功能。可见，第三部门在公共事务管理和公共物品提供过程中发挥着政府和市场不可替代的作用。当然，社会也会失灵。过去普遍认为，自由竞争的市场，存在市场失灵；政府并非万能，存在“政府失灵”；第三部门作为社会主体，以弥补前两种主体不足的面貌出现，但实际上它也会失灵，即“社会失灵”。只有使三者有机互补，才能形成促进社会发展的良性机制。

## 第三节 公共事业管理学的研究方法

无论是公共事业管理的理论研究还是方法使用，其目的都是致力于管理效率的改善。从方法论的角度看，一方面研究方法各不相同，另一方面各种方法也开始呈现交叉性。例如我们会以系统的观点分析现实管理问题，同时也会运用数学包括统计学方法进行定量的经济学分析，力求找到问题的症结。所以，从某种意义上讲，管理学领域产生的各种管理学派或分支，也可以说是采用了不同研究方法的结果。公共事业管理学也不例外，其发展和进步离不开其研究方法的演进和完善。

### 一、历史研究法

历史研究方法就是运用公共管理理论与实践的历史文献，全面考察公共事业管理的历史演变、重要的管理思想和流派，从中找出规律性的东西，寻求对现在仍有意义的管理原则、方式和方法。任何管理现象都不是孤立的，都有它产生的历史背景及其发生、发展的过程。因此，对公共事业管理学中的某一种管理理论、某一种定义、某一个规律的研究，都应放在一定历史条件下，从其发生和发展的过程中去考察，才能掌握它的来龙去脉，了解它的实质所在，并给予恰当的评价。用历史的方法研究公共事业管理学要求我们全面地、发展地看待一切管理思想和管理理论，既要挖掘出它的历史渊源，又要看到它的发展变化。一方面要注意其反映的普遍性问题，另一方面也要注意其所代表的是哪种生产关系主体的利益，即管理的个性方面。特别需要强调的是，在应用历史研究方法时，要以马克思主义的辩证唯物主义和历史唯物主义为指导。

## 二、比较研究法

比较的方法是科学研究中较常用的一种研究方法。它把不同的或相似的事物放在一起作比较，用以鉴别事物之间的异同，分辨出一般性和特殊性的东西，可为我借鉴的东西和不可为我借鉴的东西。20世纪50年代末，随着跨国公司的发展与经济国际化的趋势而产生了一门新管理学科分支——比较管理学。该学科是建立在比较分析的基础上对管理现象进行研究，其研究范围往往是跨国度的，它主要分析不同体制、不同国家之间在经济、文化、工业上的差异对管理的影响，探索管理发展的模式和普遍适用于先进国家和发展中国家的管理规律。比较管理学作为一种研究方法已广泛应用于管理学的研究之中，从中也可以看出比较研究法的重要性及其应用的广泛性。从西方“古典管理理论”的形成到现在，出现了许多不同的管理理论和流派，观点各不相同，思想学说纷纭。这就需要应用比较法对这些纷繁的理论进行分析比较，以找出各学派的特色，区别其实质，真正做到兼容并蓄，丰富我国公共事业管理学的内容。从公共事业管理的实践来看，各国又有不同的实际情况，外国是如何管理公共事业的，其经验对我国目前的管理措施是否适用，公共管理的理论是否具有普遍性，如何建立一套适合本国实际情况的有特色的公共事业管理理论等问题，也都需要应用比较研究方法进行探讨。

## 三、案例研究法

经验主义学派和权变理论学派两个管理学派都高度重视案例研究方法，虽然二者在研究思路上又各有不同——经验主义学派侧重于研究个体组织管理实践，在服务于个案研究这一目标之下，才考虑做多个组织案例的比较研究、归纳与概括；而权变理论学派侧重于通过多案例研究、归纳，总结出若干基本模型，以指导管理实践。案例研究的目的主要有两个：第一是为了在现实与理论之间建立一个紧密的联系。第二是通过数据，采用归纳的方法，来归纳出理论。如果要求对研究过程和结果进行检验，那么采取的研究方法的严密性和可重复性就显得至关重要了。案例研究的过程要包括定义作者要研究的问题所在、选取具有代表性的案例、确定数据的收集来源、通过访谈或其他方式进行现场数据收集、分析所收集到的所有数据、形成理论等步骤，是一个十分严谨的过程。案例分析强调中间的严格控制，要产生可以供检验的理论。这种方法的最大优点是能够体现理论联系实际的原则，使一般抽象的管理原理建立在大量的实际案例分析基础上。实践证明，案例研究法对于公共事业管理学的研究是行之有效的。

## 四、系统研究法

要进行有效的管理活动，必须对影响管理过程的各种因素及其相互之间的关系，进行总体的、系统的分析研究，才能形成可行的基本理论和合理的管理活动。总体的、系统的研究和学习方法，就是用系统的观点来分析、研究和学习管理的原理和管理活动。所谓系统，是指由相互作用、相互依赖的若干组成部分结合而成具有特定功能的有机整体。系统本身又是它所从属的一个更大系统的组成部分。从管理的角度看，系统有两个含义：一是指一个实体；二是指一种方法或手段。二者既有区别又有联系。系统的方法是指用系统的观点来研究和分析管理活动的全过程。根据这个定义，管理过程是一个系统，管理的概念、理论和技术方法也是一个系统。实际上任何事物都是一个系统。系统分析作为一种方法，在研究、分析和解决公共事业管理问题时必须具备以下几点：一是整体观点。即整体的功效应大于各个个体的功效之和。二是开放性与封闭性。即若系统与外部环境交换信息与能量，就可把它看成是开放的；反之，就可把它看成是一个封闭的系统。三是模糊分界的观点。即将系统与其所处的环境分开的“分界线”往往是模糊的。四是动态平衡的观点。即开放的系统要生存下去，必须从环境中摄取足够的投入物来补偿它的产出物和其自身在运动中所消耗的能量。五是信息反馈观点。即系统要达到体内动态平衡，就必须有信息反馈。六是等效观点。即在一个社会系统内，可以用不同的输入或不同的过程去实现同一个目标，不存在唯一的、最好的方式。

## 复习思考题

1. 什么是公共事业？
2. 公共事业管理与行政管理有什么不同？
3. 公共事业管理与公共管理有什么不同？
4. 公共事业管理与市政管理有什么不同？
5. 公共事业管理与企业管理有什么不同？
6. 公共事业管理的理论基础是什么？
7. 公共事业管理的研究方法有哪些？

## 扩展阅读

### 公园能否免费开放？

近年来，公园收费与免费之争，始终不绝于耳。争论的焦点在于，公园究竟属于什么性质的产品或服务？对这一问题认识的不同，形成了旗帜鲜明的两种观点：一种观点认为，公园是政府用纳税人的钱投资建设的，免费自然是“还园于民”的表现；另一种观点则认为公园免费开放，只会造成设施受损、环境破坏等一系列后果。笔者对无条件的“公园免费开放”的观点也持有疑义，并且认为我们应该从更深层次上来认识公园收费与免费的实质。

一、公园的性质

持有公园免费开放观点的人，一个最主要的依据就是公园属于公共物品。一般来说，公园的前期建设投入大都是政府财政支出，而“政府投入”其实就意味着“纳税人支出”，这种政府对于城市公园的投入也等于是公民通过纳税寻求公共服务的一种支付转移。因此，城市公园的这种性质决定了它应该成为公益服务的场所。我认为，基于这样的认识提出公园免费开放的主张，是对城市公园性质的一种误解。

在经济学中，大量的多样化的各种物品和服务，根据其排他性和消费特性大致可分为四类：个人物品、可收费物品、共有资源和公共物品。排他性是说能很容易地阻止人们使用这种物品，其实质是一个成本问题，它可行或者不可行依赖于执行成本的相对高低。因此，排他性容许有不同的程度；同时，物品和服务的其他特征与消费密切相关。一些物品和服务可以被消费者共同和同时使用，其数量和质量并不会因此减少或降低，而其他一些物品则不同，亦即当你使用一个物品时，就减少了他人对这种物品的使用。

显然，城市公园很少具有个人物品的特征，但按照可收费物品、共有资源和公共物品的界定标准来分析，公园既可能是公共物品，也可能是共有资源，还可能是一种可收费物品。更多的情况下，它更可能是一种共有资源。如果公园足够大，游客们在游玩时不会相互影响，公园又是免费或象征性收费的，那么它就既缺乏排他性又缺乏消费上的竞争性，就很接近公共物品。如果公园面积有限而游客众多，它就更接近共有资源——一个游客对公园资源的使用会在一定程度上减少其他游客对公园美景的享用。就目前我国的情况看，多数公园(包括故宫博物院这样的人文景观)属于共有资源性质。

共有资源往往被“公地悲剧”所困扰。“公地悲剧”意味着任何时候只要许多个人共同使用一种稀缺资源，便会发生有限资源被滥用或过度使用的情况。亚里士多德两千多年前对此做过精辟的阐释：“凡是属于最多数人的公共事物常常是最少受人照顾的事物，人们关心着自己的东西，而忽视公共的事物。”现代资源经济学也得出结论：只要公共资源对人开放，资源单位的总提取量就会大于经济上的最优提取水平(Coark，1976)。

我国的多数风景区、公园、博物馆都正在遭受这种“公地悲剧”的困扰，其中不少还相当严重。这种困扰很大程度上是由于游客过多对环境及景观本身造成的破坏，同时，公园效益差，所得收入不足以维持对风景区、公园的有效养护，也是加剧公园状况恶化的重要原因之一。

二、免费开放的条件

严格地说，公园性质不尽相同，一律提免费开放也是不适当的。这里，我们简单地把公园区分为五类，一是休闲公园，如街心公园等。二是景点公园，像名胜古迹等。三是国家公园，如自然保护区等。四是展示公园，博物馆、植物园等就属于这一类。五是中心公园，如许多城市都有的人民公园等。这几类公园虽然都属于共同消费品，一个人对公园的享用并不能排除其他人对它的享用。但如果共同消费者的数量超过公园的承受能力时，现有公园的服务质量和数量就被严重破坏和减损。也就是说，公园不是纯粹的共同消费物品，它们会产生拥挤问题。然而，按照上面提到的排他和消费两个变量，这几类公园在收费与免费问题上，也不可同日而语。

下面我们以排他和消费两个变量为维度标示上述几类公园的具体位置，并对它们的免费条件作进一步分析。

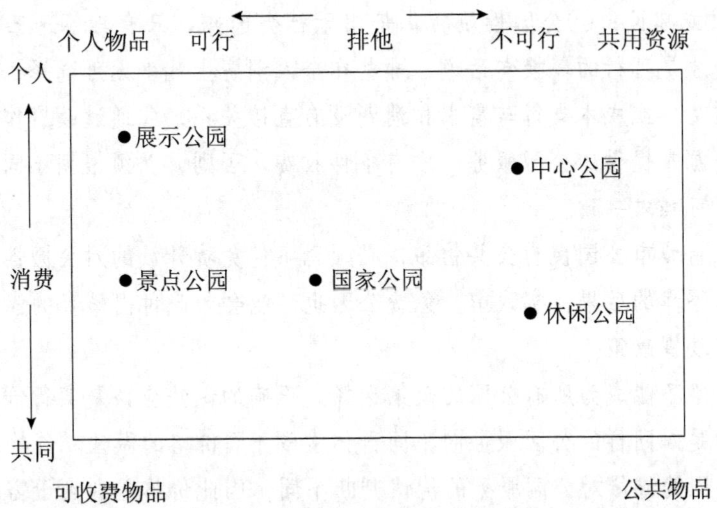


图1-4　对公园免费条件的分析

图1-4通过确立各自在排他和消费方面的位置，对公园免费或收费的内涵作进一步解释。当然，公园在图中的具体位置加入了主观判断的因素，读者也可以表达自己的看法。

公园的特性——个人、收费、共用资源和公共品——决定了消费者的支付意愿，也不可避免地决定了生产者的提供意愿。因此，公园性质决定了：为提供满意的质量和数量的公园服务，免费是否必要。换言之，免费开放总是有条件的。上述五类公园中，只有休闲公园具有纯粹的公共物品特性，其观光价值和管理难度相对较小，向市民免费开放可以是无条件的，对其他公园都需要作具体分析。

首先，这些公园都不是纯粹的公共物品或私人物品，这种介于公共和私人物品之间的属性决定了免费开放是有条件的。景点公园属于有排他性而消费上无竞争性的物品；中心公园虽有竞争性却无排他性，一个人享用公园，留给其他人的空间就少了，但它几乎做不到对所有进入公园的消费者收费。国家公园设置了有限的入口，因此也是可以收费物品。但公园的排他使用也很困难，同时，由于其质量取决于使用者的人数和他们如何使用，所以与其他公共物品相比，国家公园在图中被置于接近可收费物品和公共物品之间。展示公园既有排他性又有一定程度上的消费上的选择性，因此它更接近个人物品的性质。

其次，这些公园的性质也不是一成不变的，公园性质的变化必然导致收费条件的改变。公园的性质发生变化，有的是因为技术变化导致了排他性和消费特性的变化，有的是因为环境的变化，还有的可能与政府的政策倾向有直接关系。比如，一些中心公园在刚建立时是可收费物品，公园被围墙包围，门口有门卫看守并收费。现在出于城市形象的考虑，在一些城市中排他消费不再实施，中心公园被用为公共物品了。

另外，市民的素质、政府财政能力和城市流动人口的多少也是影响公园收费或免费的重要因素。市民整体素质高，政府财政能力强，或游客相对较少，公园免费开放对公园带来的负效应就少些，反之，免费的条件就可能不成熟。

由此可见，公园本身的特性决定了免费的条件：①既无排他性又无竞争性；②依靠政治过程提供或建设；③公园性质转化是出于社会选择。只有具备这三个条件的情况下，公园免费才是可行的。换句话说，那些在个人消费上几乎无可选择，只能接受被提供的数量和质量，或成本支付与需求和消费没有直接关系，或通过政府作出决定，完全地利用集体资源来提供的公园服务，才有条件收费。否则，必须根据不同的公园类型，区别对待，不可强求一致。

那些一味将城市公园视为公共物品，必须无条件免费开放的对公园性质的扭曲性解释可能会产生不幸的后果，实践中，免费公园也可能会为此付出昂贵的代价。

三、价格歧视政策

免费开放绝不能成为所有公园的政策选择。正确的做法应该是实行价格歧视政策。所谓价格歧视是对同样的公园服务向不同群体索取不同价格的做法。价格歧视依靠这样的事实：即不同的群体对公园服务的价值判断不同，因此价格差别由于需求不同而非成本不同而发生。

公园实行的价格歧视政策可以有如下几种不同的方式：①以一种合适的方式对市民进行优惠。如城市市民只要以相对较低的价格购买一张年票就能享受游园或晨练的优惠。目前，在我国一些城市实行的“年票通游制度”就属于这种性质的优惠，而外地游客却无权享受这种优惠。②尽可能缩小收费区域。国内一些城市公园就实行了这种办法，即进入公园门时只象征性收取门票，而核心景观部分则另行收费。这是对那些急需参观公园“品牌产品”的顾客实行的价格歧视。③针对不同的人群采用不同的价格尺度。比如，七十岁以上的老人、学龄前儿童、劳动模范等可以较低票价甚至免费享受公园服务，其他人群则必须支付正常的票价。④在市民利用率较高的公园，采用收费的协议价格。通过公园收费标准听证会等形式促使消费者显示他们愿意支付的预期价位，然后以此为依据确定公园收费标准。⑤利用混合组合的方式确定收费水平。把公园的门票、核心景观和商业项目进行组合，供消费者选择。如果消费者对于组合价格的估计小于预期，他可以拆零购买其中的某一项或两项服务。如果组合价格等于或大于预期，他可以进行整体购买。⑥按照公园品级差别定价。每个公园都有自身的特色，也有不同的品级，差别定价强调让支付得起且有支付意愿的消费者选择他们所钟爱的不同品级的公园服务。

可见，公园的价格歧视政策的关键是，鉴别出对一种类型的公园服务具有不同需求的群体或市场，并向需求更缺乏弹性的群体或市场索要更高的价格，向富于弹性的群体或市场降低价格。在我国，这两个方面的情况同等重要，一方面，我们需要创建有品味的公园产品和服务，奉献给有支付能力的消费者。另一方面，也要通过降低公园收费水平，使城市公园更亲近民众。

资料来源：作者根据相关资料整理编写。

# 第二章　文化事业管理

随着社会经济的发展和人民生活水平的提高，人们对精神文化的需求正快速增长，文化事业在社会生活中的地位日显重要。为推动文化事业全面繁荣和快速发展，不断提升我国文化整体实力和竞争力，就必须促进文化事业的发展和加强对文化事业的科学管理。本章梳理我国文化事业发展的基本脉络，介绍我国文化事业发展规划、法规、政策以及行政管理，联系我国社会发展新趋势，探索分析我国城乡及社区文化事业发展和管理，从理论和方法等方面构建文化事业的管理体系。

## 第一节　文化事业管理概述

### 一、文化事业管理的概念

1. 文化的概念

对文化的理解可谓是见仁见智，从迄今为止国内外学者所给出的200多种定义就可见一斑。在古代中国人的视野里，最早可以追溯到《周易》，所谓："观乎天文以观时变；观乎人文，以化成天下。"大概是中国人论述"文化"之始，到了汉朝，"文化"一词正式出现，但其含义不同于现代。西汉时期学者刘向在《说苑·指武》篇中说："凡武之兴，为不服也，文化不改，然后加诛"，晋人束皙也讲"文化内辑，武功外悠"，这里的文化都是指的与国家军事手段相对的一个概念：即国家的文教治理手段，可以引申为以德治天下，其中包含着培养和教育的意义。到唐代中国进入鼎盛时期，大学问家孔颖达别有见地认为"圣人观察人文，则诗书礼乐之谓"，这实际上是说"文化"主要是指文学、礼仪、风俗等形态的东西。在中国浩瀚的历史长河中，人们对文化的各种探讨一直就没有间断过。明末清初的顾炎武在《日知录》中说"自身而至于家国天下，制之为度数，发之为音容，莫非文也"，即人自身的行为表现和国家的各种制度，都属于"文化"的范畴。至此，文化的理论框架已初具规模。西方人对"文化"的论述可从英语词汇"culture"的原始含义说起。"culture"就是指通过人工劳作，将自然界的野生动植物加以驯化和培养，使之成为符合人类需要的品种。后来，随着"culture"一词在实际中的不断使用，它的涵义亦不断扩展，其所蕴涵的客观对象，从原来的人对自然本身的照管、驯化，逐渐引申为对人对自身本能状态的教化、培养和修炼，以及对人与人之间关系的培养和照料活动。

学者们对于"文化"含义的认识，从19世纪中叶到近现代，有影响的观点大致可以归结为三类：一是生活方式说，认为文化是人类群体整套的生存式样；二是能力、习性说，认为文化是人类的种种能力和习性的复合体；三是意识形态说，认为文化主要指人的精神生活领域。三者都深刻地看到了文化的重要方面，却都有失之偏颇之处。在上述认识的基础上，我们对文化作出如下界定：文化是在人类社会历史过程中产生的，源于客观世界又反作用于客观世界的艺术、知识和观念以及与之相适应的社会组织、制度、行为和由此创造的物质财富和精神财富的总和。文化具有以下重要特点：①文化来源于社会实践，并随着社会实践的变化发展而变化发展，具有动态性和时空特点；②文化是人类为适应、利用、改造客观环境为自身谋利益的能动性创造，文化既对人类行为具有指导作用，又对客观世界具有反作用；③由艺术、知识和观念所构成的精神文化是一切文化的母体，其中观念文化具有决定性作用；④社会的组织、制度和行为是社会文化的能动载体，是推动社会前进的基本条件；⑤文化创造出物质文明和精神文明。

2. 文化事业的概念

文化事业的本质在于非营利性，与具有营利性质的文化产业相对应。在现代社会中，文化活动丰富多彩，在社会生活中占有重要的地位。这些内容丰富、形态繁多的文化活动，可以结合其活动的目的和功能，分成纯公共物品、准公共物品和私人物品三大类。纯公共性文化产品是指在消费上具有很强的非排他性和非竞争性的文化产品，比较典型的如人文社会科学和自然科学的基础研究、公共广播和公共电视等。准公共性文化产品是指在消费上不完全具有非排他性和非竞争性的文化产品，大多数文化产品属于该类，如公共图书馆、博物馆、纪念馆和群众性的文化事业机构及其活动等，一般都具有准公共文化产品性质。私人性文化产品是指在消费上具有强排他性和强竞争性的文化产品。随着经济的发展尤其是科技水平的提高，当文化活动在保证社会文明进步方向和公众基本文化需求的前提下，主要针对社会不同群体乃至个性化文化需求时，这样的文化产品和文化活动便具有明显的商品性和营利性，典型的如影视音像、演出娱乐等。从这个意义上来说，文化事业具有非常鲜明的公共物品特征即公益属性，它既包括纯公共物品性的也包括准公共物品性的文化产品。所谓文化事业就是政府或相关社会组织为提高国民素质而提供公益性文化产品或服务的活动和事务。文化事业和文化产业是同一体系当中互有区别又有联系的关联体。文化事业强调社会效应，文化产业强调经济效益。

3. 文化事业管理的概念

经济学证明，公共物品是市场所不愿、所不能和所不宜从事的，应由国家给予投资，通过政府相关部门，提供无偿或部分有偿生产或服务。所以，对于具有纯公共物品性质尤其是纯公共物品属性的文化事业必须加大政府支持的力度。这包括党和国家的重要新闻媒体，科技馆、文化馆、博物馆、图书馆等一些公益性文化设施，优秀民间艺术、文化遗产，以及老少边穷地区和中西部地区的文化发展等，它们事关国家安全和社会稳定，国家必须在规划和投入上给予保障，在政策上给予扶持，要把公益性文化活动纳入政府基本公共财政开支的范畴。因此，文化事业管理是指政府、政党及其附属的文化行政部门和相关社会组织对各项文化事业进行计划、组织、监督与指导，以达到向公众有效地提供基本文化产品和服务的目的。文化事业管理包含以下基本要素。①文化事业管理的主体。文化事业管理的主体包括政府和政党及其附属的文化行政部门以及相关社会组织。它们通过制定和实施文化事业发展规划、领导和协调各种文化活动来影响客体，以完成文化事业管理的使命。②文化事业管理的客体。文化事业管理的客体系统是指文化事业管理的对象。其中既有文化产品或文化服务的提供机制和网络，也包含公共文化活动和文化事业单位。③文化事业管理的目标。通过有效地配置文化资源，最大限度地满足公众对文化产品和服务的需要，以保障公民最基本的文化权利。④文化事业管理的方法。包括行政方法、法制方法、经济方法和道德规范等。[①]⑤文化事业管理的分类。从具体工作上来看，可以分为电影电视管理、报纸文献管理、文物博物馆管理、艺术管理和新闻出版管理等；从管理范围上来看，可以分为农村文化管理、城市文化管理和社区文化管理；从政府职责上看，可以分为文化宏观管理和文化行政管理等。

## 二、文化事业管理体制及其演变

文化事业管理体制，是指在社会经济发展一定阶段中公益性文化产品的生产、管理和传播的具体形式和运行方式，它包括文化生产、管理制度、管理形式、管理方法及传播方式等，是公益性文化产品生产和传播的组织架构与制度安排。

新中国成立后，为了改变旧中国经济文化的落后面貌，党和政府十分重视文化事业的发展，在20世纪50年代出现了一个文化事业发展的高潮。与旧中国相比，我国文化事业发生了天翻地覆的变化，建设了一大批文化设施，拯救了许多文化遗产。但是，受到计划经济体制的影响，我国在文化事业中也采用了政府包办的管理体制。这是在学习前苏联“政府严控型”文化管理模式的基础上，运用到中国文化领域的一种高度中央集权的文化管理体制。在当时的环境下，这种体制有许多优点，如：从中央到地方形成一个庞大而严密的、条块结合的、封闭的文化行政管理网络，有利于加强意识形态领域的领导，有利于抵御外来不良文化的入侵，在一定程度上扶持和保护了文化事业的发展。但是，政府包办的文化事业管理体制所存在的缺陷是明显的：一是文化资金来源渠道过窄，政府经费有限，限制了文化发展和社会办文化的积极性；二是权力高度集中于文化行政部门，无法调动文化事业单位的积极性，使之失去“造血”功能；三是管理手段单一，以行政方式代替经济和法律方式，忽视了文化事业自身的特点，造成了文化事业的低效率；四是政府对文化事业管得过死，统得过多，使文化事业成为政治的附属物，无法满足群众的真实需求。[②]我国新时期的文化事业体制改革，从1978年开始已走过了30多年的历程，大致经历了以下三个发展阶段[③]。

① 陈潭. 公共管理案例分析[M]. 北京：社会科学文献出版社，2009：347.

② 陈潭. 公共管理案例分析[M]. 北京：社会科学文献出版社，2009：348.

③ 佚名. 我国文化体制改革历程的回顾与启示，中国网，http://www.china.com.cn/zhuanti2005/txt/2005-02/23/content_5793495.htm，2005.2.23.

1. 恢复与发展阶段(1978—1992年)

党的十一届三中全会实现了新中国成立以来我党历史上具有深远意义的伟大转折。这一阶段的文化事业也出现了复苏与空前的繁荣。但与此同时，原有文化体制的弊端也日益暴露出来，越来越不适应新时期经济体制改革的形势和文化事业发展的要求。在这种情况下，我国开始了文化事业管理体制的改革。20世纪80年代初，承包制被引入文化事业单位以调动文化从业人员的积极性和创造性。

2. 改革阶段(1993—2002年)

1992年邓小平同志视察南方的重要讲话发表和党的十四大的召开，标志着我国改革开放和现代化建设进入了一个新阶段。这一时期，对文化体制改革的重要性和必要性的认识得到进一步提高，“坚持走改革开放之路，积极推进文化事业改革”成为文化发展的基本方针。这一阶段文化体制改革在实践中主要围绕以下几个重点进行了探索：一是深化文化单位的内部改革，根据不同特点，建立健全激励竞争机制，努力增强生机和活力。二是高度重视法治建设，大力推进依法管理。三是文化管理部门加大自身改革的力度，转变职能，提高效率，加强和改进对文化事业的宏观管理；四是进一步完善文化经济政策，逐步建立了有利于文化单位把社会效益放在首位的保障机制。

3. 快速发展新阶段(2003年至今)

党的第十六次代表大会提出“文化体制改革”的任务，指出：我国文化事业管理体制改革今后的发展方向，就是要不断解放和发展文化生产力，促进文化事业的繁荣，实现文化事业管理改革的体制创新，为发展社会主义先进文化奠定长远的制度保障。通过这次会议，明确了我国整个文化体制改革的方向和目标，理顺了政府和文化事业单位的关系，强调了加强宏观管理的重要性。自此，我国文化事业单位内部改革进一步深化，逐步建立了有利于调动文化工作者积极性的文化管理体制和运行机制。具体表现为：①深化文化投融资体制改革，建立多元化投融资渠道。②转变政府职能，建立精干高效的管理机构。③完善相关法规，丰富管理手段。④深化文化事业内部的用人制度改革。

党的“十七大”以后，我国文化建设进一步开创了新的局面。科学发展观建设扎实推进，马克思主义理论研究和建设工程成效明显。思想道德建设广泛开展，全社会文明程度进一步提高。文化体制改革取得重要进展，文化事业和文化产业快速发展，人民精神文化生活更加丰富。全民健身和竞技体育取得新成绩。

党的“十八大”以来，我国文化建设迈上新台阶。社会主义核心价值体系建设深入开展，文化体制改革全面推进，公共文化服务体系建设取得重大进展，文化产业加速发展，文化创作生产更加繁荣，人民精神文化生活更加丰富多彩。

# 第二节　文化事业的宏观管理

## 一、文化事业的战略规划

文化事业战略，是我国总体发展战略的有机组成部分，同经济发展战略、科技发展战略、教育发展战略一样，都属于国家总体发展战略的子系统。目前越来越多的人认识到制定文化事业战略的重要性，制订我国的文化发展战略的时机已日益成熟。文化事业战略是一个复杂的集合体，一般包括文化事业的战略目标、文化事业的战略方针、文化事业的战略措施和文化事业的战略重点等。

1. 文化事业的战略目标[①]

(1)“文化强国”。我国文化事业发展的总目标是：建设先进文化，建成文化强国。目前来讲，就是发展中国特色社会主义文化，就是发展面向现代化、面向世界、面向未来的科学的民族的大众的社会主义文化。建成文化强国，就是要提高中华文化在世界上的影响力和竞争力，实现把我国建设成文化强国的目标。

(2) 建立创新型文化事业发展体系。一是要创新中国文化的价值观念体系，二是要创新当代中国文化的内容和形式，三是要创新中国文化事业的管理体制，四是要培育当代中国新的文化业态，五是要优化中国文化事业环境。

(3) 文化事业发展的阶段性目标。中共中央关于制定“十二五”规划的建议中指出：要提高全民族文化素质，建设社会主义核心价值体系；推进文化创新，提倡文化的多样化，解放和发展文化生产力，增强文化发展活力；繁荣发展文化事业，始终把社会效益放在首位，继续实施文化惠民工程，基本建成公共文化服务体系。

2. 文化事业的战略方针

中国社会主义文化事业建设的战略方针是指具有战略性、指导性和原则性的文化方针。主要有：一是文化为人民服务和为社会主义服务的方针，二是“百花齐放、百家争鸣”的双百方针，三是“古为今用、洋为中用、推陈出新、继往开来”的方针。

3. 文化事业的战略原则

文化事业的战略原则有五点：一是文化发展与经济、政治和社会的发展相协调；二是把社会效益放在首位，社会效益和经济效益相统一；三是以科学的理论武装人、以正确的舆论引导人、以高尚的精神塑造人、以优秀的作品鼓舞人；四是贴近实际、贴近生活、贴近群众；五是弘扬主旋律、提倡多样化。

4. 文化事业的战略重点

文化事业发展的重点在于：创新文化体制和机制，提升公共文化服务水平，加大文化事业投资，加强文化交流和努力培养文化艺术人才。正是因为考虑上述因素，在探讨

---

① 李昆明，王缅. 大国策——通向大国之路的中国文化发展战略[M]. 北京：人民日报出版社，2009：103-139.

当前我国文化事业发展战略时，我们就必须要具有全球眼光和国情观念，就必须了解全球文化发展的格局与趋势，也必须认清我国自身的历史方位和文化现状，才能取得社会主义文化建设的全面胜利。

## 二、文化事业的法律制度

文化事业法律制度是文化领域内法律和制度的总称，是确认社会主导价值体系和维护公民文化权利的需要。文化是一个民族的精神和灵魂，是国家发展和民族振兴的强大力量。在现代法治国家，从法律的高度认识和保护文化财富，科学健康地发展文化事业，是国家发展和民族振兴的要求。我国文化事业的法律体系是指以宪法为核心，以文化法为主要内容，横跨行政法、民商法、经济法、社会法、诉讼法和刑法等多部门多层次的规范体系。文化事业的法律体系在结构上包括以下三个部分。

### 1. 宪法

宪法作为国家的根本大法，其关于国家基本制度和发展文化事业及保障公民享有从事文化活动的权利的规定为文化事业法制建设提供了基本原则和基础。宪法规定："国家发展为人民服务、为社会主义服务的文化艺术事业、新闻广播电视事业、出版发行事业、图书馆、博物馆、文化馆和其他文化事业，开展群众性的文化活动"；"国家保护名胜古迹、珍贵文物和其他重要历史文化遗产"；"保障公民享有进行科学研究、文学艺术创造和其他文化活动的权利，并保障公民享有言论、出版、集会、结社、游行、示威的自由以及宗教信仰的自由。"①

### 2. 文化法

文化法是根据宪法制定的调整国家文化管理和社会文化生活中发生的各种社会关系的法律规范的总称。具体来看，主要包括《中华人民共和国文物保护法》《中华人民共和国著作权法》《出版管理条例》《电影管理条例》《广播电视管理条例》《互联网文化管理暂行规定》以及加强文化市场管理的相关条令条例等。

### 3. 其他相关法律

其他与文化事业有关的法律主要包括行政法、民商法、经济法、社会法、诉讼法和刑法中的相关条文规定。以经济法为例：许多重要的经济法是保障文化产品正常流通的法律调控手段，如反不正当竞争法可以维护竞争秩序，制止对知识产权的侵犯。②

## 三、文化事业的政策管理③

文化事业政策是指在一定的社会条件下，政府对文化事业内诸如文物遗产、公益演出、新闻出版等问题所颁布的一整套制度性的规定、原则和对策的总和。文化事业的政

① 李昆明，王缅. 大国策——通向大国之路的中国文化发展战略[M]. 北京：人民日报出版社，2009：343.

② 李昆明，王缅. 大国策——通向大国之路的中国文化发展战略[M]. 北京：人民日报出版社，2009：344.

③ 孙萍. 文化管理学[M]. 北京：中国人民大学出版社，2005.

策管理过程是指针对已经确认的文化事业问题，通过政策议程制定、选择出方案并使其合法化，之后由执行机构实行方案并对结果进行评估，以及对方案进行终结的操作。和其他公共政策过程一样，文化事业的政策管理过程主要包括政策制定、政策执行和政策终结三个阶段。

1. 我国文化事业的总政策

我国文化事业的总政策是我国在较长的社会主义历史发展时期确立的文化目标和任务，它规定了我国在社会主义历史发展过程中文化发展的根本方向。具体来看，我国文化事业总政策包括“二为”方向(为人民服务和为社会主义服务)和“双百”方针(百花齐放和百家争鸣)两部分内容，在中国当代文化政策体系中，这是具有战略指导性和根本原则性的文化政策，是制定其他文化政策的依据。

2. 我国文化事业的基本政策

文化事业的基本政策是文化事业总政策的原则内容在某个方向上的体现，是政策过程系统的空间展开。在全面部署社会主义文化建设的过程中，我国不但制定了具有中国特色、符合中国国情的社会主义文化事业总政策，而且还形成了一系列体现总政策精神的基本政策和具体政策，它们共同构成了我国社会主义文化事业政策体系。其中，最有代表性的两个基本政策是“弘扬主旋律，提倡多样化”和“古为今用，洋为中用，推陈出新、继往开来”。

3. 我国文化事业的具体政策

我国文化事业的具体政策是繁荣文化事业的助推剂，包括：文艺创作政策(“树立精品意识，实施精品战略”等)；新闻、传播、出版事业政策；文物工作政策(“保护为主，抢救第一”等)；群众文化政策(“积极健康、丰富多彩、服务人民”等)；少数民族文化政策；对外文化交流政策(“把握方向，服务大局，以我为主，择精取优，扩大影响，促进友谊”等)等。

## 第三节　文化事业的行政管理

### 一、文化行政组织

1. 文化行政组织的概念

所谓文化行政组织，就是指为了行使国家权力，体现国家文化意志，通过权利和责任的分配、层次和结构的设计、职位和人员的安排等所构成的国家文化行政机关的完整体系。它是国家行政组织的一部分，即属于我国的政府机关体系，按照级别的不同可以划分为国家和地方两类。在中央，文化行政组织主要包括文化部、国家新闻出版广播电影电视总局和受文化部管理的国家文物局；在地方，主要包括各省文化厅(文物局)和省新闻出版广播电影电视局等。

2. 文化行政组织的结构

文化行政组织结构，是指构成文化行政组织各要素的及其层次的排列组合方式，包括文化行政组织各成员、单位、部门和层级之间的分工协作以及联系沟通方式等。从文化行政组织的分工来看，可以分为横向结构和纵向结构。所谓横向结构，是指文化行政组织的横向分工，体现的是同级行政组织之间的相互协调合作的关系。例如，各省文化厅之间、文化部各司局之间所形成的关系就是文化行政组织的横向结构。所谓纵向结构，是指文化行政组织的纵向分工，体现的是文化行政组织之间的领导与被领导的关系。

3. 我国文化行政组织的机构设置

我国在1949年9月29日颁布实施了《中华人民共和国中央人民政府组织法》，规定政务院下设立文化教育委员会，设立了专司文化事业管理的中央文化行政职能部门：文化部、新闻总署、出版总署、科学院、教育部。此后各省(自治区、直辖市)和地方县市区各级人民政府都成立了教育厅(局)、文化厅(局)或其他文化教育行政管理机构，构成了从中央到地方各级人民政府的行政文化管理网络。目前，我国文化行政组织的机构设置主要包括文化部、广电总局和新闻出版总署(国家版权局)等。从文化管理职能上来看，艺术表演团体、美术馆、博物馆、社会文化、对外文化交流等归属在文化部，文化法制中的版权管理部分归属新闻出版总署(国家版权局)，而影视作品的生产部分归国家广播电影电视总局。①改革开放的三十多年来，新闻出版和广播电影电视都有了很大的发展，伴随着产业发展和文化繁荣，也出现了许多新的问题，如条块分割、部门封锁等等。2013年，国家将原来的国家新闻出版总署和国家广播电影电视总局撤销，成立新的国务院直属的“国家新闻出版广播电影电视总局”，新的总局的设立，对于减少职能重复交叉和产业链管理的人为切割现象，对于提高管理工作的效率从而建立现代出版传播体系，对于国家文化发展战略的制定和实施等都具有十分重要的意义。

## 二、文化事业行政管理的内容

所谓文化事业行政管理，是指文化行政组织为了满足人们对文化的需要，遵循文化发展的自身规律，对社会文化事业进行规划、组织、指挥、协调、监督和控制，以实现预期的文化事业发展目标的管理过程。其具体内容包括以下几点。

1. 文化行政执法

文化行政执法包括：文化行政执法公示制度、文化行政执法巡查制度、文化行政执法文书管理制度、文化行政执法文书档案管理制度、文化行政执法错案责任追究制度、文化稽查人员评议考核制度、文化稽查人员培训制度、文化行政执法统计制度以及文化稽查队着装管理规定等。

---

① 孙萍. 文化管理学[M]. 北京：中国人民大学出版社，2005.

2. 文化市场管理

文化市场管理范围包括：文化行政管理部门对文化娱乐和文化艺术经营活动的监督管理；新闻出版广电管理部门对图书报刊和音像制品等的出版、印刷、发行、销售、出租和经营活动的监督管理。

3. 民间文化团体和文化中介组织培育

文化市场的运行中，离不开各式各样文化交易经济机构、文化鉴定仲裁机构、文化信息咨询机构以及著作权代理机构等文化中介组织。文化中介组织对繁荣文化具有深远影响，它具有扩大文化信息传播渠道、促进文化资源的合理配置和培育文化消费群体等功能。文化中介组织是现代市场经济发展到一定程度的必然产物，必须积极进行培育，规范其发展。

4. 文化部门管理

文化部门管理是指文化行政组织自身的管理，主要有上级文化部门对下级部门的指导、协调和控制，文化监管部门对文化行政管理工作的监督，同级文化部门之间的合作、沟通，下级文化部门对上级文化部门的反馈和建议等。

## 三、我国文化事业行政管理中存在的问题

随着经济体制的改革，我国文化行政管理体制改革也走过了很长一段时期，取得了不少成绩，但同时还存在许多问题。

1. 组织结构不合理

在文化建设和发展的行政管理结构上，中央和绝大多数省、自治区、直辖市行政管理机构存在分工过细，条块分割和政出多门的现象。因此出现了机构庞大、人员臃肿、人浮于事的现象，这导致文化事业行政管理效率低下和人力、物力和财力的极大浪费。

2. 管理职能不清

受计划经济体制的影响，文化事业行政体制至今仍然存在计划体制的烙印，文化行政部门对文化事业实施大包大揽的统一管理，既要管人钱物，又要管机构设置、文化生产、产品流通，甚至管工资福利、困难补助等。同时，管办合一，政企不分家，管得过严、过死，压抑了文化单位和从业人员的积极性，严重束缚了文化生产力的发展。

3. 行政管理手段不规范

在文化建设和发展的行政基本手段上，存在“重行政手段管理，轻法律、经济手段管理”的现象，盛行以内部文件形式为主规制和管理文化行业的行为。文化行政管理中仍设置较多的行政许可和前置审批，文化市场主体参与积极性不高。[①]

---

① 孙萍. 文化管理学[M]. 北京：中国人民大学出版社，2005.

## 四、加强文化事业行政管理

1. 调整结构，精简机构，提高效率

在社会主义市场经济的新形势下，文化行政管理机构应该加以集中统一，建立一个综合的文化行政管理机构，把所有文化范畴内的事务都统一管理起来。即文化管理组织结构从单一型向混合型的文化行政机关、文化社会组织、文化中介组织转型，根据精简、统一、效能的原则进行机构改革，建立办事高效、运转协调、行为规范的文化事业行政管理体系，满足人们的文化需求。

2. 明晰职责，简政放权

在社会主义市场经济体制下，文化事业行政组织应该明确自己的职能和责任，文化事业行政管理应将一些事务性的职能交给文化企业、文化事业、文化社会团体，把计划管理、微观管理的内容降低到最低限度。国家不再直接兴办和管理文化事业，逐步由传统体制下的政事不分、管办不分的行政职能结构向市场体制下政企分开、政事分开、管办分离的行政职能结构转型。文化行政上级组织应将一些具体事务性行政职能交给下级文化行政部门，将不属于行政职能的行政事务性工作下放给直属单位。

3. 行政手段和法制手段并用

目前，就全国范围来讲，文化的法治化进程远远落后于经济。所以，当务之急是加快文化立法进程，完备文化法规，逐步建立起与社会主义市场经济体制相适应的文化法律体系，使文化管理有法可依，严格依靠法律、法规进行管理。文化行政部门也要转变观念，提高行政人员的法律意识和执法水平，使文化行政管理真正早日步入法治化管理的轨道，这才是保证文化事业持续健康发展的根本出路。①

4. 建立健全文化资产管理体制

遵循统一规则，实施单列操作，将国有资产监督管理的一般规则同宣传文化领域工作的特殊性有机结合，就加强和完善国有资产监管工作、国有股权转让变更、国有资产评估管理、国资运营机构投资监督管理、国资运营机构领导人员和国资产权代表经营业绩评价考核、防范证券期货投资风险等问题，制订新的管理制度，推进文化领域国资监管的制度化建设。②

# 第四节　城乡及社区文化事业管理

## 一、城市文化事业管理

1. 城市文化的概念与特点

文化是物质文明不可缺少的无形的灵魂，它总是与物质实体同在，它的载体实际上

① 姜永生. 市场经济条件下的文化行政管理[J]. 内蒙古宣传，2000(11)：45.

② 凌金铸. 论文化行政转型[J]. 安徽大学学报：哲学社会科学版，2007，(4).

可以是一切经过人工加工和满足人的需要的实物。美国著名城市学家、社会学家刘易斯·芒福德曾有个名言：城市是文化的“容器”。无论是“容器”说还是人的“载体”说，都表明城市是文化的集中地，是文化与文明的结晶，也是文化与文明进步的阶梯和最高成就。对此，我们有以下三种理解。首先，城市作为人类社会创造出来的聚居方式，城市整体自然成为人类文化的一种载体。其次，城市化过程既是人口向城市聚集的过程，更是每一位市民体魄强健和精神富足的过程。施本格勒就曾指出：“人类所有的伟大文化都是由城市产生的。第二代优秀人类，是擅长建造城市的动物。这就是世界史的实际标准，这个标准不同于人类史的标准；世界史就是人类的城市时代史。国家、政府、政治、宗教等，无不是从人类生存的这一基本形式—城市—发展起来并附着其上的。”[①]城市出现后，成为人类文化演进的一个最强有力的飞跃点和人类文明发展的最重要的策源地，所以城市从一开始就是物质文明与精神文明的结晶。最后，城市作为社会文化的真实写照，直接反映它所处的时代特色、社会、经济、科学技术、生活方式、人际关系、艺术倾向、哲学观念、宗教信仰等方方面面的状况。没有城市的承载，文化就缺少了它最生动的集结地。

在城市的形成和发展中形成了一种有别于其他文化的独特文化，这就是城市文化。即城市文化是反映城市物质文明和精神文明的社会意识形态的总和，是能够反映城市物质系统同时又能引导和调节城市经济社会发展的重要的内生变量。城市文化具有以下特点：①城市文化与城市先进生产方式相互关系，它具有比乡村文化相对先进的性质。②城市文化与城市经济快速发展相联系，它具有比乡村文化发展较快的特点。③作为城市的精神象征，城市文化规范着人们的思想和行为，并从根本上对城市的发展产生长远的影响。

2. 我国城市文化事业发展中的问题

(1) 城市文化的有效供给不足，供需矛盾尖锐。主要表现为，一方面是精英文化陷入危机，大众文化盲目发展。另一方面是城市文化建设失衡，城市特色文化弱化。

(2) 城市文化资源开发利用不够合理。表现为城市间文化资源分布不均匀，由于缺乏合理有效的文化资源开发利用机制，城市文化资源的开发存在着“三多三少”现象，即“对有形资源重视多，对无形资产利用少；对现有资源使用多，对潜在资源挖掘少；对自家资源管得多，对盘活资源协商少”。[②]

(3) 文化建设投入不足。城市管理者只注重眼前利益，看不到城市文化存在的潜在价值，因而不愿意增加城市文化建设方面投入。

(4) 城市文化建设管理制度不完善。城市文化部门的运作不是由专家决定，而是由领导说了算，以致出现外行指导内行的局面。政府在城市文化建设中的角色定位模糊，管理机制和理念不灵活。

---

① O. 施本格勒. 西方的没落[M]. 齐世荣，译. 北京：商务印书馆，1963.

② 徐中振. 上海社区发展报告[M]. 上海：上海大学出版社，2000.

3. 我国城市文化建设与管理

(1) 完善城市文化事业设施。城市文化事业设施建设的好坏成为城市竞争力大小的标志，是城市社会性基础设施之一。加强文化设施建设是城市建设中必须遵循的基本原则，完善的城市文化设施，可以大大提高城市品位，陶冶人们的情操，提高人们的精神境界。所以从这种意义上讲，一个成功的城市建设，实际上是在进行文化建设。

(2) 完善城市文化管理体制。要确立政府在城市文化建设中的角色和定位。政府应该更多地充当文化建设的推动者、指导者和保障者的角色。要健全城市文化建设的法律和制度，落实和完善文化经济政策，使城市文化建设有法可依，保障城市文化建设主体的合法权益，保障城市文化建设向合理化、有序化发展。要建立起有效的城市文化发展激励机制，健全城市文化机制，做好科学布局与规划。

(3) 改善城市文化环境。城市居住的适宜性与许多因素有关。例如良好的自然条件及其利用，良好的人工环境的建设，丰富的文化传统，历史建筑(群)及文化设施，这些都可以创造多姿多彩的城市环境。因此，要通过改善城市文化环境，使城市多样的生活环境、美好的交往环境、怡人的自然环境和美丽的建筑环境得以实现。

(4) 重视和加强教育。大力开展群众性的文化活动，促进先进文化的传播，以不断提高城市居民的文化素质。

## 二、农村文化事业管理

1. 农村文化的概念与特点

农村文化是指在一定的社会经济条件下，农民群众在长期的农业生产和农村生活过程中创造和形成的精神文明总和，包括共同理想、认知方法、生活方式、价值观念、道德风俗以及行为规范等文化形态。同城市文化一样，农村文化也是由不同元素组成的复杂体系，在这一体系中，价值观念、管理规范和语言符号构成了其基本要素。

我国历史上长期处于自然经济的农业社会中，积淀了丰富的乡土文化。这些文化具有以下特点：以农业为基础的村庄经济决定了传统农村文化的基本生活方式和文化特征；以家族关系为基础的组织形式和群体特征；以孝悌和勤俭为最基本的社会价值和社会道德；以舆论和情感作为主要的农村社会控制手段。

2. 我国农村文化事业建设中存在的问题

近年来，随着我国农村和农业的迅速发展，农村文化建设也取得了举世瞩目的成就，群众的文化生活得到了明显改善，农村文化内容更加丰富，出现了许多新气象。然而，我们也应该清醒地认识到，在农村文化建设上仍然存在许多困难和问题，具体表现为以下几点。

(1) 农村文化发展极不平衡，发展速度缓慢。农村文化发展的不平衡，不仅表现在与城市相比明显滞后，而且还表现在地区之间农村文化发展的差距。由于受经济社会发展水平的影响，各地区对农村文化的经费投入、队伍建设、设施建设等存在较大差别。

(2) 在农村文化建设上存在认识上的偏差。乡镇一些基层干部文化意识弱化，普遍存在领导只重视经济建设，不重视精神文明建设的情况，存在“经济是硬指标，文化是软指标”的错误理念，对文化建设在农村经济、社会和人的全面和谐发展中的重要地位和作用认识不足，严重影响了农村文化建设。

(3) 农村文化经费不足，文化设施建设不力。近年来，国家财政对文化事业的投入力度不断加大，对农村文化事业的投入也在逐年增加。但与城市相比无论是投入经费基数，还是投入增长速度都相对较低。低水平的财政投入，必然会造成农村公共文化资源的贫乏，组织机构和阵地建设不够健全。

(4) 缺乏高素质的农村文化建设队伍。由于农村基层站点的待遇偏低，而且几乎没有晋升发展的空间，很难吸引较高水平的专业人才。再者，农村文化事业单位未设置进入门槛，真正能胜任文化工作的人员寥寥无几。文化人才是农村发展文化事业的保障和基础。从我国目前的情况看，农村文化事业人才短缺和专业知识老化，已经严重影响到其平稳和长期的发展。

(5) 农村文化仍具有封闭性、凝固性和农耕性等特征。封闭性是指我国农村环境基本上是封闭的，农民与外界很少发生联系，其文化带有封闭特征；凝固性是指农民的思想观念和生活方式比较保守，缺乏创新；而农耕性就是农村日出而作、日落而息的男耕女织景象，小农意识严重。

(6) 农村教育仍比较落后。教育是农村经济和各项事业发展的助推剂，但也可能成为文化建设的瓶颈。我国农村教育与城市教育或发达国家农村教育相比存在相当大的差距，主要表现在：素质教育只停留在口头，许多地区仍然把应试教育当成法宝；农村教师地位和待遇并未得到切实提高，教师队伍流失严重；一些学生和家长不能清楚地认识到教育的重大作用，辍学现象严重。

3. 加强农村文化事业的建设与管理

(1) 建立多渠道筹资机制，加强文化基础设施建设。农村文化的经费问题一直是困扰农村文化建设的难题，在当前国家拨款不可能大幅度提高的情况下，应该更多地采用社会筹集和自身积累的途径，通过金融市场筹资和社会渠道筹资形成多渠道的经费筹集机制。在经费相对宽松的时候，应该加大基础设施的投入，为农民的文化生活提供必要的场所，这是推进农村文化事业发展的前提。

(2) 提高对加强农村文化建设重要性和紧迫性的认识。如果农村文化生活贫乏的状况得不到改善，整个文化事业的水平就很难提高，就会影响经济建设的顺利进行，社会的全面进步就无从谈起。因此，要充分认识到农村文化建设的紧迫性和重要性，促进经济、社会和文化的协调发展。

(3) 营造良好政策环境，加强农村文化队伍建设。良好的政策环境是促进文化事业发展的重要因素，不仅要制定出农村文化发展的宏观政策和实施细则，还要加大人才投入力度，营造良好人才发展环境。

(4) 大力发展农村教育。加强农村思想道德建设和科学文化建设，应抓好以下工作：一是在农民中开展普及社会主义市场经济理论、实用科技知识和法律常识的培训，以及“智力扶贫’、“科技致富”等活动；二是要大力宣传典型，弘扬正气，扫除社会丑恶现象；三是依靠科技兴农，逐步提高农民素质；[①]四是凝聚爱国主义、集体主义和社会主义的思想，促使农民形成积极的和正确的思维方式。

## 三、社区文化事业管理

1. 社区文化的概念与特征

随着我国城市化的推进，我国城市社区有了前所未有的发展，社区文化建设也受到了人们的广泛关注。一般而言，社区是指社会中聚居于某一地域范围内，遵从一定文化规范和制度约束的居民群体及其组织化的大集体。所谓社区文化是指特定区域内的社会共同体在长期的实践过程中逐步形成和创造出来的有关人的行为模式、社会习俗、生活方式、思维定向、价值观念、行为规范、历史传统、地方语言等文化现象的总和。社区文化包括物质文化、精神文化和制度文化，具有地域性、交融性、群众性和多样性的特点。

社区文化内涵丰富，功能较多，它既可以使社区成员在自己的家园中满足精神需求、陶冶情操，又可以提高社区综合竞争力和创造良好的社区精神。与其他文化相比，社区文化更贴近生活、贴近现实、贴近群众，只有重视社区文化的建设才能推动社区的全面发展。

社区文化事业管理是对社区内的文化事业进行规划和建设的过程，它以提高社区成员素质、满足社区成员精神需求为主要目标。具体而言，社区文化管理者应该为社区提供各类文化基础设施，帮助和开展社区文化娱乐活动以及引导社区居民进行全民健身运动等。它是实现人的全面发展的重要途径，是精神文明建设的重要载体，是满足大众文化需求的重要形式，对文化建设乃至全面建设小康社会具有重要作用。

2. 我国社区文化管理中存在的问题

(1) 社区文化建设动力不强。在社区文化活动中，普遍存在的问题是，参与人员年龄偏大，年轻人参与社区文化活动的积极性不高，社区文化活动得不到全面开展；由于历史和传统因素的影响，社区居民彼此之间存在一种隔阂感，不能形成正式的社会团体，群众活动自发性不高；社区文化活动数量少、形式陈旧，导致社区文化活动缺乏吸引力；许多地方对社区文化建设持有消极的态度，以缺钱缺物为理由，畏惧发展中的困难。

(2) 对发展社区文化的认识不足。目前，在领导层以及社区文化工作者中，普遍存在狭义地理解社区文化管理的情况。主要有：一是在属性上把社区文化与群众文化等同起来；二是在功能上把社区文化仅看作能丰富社区成员文化生活；三是在形式上认为社

① 孙萍. 文化管理学[M]. 北京：中国人民大学出版社，2005.

区文化建设就是开展各项活动；四是在操作上认为社区文化只是群众文化部门的事，与其他部门无关；五是在方法上忽视不同社区成员的不同精神文化需求。[①]

(3) 社区文化经费不足。目前我国社区文化建设尚处于起步阶段，需要有大量的资金投入，而目前社区建设不仅普遍缺乏资金，还存在资金使用欠规范、来源不稳定、缺乏计划性、筹资渠道狭窄以及资金使用分散等问题。而且，社区文化建设人才匮乏，专业水平不高，缺少对群众文化活动的积极宣传和热心组织。社区文化管理中没有推动文化活动的骨干人才，从客观上限制了我国社区文化管理的发展。

(4) 社区文化管理机制不健全[②]。很多社区的文化管理机构设置不完善，工作任务不明确，使得社区文化管理工作得不到有效的开展。虽然不少社区都建立了社区文化共建组织之类的机构，但也往往是配合其他部门在参与中完成自己所承担的任务，这种现象反映了社区文化管理部门其实并未真正意识到自己在社区发展中的重要地位。

3. 加强社区文化的建设与管理

(1) 提高对社区文化的认识。要鼓励社区成员积极参与社区文化活动，把满足群众对文化的需求作为一项事业来抓。不仅要制定具体步骤并以政策形式落实下来，还要规范社区文化工作的各项管理制度，在执行的过程中加以完善修改，真正做到社区文化管理有法可依、有章可循。

(2) 加强文化基础设施。社区文化的繁荣需要有读书阅读、教育健身、文化娱乐和展示交流的场所设施，没有这些，社区文化也就失去了它赖以存在的物质载体，繁荣社区文化就成为一句空话。因此，国家在加大社区文化基础设施的投资的同时，还必须广泛动员辖区单位和社会各界力量，加入文化阵地建设上来。

(3) 提高社区居民对社区文化的参与意识。要以社区基层文化站为龙头，以社区各街道、居委会、住宅小区以及企事业单位的文化活动场所为活动阵地，以发挥社区党员的模范带头作用为引导，以为社区居民搞好各种服务为基础，利用各种载体引导群众广泛参与开展生动活泼、丰富多彩的社区文化活动，使不同文化修养及情趣爱好的群众都能各展其长、各得其乐。这既可以满足社区居民求知上进做文明市民的心理需求，又会增进社区居民对社区的认同感、归属感、自豪感。

(4) 加大社区文化投入力度，拓宽资金募集渠道。对社区文化建设不仅要保证必要的投资，还要建立起相应的制度体系拓宽资金募集渠道。政府要有计划性地、经常性地向社区提供专项文化建设资金，在社区内建立完善的资金筹集系统，推出一些优惠政策，鼓励社会力量参与社区文化建设。

## 复习思考题

1. 文化事业和文化产业的关系是什么？为什么要大力发展文化事业？

2. 什么是文化事业管理？它包含哪些内容？

① 孙娜. 论我国社区文化管理的发展[N]. 魅力中国，2010，(3).

② 同上。

3. 简述我国文化事业管理体制改革的历程。

4. 文化事业的宏观管理包括哪些方面？

5. 我国文化事业行政管理中存在哪些问题？

6. 什么是农村文化？我国农村文化事业管理中还存在哪些问题？

7. 什么是社区文化？如何完善我国社区文化事业管理？

## 扩展阅读

### 让草根文化传播农村正能量

党的十八大提出，丰富人民精神文化生活，让人民享有健康丰富的精神文化生活，是全面建成小康社会的重要内容。开展群众性文化活动，引导群众在文化建设中自我表现、自我教育、自我服务。贯彻党的十八大精神，就要进一步加强农村文化建设，让越来越多的农民加入“草根文化”队伍，让丰富多彩的“草根文化”成为广大农民群众精神生活的重要内容，让“草根文化”传播农村正能量，推动农村经济发展和社会全面进步。

“草根文化”是伴随着改革开放、思想的解放、观念的变革、科技的进步、市场经济的发展，在民间产生的大众平民文化现象，说白了就是大众文化。近些年来，政府积极搭建农村文化平台，引导农村文化发展，不少地方“草根文化”呈现“山花烂漫”的兴旺局面。但“草根文化”始终都是一少部分人在搞，相对于八九亿人的广大农村，其所产生的影响非常有限。那么，怎样才能使“草根文化”更加健康地发展，并在广大农民群众中传播正能量，是一个值得探讨和研究的课题。

一、当前农村文化建设存在的问题

1. 乡村文化缺乏好的领头人。现在活动在农村的文化人平均年龄在55周岁以上，本身底子差，素质相对低，缺乏新观念和新技能，仅凭爱好和热情支撑着文化活动，导致了“草根文化”发展良莠不齐，水平停滞不前，内容陈旧老化。

2. 乡村文化队伍亟待充实新鲜血液。现在的农村文化、文艺团体，参与者最高学历往往只有高中，他们的文艺专长大都是靠自悟形成的，而且，都仅停留在自娱自乐的层面上，根本谈不上精、专、博，更谈不上传、帮、带。

3. 乡镇文化站没有得到充分利用。乡镇文化站没有财政编制，名义上都配备了文化站管理人员，但大多身兼数职，无暇从事文化工作，导致许多“老文化”不在岗或不专职，既不专业更不专心。上级文化主管部门因“三权”下放而鞭长莫及。特别是一些落后地区，由于经费和人员配备等原因，常常关门闲置。

二、农村社会风气亟待正确引导

1. 部分青年农民的艰苦奋斗精神、勤劳致富思想、守法经营美德弱化，崇尚科技文化知识的氛围不浓，“啃老”、“薄养厚葬”等现象普遍存在。

2. 农村精神文明建设水平有待提高。农村文体生活普遍比较单调，有的农民把喝酒、打麻将、玩扑克当作休闲娱乐的主要活动，赌博给社会风气带来极坏的影响，许多不稳定因素因此产生。封建迷信依然存在，一些农民用于烧香祭祀、算命拜神、摆酒请客等方面的消费，占年收入的30%以上，造成农民隐形负担沉重。无证电子游戏机、网吧、“地下”歌厅正在向偏远农村发展，影响未成年人身心健康。

三、切实加强农村“草根文化”建设

1. 创优发展“草根文化”的环境。“草根文化”生于民间，长于民间，充满着乡土气息，蕴涵着丰富的生活共识，“草根文化”不仅影响着人们的生活理念，更影响着几代人的精神境界。因此，要想让广大农村村民善良、村风文明、村庄和谐，就要为“草根文化”创造良好的发展环境，让其发挥正能量。以山西原平市为例，原平全市人口近50万，农村人口占70%。全市有墨友社、农民书画研究会、诗曲协会、楹联学会、戏剧研究会等各类文化社团达100多个，建成文化大院320多个，越来越多的群众参与其中，以农民、老艺人、退休职工等为主体的“草根文化”群体呈现“井喷”之势。通过分析，我们发现原平的“草根文化”红火兴旺，缘于以下几大因素：一是有土壤，原平市传统文化底蕴深厚，政府及文化部门一直鼓励和倡导挖掘民间文化；二是有播种人，一大批退休教师、干部和民间老艺人常年带着小黑板、骑着自行车，穿梭于田间地头，边采风边为农民免费上课，成为文化的传播者；三是有阳光雨露，政府积极创建农村文化平台，建起18个乡镇文化站、520个村级文化活动场所和520个农民书屋，全年文化事业经费投入达4800多万元。

2. 用“草根文化”培育提升农民素质的沃土。农村文化的兴盛提升了农民的整体素质，健康的“草根文化”成为抵制低俗文化的有力载体。农闲时节，“姐妹花、夫妻红、婆媳诵”式的诗歌比赛在各村屡见不鲜；农村文化大院纷纷开展书法交流、艺术创作；全市150多个秧歌表演队、50多班八音会等团体遍布四面八方的乡村进行演出，一些不健康的文化根本没有立足之地。

3. 着力培养一批“草根文化”领头人。市、县文化部门面向农村、面向农民开展服务工作，加强对农村文化干部、文化骨干和文化中心户的免费培训辅导，充分发挥农村文化能人的引带、辐射作用。尽快解决文化部门专业人才短缺、缺乏训练场所、教练辅导力量不足等问题；充分发挥农村文化能人、文化中心户的作用，不断稳定和发展专、兼职结合的农村文化队伍，逐步提高农村文化队伍的整体素质。

4. 扶持和引领“草根文化”队伍建设。扶持乡村建立各类文化协会，并指导各类协会组织开展好活动，逐步扩大农民文化活动的参与面，不断提高广大农民的文化生活质量，引导广大农民群众自觉形成健康文明的生活方式和良好的道德风尚。同时还要从源头抓起，农村各中小学要设全并上满上好音、体、美等艺术课；加强农村艺术师资力量，在分配艺术院校毕业生时，应优先满足农村对艺术人才的需求。

5. 创新载体满足广大群众日益增长的文化需求。精心设计载体，搭建平台，开展形式多样、群众喜闻乐见的文体活动、民俗民间活动，让群众“闲有所乐”，营造崇尚科学、文明向上、传播文化正能量的氛围；积极开展“五好家庭”、“道德模范”、“孝敬公婆模范”评选活动和“文明新风村”创建活动，进一步深入开展“扫黄打非”活动，鼓励农民移风易俗，引导农民树立文明新风，养成科学文明的生活方式；鼓励文化工作者把新农村建设中的新人新事创作编排成群众喜闻乐见的文艺作品，深入乡、村巡回演出，以激发广大农民自娱自乐的积极性；以文化下乡为载体，改进服务方式，深入农村，流动服务，变文化“下”乡为文化“留”乡，变“送”文化为“种”文化。

# 第三章　教育事业管理

教育在经济社会发展和民族振兴中具有先导性、基础性和全局性地位。当今世界综合国力竞争的实质是民族素质的竞争。提高人口的思想道德素质和科学文化素质，改善人们的生活质量和生命质量，关系到一个民族的生存与发展。现代社会尤其是知识经济时代，教育事业在绝大多数国家中都被列为优先发展对象，成为公共财政支出的重要部分之一。本章学习教育事业的性质与管理体制，探讨义务教育管理、高等教育管理和社会公共教育管理。

## 第一节　教育事业管理概述

### 一、教育事业的概念与性质

1. 教育事业的概念

现代教育是一个由不同层次、不同类别的教育活动构成的庞大体系。当人们把具有公益性的教育活动从其他的社会活动中分离出来，划分成一个独立的社会部门并加以管理和运营时，这种活动便构成了一种事业。据此我们可以界定教育事业的基本内涵，即：教育事业是以满足社会共同需要为主要目标的教育活动。这里的社会共同需要是特定条件下，以公共价值为导向，以扩大社会利益为宗旨的社会共同需要，即为保证社会的稳定和发展，其社会成员必须具备的最基本素质要求。同时，教育事业又是由公共资金资助其发展的。在不同时期，教育事业的发展程度主要是由社会发展程度和公共财政能力所决定的。

2. 教育事业的性质

(1) 一定的非排他性。教育事业产品的非排他性主要表现在在一定的范围内，一个人消费教育产品，并不排斥其他人同时消费，如在现代教育中，在班级教学这种特定的教育模式下，班级中的某一个学生听课，并不影响班级中的其他同学在同一时间和地点听课。但为了保证教育效果，既需要有教室及相应的教学设备，也需要限制班级学生人数，当超过一定的限度，就需要增加班级、增加支出，于是就产生了排他性。

(2) 一定的消费竞争性。教育事业产品具有一定的消费竞争性，即随着消费者(学生)的增加，教师数量、教学设施等也就必须相应增加，从而使教育的总成本增加，但在一定的范围或历史时期中，教育产品的供给能力是有限的，因此会产生教育产品的需求竞争，加之消费者对教育产品质量的要求，数量有限的优质教育产品必然引发消费竞争。

(3) 外部收益性。教育事业是一种同时具有内部收益和外部收益的过程和活动。人是教育的对象，因而教育事业的直接结果首先体现在受教育者身上，这是教育事业产品的内部收益。这一内部收益表现为受教育者在接受教育后，增加了知识、掌握了技术，从而提高了适应社会和获取工作的能力。相应的，随着个人教育程度的提高和能力的增强，用人单位获得的是质量相对较高的劳动力，因而愿意支付更高的劳动力报酬，接受教育者也能获得较高报酬，因而教育在产生内部收益的同时，也通过对受教育者的培养，在其自身获得发展的同时也促进了社会发展的需求。教育事业产品的这一外部性是制定教育事业公共政策的一个主要依据。

## 二、教育事业管理的内容

广义的教育事业管理包含教育行政和学校管理，它以整个国家的教育系统作为自己的管理对象，以教育的相关指令和法规为管理的基本依据，对整个国家的教育行政系统以及各类学校组织进行教育投资、教育督导、教育结构管理方面的计划、组织、指导和控制，从而为社会经济的全面发展培养高素质人才。而狭义的教育管理则主要是指学校管理，它通过对一定类型的学校组织进行管理来有效地实现学校管理目标。教育事业管理的内容具体包括教育预测、教育投资、教育决策、教育计划、教育组织、教育督导和教育评价等，其中表3-1中所列的是其主要的五个要素。

**表3-1　教育事业管理的内容**

| 内　容 | 意　义 |
|---|---|
| 教育预测 | 教育管理过程的第一步 |
| 教育决策 | 教育管理现代化的关键 |
| 教育计划 | 实施教育决策的行动纲领 |
| 教育组织 | 教育管理活动的核心和保障 |
| 教育评价 | 教育管理过程中的反馈环节 |

## 三、我国的教育事业管理体制

### 1. 教育事业管理体制及其特点

教育事业管理体制是指在一定的政治、经济和文化制度基础上，一个国家建立起来的对教育事业进行组织管理的各项制度的总和，简单来说，教育事业管理体制就是与教育事业有关的组织制度、机构设置、职责范围、隶属关系、权力划分和运行机制等各方面的体系和制度。它是整个教育体制得以构成和运行的保障，规定了学校教育管理体制改革和发展的方向、速度和规模，其外延包括以教育领导体制、办学体制和投资体制为核心的一系列教育制度。

由于社会制度、经济体制和文化传统的不同，世界各国的教育事业管理体制有着各自不同的特点。比如英国教育事业管理体制的特点是机构少而精、法制化水平高，法国教育事业管理体制的特点是集权与分权相结合，德国教育事业管理体制的特点是州政府享有充分的自治和自主权等。

《中华人民共和国教育法》规定，国务院和地方各级人民政府根据分级管理、分工负责的原则，领导和管理教育工作。我国中等及中等以下教育在国务院领导下采取以县为主的体制，而高等教育采取中央领导、两级管理、三级办学体制，这就是我国教育事业管理体制当前的特点。此外，我国教育事业管理体制还有两大突破：义务教育完全免费促使了基础教育的普及化和大学大规模扩招引发的高等教育走向大众化。

2. 我国教育事业管理体制改革

教育事业管理体制改革是改革开放三十多年来我国教育事业管理的一个中心问题，经历了恢复稳定时期("文革"结束—1984年)、重点突破时期(1985—2000年)和全面深化时期(2001年至今)三个阶段，从提高管理效率为主逐步转向促进教育公平，促使学校主体性得到了不断提升，体制改革自身也从单纯依靠政策推进过渡到政策和法规共同规范和推进。我国教育事业管理体制改革包括教育事业行政管理体制改革和学校管理体制改革，值得一提的是1985年5月27日颁布的《中共中央关于教育体制改革的决定》。这个决定指出了我国教育体制在教育事业管理权限的划分、教育结构、教育思想、教育内容、教育方法上存在的弊端，为中国教育改革指明了方向。"十一五"以来，我国教育改革发展成就显著，教育事业发展主要目标全部实现，有力支撑了国家战略目标的实现，为"十二五"时期教育改革发展奠定了坚实基础。在"十二五"规划纲要中又确立了新的教育改革发展基本思路，即：更新教育观念，坚持改革创新，抓好工作落实，提升基础能力，促进协调发展，服务国家战略。当前我国教育体制改革主要从以下几个方面展开：其一是把发展基础教育的责任交给地方，有步骤地实行九年制义务教育。其二是调整中等教育结构，大力发展职业技术教育。其三是改革高等学校的招生计划和毕业生分配制度，扩大高等学校办学自主权。其四是强调加强领导，调动各方面积极因素，保证教育体制改革的顺利进行。

3. 我国教育事业管理体制存在的问题

(1) 教育资源分配严重不均，教育差距日益拉大。我国教育资源配置十分不平衡，区域之间、城乡之间、校际之间的差距日益拉大。首先是城乡之间的教育资源分配不均，农村的教育经费长期由向乡镇政府负担，乡政府财力不足导致了农民自身负担的加重；其次，学校之间的教育资源分配不平等，重点学校比非重点学校在生源、财政、师资和硬件设施上享有优先权；第三，教育纵向层级之间的资源分配不合理，政府在高等教育上投入相对过多(实际上在总量上还严重短缺)，是初等教育的十倍或中等教育的五倍，即高中初的比例为10∶2∶1。

(2) 教育财政支出严重不足，限制了教育事业发展的空间。据财政部关于2010年中央和地方预算执行情况与2011年中央和地方预算草案的报告，2010年中央财政教育支出

2547.34亿元，完成预算的117.9%。其中，中央本级支出720.96亿元，对地方转移支付1826.38亿元。2011年中央财政教育拟支出2963.57亿元，比2010年增加416.23亿元，增长16.3%。1993年党中央、国务院颁布的《中国教育改革和发展纲要》中提出要逐步提高国家财政性教育经费支出占国民生产总值的比例，在20世纪末达到4%，目前，我们离这个目标尚有距离。教育经费尤其是偏远地区和农村的教育经费的匮乏，严重限制了教育事业的发展，不利于我国社会主义现代化建设。

(3) 义务教育仍需发展，素质教育亟待加强。虽然新的《义务教育法》明确规定了义务教育全额免费，但现实中仍然存在许多变相收费。在农村义务教育上，由于存在教师工资拖欠、学校教学设施不足、贫困学生上学难等问题，优秀教师严重流失，学生辍学现象屡屡出现。在我国教育教学中还存在教育观念落后、课程结构单一和课程评价标准单一等问题，人才培养目标跟不上时代发展的要求，脱离社会实际的封闭式教学使学生只顾学习课本知识，无暇顾及思想道德修养、体育、美术和劳动锻炼，素质教育成了一纸空谈。

(4) 对教育腐败的监管仍需加强。教育腐败是指从事教育工作的公职人员有意识地不尊重教育规律，在履行公务时滥用职权、贪污等，以谋求个人或局部利益的行为和现象。在教育管理腐败的背后，是公共教育需求量大而教育资源相对集中，政策不统一使热门学校成为腐败的温床；现实主义和拜金主义作怪，使学校领导和政客介入教育腐败环节之中；教育机构利用政策漏洞在招生中以权谋私，收贿受贿、教育寻租等不正之风充斥教育领域。教育腐败在实质上是让人更加忧虑的“权力腐败”。

(5) 观念错位，致使管理操作存在一定误区。在传统教育模式的影响下，政府、学校、社会、用人单位、学生和家长之间存在一个共识，就是把学术性学历学位教育当成成功的唯一途径，而把职业技术教育看成迫不得已而为之的选择，以致人才培养模式缺少灵活性和多样性；“教育产业化”概念被严重误读，一时间出现了大量的盲目招生、乱收费和高收费现象；奖学金制度和助学金制度也存在一定缺陷，使一些学校往往不注重综合能力和实际需要，一味地以学习成绩和是否班干部为评判标准，这既与全面发展的理念背道而驰，又是对教育政策的认知错位。

## 第二节　义务教育管理

### 一、我国义务教育发展历程

1904年清政府颁布了《奏定学堂章程》，在中国第一次提出了义务教育的概念。国民政府后来也曾作出过要实施义务教育的规定，至1946年全国小学达到了28.9万所。建国以来，历届中央和地方政府都非常重视义务教育的发展，相继投入了大量的人力、物力和财力。特别是十一届三中全会召开后，我国的义务教育事业进入了一个新的发展阶段。1982年，我国义务教育开始了法治化进程，五届全国人大五次会议通过的中华人民共和国宪法第十九条明确规定："国家举办各种学校，普及初等义务教育。"为贯彻宪法精神，1985年5月，中共中央发布的《关于教育体制改革的决定》明确提出了要有步骤地实行九年制义务教育并指出了"地方负责、分级管理"的原则。1986年颁行的《义务教育法》虽然不足2000字，但对我国义务教育事业的发展意义深远，取得了巨大的成果。2006年，新修订的《义务教育法》于当年9月1日实施，这是中国教育史上具有里程碑意义的一件大事，标志着义务教育进入了全免费时代。此外，还首次把实施素质教育和实施问责制作为一种国家意志写进了宪法。

## 二、我国义务教育发展规划

我国2010年发布的《国家中长期教育改革和发展规划纲要(2010－2020年)》，提出了我国教育改革和发展的十年战略目标。关于义务教育方面，指出我国已全面实现城乡免费义务教育，极大地提高了全民族的素质，至2009年我国义务教育在校生达到了近一亿六千万人，但仍然存在"中小学课业负担较重，素质教育推进困难"等问题。因此还需巩固提高九年义务教育水平，扫除青壮年文盲(见表3-2)。

表3-2　义务教育发展目标

| 指　　标 | 2009年 | 2015年 | 2020年 |
|---|---|---|---|
| 在校生/万人 | 15 772 | 16 100 | 16 500 |
| 巩固率/% | 90.8 | 93.0 | 95.0 |

针对目前我国义务教育的现状，《国家中长期教育改革和发展规划纲要(2010—2020年)》指出应该完成以下三大任务，促进义务教育发展。

其一是巩固提高九年义务教育水平。巩固义务教育普及成果，合理规划学校布局，方便学生就近入学，确保进城务工人员子女的教育问题，努力消除辍学现象；提高义务教育质量，建立国家义务教育质量基本标准和监测制度，深化课程与教学方法改革；增强学生体质，科学安排学习、生活、锻炼，保证学生睡眠时间，大力开展"阳光体育"运动，改善学生营养状况。

其二是推进义务教育均衡发展。推进义务教育学校标准化建设；制定各地区义务教育学校标准化建设的实施规划；通过学区化管理、集团化办学、结对帮扶等模式，扩大优质教育资源；均衡合理配置教师资源；制定义务教育均衡发展和学校标准化建设的监测和评价体系，开展对义务教育均衡发展的专项督导检查，对基本实现义务教育均衡发展的县(市)予以表彰。国家和省级政府定期发布各地县(市)域义务教育均衡发展评估报告和督导报告。

其三是减轻中小学生课业负担。按照人的成长规划，以能力培养为核心，从生存能力、学习能力、合作能力和创新能力四个方面为主要内容，由低到高地设计青少年培养目标。各级政府要把减负作为教育工作的重要任务，统筹规划，整体推进；学校要把减负落实到教育教学各个环节，给学生留下了解社会、深入思考、动手实践、健身娱乐的时间，各种等级考试和竞赛成绩不得作为义务教育阶段入学与升学的依据；充分发挥家庭教育在儿童少年成长过程中的重要作用，家长要树立正确的教育观念，掌握科学的教育方法，尊重子女的健康情趣，培养子女的良好习惯，加强与学校的沟通配合，共同减轻学生课业负担。

## 三、我国义务教育管理体制

义务教育管理体制是确保适龄儿童和少年接受规定年限免费教育的制度总和，包括义务教育行政管理体制和义务教育学校管理体制。

### 1. 义务教育行政管理体制及其改革

建国初期，伴随着社会主义经济领域的三大改造，我国政府也改造了旧的国民教育体系。其具体步骤是，将民国时期留下的学校收归国有，建立一批由政府投资和管理的公立学校。在高度集中的计划经济体制影响下，我国逐步建立起了以政府单一办学和直接管理教育的教育体制，使整个教育事业的发展被纳入了国家计划管理的轨道。这种制度最主要的特点是政府对教育事业统包统揽，事无巨细，严密控制，政府的行为决定一切。这一体制迅速改变了旧中国教育落后的状况，扫除了一部分文盲，让他们投入到社会主义建设中。但由于教育规模的扩大和教育活动的复杂化，计划管理体制的低效率显现，建国后屡次提及的普及小学教育的目标没能实现。

20世纪70年代末，改革开放要求在教育领域也要打破高度集中的计划管理体制，实行教育行政管理体制的改革。1985年，《关于教育体制改革的决定》提出把发展基础教育的权力和责任交给地方，实行“地方负责、分级管理”的原则，从而启动了义务教育领域的全面改革。1986年颁布的《义务教育法》规定义务教育事业在国务院领导下，实行地方办学、分级管理。此外，在义务教育发展计划的制订上，在义务教育的财政拨款制度上，以及在义务教育布局结构的规划上，都作出了相应的调整和改革。通过1978年至1991年的全面恢复与探索时期，1992年至2001年进入了全面推进时期，2002年至今得到了进一步完善，使我国义务教育的发展实现了重大突破，基本普及了九年义务教育和基本扫除了青壮年文盲。

进入21世纪后，党和政府进一步划分了各级政府对义务教育所负有的职责，加强了义务教育的领导和管理。义务教育实行“在国务院领导下，由地方政府负责、分级管理、以县为主”的体制，县级人民政府对农村义务教育负有主要责任，省、市、乡等各地方人民政府承担相应责任，中央政府给予必要的资金和政策支持。地方各级政府及教育行政部门各自履行的职能中，既有分级分工的不同，也有应承担的共同责任。①

### 2. 义务教育学校管理体制及其改革

计划经济体制下，我国实行的是政事校一体化的管理模式，国家对义务教育的各类学校和教职工及教育设施统包统揽，导致了以学校为主的教育机构行政化和福利化。各学校只争教育事业经费，人浮于事，机构臃肿，教育效率低下。学校是事业单位，其工

① 魏志春. 公共事业管理[M]. 上海：上海教育出版社，2004：176.

作人员是国家公职人员，缺乏激励机制和竞争机制。在学校的内部领导体制上，实行的是党支部领导下的“校长负责制”，但出现了党政职能混淆的现象，党组织过多地承担了学校行政工作，阻碍了学校的自身建设。

随着改革开放的不断深入，原有的义务教育的管理体制的弊端日益显现。为了改变学校效率低下的问题，在加强国家对义务教育宏观管理的同时，实行简政放权，扩大学校的办学自主权，使学校成为相对独立的办学主体。1985年5月颁布的《关于教育体制改革的决定》提出“学校逐步实行校长负责制”，明确了学校的党政分工，此后中小学内部体制改革开始启动。1993年《关于中国教育改革与发展纲要》再次明确中等及以下学校实行校长负责制，校长要全面贯彻国家的教育方针和政策，依靠教职工办好学校。

3. 现行义务教育学校管理体制

现行的义务教育学校管理实行校长负责制的学校管理体制、教职工聘任制的学校劳动人事制度和按劳分配的学校劳动分配制度。①

(1) 实行校长负责制的学校管理体制。校长拥有对学校的教育教学及其他各项工作实行统一领导、全面负责的权力，对外代表学校。校长在行使决策指挥权、干部任免权、职工奖惩权和学校财经权的同时，还应和党组织作用以及教职工代表大会的监督结合起来，充分发扬民主。

(2) 实行教职工聘任制的学校劳动人事制度。为了适应市场经济体制对教职工资源配置的需求，在中小学实行教职工聘任合同制，目标是在学校教职工中形成能上能下、能进能出、人尽其才、任人唯贤、不断优化的竞争机制。在定编、定岗、定责的基础上，实行双向选择，是一种具有激励、竞争功能的新型人事制度。

(3) 体现按劳分配的学校劳动分配制度。一般来说，校内结构工资由五部分组成：基本工资、教龄津贴、课时津贴、职务岗位津贴和奖励工资。这是变传统计划经济体制下的单一固定工资为多因素工资制度，增加了可变工资部分。

## 四、我国新《义务教育法》

1986年《中华人民共和国义务教育法》(以下简称《义务教育法》)的起草，是根据中共中央《关于教育体制改革的决定》提出来的。当时教育立法刚刚起步，立法经验不足，只有原则性的18条法律条文。2006年9月1日，新《义务教育法》正式实施，在《义务教育法》实施20年后，拥有63条法律条文的新《义务教育法》的通过，不仅反映了目前义务教育领域存在的诸多问题，还体现了我国教育立法水平、立法技术和立法质量的飞跃。

新《义务教育法》体现了国家和时代对义务教育发展的新要求，吸纳了近年来为促进义务教育发展出台的新政策，致力于解决义务教育发展过程中出现的新问题，进一步明确了我国义务教育的公益性、统一性和义务性这三个基本性质。具体来说，新《义务

① 魏志春. 公共事业管理[M]. 上海：上海教育出版社，2004：176，181-190.

教育法》呈现六大新特点。①首次明确义务教育免收学杂费。修订后的义务教育法明确规定，实施义务教育不收学费、杂费。②以法律形式保障义务教育经费投入。新《义务教育法》将2006春季开始实施的义务教育经费保障新机制，以法律的形式固定下来。③法律规定促进义务教育均衡发展。针对近年来义务教育发展中出现的“择校热”等新问题，义务教育法将促进义务教育均衡发展作为方向性要求确定下来。④学校乱收费主管人员将受罚。新法规定：学校不得违反国家规定收取费用，任何组织和个人不得向学校非法收取或者摊派费用，否则将会受到处罚和处分。⑤立法明确实施素质教育。义务教育必须贯彻国家的教育方针，实施素质教育，提高教育质量，促进学生在品德、智力、体质等方面全面发展，为培养“四有”新人奠定基础，进一步明确了义务教育的方针和目标。⑥关于保障校园安全。学校安全事故时有发生，新修订的义务教育法将如何保障校园安全写进法律。

### 五、我国农村义务教育管理

1. 农村义务教育中存在的主要问题

虽然义务教育免费了，但农村学生的辍学现象依然存在。同时，教育乱收费现象在农村义务教育阶段也比较严重。改革开放后，我国经济在总体上有了很大的发展，但地区间差距日益拉大。因此，在农村义务教育资源的分配上，东西部十分不平衡，即使在东部，这种差距也十分严重。而且与城市相比，农村优秀教师流失严重，农村教学资源匮乏，对于推行素质教育十分不利。

2. 加强我国农村义务教育管理

加强《义务教育法》宣传，首先要解决学生流失问题。可通过各种宣传，改变读书无用的观点，增强农民让子女接受义务教育的积极性和主动性；要切实解决“三农”问题，缩小城乡差距；要加大义务教育执法力度，保障学生接受义务教育的权力；要不断加大政府对农村义务教育的投入；要优化教育结构，合理重组教育资源。

## 第三节　高等教育管理

### 一、高等教育的概念与特点

1. 高等教育的概念

联合国教科文组织于1993年给出高等教育的定义：“高等教育包括由大学或国家核准为高等教育机构的其他高等学校实施的中学后层次的各种类型的学习、培训或研究培训。”[①]由此看来，高等教育是相比中等及以下教育而言的，是培养更高级人才的一

① 卢晓中. 高等教育：概念的发展及认识[J]. 高教探索，2001，(3).

种高层次教育。所以，通俗地说，高等教育就是指一切建立在中等教育基础上的专业教育。高等教育是大学、文理学院、理工学院和师范学院等机构所提供的各种类型的教育，包括专修科教育、本科教育和研究生教育，其基本入学条件为完成了中等教育。学完高等教育课程后授予学位、文凭或证书，作为完成高等学业的证明。

2. 高等教育的特点

(1) 高深性。高等教育机构充满了人类的智慧和成果，这里不仅有高大的建筑，博学的教师，最重要的是无时无刻不透漏出的学术气息。高等教育的高深性与初等教育和中等教育相比十分明显，主要体现在教材的高深，即教育内容是一些"高深的学问"。依靠初等教育和中等教育时期打下的知识基础和一些价值观认识，使受教育者学习一些高深的科学、文化、技术知识，进一步提高自身的素质，能够更好地适应社会经济发展的需要。

(2) 专业性。毋庸置疑，由于社会存在着分工，肩负着为社会培养高级专门人才的任务的高等教育具有专业性。高等教育有通识教育和专业教育两类，但二者并没有严格的界限，因为通识教育也是各个专业专门知识的综合。新中国成立以来，我国曾过分强调专业化，过细地划分专业目录，忽视了通识教育的重要性，影响了学生素质的提高。

(3) 产学研相结合。高等教育不仅要向学生灌输深奥的理论，更重要的是要提高学生适应社会的能力，培养他们的创造性。高等教育工作者应充分认识到这一点，将教学、研究与实践有机结合起来。

(4) 广博性。"大学"是高等教育的最重要的教学实体机构，"所谓大学者，非谓有大楼之谓也，有大师之谓也。"这种广博性可以从大学的专业构成、组织构成、学术学派、教授大师、文化思想等方面体现出来。

3. 我国高等教育发展规划①

2010年发布的《国家中长期教育改革和发展规划纲要(2010—2020年)》指出了我国高等教育发展的战略目标，如表3-3所示。其具体任务包括以下几点：①全面提高高等教育质量；②提高人才培养质量；③提升科学研究水平；④增强社会服务能力；⑤优化结构办出特色。

**表3-3　我国高等教育发展的战略目标**

| 指　　标 | 2009年 | 2015年 | 2020年 |
|---|---|---|---|
| 在校总规模/万人 | 2979 | 3350 | 3550 |
| 在校生/万人 | 2826 | 3080 | 3300 |
| 其中：研究生/万人 | 140 | 170 | 200 |
| 毛入学率/% | 24.2 | 36.0 | 40.0 |

①　《国家中长期教育改革和发展规划纲要(2010—2020年)》，http://www.gov.cn/jrzg/2010-07/29/content_1667143.htm，2010.7.29.

## 二、高等教育管理体制

高等教育管理体制是指与高等教育活动相关的组织制度体系，主要管理权限的划分(含隶属关系)以及相应的运行机制等。高等教育管理体制可分为宏观管理体制和微观管理体制。其中，宏观管理体制主要研究学校、政府、社会(市场)三者之间的关系、中央政府与地方政府之间的关系和部委之间的关系等。微观管理体制主要涉及高校内部的管理问题，核心问题是行政权力与学术权力间的关系问题。

### (一) 我国传统的高等教育管理体制

在建国以后很长一段时期内，高等教育受计划经济体制的影响，由国家统一举办，其所需要的经费几乎全部来源于政府的财政拨款。这一阶段的高教体制主要有以下特点：一是国家统一计划招生，政府根据国民经济发展的计划制定高校招生规模，规定高校所开设的课程；而且高等教育不仅免费，政府还提供一定的助学金以及良好的生活条件；三是包分配，政府根据专业统一安排毕业生。高度集中的高等教育体制一直延续了30多年，对我国教育事业乃至社会主义建设产生了重大影响，但这种体制存在明显的局限性。首先，单一的国家办学体制与投入体制不仅加大了政府的财政压力，还束缚了社会办学的积极性，因而限制了高等教育发展的空间；其次，政府对高等学校包得过多、统得过死，学校缺少办学自主权；再次，存在学科狭窄、重复办学、效率低下等问题，影响人才培养质量；最后，免费高等教育、包分配体制和平均主义的劳动人事制度，压抑了人们工作学习的积极性和主动性。①

### (二) 我国高等教育管理体制的改革历程

为了改善中央对高等教育事业的宏观管理、加强地方政府对高等教育事业的自主权以及增强高等学校的办学活力，我国高等教育体制经历了数次调整，形成当前的“中央和省两级管理、以省为主”的管理体制。

1. 恢复和调整阶段(1977—1984年)

1977年8月4日，邓小平主持召开科学和教育工作座谈会，会上决定恢复高考。同年10月12日，国务院批转教育部《关于1977年高等学校招生工作的意见》，正式恢复高等学校招生统一考试的制度。据统计，当年的报考人数570万，录取人数27万人，录取率4.7%。

1978年国务院转发的《教育部关于恢复和办好全国重点高等学校的报告》提出要对高等学校的领导体制进行必要的调整。1983年，教育部正式提出“定向招生，定向分配”的方法。此外，国务院各部委和各省、市、自治区对各自所属的高等学校的领导关系进行了调整，逐步恢复了“中央统一领导，中央和省、市、自治区两级管理”的领导管理体制。这一举措既保证了高等学校的投资，又可以有计划地进行人才培养。但是各个高等学校都比较封闭，影响了学科之间的交流和发展，“条块分割”的状态不利于高

① 张举玺. 中俄教育管理体制比较[M]. 开封：河南大学出版社，2007：122.

等教育资源的合理配置。

2. 改革起步阶段(1985—1992年)

1985年1月，在广州召开的第二届全国普通高等学校招生考试改革科研讨论会探讨了高校招生体制改革、委托培养、推荐报送以及考试科学化等问题。同年5月27日，中共中央发布的《关于教育体制改革的决定》指出：当前高等教育体制改革的关键，是改变政府对高等学校统得过多的管理体制，在国家统一的教育方针和计划的指导下，扩大高等学校的办学自主权，加强高等学校同生产、科研和社会其他各方面的联系，使高等学校具有主动适应经济和社会发展的积极性和能力。虽然受当时环境的影响，此次改革力度不深，但却标志高等教育管理体制改革的正式起航。

3. 探索和实践阶段(1993—1997年)

1993年2月13日，中共中央、国务院正式印发了《中国教育改革和发展纲要》。1994年6月召开了改革开放以来党中央、国务院召开的第二次全国教育工作会议，江泽民发表了重要讲话，李鹏做了《动员起来，为实施〈中国教育改革和发展纲要〉而努力》的重要报告。1994年7月3日发布了《国务院关于〈中国教育改革和发展纲要〉的实施意见》。之后，国务院和国家教委先后在上海、南昌、北戴河、扬州连续召开全国高等教育体制改革座谈会。与此同时，教育法制建设也取得了重大发展，先后颁布实施了《教育法》、《高等教育法(草案)》、《教学成果奖励条例》、《教师资格条例》和《社会力量办学条例》等，基本形成了一个完善的体系。经过这一时期的改革，很大程度上改变了以往条块分割、自我封闭、服务面向单一的状况。

4. 突破和快速发展阶段(1998—2000年)

在这一时期，经过每年一次的部门院校的集中调整，基本上完成了部门院校管理体制改革的任务。原来由62个国务院部门(单位)管理367所普通高校，变成了只由10余个部门(单位)管理120所左右；其中，由教育部直接管理71所，其他少数部门管理50所左右。由地方管理或以地方管理为主的普通高校达896所。部门院校管理体制调整的完成，标志着我国原有的高教管理体制已经发生了历史性的变化，新的两级管理体制的框架基本确立。①

5. 巩固强化和完善阶段(2001年至今)

高等教育管理体制在突破性的改革完成之后，需要一个巩固和完善的过程，重点做到：首先在法制建设层面，贯彻依法治国的方略，推进依法治教、依法治校，把教育法制建设摆在重要地位；其次在工作推进层面，以加强“共建”为平台，争取国家资源、整合校内资源、吸收社会资源，积极探索高等教育资源整合的新机制。最后在管理制度层面，注重按照构建现代公共服务型政府的要求，强化和完善政府的公共服务职能。②

---

① 马陆亭. 我国高等教育管理体制改革30年，http://dept2.xgu.cn/fgc/show.asp?id=59，2010.7.8.

② 同上。

## 三、政府对高等教育的宏观管理

### (一) 高等教育的投资制度

通过高等教育体制的改革，改变了教育经费靠国家单一拨款的体制，建立了国家、社会、学校和个人等共同分担教育经费体制，即以国家财政拨款为主、其他多渠道筹措教育经费为辅的体制。国家财政拨款成为高等教育投资的主渠道，我国高校收费从无到有、从少到多，1997年的高校收费并轨宣告了免费高等教育的终结。除此以外，高等教育其他的经费筹集渠道包括教育的税费、科研及服务投入、校办企业收益、社会捐赠、基金会和集资办学等。目前来看，这种体制虽然仍然存在政府财政性教育支出严重不足和高等学校收费偏高等许多问题，但还是有效地促进了中国高等教育事业的长远发展。

### (二) 高等教育的招生制度

高等教育的招生制度主要指的是高考制度。1998年12月，我国教育部正式提出高考科目的“3+X”方案，虽然现在已不提倡文理分科，但大多数地区至今仍然采用这种模式。1999年高校大规模扩招，推动了高等教育的大众化。2000年出台了春季招生的改革，上海、北京和安徽进行了一年两次高考的探索，有利于缓解学生压力，增加学生被录取的机会。2001年，江苏省三所高校在全国率先实行了“自主招生”的试点，取得了良好的效果。自主招生是指高校有权根据各自不同情况划定自己的招生范围，打破了高考一考定终身的弊端，是一次重大创新和突破，增强了高校自主权，使高考制度更加灵活。

### (三) 高等教育办学机制

《国家中长期教育改革和发展规划纲要(2010—2020年)》明确提出，在坚持教育公益性原则的基础上，“健全政府主导、社会参与、办学主体多元、办学形式多样、充满生机活力的办学体制，形成以政府办学为主体、全社会积极参与、公办教育和民办教育共同发展的格局”，这样可以“调动全社会参与的积极性，满足人民群众多层次、多样化的教育需求”。贯彻这一政策，必须大力支持民办高等教育的发展，因为民办高等教育不仅可以缓解政府教育经费投入的压力，还可以促进高等教育的良性竞争，提高高等教育质量。

### (四) 高等教育质量保障制度

要保障高等教育的质量，就必须建立一整套高教评估体系，包括高等教育质量保障制度的法规建设和高等教育质量保障制度的组织构成等。2003年，我国教育部在《2003—2007年教育振兴行动计划》中提出要实行“5年一轮”的普通高校教学工作水平评估制度；2004年8月，教育部高等教育教学评估中心正式成立。这两件事标志着我国高等教育的教学评估工作考试走向专业化、规范化、正规化、科学化和制度化的发展阶段。

### 四、高等学校管理

高等学校管理包括高等学校的管理制度和教学管理等内容。高等学校的内部管理制度主要包括高校内部领导体制、以教师管理制度为主的人事制度、内部财务管理以及后勤服务制度等。我国高等学校内部管理体制的改革经历了30多年的探索和实践，逐渐解决了许多困扰学校内部管理的诸多问题，但仍然做得不够，需要一些新的思路和方法。第一，建立现代大学制度，即建立现代学校管理制度和运行机制，通过建成高等教育法人制度实行民主管理；第二，完善高等学校资源优化配置机制，即通过优化人力、物力、财力、信息和时间资源的配置，改变学校资源短缺和浪费现象；第三，优化高校的竞争激励机制，重视改进教师的考核制度；第四，完善高校内部的监督机制，包括党政系统的监督和教师代表大会的民主监督。高等学校的教学管理包括教学理念、专业设置、学科建设和学分管理等。

## 第四节　社会公共教育管理

### 一、社会公共教育管理的概念与特点

1. 社会公共教育的概念

社会公共教育是与家庭教育和学校教育并列的现代三大教育体系之一，指社会生活中对人的身心发展起积极促进作用的各种教育因素的总和。它既指学校教育和家庭教育之外的一切社会机构、社会团体以及个人对社会成员所进行的有目的、有计划、有组织的教育，也包括人们在社会生活中通过耳濡目染、潜移默化的方式，在不经意间所获得的知识技能和道德启示。大众传媒教育、校外教育和社区教育是社会公共教育实施的主要方式。

为了使社会公共教育在实施中具有针对性以及促进社会公共教育研究及推进社会公共教育实践活动的发展，对社会公共教育的分类十分必要。以社会公共教育的对象为划分依据，可以将社会公共教育分为一般的社会公共教育、职业化的社会公共教育、特殊的社会公共教育。一般的社会公共教育就是指对普通民众进行的社会公共教育；职业化的社会公共教育是指针对农、工、商等需要职业技术的人群进行的教育；特殊的社会公共教育，是实施给精神缺陷、身体残疾、品行堕落者的教育。

2. 社会公共教育的特点

社会公共教育在具备教育的基本特征之外，还有自身的特点，即“对象的全民性、时间的终身性、空间的广泛性、内容的多样性和补偿性、方式的开放性”。这种认识从社会公共教育的对象、时间、空间、内容及方式等方面对社会公共教育的特征进行了比较全面的界定。

## 二、我国社会公共教育的发展历程和趋势

甲午战争以后，我国学者开始以日本为媒介大面积地学习西方，引进和介绍国外优秀的社会公共教育研究成果，“社会公共教育”一词经日文转译传入我国，尚未独立地开展社会公共教育；蔡元培出任临时政府教育部长后，于1912年专门设立社会公共教育司，社会公共教育正式在国家教育行政组织上确立了独立地位，并开始发展起来。

新中国成立之后，人民政府对旧的教育体制进行了大规模的改造，在这次改造中，社会公共教育被取消。虽然社会公共教育的实践并没有停止，文化宫、少年宫等场所社会公共教育的实施特别是对青少年所进行的社会公共教育实践仍在进行，但社会公共教育却越来越被边缘化。十一届三中全会后，社会公共教育随着改革开放的进行逐步被恢复起来。许多学者引进西方成功的社会公共教育经验，在实践中社会公共教育也开始全面复苏。

我国社会公共教育经历了100多年的发展，虽历经波折，但基本已经形成一成套体系，现在必须加以完善。新时期，我国社会公共教育出现了以下发展趋势：以政府为主导，建立并完善社会公共教育的公共服务平台；学校不仅要依靠社会文化机构，对学生进行社会公共教育，而且要以自身为载体，积极开展社会公共教育；在高等学校设置社会公共教育学院或系，进行社会公共教育的学科研究和专业人才的培养；拓展社会公共教育的领域，把社区教育研究作为社会公共教育的重点等。

## 三、我国现行社会公共教育管理体制

### 1. 我国社会公共教育管理体制存在的问题

社会公共教育事业的顺利发展，首先应该有个行之有效的社会教育管理体系来统筹领导。但是按照我国目前的教育结构，社会公共教育缺乏一个切实的管理体系，使得社会教育事业处于分化和混乱的状态。具体表现为：①法律体系不健全。②缺乏完善的组织体系和专门的机构。③教育资源的社会整合不够。④社会公共教育资金不足。

### 2. 完善我国社会公共教育管理体制

(1) 加强公共教育法制建设。国家要制定并颁布社会公共教育法，把社会公共教育纳入国民教育体系，确立起社会公共教育在整个教育系统中的地位，以改变把国民教育体系仅仅局限或集中在学校教育系统以及把社会公共教育的对象局限于学生的局面，使公民对社会公共教育有明确的认识，并引起高度的重视。

(2) 加大公共教育的社会投入。社会投入主要是经费投入，投入的主体包括政府、企业、个人和社会赞助与捐赠。政府投入应是社会教育投资的主要来源。政府投入主要用于社会教育管理指导机构人员费用；对大专院校、科研单位、民办培训中心的社会教育专项支持经费；支持传媒发展社会教育事业费用；建设更多的实施社会教育的博物馆、科技馆、图书馆、文化宫场馆；支持社会教育的专项活动的费用，如“星火计

划”、“燎原计划”等所需经费。政府协助社会赞助和捐赠人员实现赞助和捐赠培训计划。企业特别是大量招用新市民的企业应主要承担本企业职工在企业内部培训和企业外部培训的大部分费用。①

(3) 开展多种形式的社会公共教育。开设多种实施社会教育的机构，充分利用广播、电视、报刊、杂志等媒体。发挥学校和各科研单位的智力优势，利用它们的各种便利设施积极开展各种社会教育活动，面向社会广泛培养人才。还可以发动民间组织来为社会教育服务，尤其是在农村和偏远地区，这些组织可以请来各方面的专业人士，定期地开办各种讲座和各种活动向农民传授科学种田、医药保健、实用技术等方面的知识，并与当地社会生活相联系，参与当地社会生活的变革，改变农村旧的习俗，把健康文明的新风传播到广大农村。②

(4) 构建科学的社会教育行政管理体制。构建社会教育行政管理体制，保障社会教育顺利开展的基本条件。根据我国行政管理的特点，建立省、市、县、乡、社区等多级社会教育行政组织，形成一个立体的社会公共教育结构。要让地方享有更多的自主权，发挥地方管理的积极性，中央政府实现由原来的监督、管理转变为指导、服务。③同时，要根据我国地域文化丰富多彩的特点，举办多种形式的社会教育活动，并在设施、师资和经费上给予保障。

## 复习思考题

1. 什么是教育事业？
2. 什么是教育事业管理？
3. 我国教育事业管理体制存在哪些问题？
4. 我国新《义务教育法》的实施对义务教育管理体制产生了怎样的影响？
5. 我国高等教育管理体制的改革经历了哪些阶段？存在哪些不足？
6. 我国现行社会公共教育管理体制现状与问题有哪些？
7. 如何完善我国社会公共教育管理体制？

## 扩展阅读

### 教育改革：向着更加公平普惠的目标④

中国教育面临着很多前所未有的新情况、新问题、新矛盾，十八大以来的种种改革举措，已经充分彰显了进入“深水区”、啃下“硬骨头”的决心。教育，民生之本，强国之基。教育改革，突破藩篱，提振信心。

近年来，改革信息频频传来，改革举措系统深入：各地陆续出台进城务工人员随迁

① 丁倩，吕世辰，王俊君. 新市民社会教育管理[J]. 山西高等学校社会科学学报，2010，22(3)：37-40.

② 车如山. 社会教育刍议[J]. 固原师专学报：社会科学版，2000，21(2)：98-100.

③ 曹丽. 民国初期社会教育管理制度的确立及启示[J]. 科教文汇：上旬刊，2008，(11).

④ 赵婀娜. 教育改革：向着更加公平普惠的目标[N]. 人民日报，2001-7-9.

子女接受义务教育后在当地参加升学考试的政策，“流动的花朵”就地入学考试的长效机制有望建立；电子学籍系统建立，一人一号，终生不变；研究生教育深入改革，将推进学术学位和专业学位硕士研究生分类考试；“小学生减负十条规定”剑指“减负”顽疾……

新的改革举措从人民群众反映强烈、制约教育事业科学发展的热点难点问题出发，深入分析问题产生的深层次体制机制障碍，系统规划、统筹兼顾，抓住突破口，啃下“硬骨头”，让进入“深水区”的教育改革扎实稳步推进。

改革创新，让大学教育更公平普惠。人才培养模式是教育改革进入“深水区”之后的重点和难点。能否审慎、科学地推进考试招生制度改革、课程设置改革、拔尖创新人才培养模式改革，事关社会的稳定和人才培养的质量，关乎千家万户与民族未来。

2013年9月，开学之初，十多年从未走出过家乡的王成韬来到了清华大学，成为一名大一新生。王成韬来自淳朴而闭塞的中缅边境小城云南腾冲，能够进入清华大学，正是得益于“面向贫困地区定向招生专项计划”的改革举措。与他一样，全国还有832个贫困县的3万名学子，圆了大学梦。将更多优质高等教育资源惠及农村、边远、贫困、民族地区的农家子弟，正是十八大以来人才培养模式改革的重要举措。

与此同时，高考英语科目一年多次考试、研究生招生改革、通识教育与创业教育、学习成果认证和“学分银行”也都是“十八大”以来，人才培养模式改革的“热词”。

各地改革举措百花齐放，江苏省构建中职、高职、应用型本科衔接贯通的高技能人才培养立交桥，浙江省扩大“三位一体”综合评价招生改革试点学校和专业，山东省推进各级各类教育体系的衔接和完善，北京中高考改革框架方案公布……无论是基础教育阶段还是高等教育阶段，无论是职业教育还是普通教育，通过一系列改革举措，人才培养朝向“个性化”、“多样化”迈进，人才成长的立交桥逐渐搭建。

依法治校，推进现代学校制度的建立。办学体制改革和管理体制改革是教育改革系统工程的重要组成部分，也是优化教育资源配置，提高教育资源利用率的有效途径。

2013年8月12日至23日，一则消息引发关注，中国人民大学、东南大学、东华大学、上海外国语大学、武汉理工大学、华中师范大学6所高校章程核准稿公开征求意见。小消息折射大背景，建设现代大学制度是教育规划纲要颁布实施以来，全国高校努力的方向，而建立现代大学制度，已然从积极推进高校章程建设开始。

仔细浏览6所高校的章程核准稿，这样的信息跃然纸上：依法对学校管理体制作了全面规定，明确了学校管理的基本架构，促进了学校法人治理结构的完善；规定了学校内部学术权力的组织框架和运行机制，明确了学校办学自主权的运行与监督机制……

与此同时，其他方面的办学体制和管理体制改革也是风生水起、稳步推进。改善民办教育发展环境，江苏省破解制约民办教育发展的学校法人属性、产权归属等突出问题；扩大教育对外开放，我国积极创办中外合作办学高水平大学和项目；完善均衡发展义务教育机制，安徽省组织实施义务教育均衡发展、减轻学生课业负担、完善农民工子女就学体制机制三项基础教育改革……

更令人欣喜的是，2013年6月，《关于推进中小学教育质量综合评价改革的意见》出台，通过品德发展水平、学业发展水平、身心发展水平、兴趣特长养成、学业负担状况5个方面20个关键性指标，建立了一套全新的“绿色评价”体系。无疑，这是一次“倒逼”性质的改革，通过评价方式的变革，从根本上扭转评学生看分数、评学校看升学率的倾向，践行素质教育和为学生“减负”将真正成为可能。共识的凝聚、制度体系的建立，使得教育改革在“深水区”里挺得住，走得稳。

从严治师，建设一支素质过硬的教师队伍。拥有一支素质过硬的教师队伍是教育事业发展进步的根本，教师的师德、教学水平将直接影响到教育事业的成败。教育规划纲要颁布实施以来，教师资格认定制度的完善、教师培训制度的深化始终是教师队伍改革的主旋律。十八大以来，从严治师，培养一支素质过硬的教师队伍成为教育综合改革的重要内容。

一年来，《教育部关于建立健全中小学师德建设长效机制的意见》和《义务教育学校校长专业标准(试行)》先后制定，“以德为先”旗帜鲜明，“一票否决”措施严厉，对师德的强调和评价成为教师队伍建设与改革的新亮点。

与此同时，各地基于实际情况出台相关政策和规定，一些长期制约教师队伍建设的难题开始得到解决：山东对中学教师培养实行“大类招生、二次选拔、分段培养”模式，小学和幼儿园教师实行全科综合培养；浙江建立师德师风专项检查制度，把师德作为中小学教师水平评价标准的基本条件；建立教师培训长效机制，陕西建立教师培训档案制度；河北建立“个人申请—学校推荐—县级审查—市级统筹—省级备案”的学员遴选程序。

今天，中国教育面临着很多前所未有的新情况、新问题、新矛盾，许多问题没有现成答案，需要在实践中探索。十八大以来的种种改革举措，已经充分彰显了进入“深水区”、啃下“硬骨头”的决心。

# 第四章　科技事业管理

现代社会，科学技术对经济和社会发展起首要的推动作用。加强对科技事业的管理，提高科研经费使用效率，促进科技成果的产生和转化，促进创新能力的提高，对提高经济社会发展水平具有重要意义。要充分发挥科学技术在社会经济发展中的作用，就必须正确认识科学技术活动的基本特性，认识政府在科技事业发展中的作用和地位，形成完善的现代科技事业管理制度。本章主要介绍科技事业管理的内容、原则和模式，国外科技管理的经验，探讨我国科技事业管理体制的改革及完善。

## 第一节　科技事业管理概述

### 一、科技活动的概念与分类

1. 科技活动的概念

所谓"科技"是"科学与技术"的统称，其中科学是人类借以认识世界的知识体系，它是对事物以及事物之间联系进行描述的各种理论或学说；而技术则是建立在对事物和事物之间联系认识基础上的人类改造世界的手段、方法和能力。联合国教科文组织提出，科技活动是与各科学技术领域，即自然科学、工程和技术、医学、农业科学及人文科学中科技知识的产生、发展、传播和应用密切相关的全部有计划的活动。

2. 科技活动的分类

现代科技活动从其本身的性质角度，可以分为以下四类。

(1) 基础科学研究。基础科学研究也就是通常所说的科学研究，其内涵主要是指自然科学中的基本问题和基础理论的研究。基础科学研究要回答的是"是什么"、"为什么"，与具体的技术研究相比较，它提供的是物化的可能，它是科技与经济发展的源泉和后盾，是新发明或技术研究的先导。这一类研究活动的特点是其研究成果难以在较短的时间内实现商品化，无法推向市场，但又是社会生存与发展必需的东西。

(2) 人文社会科学研究。这一类研究关注和解决的是人类自身的知识和文化发展，以及整个社会政治、经济、文化的发展问题。这其中，除社会科学研究中的一些可以归为软科学的行为科学研究和微观经济研究成果可以直接为企业等应用外，更主要的是公众整体的和社会存在与发展的研究。人文社会科学研究的基本特点是，其研究的成果关系到社会公共利益，其价值巨大通常难以量化，且与企业的营利活动没有直接的联系，因而不可能市场化。

(3) 应用技术研究。这一类科技活动主要是应用技术研究，就其特性而言，即通常所说的技术发明活动，它回答的是“做什么”、“怎么做”的问题。它是在一定的基础科学研究的基础上，根据现实的需要综合利用知识，将科学研究提供的物化可能变为现实。这一类研究活动的特点是直接针对现实的尤其是企业的需要，产品比较容易商业化，并通过市场方式提供。

(4) 公益性研究和技术推广。公益性研究主要是指一些涉及公众整体利益，难以分割的技术研究和运用，如关系到气象服务、灾害研究等方面的技术和研究等；技术推广主要是指涉及公众利益和社会整体的社会经济发展的技术，如农业方面的种子改良技术等，这类技术是社会发展的一种基础性需要。相当程度上，公益性研究和技术推广都属于技术研究或技术发明的范畴，但由于涉及公众的共同利益和社会发展的基本需求，难以实现或不能市场化。

在不同的科技事业产品的生产中，从事科学技术研究的主体、从事研究的目标是不相同的，因而某一特定的科学技术活动所具有的对社会发展的作用也是不完全一致的。因此，根据科技活动的主体和功能，可以将科技活动分为以下两类。

(1) 以满足社会共同需要为主要目标的科技活动。以满足社会共同需要为主要目标的科学研究活动是指基础科学研究、社会科学研究和技术推广，以及公益性科技研究等活动。这类科技活动的基本特点是：一方面，这些研究所要解决的是整个人类社会生存和发展的基本问题，同时也是整个应用技术研究的基础，因而反映的是社会的共同利益要求；另一方面，这些科技活动的结果，或者很难量化而不能商品化，或者具有垄断性，或者由于涉及全社会整体的技术进步和社会发展而不应该商品化，因而都不能以市场的方式提供。此外，还有一些重大的开发应用性研究，本身可以市场化，但由于投资和风险大，一般企业无力或不愿从事研究，但又关系到国计民生，具有重要的经济和社会效益，因而也难以市场化，从而在相当程度上成为满足社会共同需要的活动，必须由公共部门来提供。

(2) 以满足企业或市场需要为主要目标的科技活动。这一类科技活动主要是指应用技术研究。在现代社会中，技术发明活动在社会经济发展中的作用，最主要的是在企业生产中得到了广泛的应用。同时，现代企业在市场中的竞争，其最基本的方式之一就是要降低产品的单位成本和提高产品的品质，而要达到这一目标的最有效的方式，就是运用科技成果提高劳动生产率和改进产品的质量。通过科学技术成果的应用可以增强企业的产品的市场竞争力，从而通过产品的市场占有率的扩大来增加企业利润。不仅如此，由于科技产品往往是独创的、单一的产品，受专利的保护，具有垄断性，尤其是一些重大的技术创新活动，往往会引起一系列相应的产业变化和消费革命，为企业开辟新的市场领域，创造可观的垄断性利润。因此，现代社会中，企业或者要不断地从事研究与开发活动，或者从特定的科学技术产品市场上购买所需要科技产品。而从事这类所需科技产品生产的主体，既可以是企业自身，也可以是企业以外的组织，如专门的科研机构或个人等。

## 二、科技事业的概念与特性

### 1. 科技事业的概念

科技事业与科技活动相关联。如前所述，科技活动可分为以满足社会共同需要为主要目标的科技活动和以满足企业或市场需要为主要目标的科技活动。前者主要指基础科学研究、社会科学研究以及公益性研究和技术推广等以及一些重大的开发应用性研究。后者主要指应用技术研究，其科技产品生产的主体，既可以是企业，也可以是企业以外的组织，但主要由企业完成。有鉴于这种理解，我们认为科技事业是以满足社会共同需要为主要目标的，由政府和公共部门主导的科技活动。

### 2. 科技事业的特性

作为一个整体，科技事业产品具有突出的准公共产品特性，但是，相对于其他公共事业产品来说，科技事业产品的公共性纯度差别是较大的。总体上看，科技事业产品的准公共性应该从以下几方面来认识。

(1) 非排他性和非竞争性。基础研究产品、人文社会科学研究产品、公益性和技术推广产品一般都具有较突出的非排他性和非竞争性。如基础研究所得出的科学定律或原理，它的表现形式是抽象的，反映着人类在认识自身和世界本质方面的深化或突破，其社会和经济的价值在于为应用技术的研究和开发开辟了新的领域或空间，是巨大但又是潜在的，而且，科学研究的基本目标是对人类未知领域的探索而不是营利，因而科学的定律或原理一经得出或证明，是公开发表和公布的，难以商品化也不会商品化，任何人都可以学习和应用，任何一个人的学习应用也不会影响他人的学习和应用。因此这种学习和应用也不存在竞争。需要注意的是，应用性技术研究产品只具有一定的非排他性和一定的消费竞争性。因为应用技术研究结果是具体的，有时是具有独创性的，大都可以商品化，且其中一些技术商品在现代社会是受专利法保护的，因而，虽然一项技术可以在一定范围内共享，但这种共享是受专利法或技术转让合同保护的，而且，基于市场竞争的需要，一项技术的使用范围是有限的，具有消费竞争性。所以应用性技术研究产品的公共性是很低的，接近于俱乐部产品，有时完全就是私人产品。

(2) 外部收益性。所谓科学研究的外部收益性，主要表现在科学研究具有强烈的“溢出效应”。在人类历史发展过程中常常可以见到这样的情况：一项针对某一领域或某一生产环节的科研成果，在使这一领域或这一生产环节的生产发生重大变化的同时，也可能改变人们甚至整个社会发展的进程。比如，瓦特的蒸汽机的发明、电子计算机的发明等，莫不如此。在科学研究中，这一类基础性科学研究的外部性通常是无法用金钱来计算的，实际上也难以用金钱来估价其收益。因此，纯科学研究不能以市场的方式来生产和配置，而应该由政府负责。科技事业产品的外部收益性不仅体现在基础研究、人文社会科学研究、公益性研究和技术推广在具体的部门或个人运用时，给社会生产力带来的巨大促进，而且，科学研究的外部性也表现在一些应用性研究中。比如，一些科研成果虽然可以获得发明专利，得到法律的认可和保护，但由于本身具有的易复制等特点，具有向外发散性质，因而在实际中往往难以用商业化的方式进行提供，如农业生产科研中的种子改良就是如此，因为种子改良工程的成果一经推广，就会产生巨大的经济效益，同时也是社会的利益，但这种利益对于种子改良者个人来说是难以完全得到的。因此，对这一类技术的生产和推广，政府应进行必要的支持和干预。一般来说，基础性研究、人文社会科学研究、公益性研究和技术推广的外部性高于应用技术研究的外部性。

(3) 政府主导性。科技事业对社会发展的作用是以科技产品的生产和提供来体现的，而从其活动的基本特点来看，其作用的发挥离不开政府。这不仅体现在基础性研究等方面必须由政府直接负责，而且，虽然应用开发性研究中政府不应该具体涉足，但应用性研究能否进行正常的生产和提供也与政府密切相关。具体言之，在科技事业发展中需要政府干预，首先是科学研究所具有的外部性的需求。其次，政府对科学研究尤其是基础性科学研究的保证作用，在一定程度上能减少科学研究所具有的较高的市场风险。科学研究是一种没有先例的探索活动，往往具有投资大，而成果的用途却具有不确定性，或者是否能产生成果也不确定的特点，这就是科学研究的市场风险所在。因此，以营利为目标的企业一般只愿意投资于与自己的生产有关的应用性开发研究，而不愿介入科学研究尤其是纯科学研究。而科学研究尤其是纯科学研究对整个科学技术的发展具有基础的作用，是以提高社会整体利益为目标的研究，任何一个国家和社会，没有科学研究尤其是纯科学研究的突破，也就难有科学技术的真正提高。因此，必须由政府来支持这一研究，也只有政府才有能力来支持这一研究。第三，人文社会科学的研究也具有上述特点和需求。人文社会科学研究的基本目标是保证和提高社会的整体利益，即研究如何提高人们基本人文素质，如何通过制定公共政策和进行制度设计，解决社会问题，促进社会政治、经济的整体发展。这其中，除了社会科学中的某些可以称为软科学的研究，如行为科学的研究、微观经济或企业经济的研究，由于与企业的生产经营有关而会受到企业的关注或青睐，从而企业愿意进行一定的投资和研究外，或者除了企业进行带有自身形象宣传目的的公益性投资外，企业一般是不愿也不可能介入人文社会科学研究的。因此，对公共性纯度较高的人文社会科学研究，通常只能由政府进行支持。第四，政府对科学技术研究成果生产的保障，还体现在政府对科研人员的劳动作出公正评价，并予以必要的支持。在现代社会中，科学技术研究往往是投入巨大的活动，这一巨大的投入不仅包括资金，还包括人力和物力。但在科技产品的交易中，市场只是以该科技成果的直接的可预见的效用来进行估价的，并不会涉及这一技术的开发中投入人力物力的多少。这就决定了企业不会关注科研成果中的劳动价值含量。这意味着市场缺乏对科学技术研究的有效激励机制，这对整个社会的科学技术进步是不利的。解决这一问题的办法是政府介入，即政府可以根据科学技术成果对社会贡献的大小，通过一定的方式提供一份不低于同类在市场工作的人的基本报酬，从而保证整个社会科学技术研究的正常进行。第五，政府保障科学技术成果的顺利提供，还表现在对提供方式的确定和技术市场基本规范的建立与维护上。

## 三、科技事业管理

### (一) 科技事业管理的概念

科技事业管理是综合运用管理学、经济学和系统论等多学科的理论和方法，对科学技术事业的各项活动进行计划、组织、调节和控制的行动。科技事业所具有的一定的非排他性、消费竞争性和外部收益性既决定了现代社会科学技术活动主体的多元性和活动的丰富性，也决定了政府在科学技术事业发展中具有导向和支撑作用。因此，现代社会的科学技术事业管理体制，必然是一个有政府参与的、包括多种主体的生产和提供有机结合的系统。这一系统是由相关的公共政策的制定所形成的制度框架及其管理职能所构成的。所以，理解科技事业管理的概念，还必须弄清相关政策含义。如在公共提供模式下，科技产品是由公共财政无偿或基本无偿支持的；在混合提供模式下，科技产品主要依靠政府补贴，使生产者能以低于成本的价格进行推广；在市场提供模式下，科技产品由研发者按市场价格自主提供的。科学技术产品的生产或提供政策如图4-1所示。

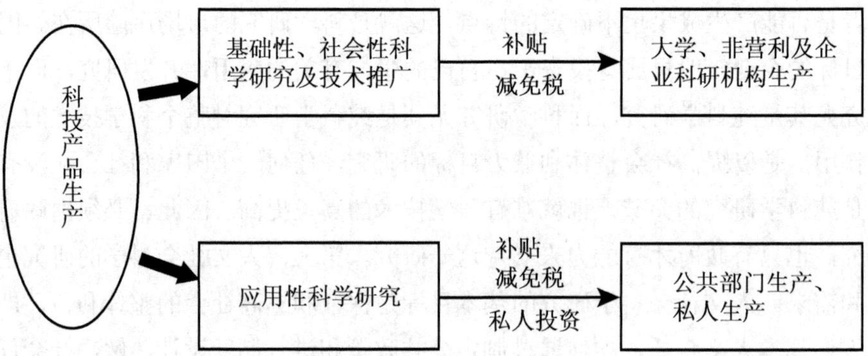


图4-1　科学技术产品的生产政策

### (二) 科技事业管理的内容与分类

科技事业管理主要包括确定并贯彻科技发展方针和战略；出台并执行科技政策和法规；制订并实施规划和计划；确定科研重点及组织科研协作；确定和实施科研课题项目；开发和推广科技成果；筹集和分配科技经费及各种资源等。

对科技事业管理的分类，如表4-1所示。

表4-1　科技事业管理的分类

| 划分标准 | 具体类型 |
| --- | --- |
| 具体工作性质 | 科技政策管理、科技规划管理、科技计划管理、科技成果管理、科技人才管理、科技经费管理、科技条件管理、科技信息管理等 |
| 管理对象 | 对专业科研机构的管理、对高等院校科研工作的管理、对工矿企业技术进步的管理、对农村科技发展的管理、对社会发展方面的科技工作的管理、对国际科技交流与合作的管理等 |
| 管理的时间跨度 | 短期的年度科技计划管理、中期的科技规划管理、长期的科技规划管理、近期攻关型科技管理、中期预研型科技管理、长期储备型科技管理 |
| 管理主体空间层次 | 国家级科技事业管理、省市级科技事业管理、县区级科技事业管理 |

### (三) 科技事业管理的模式

1. 行政管理模式

科技事业对社会发展的作用是以科技产品的生产和提供来体现的，而从其活动的基本特点来看，在科技事业发展中需要政府干预，需要政府发挥其作用，这就是科技行政管理。从具体工作性质来看，科技行政管理可以分为科技政策管理、科技规划管理、科技计划管理、科技成果管理、科技人才管理、科技经费管理、科技条件管理和科技信息管理等。若按管理对象来划分，则有对专业科研机构的管理、对高等院校科研工作的管理、对工矿企业技术进步的管理、对农村科技发展的管理、对社会发展方面的科技工作的管理，以及对国际科技交流与合作的管理等。科技管理还可以按管理的时间跨度和管理主体的空间层次来划分。从时间看，可分成短期的年度科技计划管理、中期和长期的科技规划管理；也可以分成近期攻关型、中期预研型和长期储备型科技管理。从管理层次上看，就中国而言，可分成国家级、省市级、县区级科技管理。科技管理的调节与控制构成科技行政管理的主要方式，为此科技行政管理必须发挥其控制功能，减少人、财、物和信息资源的浪费，提高科技工作的效率，加速科技成果向生产力的转化。

2. 事业管理模式

作为一个整体，科技产品具有突出的准公共产品特性和外部收益性，无论是基础性研究还是社会公益性研究都比较难以实现市场化，因此对科技事业管理应该主要采取公共事业管理模式。根据建立现代事业制度的设计构想，凡是专门从事上述研究活动的机构，均应视为事业组织。在这样的科技事业管理体制下，独立研究机构和高等学校的科研机构等，将成为专门从事上述研究的主力军。所有这些研究机构均应实行政研职责分开，建立现代科研组织制度。除极少数由政府直接控制的研究机构仍实行预算拨款外，其他大量的国家财政性科研事业经费，均应按照公开、公平、竞争和择优的原则，采用基金申请、委托研究、公开招标等多种形式，来开展各类重要的基础性、公益性科学研究。

3. 市场规制模式

现代企业为在市场竞争中取胜，必须建立相应的研究与开发机构，加大科技研发投入，推动企业技术进步和技术创新，不断运用新的科技成果降低成本、提高劳动生产率和改进产品的质量。因此在科技活动中有相当一部分是以满足企业或市场需要为主要目标的技术创新活动。在市场经济条件下，企业内设的各类研究机构，均应视为企业本身的一个组成部分，实行企业化管理，属于市场行为。为了更好地促进企业成为创新型社会的主体，政府或社会必须加强对科技市场的管理。其内容主要包括：①对科技市场的管理。如技术商品的鉴定、对专利商品转让的管理、对许可证贸易的管理、对技术商品价格进行引导、监督和调整等。②对技术出让方的管理。主要是审查转让技术权益的合法性，即技术商品的所有权和持有权。为此，需要根据专利法等，分清专利技术权益和非专利技术权益，以及职务发明和非职务发明的关系。③对技术受让方的管理。主要是使其严格信守技术转让或技术实施合同。④对技术中介方的管理。主要是对其资格及经营服务范围进行管理，中介机构具有经营和管理服务的双重身份。⑤对技术合同的管理。主要是技术商品的交易必须按照国家的有关法律如《合同法》等，订立书面合同，按照合同进行技术商品交易的实施。

## 第二节　国家创新体系建设

### 一、国家创新体系的概念

国家创新体系是由英国技术经济学家克里斯·弗里曼于1987年在《技术与经济运行：来自日本的经验》一书中首次提出。在研究战后日本经济奇迹背后的产业政策和技术政策时，弗里曼指出，日本之所以能够在技术落后的情况下以强劲的势头迅速发展成为现代化国家，原因就在于日本的技术创新在组织创新和制度创新的配合下，为经济发展提供了强大的技术支持。在此研究基础上，弗里曼提出来国家创新体系这一概念。弗里曼认为，国家创新体系是由公共部门和私营部门中各种机构组成的网络，这些机构的活动和相互影响促进了新技术的开发、引进、改进和扩散。在弗里曼“国家创新体系”概念的基础上，世界经合组织提出：“国家创新体系是政府、企业、大学、研究院所、中介机构等为了一系列共同的社会和经济目标，通过建设性的相互作用而构成的机构网络，其主要活动是启发、引进、改造与扩散新技术，创新是这个体系变化和发展的根本动力。”①

中国的国家创新体系最早由中国科学院于20世纪90年代在《迎接知识经济时代，建设国家创新体系》的研究报告中提出来的。这篇研究报告指出：国家创新体系是由与知识创新和技术创新相关的机构和组织构成的网络系统，其主要组成部分是企业(大型企业集团和高技术企业为主)、科研机构(包括国立科研机构、地方科研机构和非营利科研机构)和高等院校等；广义的国家创新体系还包括政府部门、其他教育培训机构、中介机构和起支撑作用的基础设施等。

尽管目前并没有形成对国家创新体系统一、权威的概念，但对这一概念所涉及的内涵却存在基本统一的认识。科学技术是推动一个国家、区域与企业发展的重要动力和重要支撑，也是一个国家、区域或企业在竞争中制胜的根本。因此，一个国家进行国家创新体系建设、提高科技水平、提高全社会知识素养的目的就是要保证该地区在竞争中立于不败之地。国家创新体系的建设不仅包含内部机构和创新能力建设，也包含外部环境和配套设施建设。根据这种思路，国家创新体系建设的内涵可以概括为如下几个方面：第一，在目的上，要提高一个国家自身的科技创新能力和社会知识素养；第二，在实体机构建设上，主要是要建设拥有较强研发能力的企业、大学和科研机构；第三，在服务机构建设上，不仅要完善政府对科研单位的扶持，也需要中介机构以市场化的服务为

① 佚名. 何谓国家创新体系[D]. 兵团党校学报，1999，(3).

科研成果的转化和推广提供帮助；第三，在外部环境建设上，国家创新体系以国家政策支持为主，通过有效机制的建立保证国家创新体系的良好运行；第四，在相关机构关系上，国家创新体系的有关机构会形成一个相互影响、相互联系的网络，通过保证相互之间的交流以提高科技创新的效率；第五，国家创新体系的核心理念是创新，是推动整个系统发展的动力。

综上所述，国家创新体系本质是技术开发、推广和使用部门以及其他相关部门之间进行技术创新与扩散的协作网络，其目的是要协调各个技术创新相关单位的技术创新活动，从而实现国家国家创新资源的优化配合，促进国技术进步和创新，提高技术创新效率，实现较高的经济效益。这种技术创新与扩散的协作网络一般是以一种制度安排的形式存在的。这一协作网络的参与者或称行为主体既有公有部门也有私有部门，不仅包含大学、科研机构，还包括政府、企业和中介机构等。在这一系统网络中，不仅包含技术创新这一核心要素，也包含组织创新、制度创新和社会创新，这些创新相互支持，相辅相成，共同推动各方面创新的发展。

## 二、我国国家创新体系建设

### 1. 建设历程回顾

我国的科学技术建设随着新中国的成立逐步发展起来。中华人民共和国建立之初，国家就极为重视科学技术的发展，建立了一系列科研机构和科研支持体系，但从严格定义上来说，这些努力还不能算作国家创新体系建设，因为国家创新体系所强调的科技创新主体系统性联系的网络以及内外结合的创新机制在这时还不具备。在社会主义市场经济建立以后，国家推进科学技术建设，促进了各个技术创新有关部门的联系，而直到中国的“十五计划纲要”颁布，中国才真正提出要建设国家创新体系。因此，从理论上说，我国的国家创新体系建设可以分为以下三个阶段。

(1) 孕育阶段(1949—1978年)。在这一阶段，虽然国家各个科技创新部门之间没有形成紧密联系，国家创新体系所要求的各部门之间的网络化结构并没有形成，但这一时期科技的发展和科技创新部门的建设以及科技发展支持项目和相关政策的建立为以后国家创新体系的建立提供了基础和基本要素。这一阶段，企业、大学的科研机构以及国家级和地方各级科研机构逐步建立，1949年11月，中国科学院的成立是科研机构建设的一个标志。为了支持科技创新的发展，国家出台了一些科技计划，代表是1956年12月中共中央国务院批准执行的“12年科技发展规划”，这也是新中国的第一个科技规划。这一阶段科技发展的特点是根据国防的需要，采取重点突破的方针，集中力量发展关于国家安全的科技，代表是“两弹一星”的研发成功。这一阶段科学研究的资源投入几乎全部由政府负担，科研资源配置与计划经济体制相适应，采用计划分配的办法。

(2) 萌芽阶段(1978—1998年)。在这一阶段，国家创新体系要求的各部门之间的联系逐渐加强，但没有形成完整的网络。这一阶段，随着国家经济体制改革的进行和社会主义市场经济体制的逐步建立，企业作为市场主体的自主性大大加强，而企业在市场竞争中为保持和发展自己的竞争力，对科学技术的需求不断增加。在科研机构中，竞争机制的逐步引入也激发了各个科研单位的创造力和积极性。在科研机构的建设上，在原有科研机构的基础上，鼓励有条件的企业建立自己的科研机构。通过企业制度改革，计划经济体制下的企业制度逐步由现代企业制度取代，企业进行科技创新的积极性增强。在科学计划和科学政策管理上，一系列科技计划密集出台。国家科学技术委员会、财政部、国家发展计划委员会、国家经济贸易委员会于1986年6月联合颁布“国家重点科技攻关计划”及其配套政策；1986年初中央政府批准实施“星火计划”；1986年初成立“国家自然学科基金委员会”，负责组织实施国家自然科学基金项目；1986年末党中央、国务院批准实施高技术研究发展计划(863计划)；1988年中央政府批准实施“火炬计划”；此外，重大科技成果推广计划、攀登计划等也逐步实施。这些计划的实施大大增加了中国科技研究的资源投入，为科技发展提供了强大支持。在科技发展方向上，关系经济建设的科技技术不断发展，科技成果的转化与应用不断增强，科研成果趋向商品化、产业化，科技与经济联系不断加强，为经济建设提供了科技支撑。在加强科技研发投入、加强科技创新能力建设、促进科技成果应用的过程中，我国借鉴国际经验，建立了一批“科技园区”、“工业园区”、“经济技术开发区”等，这些专业园区的建设有力地促进了科学技术向生产力的转化。此外，科技成果市场的建设也促进了科技成果的产业化应用和技术扩散。这一阶段一个重要事件是1995年“科教兴国”战略的提出，这标志着中国将科技的发展提升到国家发展战略的高度。

(3) 初步发展阶段(1998年至今)。在这一阶段，国家创新体系的概念被明确地提了出来，国家创新体系建设初步进行，国家创新体系所要求的各个相关部门之间紧密联系的系统化网络逐步形成并开始发展。1997年12月，中国科学院提交了《迎接知识经济时代，建设国家创新体系》的报告，首次提出了建设国家创新体系的建议。1998年6月党中央、国务院批准中国科学院实施“知识创新工程”，“知识创新工程”试点工作随之展开，这也是中国国家创新体系建设的试点，中国国家创新体系建设由此开始。2001年3月第九届全国人民代表大会第四次会议批准的“中华人民共和国国民经济和社会发展第十个五年计划纲要”中明确提出要建设“国家创新体系”，“国家创新体系”建设被作为中国经济社会发展的一个战略目标的地位被加以确认。

2. 现状与问题

我国提出“国家创新体系”建设以来，一系列卓有成效的政策措施得以实施，国家创新体系初步建立和形成，科技创新取得了巨大进步。但是从总体上看，我国的国家创新体系仍旧处于起步阶段，还未发展成熟，科技创新与发达国家相比仍有较大差距，具体表现在以下几个方面。

(1) 国家创新体系内部各相关部门的联系仍不够紧密。例如，大学作为知识和技术传播的重要机构，在提高学生的综合素质与职业素质上起着重要作用。现实的情况是，大学生在大学中学到的知识有一大部分并不能完全应用到未来职业上。企业在满足自身对专业人才需求时，往往是先从大学招募一批人才后再根据自身需要进行培养。一些职业培训机构培养的针对特定需求的人才由于只限于一些单项技能，人才未来发展空间很有限。在政府作为科技研发投入主体进行资源投入时，由于对科技成果实际情况的不了解，资金投入可能并不合理，这在针对大学的投入上表现尤为明显。

(2) 国家创新体系的外部环境供给相对不足。首先，在科研资源供给上，市场竞争机制的引入增加了科技创新的活力，也造成了对科研资源的争夺，其后果是科研从业者在进行科研项目竞争时投入较大，后期投入不足，甚至出现“自然科学基金项目”承包现象。其次，科研管理制度僵化。现在经常的现象是限定科研从业者在一定时间范围内必须有一定数量的科研成果，这造成的后果是科研人员压力增大，科研人员大量精力被限制在“达标”问题上，限制了科研人员的创造力。再次，表现在社会创新氛围上，这在中小学教育上表现尤为明显。为了升学，学生大量精力被限制在课本知识的学习上，忽视创造性思维的训练。整个社会氛围在表面上鼓励创新，但实际教育上却在扼杀创新思维。

(3) 国家创新体系产出能力不高。由于前两个因素的影响，最终结果是整个国家创新体系的生产潜能并没有被充分挖掘出来，造成整个系统产出能力低下。

3. 新时期国家创新体系发展规划

继“十五计划纲要”提出建设国家创新体系之后，“十一五计划纲要”进一步深化了国家创新体系建设的具体任务和要求。“十一五”科技发展规划要求整合科技创新资源，加强科技体制改革，形成适应市场经济体制和科技发展规律且有效互动的国家创新体系框架。要建设以企业为主体的技术创新体系；建设科学研究与高等教育有机结合的知识创新体系；建设军民结合、寓军于民的国防科技创新体系；建设各具特色和优势的区域创新体系；建设社会化、网络化的科技中介服务体系。①

“十一五”国家创新体系发展规划的总体思路，是以建设企业为主体、市场为导向、产学研结合的技术创新体系为突破口，坚持“明确定位，优化结构，完善机制，提升能力”的原则，进一步深化科技体制改革，全面推进国家创新体系建设。重点实施“技术创新引导工程”，采取若干重大措施，激励企业成为创新主体。切实加强区域和地方科技工作，有效整合中央、地方科技资源，形成中央、地方科技联动，各区域科技协调发展局面。

“十一五”国家创新体系发展规划的阶段目标，是培育一批具有自主知识产权、自主品牌和持续创新能力的创新型企业；在主要产业部门和大中型企业建立一批工程中心和国家工程实验室；支持形成一批产学研战略联盟。紧密结合国家区域发展战略，构建各具特色、优势互补的区域科技创新体系，带动形成一批具有区域优势和地方特色的产

① 中华人民共和国科学技术部. 国家“十一五”科学技术发展规划[Z]. 中华人民共和国科技部网站http://www.most.gov.cn/kjgh/kjfzgh/200610/t20061031_55485_7.htm，2006-10-31.

业集群。进一步扩大建立和完善现代科研院所制度。初步形成适应市场经济体制和科技发展规律且有效互动的国家创新体系基本框架。这一框架的基本要素包括如下几个。

(1) 建设以企业为主体的技术创新体系。积极发挥经济和科技政策的导向作用，激励和引导企业真正成为研究开发投入的主体、技术创新活动的主体和创新成果应用的主体。调整国家科技计划实施机制，加大国家科技计划对企业技术创新的支持。建立与企业的信息沟通机制，国家有关科技计划要充分反映企业、产业发展的需求，项目评审要更多地吸纳企业同行参与。鼓励企业参与国家科技计划项目的实施，对重大专项和科技计划中有产业化前景的重大项目，优先支持有条件的企业集团、企业联盟牵头承担，或由企业与高校、科研院所联合承担，建立以企业为主体，产学研结合的项目实施新机制。实施“技术创新引导工程”，支持企业建立和完善各类研发机构，特别是鼓励大型企业或主要行业的龙头企业建立企业技术中心，打造企业技术创新和产业化平台，努力形成一批集研究、开发、设计、制造于一体，具有国际竞争力的大型骨干企业。开展创新型企业试点，促进形成一批有特色的创新企业集群。吸引海外高层次人才回国创办高新技术企业。鼓励外资企业在我国设立研发中心，加强合作研究。鼓励企业与科研院所、高等院校联合，加强工程实验室、工程中心、企业技术中心、产业技术联盟建设，加大现有研究开发基地与企业的结合，建立企业自主创新的基础支撑平台，并着重建立面向企业开放和共享的有效机制，整合科技资源为企业技术创新服务。完善符合市场经济特点的技术转移体系，将技术转移作为科技计划和公共科技资源配置的重要内容，促进企业与高等院校和科研院所之间的知识流动和技术转移。创造各类企业公平竞争的制度环境，打破行业和市场垄断，重视和发挥民营科技企业在自主创新、发展高新技术产业中的生力军作用。国家有关计划要加大对科技型中小企业的支持力度，建立适应中小型企业创新需要的投融资机制，建立和完善支持中小企业技术创新的信息、技术交易、产业化服务的平台，营造扶持中小企业技术创新的良好环境。深化技术开发类科研机构企业化转制改革，鼓励和支持其在行业共性关键技术研究开发和应用推广中发挥骨干作用，推进国家工程技术创新基地建设和发展。

(2) 建设科学研究与高等教育有机结合的知识创新体系。深化科研体制改革，明确不同类型科研机构的职责定位。以建立开放、流动、竞争、协作的运行机制为重点，探索实行理事会制度，完善所长负责制，扩大科研院所的管理自主权，健全科研管理制度规范，建立现代科研院所制度。进行社会公益类科研机构分类改革，提高改革验收后人均事业费标准，完善管理和运行机制，形成一批稳定服务于国家目标的高水平公益科研基地。实施中科院知识创新工程三期项目，在基础研究和战略高技术的若干重要领域形成一批具有国际一流水平的研究所。深化高校科研管理体制改革，加强科技创新与人才培养的结合，建设一批高水平的研究型大学。以国家目标和产业需求为导向，进一步推动科研院所、高等学校和企业在科技创新和人才培养方面的合作，促进资源共享，提高原始创新能力和科技成果转化能力。根据国家重大需求，填补研究领域空白，建设一批高水平国家研究基地。探索建立对基础研究、前沿高技术研究和社会公益类研究相对稳定的支持方式。研究建立以财政支持为主的科研机构创新绩效的评价指标体系和定期评价机制，将评价结果作为调整财政资助强度的重要依据。

(3) 建设军民结合、寓军于民的国防科技创新体系。深化国防科研体制改革，以促进军民科技资源统筹配置、有效共享为重点，建设军民结合、寓军于民的国防科技创新体系。加大军民科技发展战略和科技政策的协调力度，以组织实施重大专项为突破口，统筹军民科技计划，加大民营企业和科研机构参与国防科技计划的力度，促进军民科技从基础研究、应用研究开发、产品设计制造到技术和产品采购各环节的有机衔接。加强军民两用技术研发，促进军用和民用科技的双向转移以及军民两用技术的产业化。加强军民科技资源的有效集成，建立军民科技基础设施和条件平台有效配置、合理共享的机制。加快国防科研院所体制改革，推进有条件的国防科研机构的企业化转制，探索促进军民科研结合的管理模式，促进军民创新人才的有序流动和优化组合。

(4) 建设各具特色和优势的区域创新体系。根据综合协调，分类指导，注重特色，发挥优势的原则，以促进中央与地方科技力量的有机结合，推动区域紧密合作与互动，促进区域内科技资源的合理配置和高效利用为重点，围绕区域和地方经济与社会发展需求，建设各具特色和优势的区域创新体系，全面提高区域科技能力。加强区域科技规划工作，发挥中央财政配置资源的引导作用，统筹区域科技资源，形成合理的区域科技发展布局。东部地区加强高技术的研发和基地建设，大力推动我国自主创新能力和产业技术的提升与跨越，形成具有国际竞争优势的产业；中部地区充分发挥区域综合优势，重点提升农业、能源等支柱产业和新兴产业的技术水平；西部地区综合应用多种科学技术手段，保护和治理生态环境，合理开发优势资源，发展区域特色产业，形成区域创新和新经济增长极；东北地区加强高新技术改造传统产业，积极开拓新兴产业，振兴东北老工业基地。通过重大项目引导，促进跨区域的创新合作和创新联盟建设。发挥高等院校、科研机构和国家高新技术产业开发区在区域科技创新中的引领作用和区域知识扩散中的辐射作用；积极推进科技创新型试点市工作，强化区域中心城市对区域创新活动的带动作用和对区域科技资源的凝聚作用。要加强对地方科技工作的指导，强化地方科技管理部门的职责。集成中央和地方的科技资源，形成中央和地方联动的机制，支持有条件的地方组织实施国家重大科技项目。地方科技工作要以提升自主创新能力，加强科技成果转化和产业化为重点，加快先进适用技术推广应用，促进地方优势和特色产业发展与社会进步。深入实施科技富民强县行动计划，加强对县(市)科技信息平台等科技基础条件建设的支持力度，增强县(市)科技服务和支撑能力，健全县(市)科技机构，推动基层科技队伍的建设。

(5) 建设社会化、网络化的科技中介服务体系。按照政府推动与市场调节相结合，发展与规范相结合，全面推进与分类指导相结合，专业化分工与网络化协作相结合的原则，以促进科技成果转化和加强创新服务为重点，建设社会化、网络化的科技中介服务体系。制定出台支持科技中介机构发展的税收政策，建立有利于各类科技中介机构发展的运行机制和政策法规环境。鼓励多种所有制投资主体参与科技中介服务活动，充分发挥高等院校、科研机构和各类社团在科技中介服务中的重要作用。把依靠中介机构完善管理和服务，作为转变政府职能的重要内容，对科技中介服务能够承担的工作，积极委托有条件的科技中介机构组织实施。通过任务委托等方式，培育骨干科技中介机构，发挥示范带动作用。大力开展培训工作，提高科技中介机构从业人员的业务水平和素质。加强行业协会建设，充分发挥行业协会在推动技术创新中的服务和协调功能。加强先进适用技术推广应用，加快农业技术推广体系改革和创新，鼓励各类农科教机构和社会力量参与多元化的农业技术推广服务。

# 第三节　科技发展政策

## 一、科技发展政策概述

### 1. 科技发展政策的概念

科技发展政策是政府为了促进一个国家或地区科技事业的发展，制定的有关科技发展的各项规章、制度、规划、战略的统称，它往往通过一定的奖励、资助办法来明确一个国家或地区在某一特定时期内科学发展的方向、任务和策略。科技发展政策是当代国家政策体系的一个重要组成部分。科技发展政策的产生与发展有着深刻的社会经济背景。首先，随着科技在一国经济、政治、社会以及国际竞争中战略地位的上升，发展科技成了各国共同的选择，而科技的发展离不开相应科技发展政策的指导与支持。其次，科学技术本身的发展使得科学研究的范围越来越广、科技从业人员和科研相关机构越来越多、科技投入越来越大，这些都使得相关关系的协调越来越复杂。为了协调相关部门、相关人员、相关领域的复杂关系，需要通过科技发展政策制定统一的行动准则。最后，针对某些可能对人类社会、自然环境、人伦道德产生重大影响的科学技术，如克隆技术、生化技术、核技术等，需要科技政策予以恰当引导，以保障其朝着正确方向发展。

### 2. 科技发展政策的内容与制定

科技发展政策涉及的内容极为广泛，主要包括：①国家科技发展战略。它规定国家科技发展的方向、战略部署。②科技投入办法。它是指对各项科学研究、科技推广进行扶持的具体政策。③科技项目奖励办法。具体指对取得相应科技成果的单位和个人予以奖励。④科技企业发展扶持。包括对高新技术企业的融资、税收等扶持。由于科技发展政策涉及范围极为广泛，难以进行完整描述，这里仅列出常见项目。这些项目根据行政隶属关系，可以分为国家层面的科技发展政策和地方层面的科技发展政策；根据科技发展政策的性质可以分为原则型科技发展政策和具体科技发展政策。

科技发展政策的制定不是随意的，要遵循一定的原则，这些原则可以概括为以下三个方面。①科技发展政策的前瞻性原则。科技发展政策应当能够体现科技发展的方向，引导本国科技在某些特定战略领域取得进展，以提高或保持本国在这些领域的竞争力。②科技发展政策的适应性原则。科技发展政策要与本国的科技基础、经济条件和社会状况相适应。国家的科技发展政策应当立足于本国国情，引导发展本国有能力发展且与社会经济紧密联系的科学技术。③科技发展政策的实用性原则。科技发展政策要符合科学技术发展的规律，能够协调科技发展相关的各方面关系，切实起到促进科技发展的作用。

各国为了制定出合理的科技政策一般都设有专门的科技政策研究机构和管理机构。在20世纪30年代左右，对科技政策研究形成了一个专门领域。在我国负责科技发展政策管理的主要是中华人民共和国科学技术部。

3. 科技发展政策的产生与发展

科技发展政策的产生与发展建立在一定的社会经济基础上，现代意义上的科技发展政策从产生到现在经历了不到一百年的时间。一般认为，最早的科技发展政策产生于美国。1787年，美国宪法中写道："通过保障作者和发明者对他们的作品和发现在一定时间内的专有权利，来促进科学和有用的艺术的进步。"这被认为是美国最早的科技发展政策。这也可以认定为世界上最早的科技发展政策。国家介入科技活动，为国家目标奋斗的总动员的科技体制是从1914年第一次世界大战开始的。英国于1916年设立了作用与产业应用有关的科学研究的行政官厅——科学与工业研究部，日本于1917年创设了理化研究所。此后，美国于1931年设立了农业研究中心，罗斯福总统于经济大萧条期间设立了科学咨询审议会；法国于1930年设立了国家科学基金，1938年创设了国家研究中心；日本于1941年颁布《科学技术新体制大纲》，确立了科学技术的国家总体制，并于1942年在内阁设立了技术院。

从一战开始到二战结束，各个国家的科技发展政策密集出台，形成了科技发展政策建设的一个高潮。科技对一国社会、政治、军事、经济中的巨大作用在两次战争中，尤其是二战中得以彰显。因此，二战以后各国都纷纷加强科技发展政策建设，力图通过科技发展政策来促进本国科技发展，提高本国综合国力。美国的万维瓦尔·布什于1945年发表《科学：无尽的前沿》，被誉为"科技政策的圣经"，1947年《科学和公共政策》发表，这两份报告构成了美国最初科技发展政策的理论框架。报告强调了国家科技发展政策的综合性和政府应在各种研究活动中发挥的协调作用。至此，科技发展政策被纳入国家政策体系的范畴。

在以后的实践中，国家政策体系层面的科技发展政策逐步出台，在政府资助下成立的研究机构不断增多，科技发展政策建设迅速发展，且法制化趋势明显。1957年前苏联第一颗人造卫星发射成功，大大刺激了其他国家，尤其是美国的科技和科技发展政策建设。在机构建设上，1957年美国总统艾森豪威尔任命了直属于总统的科学技术特别助理，将科学咨询委员会升级为直属于总统的"总统科学咨询委员会"，1958年设立了由18名最高科技人员组成的联邦科学技术会议，成立了国家宇航局。在科技发展政策和法制建设上，1976年在白宫设立了专门的科学技术政策办公室，并通过了《国家科技政策、组织和优先法》，其目的是为美国政府制定科技发展政策，从而确认了美国国家科技发展政策的地位；1980年通过《大学和小企业专利程序法》、《技术创新法》、《联邦技术转移法》；1981年通过《经济复兴税收法》；1986年颁布《联邦技术转让法》；1988年通过《综合贸易和竞争方案》。在这一阶段，国家科技发展政策的法制化形成一个高潮。国家的科学发展政策以法律形式确定下来，使各国的科技发展政策逐步走向成熟。

## 二、我国的科技发展政策

### 1. 计划经济体制下的科技发展政策建设

新中国成立以后，党和国家高度重视科技、科研机构和科技政策建设。在科研机构建设上，1949年11月，中国科学院在北京成立，是科学技术方面最高的学术机构。在此基础上，一大批不同产业部门、不同行政级别的科研机构相继成立。到50年代中期，全国科学技术人员已增加到40多万人，科研机构发展到840多个，奠定了我国科技发展的基础。[①]在科技发展政策管理机构上，1956年，我国成立了“科学规划委员会”和“国家技术委员会”，负责全国科技事业的大政方针。1958年，两个部门被合并为“国家科学技术委员会”，简称“国家科委”。1998年，国家科委改称“科学技术部”。这是我国科技发展政策的主管部门。在科学发展规划上，1956年12月，中国第一个科技发展规划——《1956年至1967年全国科学技术发展远景规划》编制完成，为中国科技发展提出了明确规划，包括科技发展方针、具体研究任务和研究领域。1960年，聂荣臻主持科技工作，主持起草《关于自然科学研究机构当前工作的十四条意见(草案)》，1961年7月中国科委党组、中国科学院党组共同公布《关于自然科学研究机构当前工作的十四条意见》，明确了国家科技工作的相关政策并且对重点科研项目作出了安排。在《1956—1967年科学技术发展远景规划纲要》制定实施并提前完成的基础上，国家制定了进一步的科技发展规划，1963年《1963年至1972年科学技术发展》，即著名的科技发展“十年规划”编制完成。在科技法规建设上，1950年8月11日中央人民政府政务院第54次会议通过了《中央人民政府政务院关于奖励有关生产的发明、技术改进及合理化建议的决定》和《保障发明权与专利权暂行条例》，1954年5月6日政务院第215次政务会议通过了《有关生产的发明、技术改进及合理化建议的奖励暂行条例》。在科技人员政策上，1956年1月，全国知识分子问题会议在北京召开，周恩来在会上做了《关于知识分子问题的报告》，阐述了科技在国计民生中的重要作用。1962年3月在广州召开的科技工作会议上和随后的二届全国人大三次会议上，周恩来明确肯定了科技工作者是劳动人民的知识分子。

### 2. 市场经济体制下的科技发展政策建设

十一届三中全会后，1985年中共中央发布《关于科学技术体制改革的决定》，这是

① 张明国. 回眸中国共产党早期的科技政策[N]. 人民日报，2001-7-9.

科学技术领域引进市场化改革的开始。《关于科学技术体制改革的决定》对科学技术政策进行了较大调整，指出科技改革的主要内容是改革科技拨款制度，运用经济杠杆和市场调节加强对国家科技项目的管理，并逐步建立技术市场；要求改变科学研究与科技成果转化条块分割的局面，建立各相关机构之间的联合与协作机制；要求对科技人事制度进行改革，使人才能够合理流动，充分发挥人才的推动作用。1988年9月邓小平提出“科学技术是第一生产力”的著名论断。这一著名理论的提出大大推进了中国科技发展政策的建设，也成为以后政府在科学技术政策上的一个鲜明理念。

1995年5月6日，中共中央颁布《中共中央、国务院关于加速科学技术进步的决定》。在这项决定中，“科教兴国”战略首次被提出。这是对邓小平“科技是第一生产力”理念的具体落实。同年9月，中共十四届五中全会上通过的《中共中央关于制定国民经济和社会发展“九五”计划和2010年远景目标的建议》中要求经济体制要从传统的计划经济体制转变为社会主义市场经济体制，要求经济增长方式由粗放型向集约型转变，把“科教兴国”战略作为我国社会主义经济建设的重要方略。1993年7月2日，第八届全国人民代表大会常务委员会第二次会议通过《中华人民共和国科学技术进步法》，1993年10月1日开始施行。其中第一条明确规定“为了促进科学技术进步，在社会主义现代化建设中优先发展科学技术，发挥科学技术第一生产力的作用，推动科学技术为经济建设服务，根据宪法，制定本法。”[①]该法确定了科技事业发展的基本方针和推进科技发展的基本制度，是科学技术领域的基本法。1995年中共中央国务院发布《中共中央、国务院关于加速科学技术进步的决定》，要求实施科教兴国战略；全面落实科学技术是第一生产力的思想；大力推进农业和农村科技进步；依靠科技进步提高工业增长的质量和效益；发展高技术及其产业；推动社会发展领域的科技进步；切实加强基础性研究；深化科技体制改革，建立适应社会主义市场经济体制和科技自身发展规律的新型科技体制；建设高水平的科技队伍，提高全民族科技文化素质；多渠道、多层次地增加科技投入；进一步扩大对外开放，广泛开展国际科技合作与交流；切实加强党和政府对科技工作的领导；各地区、各部门要结合各自的具体情况，制定和完善推进科技进步的具体措施和考核办法。1997年9月中共十五大提出了“依法治国，建设社会主义法制国家”的重大战略，使科技发展的法制化进程进一步加快。近年来，我国的科技发展计划为近期我国的科技发展指明了方向。 2004年7月3日，国务院办公厅转发了科技部、发展改革委、教育部和财政部联合颁布的《2004—2010年国家科技基础条件平台建设纲要》，要求要充分运用信息、网络等现代技术，对科技基础条件资源进行战略重组和系统优化，以促进全社会科技资源高效配置和综合利用，提出重点建设六个平台，即研究实验基地和大型科学仪器、设备共享平台、自然科技资源共享平台、科学数据共享平台、科技文献共享平台、成果转化公共服务平台、网络科技环境平台。2006年2月9日，国务院颁布《国家中长期科学和技术发展规划纲要(2006—2020年)》，明确了近期科技

① 全国人大常委会. 中华人民共和国科学技术进步法[Z]. 人民网，http://www.people.com.cn/GB/keji/25509/39796/41754/3038660.html，1993-07-02.

发展的指导方针、发展目标和总体部署，阐述了重点领域、优先主题、重大专项、前沿技术，对基础研究、科技体制改革与国家创新体系建设、重要政策和措施、科技投入与科技基础条件平台、人才队伍建设作出了规划和指导。2007年12月29日中华人民共和国第十届全国人民代表大会常务委员会第三十一次会议通过了《中华人民共和国科学技术进步法》修正案。2007年12月29日国家主席胡锦涛发布主席令，颁布修正后的《中华人民共和国科学技术进步法》。修正后的科技进步法第一条规定："为了促进科学技术进步，发挥科学技术第一生产力的作用，促进科学技术成果向现实生产力转化，推动科学技术为经济建设和社会发展服务。"①

## 三、我国科技发展政策存在的问题与对策

### 1. 我国科技发展政策现存的问题

(1) 科技投入政策中，存在投入比例不当问题。首先，基础性研究与应用性研究投入比例不当。一般而言，基础性研究有较大的共用品性质，私人部门投入必然较少，需要政府投入进行支持。当前的情况是，政府，尤其是地方政府，在应用性研究上大量投入，基础性研究投入相对不足。其次，在科技投入的主体结构中，政府部门提供了科技投入的绝大部分，企业研发投入较少。理论上，政府应当在基础性研究上加大投入，应用性研究主要由企业完成。实际情况是地方政府为了发展本地经济，投入与本地经济有紧密联系的应用性研究。再次，国内企业与国外企业在科技投入上相差巨大。当前，企业研发投入的大部分是由外资企业完成的。

(2) 科技发展政策中，对原创性鼓励不足，创新领域没有相应支持。我国的科技发展政策中对重大原创性研究、重大科技发明、重大科技发现提供了丰厚的奖励，但国家最高科技奖项却经常出现空缺。应当说，国家对科技的重大进步鼓励是相当有力的，问题在于这只是对最终结果的鼓励，缺少中间环节的有力支持。这些看似丰厚的科技奖项只对最终科研产品认可，而整个科研过程中需要投入巨大的人力、物力、财力，尤其是科技工作者的精力。事实上，有些科技工作将这部分精力投入收益更为确定的其他领域，如为企业做技术指导，则收益可能要远高于将精力投入创新性研究。从这方面来看，对原创性的支持和鼓励确实是不足的。

(3) 科技发展政策中，科技成果转化效果明显不足。尽管我国已经制定了《中华人民共和国科技成果转化法》，但总体上看，科技成果转化效果并不理想。截至2006年底，我国已拥有专利成果330多万项，但实际转化率不足20%，实现产业化的不足5%。我国高校每年取得科技成果在6000～8000项之间，但真正实现成果转化与产业化的还不到1/10。究其原因，科技成果的产业化转化首先需要科技成果能够为企业带来经济效益。只有科技成果的应用能够为企业带来丰厚回报时，企业才愿意应用科技成果。因

① 中华人民共和国主席令(第82号). 中华人民共和国中央人民政府网，http://www.gov.cn/flfg/2007-12/29/content_847331.htm.

此，科技成果转化不足与科研成果本身问题紧密联系。此外，科技成果转化也需要必要的推广和政策支持，这两项在我国科技发展政策中也存在明显不足。

(4) 科技发展政策体系分割，决策主体各自为政。首先不同部门之间缺乏有效整合。作为科研主体的大学、科研机构之间联系薄弱。一些机构在获取项目上展开争夺，是一种竞争关系，而拿到项目之后各个科研主体各自开展工作，这种只有竞争没有合作的科技发展政策体系极大地提高了我国科研资源的成本，降低了我国科研资源的效率。其次，不同行政级别之间、同级别政府部门之间，基于各自地方利益，对上级政策执行力度不一，执行范围不一，使得各地区科技发展政策比较杂乱，人才地区间转移、科技地区间联系受到影响。

2. 完善我国科技发展政策的对策

(1) 深化改革，加强以企业为主体的国家创新体系建设，使企业真正成为创新的主要动力和主体。如前所述，当前中国科技投入中，政府投入和企业投入、国内企业投入和外资企业投入比例严重失调。因此，应当以企业创新动力为基础加强企业创新能力建设。企业创新的动力是企业进行创新的根本，科技发展政策、科技法律法规应当能够对企业通过科技创新所获得的收益提供良好的保护。在企业有了创新动力之后，创新能力建设才能真正发挥作用。对于企业的创新能力建设可以通过人才培养的方式进行，使想要进行科技创新的企业有足够的人才资源。

(2) 科技发展政策的制定主体应当进行必要的扩展，将企业、尤其是私营企业、中小型企业纳入进来，在必要时将公民个人纳入进来，形成社会化的决策主体。当前科技发展政策的制定主要是由国家科技主管部门在参考科技从业者意见的基础上制定的，企业参与较少，而为数极少的企业参与者中几乎全部是国有企业，私营企业、中小企业、社会公众的要求被忽视。这造成的结果就是上述的科技成果不一定适应企业需求，科研成果转化能力差。通过多种社会主体的共同参与，制定有效的科技发展政策，将科研活动引导到与社会经济紧密相连、社会迫切需要的研究领域，提高科学技术在促进经济社会发展中的推动能力。

(3) 对当前学科体系和科研资助体系进行必要的调整，使新的研究领域和原创性研究获得必要的支持。学科体系一般是根据当前的科学领域进行划分的，随着科技的发展，越来越多的研究对象被纳入科学研究中，这造成了新研究领域和新学科的产生。在某些情况下，原创性研究很难被完全纳入某一现有的学科体系，这造成的一个重要后果是对新研究无法进行必要的支持。科技发展政策一般是对已有学科进行资助，在新学科无法纳入已有学科的情况下也就谈不上获得帮助。这就需要根据现实变化对原有学科体系进行必要修正。问题在于，即使不断调整，新学科体系仍滞后于科学研究。因此，需要使学科体系有一定柔性、包容性和前瞻性。

(4) 依靠科技发展政策，加强对科研体系中公用设施的建设，加强对科研过程的监督与支持。如上所述，我国的科学研究奖励制度主要是对科学研究的最终成果进行奖励，而我国整体科研公共设施比较薄弱，科技发展政策对科研过程关注不够，需要在这些方面加强改革与建设。

# 第四节 科技事业的社会化管理

## 一、现代科技事业发展的社会化趋势

现代科学技术的发展日益显示出社会化的趋势。对“科技发展的社会化”这一概念，不同学者有不同的看法。我国学者认为，科技发展社会化是指将科技知识及蕴藏在知识背后的科学方法、科学信念、科学思想和科学精神等通过一定的渠道渗透到社会之中，为广大公众所理解和接受，并内化为自觉的社会生活规范的过程。认为科技发展社会化包括两层含义，一是使公众尽可能地提高其科学文化素养，掌握更多、更高水平的科学知识；二是(也是更主要的)让公众学会科学的思维方法，确立科学的生活方式，使社会生活更富创造性，更积极向上，充满生机和活力。但也有人认为，科学技术发展的社会化泛指科学技术在与社会的互动中所表现出来的一切属性、功能及价值取向。具体地说，科学技术的社会化包括科学家个体的社会化、科学建制的社会化、科学技术影响力的社会化、科学技术发展方向建构的社会化、科学技术内容的社会化等。总之，社会化是20世纪以来科学技术发展的一个重要特点。研究课题的高度综合化、研究规模的日益扩大、国家对科学技术的大量投入、研究设备的大型化和复杂化等是科学技术社会化的直接表现；而科学技术社会影响力的日益增强则是现代科技社会化的深层次表现。科技事业发展社会化的表现主要有下几个方面。

(1) 科技投入来源的社会化，即科技投入越来越体现社会整体资源的参与。在现代科技产生以前，科学研究活动往往由单个个人依靠自有资源进行。在现代，科学研究的投入越来越大，单个个人往往难以负担，依靠单个个人的资源投入往往难以完成。科研资源的投入往往以社会组织为依托，这些组织包括政府、基金、非政府组织、企业等。这是整个社会对科技活动的支撑，是科技活动对社会的依赖。

(2) 科技从业者组织的社会化，即科技从业者组织形态的泛化与相互间交流合作的不断加深。在现代科技产生以前，科技从业者进行的研究往往是独自进行的，尽管他们之间存在交流，但这种交流是极为有限的。在当代，由于现代科技极为复杂化、专门化，一项科学研究需要为数众多的科学工作者参与，有必要将科技从业者以一种社会化的形式组织起来，共同进行一项研究工作。由此，小到科技小组、专门项目小组、专门的科技公司，大到整个国家级项目工程的科研组织在不断形成并发挥作用。这种社会化的组织形式通过社会分工的办法极大地提高了整个科技组织的效率，提高了成员间合作的效率。与科技从业者组织社会化同时存在的是科技工作者之间相互交流的增多。一方面，科技组织内部单个成员之间交流合作必然增多；另一方面，科技从业者以其他各种方式的交流也日益增多，包括各种形式的科技会议、科技协会、专业科技书籍出版、现代传媒提供的科技从业者之间的信息交流等。而且，现代科技从业者之间的交流已经不局限于国内交流，大量的跨国交流在发挥着越来越重要的作用。

(3) 科技成果的社会化，即科技成果对社会影响日益加深，社会对科技成果的导向也更加明显。科技成果对社会影响的日益加深体现在多个方面。首先，科技成果日益渗透到日常的社会生活中，互联网技术、电子科技、电视、广播等对社会生活的改造极为显著，而现代农业科技、现代交通技术、现代食品科技等与生活息息相关的科技潜移默化地改变着人类的生活方式、思考方式。其次，科研活动中所体现出来的科学精神、科学理念对社会思想不断渗透。一个明显的例子是达尔文的进化论在近代社会革命中的重要作用。在当前社会，科学研究中的科学理念能够促进社会成员以科学的态度去思考社会、分析社会，这极大地促进了社会的发展。再次，科学技术中的组织与管理方式，科学成果，尤其是社会科学成果中体现出来的先进管理思想、管理手段不断促进社会管理的科学化，从而对社会产生深刻影响。最后，科学技术成果的不断普及，提高了整体社会成员的科学素养，提高了整个社会的知识总量，提高了社会劳动者的劳动生产效率，也为科学研究准备了大批后备人才，促进了社会文明的传承。社会对科学研究的导向主要体现在，社会不断产生和发现新问题，对科学研究提出新要求，促使科技不断向前发展。此外，随着社会成员科技素养的提高，社会成员也参与到科研活动的决策中，通过对能够推动社会发展的科学技术的支持与可能造成社会危害的科学技术的限制，引领着科学技术的发展方向。

## 二、科技事业的社会化管理的措施

科技事业的社会化管理首先要求对科技事业投入主体进行社会化管理，一方面，政府、企业以及各种社会组织应当依据其角色定位，在科技事业发展中发挥应有作用；另一方面，各种专门项目组织、各种科学会议、各种学术团体、各种学术传播媒介也要体现社会化要求，不断加强交流，促使各种新思想、新理论、新发明的不断产生。同时，还要促进科技成果的社会化。加强科学普及，提高全社会的知识层次和文化素养。要不断加强科技事业的社会化管理，还要在以下方面不断完善。

### 1. 政府部门应当承担的责任和采取的措施

政府应当为科技以及科技社会化提供必要的资源，为科学研究，尤其是基础性研究提供必要的经费、场所、基础设施等。政府要对科学研究进行必要的奖励和资助，帮助提供科技社会化所需的条件。同时，政府还负担着为科技社会化提供适当政策环境的任务。中国科技事业社会化进程缓慢，一个重要原因是各项制度的不健全，包括财政支持制度、社会传播制度、教育制度等具体制度，也包括法制制度、利益分配制度等基础制度。要改善这些不良制度，使社会公众敢于相信专家、相信科学，营造科学社会化的良好环境。

### 2. 科研机构应当承担的责任和采取的措施

科研机构应当承担起科研任务，能够进行科技创新，提供社会需要的科技成果，并为科技成果向生产转化、为生活服务作出贡献，形成一个科技成果、科学精神的生发地。科研机构还应当承担起服务社会的职责，帮助企业开发新产品、应用新技术，加强科研机构与企业的合作；帮助社会公众提高科学素养，将科研成果、科学精神向社会公共传播，帮助进行科学普及工作。

3. 企业应当承担的责任和采取的措施

企业是产品的直接提供者，是新技术的应用者和传播者。企业的本职任务是进行社会生产，在生产过程中企业应当提高创新意识，积极采用有利于企业发展的新产品、新技术、新理念、新管理方式、新组织模式等，有效利用科技创新为企业服务，在赚取利润的同时，客观上促进创新科技成果的应用，促进科技成果向生产、生活的渗透。

4. 非营利组织应当承担的责任和采取的措施

一些非营利组织能够在科学研究中发挥一定作用，为科学研究提供资源。非营利组织能够有效地组织科技工作者之间的互动与沟通，促进科学工作者之间的交流。尤为重要的是，非营利组织在科技推广与普及上具有天然优势。非营利组织在进行某些社会活动，如扶贫、环境保护、帮助某些特殊群体(如老人、特殊疾病患者)过程中，必然需要借助某些现代手段、必然要接触大量相关人群，这在潜移默化中能够促进技术推广与科学普及。例如在针对贫困地区的扶贫过程中，农业开发往往是不可缺少的一部分，而农业开发必然要涉及农业科技的推广。更值得关注的是，某些专门的科技相关的非营利组织在科学研究和科学推广上作用明显。

## 复习思考题

1. 科技事业按照不同标准可以分成哪几类？
2. 我国科技发展政策管理的现状与问题有哪些？
3. 如何不断完善我国科技发展政策管理？
4. 什么是国家创新体系？如何建设我国的国家创新体系？
5. 什么是科技发展社会化？科技发展社会化对科技事业管理提出了哪些新要求？
6. 如何完善我国的科技事业社会化管理？

## 扩展阅读

### 关于支持科技型中小企业发展的政策措施[①]

为贯彻落实区委、区政府《关于加快发展科技型中小企业的实施意见》(津滨党发[2010]28号)，实施科技小巨人成长计划，加快科技型中小企业发展步伐，构筑具有全球影响力的科技型企业孕育和成长高地，制定以下政策。

(一) 加大财政资金投入

1. “十二五”期间，全区共筹集财政资金将超过70亿元，专项用于扶持科技型中小

① http://tj.zhaoshang.net/2014-08-28/198827.html.

企业发展。其中，区级资金30亿元，开发区、保税区和滨海高新区各10亿元，塘沽、汉沽和大港管委会共10亿元，中新天津生态城、东疆保税港区和中心商务区管委会各5亿元，临港经济区、滨海旅游区、北塘经济区、中心渔港和轻纺经济区管委会各1亿元。充分发挥政府资金杠杆放大效应，联动银行、天使投资、创业投资、融资租赁等金融资本共同加大对科技型中小企业扶持力度。

(二) 进一步落实完善税收优惠政策

2. 进一步落实好高新技术企业、技术先进型服务企业所得税优惠、集成电路和软件企业税收优惠、企业研发投入加计扣除、大型仪器设备加速折旧等有关财税政策，增强企业创新积极性。

3. 企业主要研发人员的薪酬和培训费用可按国家有关规定在企业所得税税前扣除。

(三) 不断扩大初创企业规模

4. 新区设立“科技创业计划”项目，针对科技领军人才、海外高层次人才、高等院校和研究院所科研人员、大型企业管理和技术负责人、高校毕业生以及其他各类科技管理人员等自带项目到新区创业的，重大科技成果入区产业化的，大型企业新设科技型中小企业的，以及通过其他途径创立科技型中小企业的，经评审认定的重点项目给予最高200万元的资助，一般项目给予最高60万元的资助，每年组织2次以上“科技创业计划”项目集中申报受理，支持方式包括无偿补助、投资入股和贷款贴息等方式。

5. 对在新区范围内举行的知名创业大赛，经认定，由区人民政府或有关管委会对赛事活动给予最高100万元的补助。对创业大赛形成的优秀项目落户新区的，按照“科技创业计划”项目资助标准执行。

6. 加快做好工商注册优惠政策的兑现落实，放宽名称核准条件、放宽企业集团登记条件、放宽企业住所权属证明的限制，探索新办科技型中小企业注册资本“零首付”政策，支持新兴产业、新兴业态领域科技型中小企业的注册。

7. 对新区范围内一次性新建和拓展孵化面积超过1万平方米的孵化器，经认定给予最高800万元的补助，补助资金由区人民政府和所在管委会共同落实；对科技创业和企业培育成效突出的综合性和专业化孵化器，每年给予最高200万元的资助，获得资助的孵化器需与区科委签订责任书，明确下一年度吸引企业落户和企业培育工作指标。育成中心、大学科技园、留学生创业园等孵育载体支持方式和标准参照孵化器执行。

8. 对从区外落户新区建设孵化器的机构，根据其吸引落户企业税收贡献额度，给予一定比例的奖励，奖励资金由区人民政府和所在管委会共同兑现。

9. 各管委会结合自身实际情况，对入驻孵化器的科技型中小企业，从税收奖励、房租补贴、研发补助等方面加大支持力度，并制定相应实施细则。

10. 重点依托国家“863计划”产业化基地，对入区产业化的重大科技成果，根据项目技术水平、产业化前景，经评审认定，按照“科技创业计划项目”标准给予支持，并优先协调新区内政策性投融资机构给予资金支持。落户滨海新区国家大学科技园的企业和项目优先列入“科技创业计划”项目给予支持。

11. 通过参股基金、跟进投资、房租补贴等形式，吸引国内外知名天使投资人和机构落户滨海新区，激活天使投资市场。探索建立新区政策性天使投资基金，对优秀入区项目给予投资支持。支持各管委会组建政策性天使投资基金、担保基金，对新建政策性投资基金和担保基金的，区人民政府可给予一定额度支持。

(四) 助推成长期企业加速发展

12. 按照高科技、高成长原则，筛选一批成长期、壮大期企业列入重点培育对象，进行“精确制导、一企一策”的扶持。对聘请国内外知名中介机构制定成长路线图或企业发展战略的重点培育企业，给予最高50万元的补助。对辅导培育区内企业成效突出的科技中介机构，根据其辅导数量和成效，每年给予最高100万元的奖励。新区定期组织优秀科技型企业或企业家评选，对入选企业或企业家给予一定额度奖励。

13. 新区政府设立“成长企业助推计划”项目，专项扶持成长期企业增强创新能力，形成自主知识产权，最高立项支持额度不超过300万元，支持方式包括无偿补助、投资入股和贷款贴息等方式。

14. 加快推进加速器、标准厂房等建设，不断提升对成长期企业的载体功能，对新建或提升标准厂房工作突出的，参照孵化器支持标准给予一定额度资助。

15. 根据区人民政府设立的“高新技术企业培育资金”有关政策，对经认定的国家和新区高新技术企业，可由新区高新技术企业培育资金给予最高50万元的支持。

16. 新区知识产权资金、研发平台建设资金、自主创新重大项目资金、高新技术产业化资金、战略性新兴产业培育资金、信息化资金等向科技型中小企业倾斜。

(五) 培育、吸引创新领军企业

17. 加大力度吸引国内外知名科技型中小企业落户，对从区外新落户新区的科技型企业，注册资金超过2000万元、落户两年内销售收入总额超过1亿元的，并拥有自主知识产权、创新能力强、成长性高、符合新区产业技术发展方向的，经认定由区人民政府和所在管委会共同给予最高500万元的研发补助，待企业销售收入达到上述条件时予以兑现。补助额度不超过企业实际税收贡献。

18. 各管委会对落户的优秀科技型企业，从房租补贴、税收奖励等方面加大政策支持力度；对“科技招商”业绩突出的团队和机构给予重奖。

19. 设立“创新领军企业发展计划”项目，加大支持力度，专项用于支持壮大期企业开展重大关键技术攻关、设备改造升级、重大成果产业化、建设完善研发平台、吸引高端研发团队等，围绕前沿先进领域抢占科技“制高点”，形成一批拳头产品，每个项目最高支持额度不超过1000万元。

20. 积极推进壮大期科技型企业上市融资，筛选一批上市后备企业进行重点辅导和培育，加大培训、推动、宣传力度，对境内外上市融资的企业，根据新区扶持企业上市的政策予以奖励。

21. 定期组织优秀科技型企业和企业家评选，对获奖企业给予奖励。

(六) 支持企业培育聚集高层次人才

22. 鼓励高层次人才到新区发展，对经认定为新区级的领军人才和高层次人才，由区人才专项资金给予奖励，并优先推荐申报天津市和国家有关支持人才的优惠政策。

23. 对列入重点培育对象的科技型中小企业，上年度营业收入增长超过50%的，经认定，企业中年薪(税前)超15万元、担任企业关键职务(如副总经理及研发中心主任级别以上)、签订有5年以上劳动合同的高级管理人才和高级技术人才，予以当年个人所得税地方留成部分50%比例的奖励，由新区和所在管委会共同兑现。企业不满足上述条件的年份，不享受当年奖励。最高支持年限为5年。

24. 对列入重点培育对象企业人才培训工作成绩突出的，由政府给予一定额度资金奖励。

25. 新区政策性住房优先支持科技型中小企业的管理和技术人员，对优秀科技人员和高级技工，采取灵活化落户政策。

(七) 加大对科技型中小企业投融资支持

26. 探索组建新区层面科技担保公司，加大对科技型中小企业支持力度，“十二五”期间支持企业总数不低于2000家。瞄准国内外知名金融机构，整合区内科技金融资源，积极探索建立科技金融服务集团或科技银行，开展投、保、贷综合经营试点，形成专业化服务于科技型中小企业的金融机构。推广以债权融资并吸引股权投资的结构性融资方式，创新专利权等抵质押担保融资手段，发展集合信托等集合性债权融资，积极推进组织科技型中小企业“打包贷款”、信用担保，不断拓宽债权融资渠道，对通过创新性方式获得债权融资的企业给予贴息支持。

27. 进一步发挥新区及各管委会创业投资引导基金、科技投资基金的作用，增大对新区科技型中小企业的投资规模。对落户新区并进行投资活动的天使投资、创业投资基金，根据其投资企业数和投资额，通过风险补偿、跟进投资等形式给予一定支持。

(八) 支持企业拓展市场

28. 企业符合条件的自主创新产品和服务纳入国家、天津市及新区自主创新产品目录，采用首购、订购、首台(套)重大技术装备试验示范项目、推广应用等政府采购方式，加大政府投资类项目采购自主创新产品的力度。新区范围内国家或地方政府立项的重大工程优先支持新区科技型中小企业。

29. 对重点新产品、新技术占领国内外市场的，或参加国际市场开拓团组、国内外知名展销会的，由政府给予相应支持。新区围绕重点产业技术领域，积极组织博览会、商品展销会、新技术发布会等活动，完善企业新产品与市场对接平台。

(九) 做好政策兑现落实

30. 各管委会、区人民政府各部门从各自职责分工出发制定有关资金管理办法和政策操作细则，报区“科技型中小企业发展工作领导小组”批准后实施。领导小组办公室定期对各管委会、各部门政策落实情况进行监督检查，并将执行情况报领导小组。

# 第五章　卫生事业管理

卫生事业是政府实行一定福利政策的社会公益事业，卫生事业管理是公共管理的基本内容之一。基于现代社会对政府合法性的诉求和卫生事业对生命自体关怀的价值终极性，卫生事业管理在政府公共管理中占有特殊地位。本章分析社会主义市场经济条件下公共卫生事业管理的基本理论，阐述我国公共卫生管理的政策与法规，介绍政府的公共卫生管理职能和作用，明确我国社区卫生服务管理的制度与程序。

## 第一节　卫生事业管理概述

### 一、基本概念

1. 卫生与公共卫生

医学史研究认为“卫生”是个医学名词，意为“养生”。这个词最早出现于《灵枢》中，《庄子·庚桑楚》里也有“卫生”一词：“南荣曰：殊愿闻卫生之经而已矣。”也有人认为“卫生”一词来自希腊神话。“hygeian”是指神话中的“健康女神”，西欧学者用此词表示“卫生”或“卫生学”。我国医学宝典《黄帝内经》指出，圣人不治已病治未病，不治已乱治未乱。因此，卫生是防治疾病、延长寿命、改善身体健康和机能的科学和实践。其中“防病”是积极的、主动的，是防患于未然；而“治病”是消极的、被动的，是救死扶伤。卫生有狭义和广义之分。狭义的卫生，主要指疾病的预防和治疗；广义的卫生，则包括全部与人类健康有关的业务活动及制度建立工作。我们基于广义的理解，将卫生概念定义为：个人和集体的生活卫生和生产卫生的总称。即为增进人体健康，预防疾病，改善和创造合乎生理、心理需求的生产环境、生活条件所采取的个人的和社会的卫生措施和健康运动。卫生曾经是私人的概念，但是随着科学技术的发展以及人们对卫生认识的深化，卫生概念不仅被普遍使用，成为国际社会和官方正式使用的概念，而且还出现了“公共卫生”的概念。顾名思义，公共卫生是关系到一国或一个地区人民大众健康的公共事业。用“公共卫生”的概念代替“卫生”的概念，主要原因在于，卫生有很明显的外部性，在现代社会，它已经完全不是私人的卫生，实际上是与公众和社会的卫生联系在一起的；另一方面，为了实现对基本人权的保障，各国政府有责任和义务提供全社会的卫生保障。

2. 卫生事业

所谓卫生事业，就是通过全社会有组织的努力而改善环境卫生、防病治病、普及个人卫生知识，并建立一套能够保障社会成员享有健康生活水准的社会体制的社会实践。因为我们所称的“卫生”，实际上已经是“公共卫生”的简称，本书中的卫生事业也就是公共卫生事业。另外，卫生事业又是以医疗为主要内容的，所以也经常称卫生事业为医疗卫生事业。本书对卫生与医疗卫生也不作严格区分。

公共卫生事业是国家和社会在防治疾病、保护增进社会人群健康方面所采取措施的综合，是公益性社会公共事业的重要组成，一个国家举办卫生事业的主要目的在于促进、维持和保护健康。卫生部门是整个国民经济中规模最大和发展最快的行业之一，是第三产业中除信息产业以外最活跃的部门。开展卫生事业，如果没有正确的发展战略，将会走错方向。我国新时期卫生工作的指导方针是：以农村为重点，预防为主，中西医并重，领先科技和教育，动员全社会参与，为人民健康服务，为社会主义现代化服务。

#### 3. 卫生事业管理

卫生事业管理是科学配置卫生资源以实现卫生政策目标的过程。由于卫生事业本身具有公益性和福利性，而医疗卫生服务又同时存在营利和非营利两种类型，所以政府必须对卫生事业进行管理。其原因就在于卫生事业的公益性、医药领域明显的信息不对称性和公众对卫生产品支付能力的不确定性。政府在卫生事业管理中的干预主要表现在以下几个方面：①卫生筹资。政府需要通过多种形式筹得卫生事业发展所需的资金。我国传统的卫生事业管理模式是政府“全包”，即实行单一的政府保障的形式，但现在随着社会所有制的多样，传统管理模式必须改革。政府可以通过制定政策，强制要求各类社会组织及个人都成为卫生筹资的对象。②卫生人才管理。卫生人才是提供卫生服务的前提条件之一。除了在培养从事卫生工作、卫生教育、卫生管理的专门人才方面，政府必须承担基本投资，政府还应该制定和实施有关政策，允许并方便卫生人才的合理流动，鼓励卫生技术人才到缺医少药的地区工作，创造优秀卫生人才成长条件。③药品监管服务。为了保证绝大多数居民的基本医疗服务需要，政府应通过完善有关政策和改革管理体制，积极发展质优价廉的基本药物，并使之经营规范化。④基本卫生服务。基本卫生服务是全体社会成员都需要的服务，也是消费者承受得起的卫生服务，政府主要不是干预，而是通过政策引导，以此提供各种便利条件，主要由市场发挥调节作用。

## 二、卫生事业的性质与特征

#### 1. 卫生事业的性质

从1949年新中国成立以来，卫生的定性问题大致经历了三个阶段。新中国成立以后至改革开放前，卫生被定性为福利性事业，由政府承担福利责任。改革开放至1996年，在计划经济向市场经济转轨的过程中，卫生的商品性曾引起多方热议，但未达成共识。直至1997年，中共中央、国务院在《关于卫生改革与发展的决定》中明确指出：“我国卫生事业是政府实行一定福利政策的社会公益事业。”至此，卫生事业的权威定性是“一定福利政策的社会公益事业”。此外，2009年中共中央、国务院颁布的《关于深化医药卫生体制改革的意见》再次强调“坚持公共医疗卫生的公益性质”。因此，理解卫生事业的性质，应重点关注其公益性和福利性上。

所谓公益性，是指卫生事业所具有的“人人需要、共同受益”的本质属性。即在我国社会主义市场经济条件下，卫生事业是不以营利为目的、使社会全体成员共同受益的公益事业。公益性对卫生事业有以下基本要求：①举办卫生事业不收取回报。我国卫生事业以由政府举办，也可以由社会其他单位或团体举办，政府在政策上予以支持，一般不要求收取投资回报。②卫生事业享有政府给予的某些特权，如免税权、土地征用权以及其他特权。③卫生事业机构应承担公共服务义务，主要指社会卫生防疫、急危病人抢救等。④政府对卫生工作进行政策干预和法律管理，以保证大多数人的利益。在理解公共卫生服务的公益性质时，还需弄清其中的几个基本问题，其一是基本公共卫生服务均等化。所谓基本公共卫生服务均等化，是指全体城乡居民，无论其性别、年龄、种族、居住地、职业、收入如何，都能平等地获得基本公共卫生服务。但是，均等化并不意味着“平均化”，不是指每个人必须得到完全相同、没有任何差异的基本公共卫生服务。其二是重大公共卫生服务项目。如2009年我国实施了九项国家基本公共卫生服务项目和若干项重大公共卫生服务项目，从四个方面强化了政府责任，重点确保实现公益性，这些项目是：①基本公共卫生服务项目向城乡居民免费提供，所需经费由政府预算安排；②专业公共卫生机构人员经费、发展建设经费、公用经费和业务经费由政府预算全额安排；③公立医院承担规定的公共卫生服务，政府给予专项补助；④社会力量举办的各级各类医疗卫生机构承担规定的公共卫生服务任务，政府通过购买服务等方式给予补偿。在中国从生存型社会进入发展型社会过程中，人民群众对包括基本公共卫生服务在内的基本公共服务需求不断增大，实现基本公共服务均等化对构建和谐社会、转变经济发展方式具有重大意义。我国医药卫生体制改革(简称医改)始终贯穿公益性这条主线，将促进基本公共卫生服务逐步均等化作为医改工作重点抓好的五项改革之一。国家将公共卫生列为公共服务的主要内容，加快了基本公共服务均等化步伐，使大众充分享受公共财政的阳光。要加强国家公共服务体系的建设，今后还需要完善的公共财政制度、收入分配制度、城乡协调发展制度以及政府公共服务制度等的支撑。

所谓福利性，是指卫生事业所具有的以个人消费分配补充形式存在的社会属性。福利并不与劳动直接相连，它是政府或社会团体通过再分配形式给劳动者或社会成员的一种物质帮助或照顾。福利性对我国卫生事业的基本要求是：①医疗保障中的福利政策，主要指医疗保障基金的筹集按照不同人群的实际需要和可能，由国家、集体、个人三方合理负担。②财政投入的福利政策，包括简单再生产的补偿性投入和实现扩大再生产的建设性投入。③医疗卫生服务收费的福利性，主要是对不同的卫生服务内容采取不同的收费政策，对预防保健服务免费或适当收费。

### 2. 卫生事业的基本特征

卫生事业具有区别于其他社会生产和服务的特征，准确认识这些基本特征，有助于卫生服务研究，有助于办好卫生事业和搞好卫生事业管理，这些基本特征是：知识密集性、价值终极性、经济依赖性和服务性。

(1) 知识密集性。知识密集型服务业是指那些显著依赖于专门领域的专业性知识，向社会和用户提供以知识为基础的中间产品或服务的公司和组织。而在医学领域内，医学知识的发展推动着卫生事业的发展，没有现代医学知识就没有现代卫生事业，在医学领域内，知识的密集性主要表现在医学是一个成熟而封闭的知识体系，尽管现代社会以健康教育推广普及医学知识，但医学仿佛以比普及更快的速度在发展，在卫生服务市场上，供需双方之间的信息不对称丝毫未得到改变。

(2) 价值终极性。任何社会活动都有其宗旨，或称价值关怀，这种价值关怀为社会行动提供合法性。在某种意义上说，和平条件下的任何社会事业的意义都不应高于卫生事业，绝不能为其他原因而牺牲卫生事业。这当然不是说，可以不顾其他社会事业的发展，一切为了卫生事业，而是说任何社会事业都不得损及卫生事业应该得到的发展。基于对生命自体关怀的价值终极性，以及前述卫生事业的社会性，表明政府有责任办好卫生事业。

(3) 经济依赖性。在卫生服务或者说医学服务的早期阶段，基本依靠卫生技术人员的医学知识和一定的体力劳动。到了现代，随着医学技术的飞速发展，凝结着医学科技的各种设备、药品大量出现在卫生服务领域，使卫生服务不仅具有知识密集性，也表现出明显的资金密集性，因此，卫生服务越来越表现出经济依赖性，这就决定了卫生服务的提供水平不能脱离经济发展水平，必须与经济水平相适应。经济依赖性决定了举办卫生事业的一条基本政策是追求适宜技术、控制高精尖医学技术的引进和使用，因为信息不对称和价值终极性会使新的医学技术在病人之间乃至全社会迅速推广，从而超出经济所能承受的限度。

(4) 服务性。一般来说，服务业是以消费者或者其财产为服务对象，生产和消费同时发生，它与一般企业生产的区别在于，不存在包装、运输等中间环节，具有一般服务产业的共性。其不同于一般服务业的特殊性还在于，它不是提供某种生活条件而是以知识拯救生命，是对生命的直接服务。由于卫生服务的供给和消费同时发生，以及卫生服务需求的时间紧迫性，在卫生服务中便存在着服务半径问题，也就是说，任何卫生服务提供者的服务能力要受时间和空间限制。这种空间有限性决定了卫生资源的配置要受人口分布状况的严格限制，高效率的资源配置要与人口分布相适应。但这并不排斥卫生资源必要的相对集中，因为把高技术的卫生服务配置到所有的地方显然更为浪费。

## 三、卫生事业管理的分类与内容

根据卫生事业管理的目标和依据的不同，卫生事业管理可分为卫生行政管理、医学规范管理和卫生经营管理。

(1) 卫生行政管理。卫生行政管理的目标是贯彻执行卫生政策。管理的主体是国家卫生行政部门，管理的客体是整个卫生系统及其活动，管理的依据是国家强制力。卫生政策的核心是国家准备实现的社会健康目标及其相应的卫生资源配置。卫生政策和其他社会政策一样，应体现人民的意志，符合人民的利益。在实际制定时，应结合社会健康需要和实际筹资水平综合考虑。国家卫生政策交由各级卫生行政部门具体执行，政策执行应符合行政组织的行政管理原则。作为执行卫生政策主体的卫生行政部门，应当切实贯彻执行各项卫生政策，以实现卫生行政管理的基本目标。从世界卫生事业管理的历史经验看，为了更有效地管理卫生事业，国家必须加强卫生立法，使基本卫生政策法制化，以法律规范卫生服务市场和卫生服务行为，与此相适应，卫生行政部门将主要扮演执法监督的角色。

(2) 医学规范管理。卫生事业总是在研究、传播和运用医学知识。医学是一门极为严格精密的科学，毫厘之差可能会以无数的生命为代价。为了保证医疗卫生服务的正确、准确和及时，既需要广大卫生技术人员有严格的科学精神，又需要有严格的科学规范管理。医学规范管理的主要措施是加强教育和训练，严格执行医学技术规范和操作规程，严格执行在长期的医疗卫生实践中总结出的一些经验原则。医学规范管理是标准化活动的一部分，而标准化是医学规范管理的主要途径。医学规范管理的主体主要是各级卫生管理人员，卫生技术人员也承担一定的责任，客体是医疗卫生活动，其根据在于科学自身的合法性，若有关内容已经标准化时，国家强制力也成为医学规范管理的根据。

(3) 卫生经营管理。经营管理首先是以普通管理学的面孔出现的，管理学的宗旨是效率。卫生经营管理与卫生行政管理和医学规范管理有显著区别，卫生行政管理重在忠实地执行政策，医学规范管理的基本原则是行动的科学化和规范化，而卫生经营管理的主体是各卫生机构的决策者，客体是医疗卫生服务活动，依据是市场规律，目标是效率和健康。

## 第二节　公共卫生管理

### 一、基本概念

1. 公共卫生管理

公共卫生管理是以政府为主导的公共卫生服务提供者为实现公共利益，优化配置公共卫生资源，预防控制疾病和提高人民健康水平而建立的一套社会体制和管理活动。公共卫生管理主要包括疾病控制管理和卫生监督管理。公共卫生管理旨在从政府层面强调卫生行政组织的管理职责，通过各级疾病的预防机构和卫生监督机构来具体负责和实施各项工作。公共卫生管理的研究对象侧重于公共卫生政策与法规、公共卫生组织、公共卫生计划与评价、公共卫生资源和公共卫生服务体系等。

2. 公共卫生政策

政府管理公共卫生的基本手段是相关政策与法律法规。公共卫生政策是公共卫生与预防医学理论研究的重要分支，也是公共卫生与预防医学实践的有效保障。由于公共卫生的内涵非常丰富，使公共卫生政策有广义和狭义两个层面，“广义公共卫生政策”属于保障“大众健康”、“公众健康”、“公众卫生”、“大卫生”等“国民健康”方面的政策范畴；“狭义公共卫生政策”实质上是界定“政府基本公共卫生服务，即政府应当承担的基本公众健康责任，或政府应为公众健康提供的基本公共产品”。

近年来，随着我国公共卫生事业的不断发展，公共卫生政策也受到前所未有的重视，公共卫生政策的研究和实践得到了长足的发展，从事相关工作的组织、机构和人员不断增多，初步形成政府部门、高等院校、公共卫生机构、智力产业、社会团体等共同组成的工作网络，政策制定、执行和评价的能力不断提高，公共卫生政策对我国社会经济协调发展发挥着极其重要的作用。2003年的“非典”疫情爆发，以及抗击“非典”战役的胜利，引发了我国理论界和实践者对公共卫生政策的思考、研究和探索。我国公共卫生界普遍接受了国际对公共卫生三大核心功能的界定：评价、发展政策、保证，充分认识到政策对公共卫生事业发展的重要作用，公共卫生是事关国民健康的重大社会公共事务，公共卫生与义务教育、公共文化等一样，是社会公共服务的重要组成部分，为人民群众提供良好的公共卫生服务，是政府的主要职责之一，公共卫生政策则是政府公共政策的主要领域。

**3. 公共卫生法规**

(1) 国际法律文件。在公共卫生领域，国际性的相关法律主要有世界卫生组织《烟草控制框架公约》(*Framework Convention on Tobacco Control*)、世界劳工组织《职业安全和卫生及工作环境公约(1981)》[*Convention concerning Occupational Safety and Health and the Working Environment*(1981)]、世界卫生组织《国际卫生条例(2005)》[*International Health Regulations*(2005)]等。

(2) 我国的相关法律法规。我国于2003年“非典”暴发流行时，由国务院及时制定和颁发了《突发公共卫生事件应急条例》。2004年，国家重新修订和实施了《传染病防治法》。2007年，《突发事件应对法》在第十届全国人民代表大会常务委员会第二十九次会议通过和施行，并将突发公共卫生事件纳入其中进行管理。2008年，我国在接连经历了四川汶川特大地震、“三鹿”奶粉事件等一系列公共卫生相关的突发重大事件背景下，分别于2008年6月8日和10月9日颁布实施《汶川地震灾后恢复重建条例》和《乳品质量安全监督管理条例》。2009年6月1日起，《中华人民共和国食品安全法》正式实施，《中华人民共和国食品卫生法》同时废止，卫生部将《进口食品卫生监督检验工作规程》等23件部门规章予以废止。针对我国食品安全监管的薄弱环节，这部新的法律体现了突出全程监管、加强食品添加剂监管、统一食品安全标准等制度创新。2009年7月20日，《中华人民共和国食品安全法实施条例》颁布实施，强化了企业是食品安全第一责任人的责任、政府各相关部门在食品安全监管方面的职责、原则规定与制度设计的可操作性。其中的一些亮点备受社会关注，如民事赔偿优先、消除对乙肝患者从事食品生产经营活动的限制、对“问题食品”实行召回制度、统一国家食品安全标准等。精神卫生立法研究已在我国进行多年。专家学者、人大代表、政协委员等社会各界不断呼吁立法。2009年，精神卫生法列入十一届全国人大常委会年度立法规划，2012年我国已正式颁布此法，这对促进全民的身心健康和社会的繁荣稳定起到了重要作用。同时，《新生儿疾病筛查管理办法》、《预防接种异常反应鉴定办法》和《人间传染的病原微生物菌(毒)种保藏机构管理办法》等一批部门规章的陆续颁布实施，也进一步完善了我国卫生法律体系。

## 二、基本公共卫生服务管理

基本公共卫生服务，是指由疾病预防控制机构、城市社区卫生服务中心、乡镇卫生院等城乡基本医疗卫生机构向全体居民提供的公益性公共卫生干预措施，主要起疾病预防控制作用。

### 1. 国家基本公共卫生服务管理

国家基本公共卫生服务管理主要是规范国家基本公共卫生服务项目管理。在各项规范中，要对国家基本公共卫生服务项目的服务对象、内容、流程、要求、考核指标及服务记录表单等作出规定。国家基本公共卫生服务项目将免费为城乡居民提供。

(1) 建立居民健康档案。以妇女、儿童、老年人、残疾人、慢性病人等人群为重点，在自愿的基础上，为辖区常住人口建立统一、规范的居民健康档案，健康档案主要信息包括居民基本信息、主要健康问题及卫生服务记录等；健康档案要及时更新，并逐步实行计算机管理。

(2) 健康教育。针对健康素养基本知识和技能、优生优育及辖区重点健康问题等内容，向城乡居民提供健康教育宣传信息和健康教育咨询服务，设置健康教育宣传栏并定期更新内容，开展健康知识讲座等健康教育活动。

(3) 预防接种。为适龄儿童接种乙肝疫苗、卡介苗、脊灰疫苗、百白破疫苗、白破疫苗、麻疹疫苗、甲肝疫苗、流脑疫苗、乙脑疫苗、麻腮风疫苗等国家免疫规划疫苗；在重点地区，对重点人群进行针对性接种，包括肾综合征出血热疫苗、炭疽疫苗、钩体疫苗；发现、报告预防接种中的疑似异常反应，并协助调查处理。

(4) 传染病防治。及时发现、登记并报告辖区内发现的传染病病例和疑似病例，参与现场疫点处理；开展结核病、艾滋病等传染病防治知识宣传和咨询服务；配合专业公共卫生机构，对非住院结核病人、艾滋病病人进行治疗管理。

(5) 儿童保健。为0～36个月婴幼儿建立儿童保健手册，开展新生儿访视及儿童保健系统管理。新生儿访视至少2次，儿童保健1岁以内至少4次，第2年和第3年每年至少2次。进行体质检查和生长发育监测及评价，开展心理行为发育、母乳喂养、辅食添加、意外伤害预防、常见疾病防治等健康指导。

(6) 孕产妇保健。为孕产妇建立保健手册，开展至少5次孕期保健服务和2次产后访视。进行一般体格检查及孕期营养、心理等健康指导，了解产后恢复情况并对产后常见问题进行指导。

(7) 老年人保健。对辖区65岁及以上老年人进行登记管理，进行健康危险因素调查和一般身体检查，提供疾病预防、自我保健及伤害预防、自救等健康指导。

(8) 慢性病管理。对高血压、糖尿病等慢性病高危人群进行指导。对35岁以上人群实行门诊首诊测血压。对确诊高血压和糖尿病患者进行登记管理，定期进行随访，每次随访要询问病情、进行身体检查及用药、饮食、运动、心理等健康指导。

(9) 重性精神疾病管理。对辖区重性精神疾病患者进行登记管理；在专业机构指导下对在家居住的重性精神疾病患者进行治疗随访和康复指导。

2. 促进基本公共卫生服务逐步均等化的管理

基本公共卫生服务均等化有三方面含义：一是城乡居民，无论年龄、性别、职业、地域、收入等，都享有同等权利；二是服务内容将根据国力改善、财政支出增加而不断扩大；三是以预防为主的服务原则与核心理念。

(1) 基本目标。通过实施国家基本公共卫生服务项目和重大公共卫生服务项目，明确政府责任，对城乡居民健康问题实施干预措施，减少主要健康危险因素，有效预防和控制主要传染病及慢性病，提高公共卫生服务和突发公共卫生事件应急处置能力，使城乡居民逐步享有均等化的基本公共卫生服务。我国规划到2011年，国家基本公共卫生服务项目得到普及，城乡和地区间公共卫生服务差距明显缩小。到2020年，基本公共卫生服务逐步均等化的机制基本完善，重大疾病和主要健康危险因素得到有效控制，城乡居民健康水平得到进一步提高。

(2) 主要任务。①制定和实施基本公共卫生服务项目。现阶段，国家基本公共卫生服务项目主要包括：建立居民健康档案，健康教育，预防接种，传染病防治，高血压、糖尿病等慢性病和重性精神疾病管理，儿童保健，孕产妇保健，老年人保健等。②实施重大公共卫生服务项目。我国从2009年开始继续实施结核病、艾滋病等重大疾病防控、国家免疫规划、农村孕产妇住院分娩、贫困白内障患者复明、农村改水改厕、消除燃煤型氟中毒危害等重大公共卫生服务项目；新增15岁以下人群补种乙肝疫苗、农村妇女孕前和孕早期增补叶酸预防神经管缺陷、农村妇女乳腺癌、宫颈癌检查等项目。③提高服务能力。一是大力培养公共卫生技术人才和管理人才。二是转变公共卫生服务模式。④规范管理。包括完善基本公共卫生服务规范，加强公共卫生信息管理，建立重大公共卫生服务项目专家论证机制，实行动态管理等。⑤转变运行机制。要进一步深化专业公共卫生机构和城乡基层医疗卫生机构人事管理和分配制度改革。建立岗位聘用、竞聘上岗、合同管理、能进能出的用人机制。实行岗位绩效工资制度，积极推进内部分配制度改革，形成促进工作任务落实的有效激励机制。

(3) 保障措施。①加强公共卫生服务体系建设。基本公共卫生服务项目主要通过城市社区卫生服务中心(站)、乡镇卫生院、村卫生室等城乡基层医疗卫生机构免费为全体居民提供，其他基层医疗卫生机构也可提供。重大公共卫生服务项目主要通过专业公共卫生机构组织实施。要建立健全疾病预防控制、健康教育、妇幼保健、精神卫生、应急救治、采供血、卫生监督、计划生育等专业公共卫生服务网络。②健全公共卫生经费保障机制。各级政府要根据实现基本公共卫生服务逐步均等化的目标，完善政府对公共卫生的投入机制，逐步增加公共卫生投入。③强化绩效考核。建立健全基本公共卫生服务绩效考核制度，完善考核评价体系和方法，明确各类医疗卫生机构工作职责、目标和任务，考核履行职责、提供公共卫生服务的数量和质量、社会满意度等情况，保证公共卫生任务落实和群众受益。要建立信息公开制度，考核情况应向社会公示，将政府考核与社会监督结合起来。

(4) 组织领导。要提高认识，科学规划，加强宣传管理督导落实。各级地方政府要将促进基本公共卫生服务逐步均等化作为重大民生问题纳入政府任期考核目标，进行督导检查和考核评估，逐步使城乡居民平等地享有基本公共卫生服务，切实提高人民群众健康水平。

## 三、医疗保障体系管理

经过多年的改革和建设，目前我国的医疗保障制度已经基本上实现了体制转轨和机制转换。在体制上，完成了从原来公费医疗和劳保医疗的福利型向社会医疗保险型的转轨；在制度层面上已经初步形成了以城镇职工基本医疗保险为主体，以各种形式的补充医疗保险和商业医疗保险为补充，以针对弱势群体的社会医疗救助为底线的多层次医疗保障体系的基本框架。尽管目前中国的医疗保险制度还没有覆盖农村居民，但一些农村地区仍然保留或新建立了农村合作医疗制度。

### 1. 城镇职工基本医疗保险制度

我国国务院于1998年颁布了《关于建立城镇职工基本医疗保险制度的决定》。目前，全国大部分地区(98%)都启动了医疗保险制度。医疗保险制度的改革已经产生了积极的社会影响。首先，它对促进国企改革和社会稳定发挥了作用。二是促进了参保人员的就医方式和医疗消费观的转变，参保人员比过去有了更多的就医选择权。三是推进了医疗服务和药品服务市场的竞争和健康发展。四是抑制了医疗费用不合理的增长势头。但是由于生产力水平的制约，城镇职工基本医疗保险也并未获得均衡发展。针对困难企业目前参保难的状况，应对现行政策做出某些调整，采取不同的处理方式尽可能地将这些企业纳入到社会保险体系中来。

### 2. 各种类型的补充医疗保险

基本医疗保险的保障水平是有限的，因此，国家鼓励用人单位为职工建立补充医疗保险制度。在实践中，除了国家公务员补充医疗保险外，各地还摸索出多种形式的企业补充医疗保险模式。如社会保险管理机构以社会保险的方式运作的补充医疗保险、由商业保险公司举办的补充医疗保险和由工会组织经办的职工互助保险等均处于此类。今后应加快补充医疗保险制度的建设，妥善解决职工基本医疗保险范围以外的费用负担。使参保职工，特别是困难职工一旦发生大额医疗费用时，可以通过补充医疗保险途径得到补偿。针对灵活就业这种新的就业形式，政府还应该建立特殊的医疗保障制度。对灵活就业者宜采用灵活多样的管理办法。具体来说，在参保方式、缴费办法、待遇给付、基金管理和服务等方面都要有不同的安排。

3. 医疗救助制度

城镇职工基本医疗保险制度有两个基本特点，一是以员工正式就业的工作单位(企事业单位或国家机关)作为参保单元；二是缴纳保险费与享受待遇相联系。它将没有在正规部门就业的人口和没有能力缴费的单位的职工排除在现行制度之外，其中有相当部分的人属于低收入或没有收入的弱势群体。因此，针对医疗保险制度性缺陷，一些城市纷纷出台了弱势群体的医疗救助制度。

4. 农村合作医疗制度

农村合作医疗制度诞生于中国，是政府引导和乡村集体经济的扶持下，农民群众在自愿互利、互助互济的基础上依靠集体经济和群众集资，以解决农民群众医疗保健问题的医疗保健制度。参加合作医疗的农民患病以后，医疗费用可以获得一定程度的补偿，体现了互助共济、共同抵御疾病风险的精神，但同时它又是一种比较初级和原始的医疗保险模式。今后，应尽快建立与完善我国农村的医疗保障制度，形成农村新型的由政府组织、引导、支持，农民自愿参加，个人、集体和政府多方筹资，以大病统筹为主的农民医疗互助共济制度。

## 四、预防保健管理

随着模式的转变，健康观、卫生观与生命观的改变，预防概念的更新以及人类对健康需求的变化，使得预防保健服务的社会功能得到进一步扩展。要求单纯的传统医疗模式逐步转变为医疗、预防、保健、康复、健康教育一体化的新型医疗模式，向社会提供更好的服务，以适应社会的客观要求，从总体上提高人们的健康水平和生命质量。其中初级卫生保健是第一线的最重要、最根本、最基础的卫生保健。这类卫生服务的对象不仅是社会上患病就医的少数人，也不光是传统预防保健工作的目标人群，而是要改变卫生工作只面向接受卫生服务的少数人的现状，将工作重点转移到保护95%以上的健康人群，实现为全体人民的健康服务。因此，预防保健管理的内容包括以下八个方面。

1. 健康教育

(1) 建立或促进个人和社会对预防疾病和保持自身健康的责任感。

(2) 应努力促使群众积极主动地参与并负责某些决策活动。帮助人们认识哪些行为有利于健康，哪些行为有害于健康，帮助个人、家庭和社区理解特定的生活方式引起的健康后果，促使人们自愿地采纳健康行为，积极参与自我保健活动。

(3) 促进个体和社会采用明智的决策或明智地选择有利于健康的行为，创造一个有利于改变某种行为的社会环境和自然环境。

2. 合理营养与食品安全管理

(1) 建立营养指导委员会，建立营养监测网。作为政府各部门的协调机构，制定食物结构及食物生产的规划、目标以及各种相应政策，对各地、各部门的食品和营养干预项目进行规划、协调和评价。

(2) 调整食物种植及养殖结构，增加大豆种植面积，提高禽肉在肉类中的比例，加强水产养殖业发展。

(3) 加强营养宣传教育、普及全民营养知识。

(4) 完善和落实食品立法，控制有关食源性疾病的发生，防止污染物对人体的慢性危害，加强对食品生产经营单位的卫生监督，严厉打击食品安全领域违法乱纪行为。

3. 清洁饮用水和生活环境管理

(1) 垃圾管理。垃圾管理的首要环节在于收集，应在村庄、集镇便利于居民的街道边上设置垃圾箱，并能防止雨淋；第二环节是运输，要有专人负责，每天或隔天将垃圾运走；第三环节是因地制宜，采用挖坑填埋法、堆肥法、沼气发酵法等进行无害化处理。

(2) 各地成立水管、粪管的管理机构，规划当地的水管、粪管工作。

(3) 要广泛开展宣传教育，在此基础上适应小农经济和农村住宅分散的特点，推广三格化粪池、密封贮存法、沼气处理法处理粪便，控制对水源水的污染。

4. 妇幼卫生与计划生育管理

(1) 建立和健全、发展妇幼保健服务体系，尤其是县、乡、村三级医疗预防保健网，是做好妇幼卫生与计划生育工作的保证。

(2) 加强妇幼保健、计划生育、优生优育知识的宣传，提高孕产妇和儿童保健的覆盖率，做好高危产妇和高危儿童的筛查和重点管理工作。

(3) 推广儿童生长发育监测、家庭辅助食品制作，改善儿童营养状况，减少营养不良性疾病和感染性疾病的发病率。

(4) 加强围产保健，提高住院分娩率，改善基层产科抢救条件，加强转诊转运能力。

(5) 加强婚育指导和遗传咨询，最大限度地防止病残儿出生。

(6) 提高育龄妇女的节育率及计划生育率，提高计划生育手术质量。

5. 传染病预防与计划免疫管理

传染病是能够控制和预防的。预防和控制传染病的主要措施有如下几个。

(1) 传染病登记报告。按照《传染病防治法》的要求，甲类传染病应在6～12小时内向卫生防疫机构报告，乙类传染病除艾滋病和肺炭疽外可比上述时间延迟一倍，丙类亦应报告。

(2) 疫情处理。传染病的流行由疫源地相继发生造成，因此，传染病的管理首先要从疫源地处理着手；根据传染病的传播特点确定传播途径，可能播散范围，在这一范围内，早期发现病人，及时诊断、隔离或治疗；对接触者要分别进行医学观察、留驻、卫生处理以及卫生检疫措施。

(3) 预防接种。目前在我国应用的疫苗有几十种到上百种。我国《预防接种工作规范》中包括的免疫规划疫苗，属于免费接种。当前最常用的疫苗主要有以下十种：①基础免疫用疫苗。②乙脑疫苗。③乙肝疫苗。④狂犬疫苗。⑤出血热疫苗。⑥肺炎疫苗。⑦流脑疫苗。⑧甲肝疫苗。⑨腮腺炎疫苗。⑩流感疫苗。

6. 地方病预防及管理

(1) 地方性疾病的预防和控制主要包括健全专业队伍，建立地方病监测系统，通过经常性监测、收集、分析，对地方病动态变化进行预报、预测。

(2) 防治地方病的具体技术措施包括补充环境和机体缺乏的元素、限制环境中过多的元素进入机体和预防生物源性地方病等。

(3) 对病人、病畜应进行早发现、早诊断、早报告、早隔离、早治疗。

7. 常见病防治

随着生活水平和医疗水平的提高，人口逐步老龄化，疾病结构和死亡病因谱也发生了明显变化，慢性呼吸系统疾病、心血管系统疾病和肿瘤等非传染性疾病已成为威胁人民健康和生命的主要问题。

(1) 慢性呼吸系统疾病防治。最常见的慢性呼吸系统疾病有慢性支气管炎、支气管哮喘和阻塞性肺气肿。上述疾病是可以预防的，要加强体育锻炼和耐寒锻炼，提高机体抗病能力；积极预防感冒和上呼吸道感染、及早选用抗生素类药物、戒烟是预防此类疾病的最重要措施。

(2) 心脑血管系统疾病防治。最常见的心脑血管系统疾病有高血压病、冠心病和脑卒中。预防这类疾病关键在于预防和治疗高血压、戒烟、膳食预防和体育锻炼。

(3) 癌症防治。癌症已经成为世界上前三位死因，并还有上升的趋势。在我国，2000年后，每年约有140万人死于癌症，成为第一位死因。我国死亡率最高的重点癌症依次为：胃癌、食道癌、肝癌、宫颈癌、肺癌等。由于大多数恶性肿瘤的病因不明，有明确病因的仅为少数，针对恶性肿瘤的预防措施主要是第一级和第二级预防，控制和消除致癌源，采取综合措施，做到早发现、早诊断、早治疗。

8. 合理用药

(1) 熟悉药物治疗作用和不良反应。用药前，应熟悉药物的性能、作用、体内过程和不良反应，应根据病情，选择疗效较高，毒副反应较小的药物治疗。

(2) 掌握药物剂量和用法。在通常情况下，药物要按常用剂量使用。

(3) 注意病人的个体差异和影响因素。年龄和性别的不同，对药物的反应有所差异。如老年人各脏器的组织结构和生理功能都有一定的退行性改变，对药物在体内吸收、分布、代谢、排泄的过程均有影响，用药时应慎重。

(4) 在明确诊断前不应随便用药。如感染发热病人，在确诊前不应乱用退热药。

(5) 应用药物时应注意配伍禁忌。

# 第三节　社区卫生服务与管理

## 一、社区卫生服务

### 1. 社区卫生服务的概念

社区卫生服务起源于西方，最早的研究开始于16世纪，英国是社区卫生服务做得非常成功的国家之一。我国最早开始的社区卫生服务是20世纪30年代，后来得到中央政府及地方政府的重视，得以迅速发展起来。社区卫生服务是社区建设的重要组成部分，社区卫生服务与临床医学有较大的区别，其服务对象不仅仅是病人，更多的是健康人群。所谓社区卫生服务，是指通过对社区资源的合理配置和利用，为社区成员提供包括预防、医疗、康复和保健等全方位服务。随着人们对社区认识的不断提升，会发现社区卫生服务是在政府领导、社区参与、上级卫生机构指导下，以基层卫生机构为主体，合理使用社区资源和适宜技术，以人的健康为中心、家庭为单位、社区为范围、需求为导向，以妇女、儿童、老年人、慢性病人、残疾人、贫困居民等为服务重点，以解决社区主要卫生问题、满足基本卫生服务需求为目的，融预防、医疗、保健、康复、健康教育、计划生育技术服务功能等为一体的，有效、经济、方便、综合、连续的基层卫生服务。

### 2. 社区卫生服务的特征

(1) 基层医疗保健。社区卫生服务是整个医疗保障体系的门户和基础。基层卫生保健主要包括6个方面的内容：①疾病的首诊与诊疗；②心理诊断与诊疗；③向病人提供个体化的支持；④信息交流；⑤慢性病人照顾；⑥预防疾病和康复。

(2) 人性化照顾。社区卫生服务必须从“整体人”的生活质量的角度全面考虑服务对象的生理、心理、社会需求并加以解决，必须与服务对象之间建立亲密的关系。

(3) 综合性照顾。提供“立体性”服务，服务对象包括所有年龄和疾患类型，服务内容包括医疗、预防、康复、健康促进，服务层面涉及生理、心理和社会文化各个层面，服务范围涵盖整个社区，服务手段包括所有可以利用的手段。

(4) 持续性服务。服务包括人生的各个阶段，健康－疾病－康复的各个阶段，任何时间地点，各种健康问题都包括在社区卫生服务的服务范围。

(5) 协调性服务。社区卫生服务人员必须掌握所有专科医疗服务的信息，以及社区的健康资源和病人及其家庭的情况，为病人提供转诊服务，以及社区卫生资源的支持。

(6) 可及性服务。社区卫生服务是可及的、方便的基础医疗照顾，而且价格合理、地理上接近，使用上方便。

(7) 以家庭为服务单位。个人的健康和家庭成员的健康之间存在密切的关系，家庭生活周期也会影响到家庭成员的健康。所以，全科医生要善于了解并评价家庭结构、功能和周期，发现其中可能影响家庭成员健康的潜在威胁，并通过适当的咨询干预使之及时化解，改善其家庭功能；还要善于动员家庭资源，协助对疾病的诊断与长期管理。

(8) 以社区为基础的服务。社区卫生服务是以社区内的人群为基础的，是与社区中个体健康和群体健康紧密结合，互相促进的。

(9) 以健康为中心的服务。社区卫生服务不是以病人为中心，也不是以疾病为中心，是以健康为中心。社区卫生服务工作人员要走进社区，动员群众改善环境和生活方式，促进健康。

3. 发展社区卫生服务的意义

(1) 提供基本卫生服务，满足人民群众日益增长的卫生服务需求，提高人民健康水平的重要保障。社区卫生服务覆盖广泛、方便群众、能使广大群众获得基本卫生服务，也有利于满足群众日益增长的多样化卫生服务需求。社区卫生服务强调预防为主、防治结合，有利于将预防保健落实到社区、家庭和个人，提高人民健康水平。

(2) 深化卫生改革，建立与社会主义市场经济体制相适应的城市卫生服务体系的重要基础。社区卫生服务可以将广大居民的多数基本健康问题解决在基层。积极发展社区卫生服务，有利于调整城市卫生服务体系的结构、功能、布局，提高效率，降低成本，形成以社区卫生服务机构为基础，以大中型医院为医疗中心，以预防、保健、健康教育等机构为预防、保健中心，适应社会主义初级阶段国情和社会主义市场经济体制的城市卫生服务体系新格局。

(3) 建立城镇职工基本医疗保险制度的迫切要求。社区卫生服务可以为参保职工就近诊治一般常见病、多发病、慢性病，帮助参保职工合理利用大医院服务，并通过健康教育、预防保健，增进职工健康，减少发病，既保证基本医疗，又降低成本，符合“低水平、广覆盖”原则，对职工基本医疗保险制度长久稳定运行，起重要支撑作用。

(4) 加强社会主义精神文明建设，密切党群干群关系，维护社会稳定的重要途径。社区卫生服务通过多种形式的服务为群众排忧解难，使社区卫生人员与广大居民建立起新型医患关系，有利于加强社会主义精神文明建设。积极开展社区卫生服务是为人民办好事、办实事的德政民心工程，充分体现全心全意为人民服务的宗旨，有利于密切党群干群关系，维护社会稳定，促进国家长治久安。

## 二、社区卫生服务管理

1. 社区卫生服务管理的概念

社区卫生服务管理是指运用现代管理学原理和方法，计划、组织、领导、控制和协调卫生资源的开发、分配和利用，并通过向个人、家庭和社区提供各类卫生服务，来创造有利于健康的物资环境和社会心理环境，解决社区主要卫生问题，满足社区人群基本卫生服务需求，最终提高社区人群健康水平。

2. 社区卫生服务管理的原则

(1) 政治性。卫生事业关系到经济发展和社会稳定的全局。在国民经济和社会发展中具有独特的地位，发挥着不可缺少、不可替代的作用。社区卫生服务工作与居民切身利益息息相关，是各级党政领导义不容辞的责任。我国各级党委和政府把卫生工作纳入经济和社会发展的总体规划，列入重要议事日程，不断增加对卫生的投入，切实保证卫生事业同经济、社会的协调发展。政府要负责社区卫生服务中心(站)的建立、地址的选择、经费启动和经费等的协调解决。

(2) 公平性。“人人享有卫生保健”是人们多少年来追求和向往的目标，它充分体现了社会的公平性。人们的健康需求是无限的，而供给是有限的，要达到公平就要合理。世界各国相继提出了社区卫生服务。社区卫生服务是投入相对小、效果好、效益显著的服务模式，在社会经济发展不平衡、卫生资源有限的情况下，社区卫生服务是为社区的人群提供“以家庭为基础，以健康为中心”卫生保健的合理选择。

(3) 经济性。经济性原则是针对成本效益而言的，是指低投入、高产出。对于人口众多的发展中国家，要实现人人享有卫生保健，必须要坚持低投入高产出的经济实惠的原则。

(4) 可及性。要实事求是、因地制宜制定社区卫生服务的内容和方法。例如，山区、丘陵、平原的社区卫生服务方法不同，要使用当地适用的医学技术，分析可用性才能达到可及性。

(5) 协同性。社区是个载体，很多部门都把工作深入社区。工业、农业、交通、民政、教育、文化、体育、卫生、公安、环保、城管、物价、社保、工会、共青团、妇联、计划生育等工作都涉及社区。根据社会大卫生的原则，组织部门间的大协作，则可产生1+1>2的效应。社区医生必须学习协同论和公共关系理论，把社区力量扭成一股绳，并按系统原则充分发挥分系统在卫生保健上的作用。

(6) 发展性。改革是不断发展的动力，社区卫生服务可分为初、中、高级等几个发展阶段。开展此项工作是政府行为，但社区卫生服务的可持续发展主要靠自己的力量，在经费、技术和设备等方面，都应本着自力更生原则，通过扩大服务、优质服务来发展。经费上通过开源节流，动员社区企业、事业单位对此项公益性事业大力扶助；同时，可扩大服务，除了从生理扩大到心理、治疗扩大到预防、技术扩大到社会服务外，还可以扩大慢性病服务的病种。

3. 社区卫生服务机构的设置标准

(1) 基本设施。业务用房使用面积不应少于400平方米，布局合理，符合国家卫生学标准及体现无障碍设计要求；根据社区卫生服务功能、居民需求、社区资源等可设置适宜种类与数量的床位；具备开展社区预防、保健、健康教育、计划生育和医疗、康复等工作的基本设备以及必要的通讯、信息、交通设备，具体内容由省级卫生行政部门规定；常用药品和急救药品的配备按省级卫生行政部门及药品监督管理部门的有关规定执行。

(2) 科室设置。要设有开展全科诊疗、护理、康复、健康教育、免疫接种、妇幼保健和信息资料管理等工作的专门场所。

(3) 人员配备。从事社区卫生服务的专业技术人员须具备法定执业资格。根据功能、任务及服务人口需求，配备适宜类别、层次和数量的卫生技术人员。辖区人口每万人至少配备2名全科医师。在全科医师资格认可制度尚未普遍实施的情况下，暂由经过全科医师岗位培训合格、具有中级以上专业技术职称的临床执业医师承担。医护人员在上岗前须接受全科医学及社区护理等知识培训。

(4) 管理制度。建立健全各项规章制度，包括各类人员职业道德规范与行为准则、岗位责任制和人员培训、管理、考核与奖惩制度等。

4. 社区卫生服务质量管理

社区卫生服务质量管理的概念可以界定为：社区卫生服务机构按照社区居民的服务需求制定服务质量方针、目标和职责，在质量体系中采取质量策划、质量控制、质量保证和质量改进等措施，对所有影响质量的因素和环节进行计划、组织、引导、实施、协调、控制、改进，以保证和提高服务质量达到规范要求和居民满意的全部管理活动。社区卫生服务质量管理包括的内容比较全面和广泛，具体可以概括为以下几点。

(1) 制定医疗服务质量方针。该方针是由管理者正式发布的该组织总的宗旨和方向，并为制定质量目标提供框架。遵循的基本管理原则是：以病人为中心；以预防为主；系统性与综合性管理；规范化、标准化与数据化；科学性与实用性；连续性与动态管理；以自我质量管理为基础实施全面质量管理。

(2) 质量规划。即制定质量目标和规定必要的运行过程和相关资源以实现质量目标。具体包括对质量特性进行识别、分类和比较，以确定适宜的质量特性；制定质量目标和质量要求；为建立和实施质量体系，确定采用质量体系的目标和要求；确定并向服务机构内外公布对服务质量的承诺；基于现有的工作基础，编制质量计划。

(3) 确定基本的质量管理模式和管理方法。包括建章立制，完善相应的质量管理文件，适宜的质量成本管理。

(4) 明确质量管理职责、权限和相互关系。包括分解落实计划目标，明确职责权限和要求，质量管理工作的教育培训等。

(5) 质量资源的管理。具体指房屋、设备、人力等资源的管理。

(6) 评价、监控服务质量。包括经常性的评价、检查和持续性质量改进。

(7) 准入与监管。具体包括机构、人员、项目、技术等方面的准入和监管。

社区卫生服务质量管理的组织机构，如图5-1所示。

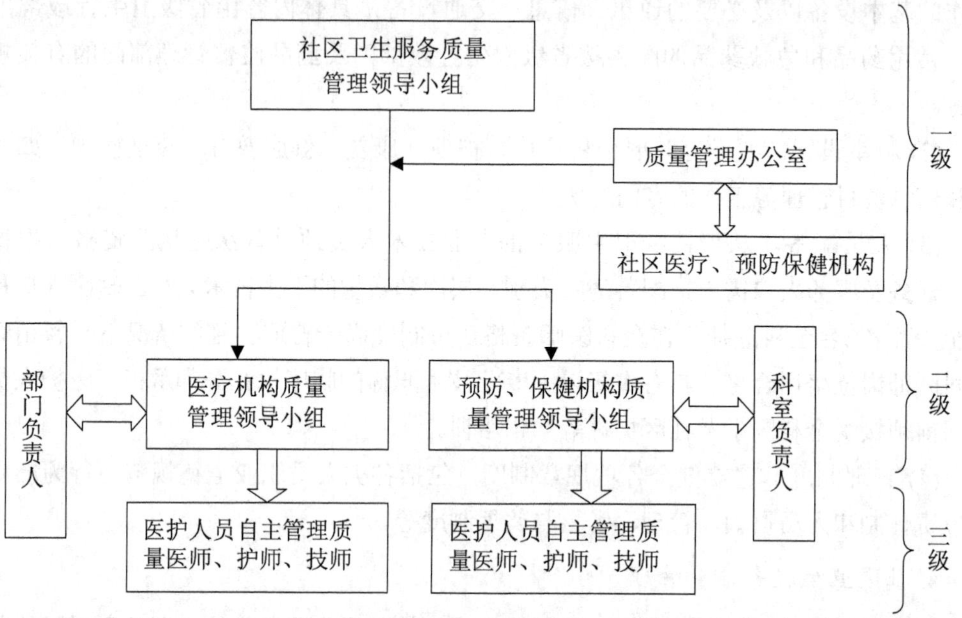


图5-1　社区卫生服务质量管理的组织机构图

质量管理领导小组下设质量管理办公室作为常务机构，负责本社区卫生服务质量管理的日常工作。该办公室可由各医疗、预防、保健机构办公室、医务科、护理部等各派一名负责人员作为骨干参加，另聘请1～3名专职人员组成。社区卫生服务质量管理组织的任务，一是落实社区卫生服务的三级质量管理体系，即社区卫生服务中心的质量管理组织、全科医疗等科室或社区卫生服务站的质量管理小组以及个人的自主管理；二是负责制定各级质量管理岗位的工作制度和岗位职责并行使质量检查、评审、控制等质量管理职能。其中，社区卫生机构服务质量的自主管理主要通过质量管理小组(QC小组)活动实施自主管理。QC小组是指从事各种具体工作或劳动的职工，围绕组织的质量方针、目标和工作现场存在的问题，运用质量管理的理论和方法，以改进质量、提高社会和经济效益、提高人的素质为目的，在自愿的原则下，由工作性质相同或相近的员工，以小组形式组织起来，通过定期的会议及其他活动进行质量改进的一种组织。质量管理小组的任务是：检查、监督卫生服务工作各项规章制度和技术操作规程的执行情况；对病历书写、临床检诊、治疗护理、抢救、康复治疗、免疫接种、慢性病管理、健康教育以及特殊人群卫生保健等的技术质量和服务质量进行质量把关；负责质量的评比工作；定期向上一级质量管理小组汇报工作。

5. 社区卫生服务的评价

(1) 社区卫生服务评价的必要性。卫生服务评价就是对卫生资源结构、卫生服务过程和卫生服务的结果进行评价。世界卫生组织(WHO)率先对卫生服务的绩效评价进行了尝试和探索。1990年，WHO按照卫生系统的三个目标，分别选择了相应的评价指标对191个成员国卫生服务的绩效进行了综合评价。从总的卫生服务绩效评价结果可知，我国位于191个成员国中的144位，健康水平绩效位居61位。从反映卫生服务绩效的三个目标来看，卫生筹资的公平性位于188位，健康水平的健康期望寿命绩效位于81位(水平)和101位(分布)，反应性则位于89位(水平)和105位(分布)。尽管许多国家对评价结果提出了一些异议，但这一评价思想和结果将极大地推动各国卫生服务的发展和进步。特别是对发展中的中国，尽管评价结果不尽如人意，但我们应吸取其精华，认真反思我国多年卫生改革的历程，客观地对卫生服务绩效进行评价。另一方面，卫生服务绩效评价是政府向公众展示卫生工作效果的机会，展示成果能赢得公众对政府的支持。绩效评价实际上是一种信息公开活动，绩效评价的过程是透明的，对政府在各方面的工作作出全面、科学的评价，公布于众，更有助于广大群众了解、监督和参与卫生管理工作。同时，绩效评估并不只是展示成功，它也暴露不足和失败，这并不一定损害卫生部门的信誉，相反，向公众公开所面临的困难和问题，并展示其为提高绩效所做的努力及其结果，有利于克服公众的偏见，建立和巩固对卫生部门的信任。因此卫生服务绩效评价有利于卫生服务机构信誉和形象的提高，有利于彼此建立恰当的沟通渠道。

(2) 评价的指标体系。关于社区卫生服务的评价指标，不同的分类标准，就会有不同的评价指标体系。根据社区卫生服务内容分为：社区医疗服务评价、社区预防服务评价、社区保健服务评价、社区康复服务评价；根据社区卫生服务对象分为：机构卫生服务评价、社区卫生服务评价；根据社区卫生服务评价的主要依据分为以服务提供者(供方)为导向的评价、以服务接受者(需方)为导向的评价。根据系统论思想，结合目前我国社区卫生服务发展以及社区卫生服务评价的现状和趋势，可以采取以行政区为评价对象，从第三方评价的角度对社区卫生服务系统的绩效进行评价。在进行指标体系构建时，从社区卫生服务的支持条件、社区卫生服务功能的落实以及社区卫生服务运行的效率、效果、效益三方面进行指标的筛选和确定，具体包括以下内容。

① 支持指标。从政策、资金方面评价政府对社区卫生服务的支持和投入，从人群覆盖率、业务用房、信息管理设施以及管理制度等方面研究服务机构网络建设，从全科医生数量、培训率、医务人员结构等方面研究社区卫生人力资源状况。

② 服务功能。从社区医疗、预防、保健、康复、健康教育和计划生育技术服务六个方面评价社区卫生服务功能的实施情况。

③ 绩效指标。从居民满意度、社区卫生服务效率、效益、社区卫生服务利用、健康改善指标、反应性、公平性等方面评价社区卫生服务绩效。

## 复习思考题

1. 如何理解公共卫生事业的基本特征？
2. 公共卫生事业管理的主要内容有哪些？
3. 政府管理卫生事业的必要性是什么？
4. 预防保健管理包括哪些方面的内容？
5. 社区卫生服务的管理原则是什么？
6. 社区卫生服务的管理制度是什么？

**扩展阅读**

## 发达国家政府购买社区公共卫生服务的可借鉴之处[①]

20世纪80年代以来，西方发达国家先后掀起了以公共服务购买取代传统的公共服务垄断供给的政府改革浪潮。早期，政府购买公共服务的领域主要有垃圾收集、路灯维修、街道维护等领域，此后进一步扩大到卫生、养老、残疾人服务、精神健康等社会性服务领域。英国和新西兰在1991年开始进行购买卫生服务的相关改革，此时新公共管理运动在两国已经持续了十年之久。在美国，地方政府在20世纪80年代以后将社区公共卫生服务大量外包给民营的卫生服务机构。此后，在世界卫生组织的倡导下，一些发展中国家如柬埔寨、孟加拉国、玻利维亚、印度、马达加斯加、塞内加尔等也开始了购买社区公共卫生服务的实践。2002年以来，在国外改革实践的影响下，我国各地进行了政府购买社区公共卫生服务的探索。相关实践取得了一定成效，如增加了社区卫生服务机构的覆盖率，改善了社区卫生服务机构的环境与设施，改善了公共卫生提供状况，提高了居民满意度。但由于起步较晚，政府购买经验相对不足，在政府购买社区卫生服务中仍存在一些问题，如政府对社区卫生服务机构的投入不足，政府购买项目偏少，购买方式不恰当，政府补偿不到位，考核与监管不完善等。相对而言，西方发达国家政府购买社区公共卫生服务的实践起步早，积累了一些成功经验，对解决当前我国政府购买社区公共卫生服务中的这些问题具有较好的借鉴与启示意义。

一、加大政府对社区卫生服务的投入

公共卫生是预防性的，一般能够以较少投入获得较高的保健效果，因此，政府应当重视并强化公共卫生职能。由于社区卫生服务承担了较大部分的公共卫生职能，政府重视公共卫生职能，必然要加大对社区卫生服务的投入。

近年来，我国各级政府不断强化公共卫生职能，加大对社区卫生服务的投入，但总体上看，政府对社区公共卫生的重视和投入还不够。以合肥市为例，2010年社区卫生服务机构总投入为5708.1万元(各级财政总投入)，占当年GDP(2702.5亿元)的0.02%，仅占当年财政支出的0.17%。而在英美等发达国家，政府更为重视公共卫生职能，对社区卫生服务的投入相当大，有的国家对社区卫生服务的投入甚至会占政府财政支出的10%以上。如新西兰2007年全国卫生费用占GDP的9%，政府卫生支出占政府支出的18%，其中一半以上用于社区卫生服务。2007年英国卫生费用占GDP的8.4%，政府卫生支出占政府总支出的15.6%。在政府卫生支出中，约80%投向社区卫生服务领域。美国妇幼保健的经费主要来自于联邦、州政府的专项拨款，其余来自于各种健康保险，而有些健康保险中，政府开支相当大。近年来，奥巴马政府倡导的新医改特别强调预防，加大政府在卫生保健方面的投入。澳大利亚联邦和州政府在社区卫生服务机构的建设、运营方面投入了巨大资金。发达国家政府对公共卫生的重视以及对社区卫生服务的高投入，一方

① 资料来源：发达国家政府购买社区公共卫生服务的可借鉴之处. 浙江卫生网，http://www.zjwst.gov.cn/art/2013/7/30/art_32_241576.html，2013-7-30.

面确保了公众能享有较好的预防保健服务；另一方面，对于政府来说，以较少的投入达到了更好的政策成效。

针对我国公共卫生重视和投入不足问题，应借鉴发达国家的经验，进一步强化公共卫生职能，加大对社区卫生服务的投入。当然，由于经济发展水平有限，短期内我国不可能达到西方发达国家社区卫生服务投入占财政支出10%的水平，但可以在现有投入水平的基础上适当提高。各级政府要在社区卫生机构建设、运营方面加大投入，也即在社区公共卫生经费、社区卫生硬件设施和人才建设等方面加大投入。按照相关学者研究，社区公共卫生经费占财政支出的0.2%～0.3%就能满足社区居民的公共卫生需求，不会给财政带来过重的负担。而我国大多地方政府对社区卫生服务机构的总投入仍达不到这一支出水平。因此，对于全国许多地区而言，可以参照这一投入标准来确定政府对社区公共卫生经费的投入。另一方面，政府要加大对社区卫生服务机构建设的投入。随着经济社会发展，政府应按照区域发展规划增设相应的社区卫生服务机构，加大对社区卫生服务机构建设的投入。具体来说，政府投入包括：社区卫生服务机构业务用房建设以及装修和维护投入。社区卫生服务机构的硬件设施投入，社区卫生服务机构环境改善投入，社区人才建设投入等。

二、根据居民需要与经济社会发展状况确定购买内容

政府购买哪些社区公共卫生服务项目主要取决于两个因素：一是居民的健康需求，二是政府的财政支付能力。政府要根据居民需要与政府财力来决定购买内容。

目前，我国各地政府按照中央的规定购买国家基本公共卫生服务项目，主要包括健康档案、健康教育、预防接种、传染病报告与处理、儿童保健、孕产妇保健、老年人保健、高血压病患者健康管理、糖尿病患者健康管理、重性精神病患者管理、卫生监督等。涉及的项目虽然不少，但问题在于内容相对较少，保障水平较低。如对高血压、糖尿病患者管理及老年人保健等项目，政府购买的服务仅仅是体检和跟踪，相关的治疗不包括在内。而在西方发达国家，政府一般按照居民需求与政府财力来决定购买内容，购买项目较多，保障水平较高。在英国，政府除了购买常规的妇幼保健、健康教育、精神卫生、慢性病控制、老年人保健、儿童保健、建立健康档案、免疫接种等项目之外，还购买伤残人士保健服务。即便是常规的公共卫生服务项目，其子项目也较多。如儿童保健包括了营养、计划免疫、预防保健、五官保健等，妇女保健除了孕期和围产期保健以外，还包括青春期保健。新西兰政府除了购买常规的公共卫生服务，还购买了生殖健康保健、临终关怀的服务项目。各国的老年人保健除了包括一般的慢性病筛查与体检，还包括慢性病治疗与控制。有些国家还根据实际购买一些具有特色的社区公共卫生服务，如新西兰政府购买了毛利人等少数民族健康服务，澳大利亚政府购买了土著人健康服务，美国一些地方政府还购买药物滥用治疗方面的服务。此外，有些国家如英国，政府还通过各种途径和方式了解公众需求，进而决定要购买的卫生服务内容。西方发达国家的经验启示我们，随着经济发展和政府财力的增加，政府应适当增加购买内容。对于我国政府来说，应尽量扩大国家基本公共卫生服务项目的内容和范围。当然，各地经济社

会发展程度存在一定差距，中央规定的项目是最低要求。相当大一部分地区可以在“规定项目”的基础上增加“自选动作”。如扩大免疫接种的范围，增加心脑血管病防治、肿瘤防治、牙病眼病防治等项目。针对目前各地已经购买的项目内容，如高血压、糖尿病、高血脂等慢性病管理，要适当增加服务内容，除了筛查、体检、跟踪等内容之外，适当增加治疗方面的服务内容。针对儿童保健、妇女保健、老年保健等服务项目，也可以适当增加服务内容，如增加儿童心理健康、生殖健康、女性青春期保健等方面的服务内容。各地也可以根据当地居民的特殊需要，购买一些地方病服务、特殊职业病防治服务以及少数民族特色服务。在确定政府购买项目内容时，可以借鉴发达国家的经验，吸引公众参与，更多地了解公众需求。如引进第三方机构，定期对居民的健康需求作出评价，根据社区居民的健康需求，科学合理地确定政府购买的内容。总之，要根据居民健康需求的提高和政府财力的增强不断增加购买项目，提高社区公共卫生服务的保障水平。

三、根据实际情况选择购买方式

政府购买实质上是一种合同安排，是将卫生服务的购买与提供分离，实行合同管理，按绩效付款。政府购买社区公共卫生服务主要有合同外包和内部合同两种方式。具体采取哪种购买方式要根据卫生体系的现状来决定，但不管哪种购买方式，其实质都是购买与提供分离，实行合同管理，按绩效付款。

我国各地在政府购买方式方面没有统一的模式，各地在探索过程中还存在一些问题，如有些服务适合合同外包而没有按此办理，有些服务不适合合同外包而最终被“一卖了之”。在一些发达国家，政府主要根据卫生服务体系(市场)来决定购买方式。在英国，卫生体系是公立的，政府购买社区公共卫生服务采取的是内部购买，即购买与提供分离，实行合同管理。这种做法最早起源于1991年保守党对公立卫生体系进行的“内部市场”改革，包括将卫生提供与购买分离，创建内部市场和管理竞争。家庭医生代表病人向医院购买卫生服务，卫生局与家庭医生签订合同，向家庭医生购买初级卫生服务。1997年，工党政府上台之后，废除了内部市场的多数做法，但保留了购买者和提供者分离的做法，短期合同改为长期合同，强调合作关系。负责购买初级卫生保健的机构由家庭医生基金持有者改为初级卫生保健基金会，社区卫生服务由初级卫生保健基金会以合同方式进行经营管理。美国的卫生体系以市场为主导，存在大量营利性和非营利性的卫生机构，政府主要采取合同外包的方式，将公共卫生服务外包给投资者所有的营利性组织。一项调查表明，73%的地方卫生部门曾经将某些公共卫生服务外包，私有化默默地并且迅速成为公共卫生方面司空见惯的方式。在新西兰和澳大利亚，由于公私卫生机构并存，政府采取了内部购买与合同外包并存的购买方式。澳大利亚政府是购买方，卫生服务的提供方可以是公立的社区卫生服务中心或其他医疗机构，也可以是私立的医疗机构以及一些非政府组织机构组成的混合体，这就形成了良好的竞争机制。有能力提供好的服务，就能获得政府的资金。新西兰21个地区卫生局可以自己提供卫生服务，也可以向其他机构购买卫生服务。

根据发达国家的经验，政府具体采取哪一种购买方式，最关键的要看卫生体系的情况，也即各地卫生资源的分布情况。在市场竞争缺乏的地方，则内部合同较为合适。如在上海，政府财力较强，绝大多数社区卫生服务机构都是公立的，因而市场竞争相对不足，不适合合同外包，而只是在公立卫生体系内部进行购买与提供分离，按绩效付款的模拟市场体制。在卫生市场有一定发展，存在一定市场竞争的地方，则可以采取混合购买模式。如在山东、安徽等地，除了公立社区卫生服务机构之外，市场上还有一定数量的民营社区卫生服务机构，因而，政府采取的购买方式既有合同外包也有内部合同。在卫生资源丰富、市场竞争充分的地方，合同外包就有实施的基础。目前，我国具备这一条件的地区相对较少。需要注意的是，政府可以根据卫生服务体系的实际情况选择合适的购买方式，但并不等于这种购买方式就一定能成功。政府购买的成功还依赖于考核机制、补偿机制、监管机制等其他一系列因素的顺利运行。早期，苏州采取了以合同外包为主的购买方式，绝大多数服务提供机构都是民营的，但之后由于补偿、监管等机制不完善，出现了民营社区卫生服务机构过度追求经济利益、公益性淡化的问题，最后不得不实施“逆向合同”改革，由政府公立机构来代替。另外，当前我国基层医药卫生体制改革的一个重要目标是确保卫生服务的公益性。在这一政策背景下，一些地方逐渐加大政府在社区卫生服务领域的主导作用，增加公立社区卫生服务机构的数量，缩减民营社区卫生服务机构的数量。然而，简单地由合同外包退回到政府权威机制并不一定能够确保改革成功，因为政府权威机制具有垄断和低效率的特点。因而，对许多地方来说，在加强政府主导，确保社区卫生服务公益性的同时，要逐渐完善内部购买机制，严格将购买与提供分离，按绩效付款，从而调动公立社区卫生服务机构的积极性。

四、合理补偿服务提供者

在购买机制下，政府要合理补偿服务提供者，调动服务提供者从事社区公共卫生的积极性，从而改善居民健康状况。合理补偿服务提供者要求：选择恰当的补偿与支付方式，合理确定购买价格，及时足额支付服务提供者。

我国各地政府购买社区公共卫生服务的实践中，存在补偿机制不完善的问题。一些地方主要按照户籍人口(而非实际服务人口)进行补偿，还有些地方政府购买价格低，补偿不到位。如夏海晖等测算出2007年广州市11项社区公共卫生服务项目的实际成本为人均37元，标准成本为人均42元，但实际上广州市2010年人均公共卫生服务的补偿标准才达到30元。合肥市2011年政府购买和补偿公共卫生服务的标准是人均25元，笔者调查发现，合肥市有约一半的被调查机构认为政府购买价格偏低，不能补偿成本。另外，一些地方还存在补偿不及时的问题。而发达国家经过多年的探索，逐渐形成一套合理的补偿机制，包括支付方式多样化，价格合理，补偿及时足额等，从而能很好地调动服务提供者的积极性。英国政府主要按照签约人头数向社区卫生服务机构以及家庭医生支付补偿费用，但也有少数按服务项目支付。家庭医生从初级卫生保健基金会那里获得一定的底薪，初级卫生保健基金会主要采取“按人头付费”的方式来支付家庭医生的大部分费用，一般会达到其收入的60%左右。具体做法如下：公民到家庭医生诊所注册享受各种卫生服务；每个家庭医生都有一定数量的注册人数，初级卫生保健基金会与家庭医生签订合同，根据注册人数定期支付家庭医生一定的款项，人头费依据当地的实际情况设定，如居民发病率、常见地方病、患者年龄、健康状况等；人头费中包含转诊费，即居民可以自行选择家庭医生。每当病人转到其他家庭医生、公立医院或专科医院时，接受病人的机构会从家庭医生那里获得一笔费用。在这种支付规则下，家庭医生会尽力开展预防保健、妇幼保健等公共卫生服务，确保社区居民的健康。因为，居民健康状况好，他们才能获得更多的收入。可见，英国不完全是按人头付费的，在转诊的情况下，政府的支付方式就是按服务项目付费。早期澳大利亚政府对社区卫生服务中心的支付是总额付费或按照人头支付，目前，主要是按照服务项目支付，但也有一些服务是按人头支付。对服务提供者提供的服务，政府能及时足额进行补偿。在新西兰，按人头付费是卫生费用分配到卫生局及医疗卫生机构的主要方式，但卫生费用分配到家庭医生或社区卫生服务机构时，按人头付费、按服务项目数量与质量付费共同存在。政府购买的价格也比较明确和合理，如社区助产士每接生一名产妇并提供6周的产后保健，可从卫生局获得1750新元的报酬。

借鉴国外相关经验，我国地方政府要逐渐完善补偿机制，合理补偿服务提供者。一方面，要实现补偿方式多样化，综合运用按人头付费、按服务项目数量与质量付费，甚至是工资补偿等方式。某些按人口补偿的项目(主要是一些面向群体的服务，如健康教育、传染病控制)应按照实际服务人口进行补偿，有些适合按服务项目进行补偿的(主要是一些面向个体的服务如老年保健、儿童保健、孕产妇保健等)，应按照服务项目的数量与质量进行补偿。另一方面，要合理确定购买价格。为保证价格确定的科学性和合理性，摆脱利益关系的影响，可以邀请社会第三方对各项社区卫生服务的成本进行测算，将成本测算结果作为社区卫生服务价格界定的基础。购买价格既要能补偿社区卫生服务的成本，又不至于太高。价格太低，则社区卫生服务机构的积极性难以调动；价格太高，则财政资金的效益难以发挥。针对社区卫生服务中的国家基本公共卫生服务项目，由于国家有强制性的人均标准，对各地政府而言，人均公共卫生经费不得低于国家标准。但国家标准只是最低要求，各地应根据经济发展状况和政府财力逐渐增加相关投入，提高各类服务的购买价格。此外，政府要及时、足额地支付公共卫生经费，及时足额地发放各类各项考核奖励以及补助。这在心理学上称为“即时强化”，“即时强化”往往能够起到较大作用，大大激发服务提供机构的积极性。

五、完善考核与监管机制

政府购买就是按绩效付款，因此绩效考核至关重要。同时，政府购买并不等于政府放弃责任或政府责任的减少，政府还要加强对服务提供者的监管。政府可以设立相关机构进行考核与监管，也可以委托独立的第三方来进行考核与监管。无论采取哪种方式，政府都承担最终的考核与监管责任。

我国各地在购买社区公共卫生服务的过程中还存在考核与监管不完善的问题。近年来，广州、苏州等地社区卫生服务领域出现了“国进民退”的现象，一个很重要的原因就在于合同外包之后，政府监管不到位，导致民营社区卫生服务机构过度追求经济利益，公益性淡化。一些地方存在考核主体单一、绩效考核不严格，流于形式，或者考核结果不公开、应用不科学的问题。广州市就出现过个别区存在“公益性淡化，没有体现卫生服务公平性和可及性”等异常严重问题，但考核却合格的现象。而西方发达国家经过多年发展，已经在考核与监管方面积累了许多成功经验。总体来说，政府通过各种方式加强对服务提供者的考核与监管。英国目前实行政府监管与考核，但未来有向独立第三方监管与考核发展的趋势。英国卫生部下设保健质量监督委员会(简称CQC)，负责监督所有卫生机构包括社区卫生服务机构的质量。CQC定期检查服务机构的质量，并将考核结果向社会公布，促使卫生服务机构主动改进质量，保证居民享受到高质量的服务。2011年以来，保守党和自由民主党的联合政府酝酿对卫生体制进行改革，主要思路是改革初级卫生保健基金会，用家庭医生联盟取而代之。同时，建立一个全国性的理事会来负责监管与考核家庭医生联盟的工作，理事会同时还监管医疗服务供给方的市场准入、退出、服务价格等，从而代替政府的卫生监管职能。按照这一改革思路，政府将退出卫生服务的微观领域，实现医疗卫生服务的管办分离。但改革阻力较大，进展并不顺利。美国地方政府在购买公共卫生服务的过程中，主要关注三项核心公共卫生职能：评估、保险和政策制定，将评估或考核作为卫生服务外包中政府的主要职能之一。与英美目前的考核与监管体制不同，澳大利亚一直实行第三方考核与监管模式。国家设有卫生服务标准委员会，依据一系列的标准体系对各种卫生服务机构的设施进行非官方认证，对社区卫生机构的服务质量也进行严格的监管和考评。澳大利亚政府将考核与资金拨付严格挂钩，从而实现了按绩效付款。

发达国家考核与监管的经验表明，政府要强化对社区公共卫生服务的考核与监管。对我国各地政府来说，一方面，要不断完善绩效考核工作，切实做到按绩效付款，从而调动服务提供机构的积极性。在考核主体的设置上，可以请独立的第三方对卫生服务进行考核，也可以由政府组织考核团，参加者包括政府卫生部门、相关专家学者、公众代表等。在对社区卫生服务机构进行年度、半年度、季度或月度考核之后，将每个机构的得分情况在媒体公开，让公众了解考核结果，促使社区卫生服务机构改进服务质量。在考核过程中，要逐渐完善现有的考核指标体系，增强考核标准的可操作性。如增加考核等次，适当拉开机构间的差距，并将考核结果与经费拨付严格挂钩，从而促使社区卫生服务机构改进服务质量，形成创先争优的局面。另一方面要加强对社区公共卫生服务的监管。短期内我国还不大可能实行第三方监管模式，仍主要由卫生部门及其下设的卫生监督部门来对社区卫生服务进行监管。卫生监督部门要按照相关政策严格社区卫生服务机构的市场准入和退出，加强日常监管，确保社区卫生服务的质量。一旦发现社区卫生服务机构有违规行为，应责令整改，情况严重造成重大损失的，则立刻取消其服务提供资格。此外，物价部门也要加强对社区卫生服务价格的监管，维护市场秩序和公众利益。

# 第六章　体育事业管理

体育活动对丰富人们的文化生活，弘扬集体主义、爱国主义精神，增强国家和民族的向心力、凝聚力，都有着重要作用。当今时代，体育发展的水平已越来越成为一个国家或一个地区政治、经济、文化和社会进步的标志。因此，体育事业不单是一个锻炼身体或体育比赛的问题，它更是一个社会文明的问题。随着社会经济的发展，我国体育事业取得了丰硕的成果，但仍存在着诸多问题。本章重点分析体育事业管理的理论和方法，探讨我国体育事业管理体制改革，研究体育赛事的经营与管理。

## 第一节　体育事业管理概述

### 一、基本概念

1. 体育

体育一词，英文是physical education，是指以谋求个体身心健康和全面发展为目的的教育活动。广义上的体育还包括竞技运动和身体锻炼。其中，竞技运动是指具有规则性、竞争性或挑战性、娱乐性或不确定性的身体活动，是以最大限度地提高和发挥个人与集体在身体、心理及运动能力等方面的潜力取得优异成绩而进行的科学、系统的训练和竞赛。身体锻炼也叫大众体育，是指人们在日常生活运用闲暇时间进行身体活动，如健身、娱乐、休闲体育、养生体育和医疗体育等。由上述概念可以看出，体育的主体和客体都是人自身，人既是体育活动和体育教育的主体，也是体育活动和体育教育的对象；体育的手段是教育及身体练习运动；体育的目的是增强体质，提高运动技术水平，进行思想品德教育，丰富社会文化生活。

体育具有强身健体、娱乐，以及教育、政治和经济等功能。在不同历史阶段，体育具有不同的功能，随着社会经济的发展，人们的生活水平得到了提高，人们对精神方面的需要逐渐高于对物质方面的需要。人们对于体育的认识不只限于强身健体的方面，而是希望通过体育活动的参与得到更多的精神享受。例如，人们观看体育比赛时，优美的体育动作，扣人心弦的竞赛等都给人们以美的享受，还有在比赛现场，随着比赛的进行，人们可以大声地叫喊，可以尽情地宣泄自己的情感，使人们在精神上有一种轻松感。一次成功的射门，一个漂亮的投篮，随着快节奏的音乐跳健美操等，不只是健身，更重要的是给人们一种快感、成就感和心情的舒畅感。这些都是体育带给人们精神方面的价值。生活水平越高，人们越是注重体育精神层面的价值。另外，体育也有助于培养人们勇敢顽强的性格、超越自我的品质、迎接挑战的意志和承担风险的能力，有助于培养人们的竞争意识、协作精神和公平观念。所以，可以说体育是一种复杂的社会文化现象。

2. 体育事业

现代体育活动已成为群众广泛参与的喜闻乐见、休闲娱乐和强身健体的文化活动。同时，以各种方式开展体育活动、体育工作，已成为一种有组织、有系统、有目标和对社会发展有巨大影响的社会活动。从这个意义上说，体育已成为一种事业。由于现代体育事业发展的规模和水平已成为衡量一个国家、社会发展进步的重要标志，因此，体育活动的性质已具有政府主导性。所以，狭义的体育事业就是指由国家财政支出的不进行经济核算的体育事业单位。体育事业主要包括：由财政经费支出的国家及地方的专业运动队伍(运动技术学院、体工队等高水平运动队伍及后备队伍的培训机构)；由国家财政支出的综合性及单项体育运动设施(包括各类公共体育场馆、供专业运动队伍训练使用的体育运动设施)；其他体育事业单位。总之，体育事业具有以下特点：一是以公共组织为主、多元主体参与体育服务品供给；二是以实现公共利益为体育事业宗旨；三是可以以非营利性为目的进行经营管理。

3. 体育事业与体育产业的区别

要正确理解体育事业还必须弄清其与体育产业的区别。体育事业不同于体育产业。从产业组织理论看，体育产业是指为满足体育需求而从事体育产品(劳务)的生产、经营服务的体育部门、机构、社会团体、企业和其他法人的集合，其特征就是企业经营性。从产品集合看，体育产业是以体育健身休闲、体育竞赛表演和体育用品制造与销售为主营业务，同时对旅游、商业、会展、建筑、通信、新闻出版、广播电视、游戏动漫、网络等产业具有显著拉动和辐射作用的综合产业链。

学术界对体育产业和体育事业概念的界定和关系问题存在一定的争议，主要有以下三种观点，有观点认为体育产业就是体育事业，即体育产业是社会主义市场经济体制下的体育事业。还有观点认为体育产业属于体育事业，体育产业是体育事业中可盈利部分。另外一种观点认为体育产业和体育事业不相容，体育产业是传统体育事业中的产业化部分，没有产业化的部分为体育事业。对于第一种观点，我们认为，从体育服务核心属性上看体育产业的概念与体育事业概念是相同的。但是随着经济社会的发展，人民生活水平的提高，休闲、娱乐、健康及精神需求增长，原有的体育事业供给模式已不能满足日益增长的需求，体育产业化已成必然，体育产业化增加了体育产品深度和广度，延长了产品链，拓展了供给主体，引入经营管理模式，其中体育产品中非服务品的提供已在体育事业概念的范围之外，从而使体育产业范围超过事业范围；但从公共管理的角度看体育事业的管理服务内容又在体育产业的内容之外。体育产业不等同于体育事业。对于第二种观点，我们认为从产业链范围上看，体育产业是所有的体育产品分类活动集合，体育产业外延范围较宽，体育事业产品如公共体育品服务、体育的行业管理也是体育产业链上的一部分。体育事业管理的内容也包括对体育产业管理。无论是体育事业概念还是体育产业概念，其中的体育产品在提供模式上都有营利也有非营利之分。第三种观点则过于绝对。体育事业和体育产业内涵都是体育服务品集合，一些准公共体育产品如大众体育，体育教育等属于公共体育事业范畴的产品，其生产活动不以营利为目的，但可以有营利，也可以进行生产经营，也是体育产业的一部分。另外一些体育产品有商品和公共物品的双重属性，因此二者边界并不清晰，可以是市场提供，也可以是政府提供。无论由谁提供，只改变其公共事业产品属性，但其仍属于体育事业或体育产业范畴。

4. 体育事业管理

体育事业管理是以政府为主的社会公共组织对关系社会共同利益的体育事务，依法运用各项管理职能协调体育组织内外关系和配置体育资源的过程。体育事业管理主体的角色不同，其管理的职责和管理的内容亦存在差异。为了促进公共体育的规范和健康发展，各国普遍在政府设立专门管理公共事务的部门，担负导向把握、政策调节、市场监管、社会管理和公共服务等职能。具体表现为：①制定体育发展规划，宏观管理体育事业；②提供公共体育产品，满足公共体育服务需求；③生产和提供国家运动队或地区运动队体育产品；④培育和完善各类体育市场，推动体育产业发展壮大；⑤制定完善体育政策法规体系，保障体育领域活动有序开展；⑥拟定体育发展的公共政策，指导并开展群众性体育活动。除了政府外，体育事业管理的主体还有非政府、非营利的体育社会组织，包括事业单位法人、社会团体法人和商业机构等。体育社会组织的管理功能表现为：一是提供丰富多彩的体育服务品，特别是准公共体育品，满足社会多元化需求，例如社区体育、体育教育、体育赛事活动等；二是按照体育行业标准与相关政策进行行业自律。

## 二、我国体育事业管理体制

体育事业管理的体制是指规定政府、社会各类组织在体育事业方面的管理范围、权限职责、利益及其相互关系的准则，其核心是管理机构的设置。体育事业管理的效率主要取决于各类体育管理机构职权的分配以及各机构间的相互协调程度。我国体育事业管理的专业组织有政府组织和社会组织等，其中主要的组织有以下几种。

1. 国家体育总局

我国于1952年11月成立中央人民政府体育运动委员会，1954年改称为中华人民共和国体育运动委员会，1998年改组为国家体育总局。中央体委、国家体委及后来的国家体育总局都致力于“发展体育运动，增强人民体质”，在普及群众体育的同时，大力发展竞技体育，大大提高了我国的运动技术水平，推动了我国体育事业的蓬勃发展。当前，在国内的重大赛事里，国家体育总局一般是作为主办方或管理部门，进行赛事立项审批、提供赛事规则和裁判仲裁等。总体来说全国的体育运动项目的管理、竞技竞赛管理和审批举办、竞技体育发展、奥运工程、群众体育、全民健身都是由国家体育总局负责管理。国家体育总局作为主管体育事业的政府组织，其主要职责有：①研究制定体育工作的政策法规和发展规划并监督实施；②指导和推动体育体制改革，制定体育发展战略，编制体育事业的中长期发展规划，协调区域性体育发展；③推行全民健身计划，指导并开展群众性体育活动，实施国家体育锻炼标准，开展国民体质监测；④统筹规划竞技体育发展，研究和平衡全国性体育竞赛、竞技运动项目设置与重点布局，组织开展反兴奋剂工作；⑤管理体育外事工作，开展国际和与香港、澳门、台湾地区的体育合作与交流，组织参加和举办重大国际体育竞赛；⑥组织体育领域重大科技研究的攻关和成果推广；⑦研究拟定体育产业政策，发展体育市场，制定体育经营活动从业条件和审批程序；⑧负责全国性体育社团的资格审查；⑨承办国务院交办的其他事项。

2. 中华全国体育总会

中华全国体育总会(简称全国体总)，是我国的群众性体育组织，是党和政府联系体育工作者的纽带，是依法成立的非营利性的社团法人。它的宗旨是联系、团结运动员和体育工作者，努力发展体育事业，普及群众体育运动，提高全民族的身体素质；不断提高运动技术水平，攀登世界体育高峰；促进社会主义物质文明和精神文明建设，为建设有中国特色的社会主义服务，为实现祖国和平统一与增进世界人民的友谊服务。中华全国体育总会同中国奥林匹克委员会密切合作，承担联系台湾、香港、澳门同胞及海外侨胞中体育界人士的职能。其一切活动遵守中华人民共和国宪法、法律、法规和国家政策，遵守社会道德风尚，以党的基本路线为指导，按照《中华人民共和国体育法》和我国发展社会主义体育运动的方针、政策开展工作。中华全国体育总会及其活动，接受其业务主管单位国家体育总局及社团登记管理机关中华人民共和国民政部的业务指导和监督管理。其中，体育总局与中华体育总会关系如图6-1所示。

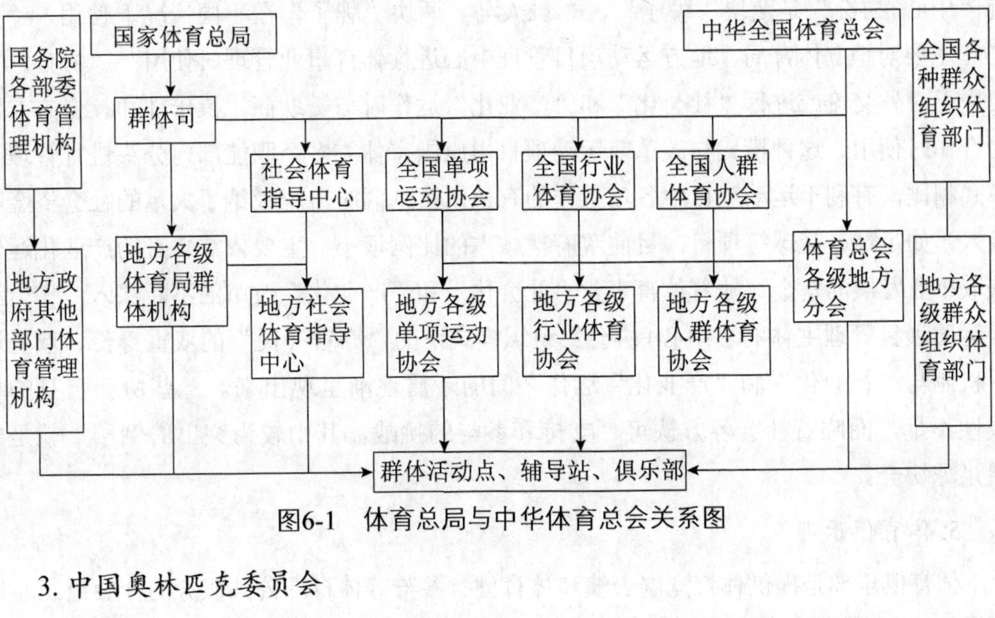


图6-1　体育总局与中华体育总会关系图

3. 中国奥林匹克委员会

中国奥林匹克委员会(简称“中国奥委会”)是以发展体育和推动奥林匹克运动为任

务的全国群众性、非营利性体育组织，代表中国参与国际奥林匹克事务。在与国际奥委会和亚洲奥林匹克理事会及各国家地区奥委会的关系中，唯有中国奥委会有权代表全中国的奥林匹克运动。根据国际奥委会《奥林匹克宪章》规定，中国奥委会在非营利的活动范围内享有在中国举办的与奥运会和奥林匹克运动有关的活动中使用奥林匹克名称、标志、旗、格言和会歌的权利，并有在中国保护上述奥林匹克名称、标志、旗、格言和会歌不受非法使用的责任与义务。中国奥委会的宗旨是：遵守宪法、法律、法规和国家政策，遵守社会道德风尚；在中国宣传和发展奥林匹克运动。中国奥委会接受国家体育总局、民政部社团登记管理机关的业务指导和监督管理。

4. 全国性单项体育协会

全国性单项体育协会是以运动项目的普及和提高为目标，具有社团法人身份的民间性组织。按照《中华人民共和国体育法》第四十条的规定，“全国性的单项体育协会管理该项运动的普及与提高工作”。自20世纪80年代以来，随着我国社会事业的“社会化”改革，我国体育管理体制的改革以全国性单项体育协会的“实体化”改革为突破口，即全国性单项体育协会开始承担起运动项目的具体管理职能，并开始以协会的名义进行社会化和产业化的运作，以解决体育事业发展资金不足的矛盾。在全国性单项体育协会实体化改革试点的基础上，1993—1997年，原国家体委相继成立了20个运动项目管理中心，全国性单项体育协会都依托于新建的运动项目管理中心来运作，建立起“运动项目管理中心+全国性单项体育协会”(简称“中心+协会”)的组织模式。

项目管理中心与单项运动协会有着密不可分的关系：运动项目管理中心是国家体育总局直属的事业单位，具有国家体育总局授予的进行运动项目管理的行政性管理职能。单项运动协会改革的方向是接管中心的事务，全面介入训练和赛事的举办经营管理。目前“中心+协会”是两块“牌子”，一班人马。两块“牌子”在不同情况下使用，“中心”主要对地方体育局、地方运动项目管理中心进行体育事业管理时使用；“协会”主要用于对外交流或进行“社会化”和“产业化”运作时与赞助商、俱乐部和社会方方面面合作时使用。这种模式与改革前运动项目由原国家体委多个职能部门分头进行管理的模式相比，有利于运动项目中各项工作的有机衔接，同时，也吸纳了大量的社会资金的投入，如足球、篮球等项目，目前政府拨款占的比例很小，主要依靠自身的产业化运作获取事业发展的资金。随着体育事业“社会化”和“产业化”改革的不断深入，作为我国运动项目管理主体的“中心+协会”组织模式下的“亦官亦民”的双重身份、双重运行机制与“社会化”和“产业化”运作之间的矛盾逐渐呈现出来。一些协会自身的权威性不足，面临着社会各方认可、支持和参与的挑战，其中较为突出的例子，就是中国足球协会。

5. 体育俱乐部

体育俱乐部是提供体育竞赛表演和体育健身参与等体育准公共服务的社会组织。体育俱乐部一般是由经营者出面组织，会员在自愿、互助、互惠的基础上自主参加，并有相应的权利和义务。体育俱乐部是通过利益排他机制而取得共同利益的自愿组合体，既可以采用独立核算、自负盈亏的实体方式经营，也可以采用非营利性的社团组织形式进行经营。市场经济国家鼓励各企业和俱乐部办运动队，部分市场成熟的项目会职业化并成立行业联盟。目前已有越来越多国际体育组织到我国参赛或办赛，因此体育市场的行业垄断形式将发生很大变化。我国已将很多基层体育组织改革为俱乐部制，并试行各省市高水平俱乐部精英运动员进行国家选拔和参赛的新制度。

随着社会主义市场经济体制的日渐完善，我国体育事业管理体制的改革也将不断深化。今后一个时期的体育管理体制的改革要适应新时期我国社会发展的需求，改变以计划为资源配置手段和政府行政命令为主的管理模式，不断强化体育事业管理中的新公共管理理念。要实现竞技体育与日常体育锻炼协调发展，按照公共选择理论原理，实现体育行政部门、体育社团、企业和民众等各方面权利的均衡化发展。在我国体育事业管理体制改革中，还应该在充分肯定成绩、尊重国情、尊重客观规律的前提下，有计划、有区分、有重点地开展，而不是简单地走去政府化、市场化、国际化的道路。必须通过体制的改革和创新，实现体育事业更高层次的全面、协调和可持续发展。

## 第二节　体育公共服务管理

### 一、体育公共服务供给模式

1. 政府供给模式

这是体育公共服务供给的单一垄断模式。这种模式下政府严格控制一切公共资源配置和定价权，限制和禁止社会组织和社会资金参与公共服务的供给。公共选择理论认为，政府行为主体具有类似市场经济人的特性，在政治上可能受到权利、职位及其相关物质利益的驱动而谋求个体效用最大化。政府本应以公共利益最大化作为自己的目标，但由于政府部门具有“经济人”特性，存在自身利益，在进行公共决策时，政府可能会与各个利益集团相互讨价还价达成一定结果，而这种结果是否能够最大化公共利益，并没有经过充分论证。而在公共决策的实施中，政府也可能利用手中掌握的自由裁量权，使政策的实施结果有利于自身。同时，在政府供给模式下，由于缺乏有效的管理和激励，常常可能导致体育公共服务水平的低下和数量短缺。既然负外部性是政府供给公共产品难以避免的衍生物，那么，唯有将其控制在合理的范围内，才能最大程度地彰显政府供给模式的优越。因此有必要引入市场机制参与体育公共产品供给，发挥社会组织和私营部门等在公共产品供给中的应有作用。

2. 多主体供给模式

体育公共服务供给的主体不仅包括政府和体育行政部门、准政府组织、非政府组织(体育社团、体育基金会、民办非企业体育单位等)，企业、个人等也都可以成为公共体育服务的供给主体，它们出于公共利益目的的体育事务都可视为公共体育服务范畴。因此，除一些关系到社会整体利益的体育公共产品，如群众体育基础设施、体育政策法规等由政府提供外，一些产权归属明确、能够市场化运作和排他性收费的体育公共产品，如群众性体育活动和体育比赛的举办、全民健身的宣传、体育培训服务等可由私人和企业参与提供，还有一些可以交给非政府组织(第三部门)供给，如西方发达国家的体育俱乐部、我国香港的青年基督教会都给社区居民提供各种体育公共产品和服务。

多主体供给模式又可分为政府主导模式和市场主导模式。政府主导多主体供给模式是政府仍然控制大部分体育公共资源的配置和定价权力，但是，对于具有竞争性的部分公共体育服务可以利用合同、政府购买或者替代等方式扩大供给范围，允许部分私人和社会组织参与公共体育服务供给的某些环节。通过政府主导的管制策略来确保公共体育服务供给能够适当提高效率和降低成本。这种供给模式下政府对于公共体育服务管制仍然比较严格，只是在政府缺乏足够的财政资金和经营机构的前提下才会考虑引入社会资本和力量，因此，政府主导的多元化模式伴随着较为严格的政府管制体系。在市场主导多主体供给模式下，政府除了承担一部分具有很强公益性和外部性的公共体育服务供给之外，充分利用私营部门的组织体系和管理能力，将大部分公共体育服务供给由社会组织自行提供。市场经济国家大多数采用市场主导模式。随着我国体育事业的改革，公共体育产品的供给模式也在探索和改革之中。

## 二、体育公共服务管理的内容

### 1. 体育教育及健康促进

体育是教育的组成部分，体育的教育属性一直受到广泛的认同。体育教育分为普通体育教育和专门体育教育两大类。基础性的学校普通体育教育与其他基础教育产品一样具有准公共物品属性和正外部性，应由政府或社会公共组织作为供给主体。与普通体育相比，竞技体育的竞争性决定了其功利化的色彩更为浓厚，对于竞技体育的人文审视显得尤其重要。但是正如奥林匹克的宗旨，体育的真正价值所在是通过运动促进人全面发展，其核心是为了“人”，而不是“物”化的体能、技能、成绩或奖励。这样的指导思想在学校体育和社会体育中同样适用，体育是育人的“载体”，是增强人民体质的手段，通过体育促进人的“和谐发展”才是终极的人文关怀。

与经济的快速发展相比，全社会的公共卫生服务措施、人类的健康状况、人群的健康意识与健康技能等并没有随之发生等比例的变化，在某些国家，这些领域甚至出现了倒退现象。在中国及广大发展中国家，随着人口出生率、死亡率的下降，中老年人口比例上升，城市化、工业化进程加快，很多与人们的生活方式和行为有关的健康问题也层出不穷。这种不和谐因素引发了人们对传统公共卫生模式的思考。人们发现，传统的生物医学模式(以治疗为中心)已不能满足人类的需要，必须按照新的生物——心理——社会医学模式来进行疾病的预防、控制和治疗。在新的医学模式中，健康教育与健康促进的作用就居于十分突出的位置。健康促进是指一切能促使行为和生活条件向有益于健康改变的教育与生态学支持的综合体，就是以公众健康为导向，政策、法律、环境、教育以及社区等多方面予以支持，并且强调个人与社会对健康所承担的责任。健康促进不仅包含了对于社会公众的人文关怀，能增加人力资本，也强调了全社会的和谐共建，具有社会公益性及正外部性，是公共体育事业所追求的理想模式。

2. 群众体育管理

群众体育活动是社会全体成员，利用业余时间进行以健身娱乐为主要目的的形式多样的体育运动。群众体育除了能够提升人的精神状态，还能提高全民的身体素质，可以提高人的平均寿命，提高生活质量，让国民享受到更好的生活。群众体育的核心是锻炼人的意志品质，一个民族，一个国家需要有一个意志品质来引领着这个国家走向繁荣走向富强。所以体育不仅仅是运动员的事，更多的是整个民族的事，需要大众参与。群众体育活动中的某些需求品具有效用的不可分割性、消费的非竞争性以及受益的非排他性等，如建设在社区、公园、街道周围的全民健身设施，体现了群众体育的公益性。群众体育中有些体育需求品是私人物品，如社会上出现的健康城、康乐宫、高尔夫球场、保龄球馆、各种健身健美俱乐部以及近年来出现的自费参赛的各种群众性体育竞赛表演等，它们以商品的形式向消费者提供不同档次的体育健身娱乐服务，这些都属于群众体育私人消费品，体现了群众体育的营利性。现阶段我国群众体育服务品的供给，具有政府为主、多元主体并存的特点，以政府为主体的公共组织为群众体育提供体育公共服务品。我国政府根据《中华人民共和国体育法》和《全民健身条例》的要求，把体育事业经费、体育基本建设资金以及公共体育设施建设纳入本级国民经济和社会发展规划，把体育事业经费列入本级财政预算，确保体育事业公共投入。

3. 竞技体育管理

竞技体育亦称竞技运动，是以体育竞赛为主要特征，以创造优异运动成绩，夺取比赛优胜为主要目标的社会体育活动。竞技体育包含运动训练和运动竞赛两种形式。竞技体育具有激烈的对抗性和竞赛性、统一的规则性、国际性以及成绩的公认性等特点。虽然竞技体育具有私人物品特征，但其背后所体现的人文精神不可忽视，大型的体育比赛成绩还关系到地方、国家、民族的荣誉、形象和凝聚力，可见竞技体育也具有一定的公益性和正外部性，因此，需要对其加以重视和管理。由于社会体制背景的差异，世界各国的体育管理体制大体上分为三种类型：政府管理型、社会管理型和两者结合型，三种类型各有其优缺点。如在奉行市场经济的美国，竞技体育被视为能够依托市场自我生存、自我发展，并能带来巨大收益的一项产业，竞技体育一直由社会团体来管理。由此看来，美国竞技体育管理体制是典型的社会管理型，其政府的各个部门没有专门负责管理体育的机构，政府不制定体育政策，而且极少直接资助体育。美国“总统健康与运动委员会”实际上只是一个促进大众体育的咨询机构，真正管理体育的是名目繁多的社会体育组织，这些组织在结构上是多样化的。美国奥林匹克委员会被指定为美国业余体育的协调机构，实际上除了选拔、组织奥运会代表团外，对其他体育组织不具有支配控制的权力。各单项协会负责各自的运动项目，与国家奥委会只是名义上的统属关系。美国的职业体育由俱乐部管理，如美国职业橄榄球、篮球、棒球和冰球四大运动项目，分别由各自的俱乐部联盟负责管理，与政府没有关系。大学体育则属于业余体育的范畴，由大学体育联合会管辖。所以用社会办体育来形容美国对体育的管理，特别是对竞技体育的管理非常贴切。这种社会管理型的体制有利于发挥社会各方面的积极性，也有利于在各体育组织内部进行不受外界干扰的有效管理，但在全局上缺乏有力的协调和统一。我国为实现体育强国，长期以来对竞技体育的供给采取了“举国体制”。当前，我国竞技体育正面临着管理体制、训练制度和竞赛制度等的改革局面。

4. 公共体育场馆及设施的提供

公共体育场馆是指由国家或社会集资兴建，各级体育行政部门进行管理，主要用于运动训练、运动竞赛以及开展群众性体育活动的场所，在本质上具有准公共产品的性质。大型体育场(馆)及设施的公益性表现在：一是作为实现高水平竞技体育的重要物质保障和环节，承担大型竞赛和培养高水平的运动后备力量的重要任务；二是大型体育场(馆)在构建一个城市或地区的体育文化精神方面起着十分重要的作用；三是根据我国经济社会和体育事业发展的需要，免费或者按成本收费对国民开放，体现公平享用的公益性。当举办一场公益性文化娱乐活动时，通过政府的划拨资金或其他途径筹集的资金支付体育场(馆)设施的使用费用，不直接向公众收费，由此体现公益性，而当一场商业文化娱乐活动需要租用场地设施时，按照市场规律进行操作，以市场供给状况为基础定价，则属于经营性的服务内容。可见，大型体育场(馆)及设施可以根据不同的需要提供具有公益性或经营性的产品服务。不论提供公益性的服务或经营性的服务，其实质都是遵循“谁消费，谁买单”的市场原则。当其提供私人体育产品和服务时，私人就应自己买单；当其提供社会共同需要的体育产品和服务时，则由政府买单。

在这方面，可以借鉴美国的做法。美国于19世纪后期开始的Park Movement(公园运动)在全国普遍推广开来，到20世纪30年代就基本实现了各城市公园的大范围普及，这些公园基本都包含着满足多重需要的场所和设施。20世纪50年代以来，美国职业体育逐步兴盛，出现了各城市为挽留职业俱乐部而由政府出资兴建大型体育场馆并低价租赁甚至免费给俱乐部的风潮。从美国的历史看，为百姓提供健身娱乐场所和为职业体育俱乐部建设大型体育场馆在激烈的争论中已逐步成为政府责任。而且，通过政策的倾斜和融合社会支持、志愿者参与等机制，群众获得了良好的体育公共服务，他们能自如地参与体育锻炼，不愁没有场地，他们可以拥有多支自己城市的职业运动队，享受运动之美的乐趣。

目前，我国在推动公共体育设施发展方面存在的主要问题，一是场馆设施不足，二是相关文件多体现倡导性、规范性和原则性而较少落实力。我国提升城市公共体育设施建设力度的最主要思路恐怕不是由各地政府拨款、各地体育行政主管部门制定获得批准的体育设施标准，更不是在开放学校体育场地上做文章，我们最切实的做法或许在于将人均11.8平方米的公园用地利用起来、激活起来，根据需要和可能在其中设置体育场所和设施，这是使我国体育场地面积人均不足1.5平方米的状况在短期得到根本改变的可行出路。发达国家的经验已经摆在眼前，处于城镇化规划阶段的我国，很需要将公园和体育进行一次深度整合。

## 第三节 体育产业政策与体育市场监管

### 一、体育产业政策

体育产业政策是政府为了实现一定的社会和经济目标而对体育产业的形成和发展进行干预的各种政策的总和，包括体育产业组织政策、体育产业结构政策以及体育产业布局政策等对体育产业发展有重大影响的政策。体育产业政策的主要导向是培育规范体育市场和发展体育产业。体育产业的发展不仅取决于体育市场的成熟和完善，还需要政府对其进行相应的扶持或指导。

1. 体育产业的作用

首先，体育产业蕴藏着巨大商机。在当代美国，体育产业的年产值约为2100亿美元，是汽车制造业总收入的两倍，占GDP的2%，体育市场规模已超过了石油化工、汽车等市场。其次，体育产业有助于增加就业和拉动需求。体育产业是主打健康和娱乐牌的生活型消费服务业。对广大消费者来说，体育消费能提高生命质量和生活质量，存在广泛的市场需求。体育产业也是大文化产业、大生活产业的有机组成部分，它在实际运作中与文艺表演、广电影视、艺术创作、游乐会展等文化娱乐产业的混业经营以及与餐饮、酒店、零售、旅游等生活服务业的配套经营的现象也变得越来越普遍，如体育与媒介尤其是电视媒介的结合延伸了体育产业价值链，促进了电视体育节目的生产、交易和版权市场的发展，同时也促进了体育广告、赞助、体育赛事运营及频道运营的活跃。这样的产业特征和运作趋势，就使得体育产业在促进社会就业方面表现突出。对政府而言，促进体育产业发展是保增长、调结构、促就业、重民生的重要选择。

2. 体育产业政策的内容

(1) 体育产业结构政策。产业结构政策是通过对产业结构的调整而调整供给结构，从而协调需求结构与供给结构的矛盾。目前我国体育产业结构政策的重点首先是大力发展体育健身娱乐市场、努力开发体育竞赛表演市场和体育旅游市场，不断扩展体育产业新领域，把独具特色的地质形态以及浓郁的民族风情与户外体育休闲运动结合起来，在全国形成别具一格的文化、体育、旅游产业链。其次是积极培育体育中介市场，大力开展体育技术、信息咨询、体育保险等中介服务，做大做强体育用品业，大力促进体育服务贸易，协调推进体育产业与相关产业互动发展。第三是构建与传媒业的战略合作体系。体育产业和传媒业已形成了一种高度的互相依赖、互相支持、互相渗透的互动关系。如果没有传媒的参与，作为体育产业本体的体育赛事远不可能达到今天这样受欢迎的程度。同样，精彩纷呈的体育赛事使传媒的内容更为丰富，节目更加精彩，大大促进了媒体的社会效益和经济效益，并推动着传媒技术的不断创新。所以，要发挥体育产业政策导向作用，使体育产业与传媒共同构建互助双赢的战略合作关系，把体育产业运营模式与传媒经营理念进行深度合作并推广营销。

(2) 体育产业组织政策。制定体育产业组织政策的目的是实现产业组织合理化，为形成有效的公平的市场竞争创造条件。2010年我国出台了《关于加快发展体育产业的指导意见》，提出到2020年，要培育一批具有国际竞争力的体育骨干企业和企业集团，形成一批有中国特色和国际影响力的体育产品品牌以及形成多种所有制并存，各种经济成分竞相参与、共同兴办体育产业的格局，形成与国际接轨、管理规范、充满生机活力的体育社会组织体系。推行运动项目的行业协会制和俱乐部制，加快体育的职业化进程，并可以尝试建立体育人才中介服务机构，甚至鼓励创办体育人才猎头公司，促进体育人才的市场化交流。

(3) 体育产业布局政策。体育产业布局政策是产业配置格局的政策。这一政策以整体繁荣和可持续性发展为原则，主要解决各区域间或一地域内体育产业发展水平的差距，大力扶持地方赛事。对区域赛事深入调研，合理布局，努力在全国范围形成有特色的体育活动格局，对当前确有困难的地方给予必要的扶持和指导。合理控制重大体育赛事的数量、规模和赛时分布。

(4) 其他对体育产业发展的政策。包括体育企业进入资本市场融资政策，鼓励民间和境外资本投资体育事业、兴建体育设施政策，体育产业政策优惠税收扶持政策等。

## 二、体育市场监管

体育市场监管是对体育产业发展和体育市场运行的监督管理，其作用主要是规范体育产业各主体行为，维护市场秩序，使资源配置符合国家政策法律制度的要求，保护和巩固体育事业主体的合法权益，促进体育事业的发展。体育产业监管包括产业准入和从业行为两个方面。产业准入是从审核登记开始的，在审核登记中，要支持重点行业的建立和发展，防止不合理的投资，禁止非法经营活动，审核检查是否有违反登记进行经营的行为。主体准入是监管的第一关，经严格依法审批申请，对符合条件的确立其资格，明确权利和义务，准入确立后进行跟踪监管，主要监管内容是：制假、售假、操纵垄断、不正当竞争、虚假宣传、扰乱市场经济秩序、损害经营者和消费者的合法权益等行为。监管主体要研究上述行为的成因，并提出相关对策，体育产业有效监管的前提是规则和处罚措施的制定。

我国体育市场监管方式经历了两个不同时期。2004年之前是以行政审批为手段，实行政府全面监管的阶段，监管模式是按照设立组织、活动双重监管的模式。在体育经营组织监管上，一般流程是：设立准入门槛、接受资质申报、审批通过、年度审核。在体育经营活动监管上，一般流程是：设立专项体育活动的审批制度、接受申报、审核审批、备案。2004年之后，我国对体育产业市场进行分类，按照各项目不同性质而采取政府内部指令式管理、行政许可、行政审批、认证服务等不同方式来进行行政监管。国家体育总局在体育产业市场监管上采取了重点监管、认证服务、鼓励发展的方针。首先，放开体育产业市场的准入限制，只对直接参与体育赛事组织的各类体育协会、俱乐部，国家限制性发展的体育彩票业等进行政府监管，对其余一般的体育经营项目，则出台相关的认证措施，以推规范、树标杆，引导群众自行选择的形式来达到推动整个行业规范管理、健康发展的目的。

1. 体育彩票销售市场监管

社会发展体育事业需要大量资金投入，体育彩票起着重要的筹资作用。由于体育彩票本身具有博彩性质，即彩票业不生产产品，并具有不等价交换的性质，具有极强的信用风险，能对社会产生负面效应等。所以，彩票发行规模和发行单位必然需要国家严格的控制。我国体育彩票由国务院负责发行审批，财政部和国家体育总局共同监管体育彩票市场。国务院行使的主要是发行审批权，财政部主要是根据国务院的授权把握体育彩票发行的政策方针，而国家体育总局主要是制定并落实彩票发行的规则。国家体育总局下设体育彩票管理中心，按照行政次级下设省、市、县三级地方发行机构，实行分级负责、风险共担、利益共享，受委托经营彩票营销、印制业务的彩票公司参与彩票销售。这种监管模式设计，存在两个层次监管：一是政府部门内部的权力监督监管，即国务院、财政部对国家体育总局的彩票发行管理的监管。二是国家体育总局领导下的各级体育彩票管理中心对具体承包彩票的销售点的监管。这种政府监管模式的优势是：可以有效地控制彩票发行规模；可以有效地对终端销售市场进行监管。此模式的劣势是：第一，当彩民质疑自身权利得不到有效保障时，身为销售与监管为一体的政府部门难以自证清白，彩票业容易遭遇诚信危机，如西安宝马彩票案；第二，体育彩票政府监管法理基础薄弱。由几个政府部门相互组成的“生产、监管”一体的监管机制。依赖部门之间的“通知、函、批复”等“红头文件”在法律地位上并不高，其规范效力十分有限；第三，由行政性的政府组织体育彩票管理中心来组织实施体育彩票销售，并由其业务主管单位国家体育总局来进行政府监管，很难真实评价彩票市场的真实需求以及是否达到合适规模。在发达国家，更多是政府对彩票的特许权，以公开竞争方式，让渡给企业性的组织，政府凭借政治权力和让渡条约，通过对持有彩票发行销售权的企业性组织实施严格监督，有效地管理彩票市场；第四，对体育彩票公益金的使用监管还很不到位。

2. 体育协会和体育俱乐部的监管

(1) 体育协会和体育俱乐部的政府监管。体育协会、体育俱乐部是从事大多数体育赛事、体育活动的主体。政府对体育协会、体育俱乐部从事相关体育项目活动的资质进行监管，主要有两种方式：一是设置前置审批，对新成立或换届年审的体育协会、体育俱乐部进行资质的审批，只有审批通过后，才能到民政部门或工商部门进行登记，申请相关运营牌照。国家体育总局制定的《全国性体育社会团体管理暂行办法》，明确了各类体育协会、体育俱乐部由体育业务主管部门和民政部门共同监管；明确了体育协会、体育俱乐部可以参与体育市场经营，但经营利润所得应当全部使用于社团的发展以及推动该行业项目的发展，这项规定堵塞了利用社团谋取个人私利的法律上的可能漏洞，并提供了政府对社团进行经济审计监管的内容和方向。二是体育协会、体育俱乐部行为监管。目前我国体育行政管理部门监管权力较大，这有利于体育事业监管，但在体育行政管理部门自身缺少权力制约、监管的情况下，容易导致行政效率低下、权力寻租等现象和行为。为此政府要不断自查自纠、反腐倡廉，强化纪检监察的外部监督制度。

(2) 体育协会和体育俱乐部的行业监管。体育协会、体育俱乐部等担负着推广和组织体育赛事、体育活动发展的社会责任，具有一定的行业公共管理权力，体育协会、体育俱乐部的监管包括行业监管和自律。如制定体育行业标准、赛风赛纪和反兴奋剂专项治理等。

3. 高危体育项目经营单位的监管

目前，我国已取消了一般体育项目的行政审批，但涉及人身健康安全的体育服务活动仍需要加强监管。一些需要高投入、强化管理、对群众生命安全有较大影响的体育项目需要单独进行监管，譬如广东省就出台了《广东省高危险性体育项目经营活动管理规定》，规定了已制定国家标准或者地方标准中专业性强、技术性高、危险性大的体育项目，包括游泳、潜水、漂流、攀岩、蹦极、射击、射箭、卡丁车、轮滑、滑翔伞、动力滑翔伞、热气球12项，对这些体育项目实行行政许可的制度。除了地方的监管，第三方认证制度正逐渐成为对政府监管的一种补充和完善。

认证制度是合格评定的程序和管理制度，其中包括认证和认可两类活动。目前，我国体育服务认证的依据主要分为两类。一类是体育服务标准，包括体育服务的产品和服务要素等标准，GB19079《体育场所开放条件与技术要求》和GB/T18266《体育场所等级的划分》就是体育服务中的体育场所服务(产品)标准；GB/T19995《体育场地使用要求及检验方法》TY/T1001和《体育场馆设备使用要求及检验方法》就是体育服务中的服务要素标准；另一类是体育服务认证规则和基本规范，认证规则是规范认证行为，基本规范是弥补体育服务标准的缺陷，两者的目的是保证体育服务认证结果的一致性，目前此类认证依据包括《体育场所星级评定审查方法》。为了建设公平公正的体育服务竞争环境，国家认证认可监督管理委员会和国家体育总局于2006年共同颁布了《体育服务认证管理办法》，并批准成立了我国第一家体育服务认证机构——北京华安联合认证中心有限公司，通过引入第三方认证，对认证机构资质进行审批，让第三方认证机构对体育场所、体育活动的组织与推广等服务进行符合性认证，提高体育行业的服务水平，保障体育运动不对人身造成伤害，增强人民体质，促进体育事业蓬勃发展。

## 三、体育事业管理的法制建设

体育事业管理的法规体系主要指国家的法律法规、地方性体育市场管理法规或政府规章以及体育行业协会自治组织规范的总和。体育事业公共管理的法规体系，是建立规范、有序市场的前提，是产业稳步和健康发展的保证。20世纪70年代以前，一些国家就出台了的体育法规，如英国(1937)《身体锻炼和休闲活动法》，意大利(1942)《体育法》，加拿大(1942)《身体锻炼法》和(1961)《身体锻炼和业余体育法》，日本(1961)《业余体育法》，瑞士(1972)《体育法》，希腊和法国(1975)《体育法》等。从70年代下半期开始，通过体育法或重新制定体育法的国家数量急剧增加，1978年，美国国会通过了《业余体育法》，芬兰(1980)、法国(1984)、意大利(1984)、西班牙(1988)通过了《体育法》。90年代初，几乎所有东欧国家都颁布了体育法。各国颁布的体育法各有特点，但多对以下方面作出了规定：国家在发展体育和运动方面的责任；发展体育和运动的目标和任务；国家体育运动的组织结构；体育运动的经费保障；体育管理者的培养；体育设施的建设和使用；各级地方体育机构的作用；开展体育科学研究工作等。除了这些基本条款之外，在一些国家的体育法中，还对发展学校体育、培养高水平运动员、纳税以及体育经营等问题作出了具体的规定。除了国家层面的体育立法，还有与国际赛事相关的国际立法和各国的体育行业规则。我国自1995年10月1日起开始实施《中华人民共和国体育法》，在此法的基础上制定相关问题的配套立法，目前已初步形成完整的体育法体系。我国的体育法体系主要包括以下内容。

1. 体育教育管理方面的法律法规

在学生体育权利的保护上，我国先后颁布了一些法律、法规予以保障。对学生接受体育教育权利保障有明确规定的法规有：《宪法》第四十六条、《体育法》第十七条、《教育法》第九条、《高等教育法》第三十四条、《中国教育改革和发展纲要》第二十条、《未成年人保护法》第十三条。对学生体育权利实现的时间保障有明确规定的法规有：《学校体育工作条例》第六条、《2001—2010年体育改革与发展纲要》第八条、《关于保证中、小学生每天有一小时体育活动的通知》。对学生体育财产权(体育师资、资金、场地、器材设施等物质)的法律保障有明确规定的法规有：《宪法》第二十一条、《中国教育改革和发展纲要》第三十条、《体育法》第二十二条、《中华人民共和国教育法》第四十四条、《学校体育工作条例》第二十、二十一条。对体育活动中的人身权的法律保障有明确规定的法规有：《教育法》第五条和第四十四条、《体育法》第二十二条、《学生卫生工作条例》第十四条。

2. 体育场馆建设、管理和使用方面的法律法规

我国在体育场馆建设、管理和使用方面颁布了一些指导性的文件和行政法规，诸如《城市公共体育运动设施用地定额指标暂行规定》、《全国体育先进县标准的细则》、《学校体育工作条例》以及《公共体育文化设施条例》等。这些规定目前还过于笼统。

在学校伤害事故方面，我国教育部于2002年出台的《学生伤害事故处理办法》对学生在校期间所发生的人身伤害事故的预防与处理作出了具体规定，但是其对学校伤害事故的处理只具有指导作用，需要制定和实施针对性更强的学校体育伤害事故处理程序和法律法规，对学校体育工作予以法律保障。

3. 体育彩票(博彩)方面的法律

《体育法》对体育资金、体育彩票等方面的规定没有明确的立法，为此国家体育总局颁布了《中国体育彩票全民健身工程管理暂行规定》，对体育彩票资金的应用、全民健身工程的建设与配置做了规定。随着足球、赛马、赛车等体育博彩业发展，有必要制定体育彩票法，规范体育彩票运作机制，防止损害公共利益、谋取私利的行为发生，打击体育赌博行为。

4. 体育社会组织及体育赛事方面的相关法律及行规

体育社会团体方面的法规，主要内容包括明确体育社会团体的主体资格和法律地位，明确体育社会团体的管理机构以及各组织、协会与其成员之间的关系，赋予体育社团自治权及行业管理公权等。在体育赛事方面我国已有的法律制度主要包括体育竞赛管理办法(如1999年11月颁布的《上海市体育竞赛管理办法》)；体育商业化中职业运动员合同、会员合同、转会制；防止足球流氓的规定、反兴奋剂规定、体育伤害问题规定和转播权问题规定等。

5. 体育争议的解决制度

在体育争议的仲裁方面，《中华人民共和国体育法》第33条规定：“在竞技体育活动中发生纠纷，由体育仲裁机构负责调解、仲裁。体育仲裁机构的设立办法和仲裁范围由国务院另行规定。”该条规定表明国务院有设立体育仲裁组织和规定其仲裁范围的权力，但我国未制定专门的体育仲裁条例，其结果只能拖延了一些体育争议的处理。因此应根据《体育法》中对竞技体育纠纷进行调解仲裁的规定，抓紧制定出台体育仲裁的行政法规，建立符合体育社会化和法制化方向并与国际惯例接轨、纳入国家统一仲裁法律体系的体育仲裁制度，对体育仲裁的性质范围、机构协议、程序和涉外事项等作出规定。在仲裁机构方面，应建立我国自己的体育仲裁机构，建立相对独立的中国体育仲裁委员会，聘请公道正派的体育和法律专家担任体育仲裁员。另外中国国际经济贸易仲裁委员会(中国国际商会仲裁院)也应将体育争端纳入自己的管辖范围，不应仅仅局限于原有的范围，而应根据时势有所发展。

由于法制建设是一项艰巨复杂的系统工程，虽然我国体育法制建设工作跟以前比较有了很大的进步，但其建设滞后的状况并未彻底改变。诸多问题还需解决，如普法力度有待加强，立法滞后状况有待改善，执法机制尚未完全建立等。为了有效解决我国体育法制建设发展过程中存在的问题，应加强关于我国体育法制建设的对策探讨。首先，要提高普法力度，增强体育法制意识。其次，应加快立法步伐，完善体育法律体系。最后，要提高执法能力，完善体育执法监督体系。

# 第四节　体育赛事的运营与管理

## 一、体育赛事概述

1. 体育赛事的概念

所谓体育赛事是指对以体育比赛为核心的一系列活动的总称。传统意义上的体育比赛侧重于赛场的竞技较量过程，而体育赛事是一项复杂的社会活动，它不仅包括体育比赛的筹备、组织、实施等各项活动，还涉及门票促销、运动员包装、媒体推广、赞助与广告策划、相关标志品开发等各种经济活动。体育运动竞赛作为人类社会的独特现象，从简单形式的演进发展到现代奥林匹克运动会等盛大活动，其本质和表现形式都发生了极大的变化。体育赛事的规模和形式受竞赛规则、传统习俗和多种因素的制约，具有项目运营、文化色彩、市场潜力和综合效益等特征。而现代体育赛事所呈现的规模大、耗费资金多、赞助因素明显和经营管理手段日益市场化等特点尤为突出。体育赛事尤其是大型名牌体育赛事所折射的魅力已成为一种没有国界的语言，其潜在的巨大商业价值也被越来越多的学者认同。

2. 体育赛事的分类

(1) 根据体育赛事规模大小，可将体育赛事分为超大型赛事、大型赛事和一般规模赛事(详见表6-1)。

表6-1　体育赛事规模分类表

| 类　别 | 例　子 | 规模、水平 |
|---|---|---|
| 超大型赛事 | 全国运动会、洲际运动会、奥林匹克运动会、世界杯足球赛 | 规模最大、影响最大、水平最高 |
| 大型赛事 | 世界单项锦标赛、职业联赛、城市运动会、农民运动会、少数民族运动会等 | 规模比较大、重视程度高、水平比较高 |
| 一般赛事 | 热身赛、交往性的比赛(如邀请赛)、商业性比赛 | 规模比较小、水平不高 |

超大型赛事是指那些影响举办城市和社区整体经济，并在全球范围和广大媒体范围产生广泛影响的体育赛事，如全运会、亚运会、奥运会和世界杯足球赛。超大型赛事表现为：赛事的规模大、水平高；参与和出席的人数众多；媒体覆盖面大；公共组织参与度高；目标市场广大；对举办城市和社区产生显著的社会、经济和综合效益；对社会、文化、政治、经济、旅游和城市设施建设等诸多方面产生深远影响。

大型赛事是指那些在举办城市和社区产生较大影响，能够引起众多媒体关注和产生较好经济效益的体育赛事，如世界单项锦标赛、职业联赛、城市运动会、农民运动会、少数民族运动会等。大型赛事表现为：赛事的规模比较大、水平比较高；重视程度高；组织工作复杂；媒体关注度高；市场吸引力大；对举办城市的社会、经济、文化等多方面产生较大的影响。目前许多顶级国际体育锦标赛属于大型赛事，许多国家体育组织和政府，特别是体育经纪机构热衷于这种赛事，原因在于其具有潜在的市场吸引力，这种赛事与某种文化或者公众兴趣点结合会带来很大的市场效益。

一般赛事是指与大型赛事相比，规模和水平一般，能够吸引较多观众、新闻报道和产生一定经济效益的体育赛事。如热身赛、交往性的比赛(如邀请赛)。一般赛事表现为：体育赛事的形式规模多样；组织机动灵活；参与人员广泛；市场亲和力强；易于推广；给举办方带来较大综合性效益。[①]

(2) 根据参赛者来源涉及的地域范围不同，可将体育赛事分为国际性赛事、国内赛事、各行政区之间或行政区内举行的赛事。例如，国际性赛事包括世界杯、世锦赛、世青赛和奥运会资格赛等，国内赛事包括乒乓球超级联赛和中国足球超级联赛等，行政区内举行的赛事有省运会、市运会等。

(3) 根据赛事主办者不同，可将体育赛事分为不同类型，如由国际单项体育联合会主办，列入国际单项体育联合会正式比赛赛历的赛事包括世界杯、世锦赛、世青赛、奥运会资格赛等。此类赛事的举办必须遵循国际单项体育联合会指定的相关规则，例如由奥组委主办的各类邀请赛性质赛事，如公开赛、俱乐部赛等。虽然此类赛事仍然要接受相关国际单项体育联合会的技术监督，但与赛历赛事相比，奥组委在此类赛事的承办中拥有更多的决定权。国内赛事的主办者众多，如国家体育总局及其下属的体育项目管理中心、中华体育总会、体育社团、政府机构、俱乐部等组织。当然，有的赛事是由多个组织联合举办的。

(4) 根据赛事公共属性不同，可将体育赛事分为公益性赛事、准商业性赛事、商业性赛事。小型的、基层的公益性赛事如各种慈善赛事活动，大型的公益性比赛有全运会、市运会等。小型的准商业比赛有地方、社区举办的各类娱乐性体育文化活动，大型的准商业性比赛有服务于国家奥运战略的大型的世界体育最高等级的单项锦标赛、世界杯赛，如乒乓球世界锦标赛、游泳世界锦标赛、女足世界杯赛等，以及世界体育最高等级的综合性比赛。小型的商业赛事众多，如各体育俱乐部组织的体育比赛，大型的有国际影响力的商业性比赛有F1汽车大奖赛、ATP网球大师杯赛、国际田径黄金大奖赛、上海国际马拉松赛等。体育赛事举办主体不同，其举办目的有差异，从而使赛事性质有所区别，政府对不同性质、不同类型的赛事运作及管理存在差异。

体育赛事还有其他分类法，如在以“周期与主体”交替主导分类原则的指导下，可将体育赛事分为周期性综合体育赛事、周期性单项体育赛事、联赛、临时性体育赛事、主体直接参与型体育赛事等几种类型。

3. 体育赛事的构成要素

(1) 赛事属性。包括赛事来源、规模水平、主题和设计思想、背景(社会文化、自然与环境、政治、旅游与经济)、举办条件(财政、设施、人员素质)和观众行为等。

---

① 于美娜. 论我国体育赛事门票定价的影响因素和策略. http://www.doc88.com/p-27386981014.html, 2011-7-15.

(2) 人力资源。包括策略和目标、政策和程序、招募、训练和职业发展、激励、团队建设、监督和评价、终止、出局和延长使用、评价和反馈、合法职责和群众工作等。

(3) 后勤。包括设备供应、场地后勤、后勤管理技巧、安全(制证)、食宿、医疗、饮食和观众服务、仓储、交通、垃圾处理和保持、迎送、礼宾、人数控制、运动员村(宗教、饮食习惯、住房和社交)和制服等。

(4) 信息沟通。包括技术变化、数码技术、网络驱动、软件服务和管理信息系统等。

(5) 预算控制。包括收支与预算比较、税收、利润、债务清偿、遗产处理和现金流动等。

(6) 风险法律。包括合同、商标和标识、保险的确定和赔付、法律条文、和约中止和安全保卫等。

(7) 营销。包括赞助、广告、门票销售、媒体转播、专利许可销售、集资筹款、公关关系、礼遇消费者、目标市场、分割产品、价格、促销、位置、市场计划、广告、票务、无形资产销售、媒体和公关(媒体兴趣、大型活动)等。

(8) 竞赛。包括运动员、裁判员、观众、竞赛规程、规则、编排、注册、场地器材、技术会议、技术(计时、计分、仲裁、录像)、成绩公布、颁奖、兴奋剂、性别检查和计算机服务等。

(9) 评价。包括评价时间选择、评价程序、内容、遗产和清算等。

## 二、体育赛事的行政管理

体育竞赛活动作为人类文化活动的重要组成部分，一方面是作用于衡量体育运动竞技水平的检验手段，另一方面以服务于公众健身和精神享受的社会福利形式而存在，因此它具有准公共物品的属性，必须对其施加公共行政管理。

### 1. 赛事分级分类管理

按不同地域级别的体育赛事进行分级管理。一是举办国际、洲际、全国及跨省市(港澳台，华东)的比赛必须报国家体育总局及所在地体育局审批，其中，地方体育局举办全国及跨省市以上比赛还须到所在地方人民政府备案；二是举办所在城市的商业性比赛必须在城市体育局备案；三是举办市辖区县的体育比赛，须报区县体育局备案。地方体育局以及体育总会(协会)在各自的职责范围内履行对体育赛事的监管职能。

按不同性质的赛事进行分类管理。如表6-2所示，可按公益性、准商业性、商业性体育赛事实行分类管理。前二者采用以政府为主导结合商业运作进行管理的模式，后者采用以市场商业运作为主的管理模式。对于具有公共产品性质的重大体育赛事，政府部门(有关委办局)都应给予一定支持，根据赛事需要邀请市领导出席开幕式，通过政府渠道发布赛事信息，媒体给予适时的报道，乃至给予一定的优惠财税政策。对于一般性体育赛事，也要根据赛事的具体情况给予一定的支持。

表6-2　体育赛事分类及管理

| 赛事分类 | 赛事性质 | 赛事级别 | 举例 | 运作方式 | 管理方式 |
|---|---|---|---|---|---|
| 公益性 | 主要服务于公共利益和奥运、全运战略 | 所在城市 | 市运会，农运会，残运会，特运会；市青少年比赛，健身节 | 政府推助为主，市场运作为辅 | 成立市级组委会，在资金、人力、场地、财税等方面提供全面支持 |
| | | 全国 | 全国锦标赛，冠军赛；全国性运动会选拔赛 | 政府适度补贴，积极寻求商业赞助 | |
| 准商业性 | 服务于奥运，全运战略，对城市形象有积极的推动作用，有一定的商业开发价值 | 国际，全国 | 女子足球世界杯，世界游泳锦标赛，世界沙滩排球巡回赛；全运会等 | 政府支持与商业运作相结合 | 国际性比赛落实市联席会议制度。政府部门积极参与，赋予组织方一定的优惠政策 |
| | | | 国际(全国)邀请赛，访问赛，对抗赛，争霸赛等 | 偏重于商业运作，为组织方提供有限支持，如市领导出席重要活动，政府购买服务或减免部分税收等 | |
| 商业性 | 观赏性强，有较强的商业行为 | 国际 | F1赛车，A1赛车，网球大师赛，NBA比赛，田径黄金大奖赛，上海马拉松赛，国际高尔夫(体育舞蹈)赛等 | 以商业运作为主，政府支持为辅 | 落实市联席会议制度，提供一定支持，如市领导出席重要活动，如提供有关运动器材、海关通关便利等 |
| | | 全国 | 全国足球(篮球等)联赛 | | 政府有关职能部门宏观监管 |

2. 赛事报批管理

我国对各类重大体育赛事的审批实行二审制度，即体育部门的审批和公安部门的审批：体育部门主要审批竞赛项目的可行性，公安部门主要审批竞赛风险的可控性。

赛事组织者首先要将赛事的资料，包括申报书、体育赛事的名称、时间、地点、规模、竞赛规程、组织方案、办赛经费筹集情况、单位法人证明材料、体育竞赛资质等，递交体育部门，由体育部门审核该项赛事举办的合理性、赛事组织者举办赛事的可行性以及组织者提交材料的完整性。在取得体育部门的审批后，赛事组织者要将赛事的风险控制预案提交公安部门审批，由公安部门对该赛事的风险作出判断，并提供指导意见。赛事组织者在取得体育和公安部门的双重审核后，方可正式开展赛事运作。

体育行政部门有选择地审批赛事，坚持有所为、有所不为的原则，合理控制重大体育赛事的数量、规模和赛时分布；要加强对体育赛事的专业化和市场化运作，逐步培养能连续举办、具有持久影响力、广泛知名度、良好市场运作能力的品牌赛事。

### 3. 体育竞赛举办人许可证制度

为了便于对体育竞赛进行监管，必须建立体育竞赛许可证制度。该项制度的基本要素包括：①许可要求。未取得竞赛许可证的举办人，不得举办国际、洲际(亚洲)、全国、跨省市、全市性的比赛；对于已经举办过市级以上比赛的举办人，需再次举办，必须补办竞赛审批，实行一赛一批制；凡办理竞赛许可证的单位或个人，必须事先参加业务培训；体育场馆及可用于比赛场地、器材的管理部门，不得向未取得体育竞赛许可证的企业或个人，提供租赁场地、器材等相应比赛条件。②分类许可原则。根据不同赛事级别，结合举办人经营赛事的能力大小，推行分类许可，如：符合举办全市性比赛或跨省市比赛的条件为三类许可；符合举办全国以上级别比赛(含洲际比赛)的条件为二类许可；符合举办世界级别比赛的条件为一类许可。③总量控制原则。许可证的发放要适当控制在一定的数量，适当限制赛事组织机构的数量，控制办赛资质证书有利于赛事组织机构之间的良性竞争，也利于赛事组织机构规范自身的运作，促进和鼓励赛事组织机构做大、做强。

### 4. 体育赛事服务标准化

通过对体育赛事服务标准化的研究，来强化对体育竞赛市场的管理。目前国家体育总局已经颁布了十四项体育服务场所开放条件强制性国家标准和两项推荐性标准。这些标准涉及游泳、蹦极、攀岩、轮滑、卡丁车、射击、射箭、漂流、滑翔伞、滑雪、滑冰、动力伞、潜水等十四个体育服务场所的开放标准，包括健身场所、保龄球馆两项等级评定标准。但是还未涉及体育赛事服务标准化的研究。

### 5. 体育赛事的多部门监管

重大体育赛事是一个系统工程，涉及的部门很多，管理的跨度也很大，需要多个部门相互配合，合力推进。在重大赛事中，体育、公安、交通、卫生、工商、税务、海关、新闻、财政、国资委等部门都是重大体育赛事的责任部门，都应在各自的职责范围内有效监管体育赛事的运作。为进一步理顺政府、体育主管部门、办赛主体等几方面的关系，提高管理效率，在重大体育赛事管理中可以建立重大体育赛事指挥中心或联席会议制度，统筹重大赛事组织协调工作，联席会议可由城市政府牵头，有关委办局参与定期或不定期进行会商重大赛事事宜，日常工作由体育局负责。

### 6. 提供优惠政策

所谓优惠政策，是为完善体育产业发展政策，鼓励开发、保留及申办一些国际顶级赛事，参照国内文化产业与国外政府扶植社会非营利性体育产业的一些做法，给予一些体育事业活动的税费减免等优惠政策。如对企业赞助公益性体育组织和比赛，经过工商管理部门批准，建议可作为广告性支出，允许在税前扣除；对体育竞赛器材入关给予通关便利措施；健全区县、公司、企(事)业、体育协会、体育经纪人等对体育竞赛市场推广的鼓励政策；对长期办赛，有较成熟经验且有重大贡献的公司、企业等单位给予褒奖等。

## 三、体育赛事的运营管理

### (一) 体育赛事运营的概念与要素

1. 体育赛事运营的涵义

体育赛事的核心是体育竞技运动。从竞技活动的发端及其历史演进来看，竞技活动是从单纯原始、古朴的体育比赛形式开始的，即简单地由基本运动员个体或运动队和裁判员参加而完成唯目的性的竞技较量，随着近代西方竞技活动的兴起和现代奥林匹克等发展，以及经济、政治、文化、科技等发展，体育竞技活动变得复杂起来，内涵外延发生了大的变化。协调体育、文化、环境等要素对体育运动竞赛进行商业营销，日益成为体育赛事运营管理的重要内容。体育竞赛的发展已经远远超出了比赛胜负的含义，使得原有“运动竞赛”的概念受到强烈冲击。

国外将体育赛制看成特殊事件(special event)，如宗教典礼、传统礼仪、文艺表演、宴会、展览会等。体育赛事是体育产业中的重要部分，某些现代商业通行行为在体育赛事运作中得到展现，如IMG等。国外体育赛事除了包含复杂的商业营销内容外，还涉及策划、推广、信息传播和沟通、人力资源志愿者、后勤、安保、媒体与电视转播、风险管理、法律程序等内容。

我国长期以来一直将体育赛事置于体育范畴之内，并无特殊事件认识角度。过去的赛事是在政府的参与支持下，对通讯、交通、住宿等对外活动进行安排，在经费来源保证的情况下，完成竞赛和裁判方面的工作；如果无政府支持或经费缺乏，竞赛就办不成，并无明显的商业运作拓展，也无人员等其他因素的考虑。随着我国体育体制的改革，举办体育比赛逐渐从有计划商品经济条件下的萌芽时期走向职业体育赛事的形成和体育赛事市场化发展阶段。城市政府多运营综合性的赛事，采取单独承办或协办的形式，资源要素的配置相对较差；商业性组织多运营国内单项赛事，采用单独承办或协办的运营方式，赛事资源要素的配置较为科学；大多数生产企业运营国内单项赛事，多采取单独承办赛事的运营形式，赛事资源要素的配置缺乏科学性。

2. 体育赛事的参与者

体育赛事必须有人参与才能发生。即体育赛事运作管理的实施和服务消费都必须有人参与，人的因素在体育赛事中是重要的因素。体育赛事的参与者如图6-2所示。

(1) 主办组织。不同类型赛事主办组织来源和组成各不相同。如奥委会、政府、社团、公司等。

(2) 主办社区。居民、商人、游说者和公共权力机构部门(政府、交通、警察、消防、急救等)。

(3) 赞助商和经费提供者。赞助观念的转变(涉及整个赛事各个方面的投资，赞助商取得可以用的商业发展机会回报)。

(4) 媒体。媒体的变革给体育赛事带来了革命，表现为体育赛事在媒体中的虚拟存在已经等同或大于现场的存在，体育赛事现场的观众要远远小于电视等媒体观众。

(5) 工作人员(受酬职员和志愿者)。相互依赖以取得责任目标。

(6) 参与者与观众。参与者包括运动员、教练员和裁判员等，加上目标观众，他们最终会决定赛事的成功和失败。

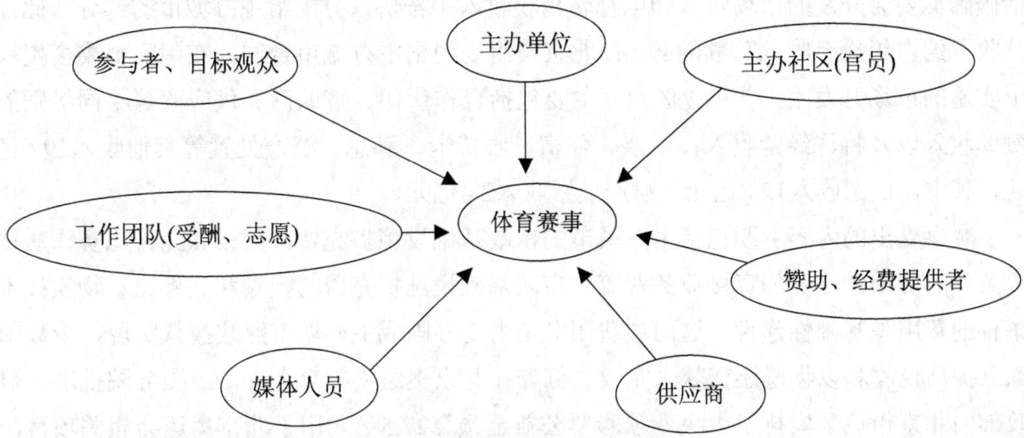


图6-2　体育赛事的参与者

赛事的主要参与者是登上赛事舞台的主办组织和主办社区，主办社区包括不同的公共权力机构，其支持十分重要。赞助商和媒体是重要的伙伴，他们能够超出正常的赞助权力和媒体覆盖而在资源和支持上为赛事作出重要的贡献，团队成员、运动员等参与者和观众从根本上决定了赛事的精彩程度。体育赛事运营主体是主办组织或是主办、承办、协办组织三者的合成。体育赛事运营主体的核心是赛事管理者，即能够使体育赛事发生，并进行管理的个人、群体和组织。

体育代理机构的出现使赛事的运作主体组成有了新的变化，目前其主要行使以下某一项或有限的几项职能：如委托人代理、委托人营销、赛事管理和发展、电视制作、赞助寻找、礼遇服务、基层计划、市场研究、财政计划等。

### (二) 体育赛事的运营原理

以下从体育赛事的启动、运营、控制与评估四个部分来分析现代体育赛事运营管理的原理。

1. 体育赛事启动

体育赛事启动阶段是指赛事举办主体对赛事的选择到决定是否申办的阶段，内容包括调研、判断到递交《申办报告》或者《办赛申请》。赛事的选择、申办或引进是体育赛事项目运营的起点，是体育赛事项目的选择决策阶段。

1) 赛事的选择

体育赛事活动种类繁多，在选择体育赛事时需要考虑的因素有很多，如体育的消费需求、体育赛事的收益和支出因素、体育赛事活动的竞争等。公共组织在赛事选择决策时除了关注赛事直接的经济收益与成本，更关注其赛事的间接收益，即赛事对社会、经济及政治的影响。

赛事收益是赛事的直接经济效益即赛事收入。赛事收入的种类主要包括：转播权收入、广告赞助收入、门票收入、特许收入、彩票收入等。以2008年北京奥运会为例，据我国审计署公布：北京奥组委收入达到205亿元，较预算增加8亿元。收入的主要构成包括国际奥委会开发的市场收入和电视转播权收入中按协议分配给主办城市的部分，此部分收入约占组委会收入总额的40%；北京奥组委根据主办城市合同，在国际奥委会授权下实施的市场开发收入为98.7亿元，主要包括合作伙伴、赞助商、供应商等不同级别的赞助收入以及特许经营收入；门票、住宿、收费卡、利息、资产处置等其他收入19.6亿元，其中，门票收入12.8亿元，财产处置收入2.4亿元。

赛事支出的内容主要包括主办城市的市政基础设施扩充费、建设和完善比赛物质技术条件的费用和比赛的直接业务费等。市政基础设施扩充费与建设和完善比赛物质技术条件的费用是基础性建设，这两项费用多是由主办国或主办城市财政拨款实现，少数国家靠提高税收和以物偿还贷款来完成。例如在北京奥组委预算之外，经国务院批准，财政部向北京市单独安排了中央专项彩票公益金预算27.5亿元用于北京奥运会相关项目，实际拨款27.03亿元，主要用于增加的临时设施改造和对安保、交通、废弃物清理等方面的补助，这些资金的投入对圆满举办奥运会(以及残奥会)发挥了积极作用。比赛业务费由三个基本投向的费用组成：一是赛事的组织费用。包括开幕表演招待会等礼仪、比赛用品、工作人员服装、文化宣传、售票计划、日用设备等。二是技术服务和接待费用。包括通信联络、交通运输、水电能源、来宾住宿、市内交通、饮食服务等。三是行政管理费。赛事间接成本表现为赛事主办方公共管理成本增加，另外，有的地方在大赛之后出现“白象效应”和“蒙特利尔现象”。前者指奥运场馆闲置造成的经济浪费，如希腊雅典奥运会后场馆闲置；后者指奥运场馆建设的巨大投资造成加拿大政府不得不以增加奥运特别税形式填补亏空。

赛事的间接经济效益主要体现在商品的信息传播和产品的销售、促进生产效率的提高和体育产业的发展、促进主办地经济增长等方面。特别是大型赛事，其筹备时间较长，其间要兴建大量体育、交通、通讯、服务、环保等设施，需要大量的劳动力，因此，在很大程度上将缓解城市的就业压力，增加就业机会，同时还能促进邮电通讯、体育产业、旅游餐饮、房地产业、招商引资、教育产业、金融环保、交通运输、娱乐行业、建筑技术、环保产业等的发展。如从曾举办奥运会的国家来看，往往举办前经济增速会有所加快，尤其对于经济总量相对小一些的国家，影响更为明显。如1988年举办奥运会的韩国，举办前包括1988年经济增长都保持在10%以上的增速。

2) 申办报批

申办报批是递交《申办报告》以待批准的阶段。赛事组织者首先要将赛事的资料，包括申报书，体育赛事的名称、时间、地点、规模、竞赛规程、组织方案、办赛经费筹集情况以及单位法人证明材料、体育竞赛资质等，递交体育部门，由体育部门审核该项赛事举办的合理性，赛事组织者举办赛事的可行性以及组织者提交材料的完整性。在取得体育部门的审批后，重大赛事组织者还要将赛事的风险控制预案提交公安部门审批，由公安部门对该赛事的风险作出判断，并提供指导意见。赛事组织者在取得体育行政管理机关和公安部门的审核后，方可正式开展赛事运作。

3) 组织赛事管理团队

大型赛事要成立协调管理机构。大型赛事参与者众多，有举办单位、合作单位、赞助商、媒体、社会团体、政府部门、企业、参赛人员、观众、投行、研究机构。大型赛事要成立协调管理机构，如组委会、办公室、指挥协调中心等，其下还可设执行部门。

专职的体育竞赛要设管理机构。这类专门机构可由体育协会赛事公司或其他社会力量担任，由其履行相应的体育竞赛管理职能，承担体育竞赛指导、协调与监管工作。而体育行政职能部门专职履行对竞赛市场进行宏观管理的职能。专职的体育竞赛管理机构的主要职能有五方面：一是规划和计划，即制定体育竞赛中长期发展规划和年度计划；二是上报和审批，即上报有关竞赛情况，审批有关竞赛申请，处理各类竞赛公文和有关竞赛会议文件；三是培训和颁证，即委托专家对体育赛事运作单位进行培训，对竞赛组织人员和裁判员进行培训，以及颁发体育竞赛许可证；四是监管和调研，即对重大赛事的办赛效益和社会影响进行赛前、赛后评估等；五是指导和协调，即指导各有关单位的办赛工作，协调与有关委、办、局的关系及国家体育总局和项目管理中心的关系等。

赛事运作公司是一项体育赛事能否成功的关键因素。现代商业行为被广泛运用于体育赛事运作中，使得一些专门经营体育赛事运作的跨国企业或公司应运而生。这些公司是专业的体育赛事承办公司，它们对赛事进行专业化和企业化管理，积极开拓市场，控制市场风险，实行独立运作，独立核算，自负盈亏。赛事运作公司也可为其他赛事运作企业提供必要的咨询服务，风险技术评估和赛事运营指导，以及酒店、住宿、接待等代理服务。公司可实行多元化经营，除了运营体育赛事，还可全面拓展体育产业相关业务，如体育展览、体育经纪、体育票务、健康产业等。我国体育总局下设的一些竞赛管理中心也是体育赛事运作机构，是事业编制，主要承担的工作有：一是主办政府支持的，有适当财政经费补贴的，有特色品牌的赛事；二是协助做好裁判员、竞赛干部的培训工作；三是为其他竞赛公司提供技术服务、咨询工作；四是接受局竞赛管理部门委托的其他工作。管理中心要优化人员结构，提高专业化服务、运作和管理水平。

2. 体育赛事运营

体育赛事运营的内容主要包括运动场地的建造、改建或租赁，电视转播商的谈判，门票的设计与销售，赞助商的招募，附属产品的开发，赛事信息系统的建设等。

体育场馆建造要做好前期规划，合理布局，加强选址论证，目标是建成符合赛事标准，与文化旅游及园林绿化相结合，具有多功能和高标准的体育标志性建筑。在体育场馆公共决策中要体现民主原则。

赛事营销是赛事组织者开展的对体育赛事本身的多方位营销活动，包括向运动员介绍赛事；吸引公众前来观看比赛或关注有关赛事的媒体报道；吸引赞助商；与政府官员沟通以取得政府支持；寻求能为赛事提供优质、高效、专业化服务的协作企业。

中国体育赛事的运营方式呈现国家领导、各项目中心分管以及各地方配合的特点。各项目管理中心设立经营部或开发部。其操作程序是：首先由中心领导决策内容，包括赛事推广、冠名、转播权等；其次由开发部合作联系商家(对重大事件无决策权)；各项目中心采用各种形式进行经营。

3. 体育赛事的实施与控制

体育赛事的实施与控制阶段，是从体育赛事正式开始举行直至全部比赛结束为止的阶段。这一阶段时间虽短，却是整个赛事运作是否成功的检验与实证阶段。赛事选择、申办、筹备的最终目的都是为了赛事的成功举办。赛事的组织实施包括开幕式、闭幕式、开展竞赛活动等过程。赛事控制的主要内容包括记者的联系招待、紧急医疗与疏散计划、人力资源管理、安全保卫工作、服务礼仪工作、饮食安全、交通工作等。

4. 赛事活动的移交与评估

赛事活动移交与评估是体育赛事的收尾过程。赛事收尾阶段是指按申办报告和总体工作方案完成全部竞赛组织工作后，对赛事进行评估总结，并完成赛事全部剩余工作的阶段，直至交出总结报告和财务报告为止。这一阶段的工作主要包括：评估有关赛事的效果和赛事合同的执行情况，致谢与表彰，进行财物处置，作出财务报告，对赛事剩余事项进行处理等。

## 复习思考题

1. 体育的内涵是什么？
2. 简述体育事业与体育产业二者的关系。
3. 简述体育事业管理的主体、目的、内容和主要手段。
4. 我国体育事业管理体制的主要内容是什么？
5. 政府应该怎样为百姓提供体育公共服务？

## 扩展阅读

### 融入社会的体育俱乐部——访德有感①

易剑东

健康是个人一生一世的事情，是国家的百年大计，是社会的千秋大业，是人类万古长青的追求。在西方发达国家，健康促进和维护是政府责任，并且通过众多社会设置来加以保障。在德国，最大数量的体育俱乐部就是各种社会目标汇聚的地方。10年前，德国有8.1万个体育俱乐部，如今，德国的体育俱乐部增长到大约9万个，会员人数2700万，占德国总人口的约30%。可以说，德国的体育俱乐部是社会辐射面极广、社会目标

① 易剑东. 融入社会的体育俱乐部——访德有感. 腾讯博客——易剑东的空间，http://user.qzone.qq.com/622008260/blog/1321856910，2011-11-21.

高度集中的重要领域。

这次访问德国(2011年)，我自己特意通过朋友联络去了趟德国科隆体育大学，有幸和一位体育经济与管理学科的教授Christoph Breuer面谈了一个小时，对方还请我到中餐馆吃午饭。饭后回到Christoph Breuer办公室，他给了我一份他自己主编的小册子《Sports Development Report 2009/2010：Analysis of the Situation of Sports Clubs in Germany》。下面，我根据相关资料为大家简要介绍一下德国体育俱乐部的运行情况。

一、德国俱乐部的基本情况

德国目前有9万个体育俱乐部，大约80%在西德，20%在东德。这些俱乐部的规模普遍不大，成员不足300人的俱乐部占70%以上，超过1000人的体育俱乐部只有大约5%。德国体育俱乐部往往围绕单一项目设置，大约有2/3的俱乐部只有一个体育项目，约10%的俱乐部开展的体育项目在4个以上。

大约一半的体育俱乐部是1960年以来成立的，超过27%的体育俱乐部和学校合作。

大多数体育俱乐部由志愿者进行管理，只有不到10%的体育俱乐部雇佣专职人员来管理。

德国的体育俱乐部具有双重会籍，属于各州体联和德国体联会员，也是单项协会的会员。一般说来，俱乐部作为一个体育机构是体联会员，俱乐部的体育项目又受体育单项协会的管辖。

二、德国体育俱乐部的运行

德国的体育俱乐部主要依靠会员的会费运行，2005—2010年，体育俱乐部会员每年的会费是儿童(children)25欧元、青少年(adolescents)30欧元、成人(adults)56欧元、家庭(families)100欧元。在西德，会费占俱乐部总收入的55%；在东部德国，这一比例为50%。

管理工作主要依靠会员的自愿义务工作，他们自愿地、无报酬地、无直接回报地管理俱乐部。俱乐部成员通过自身的参与合作，维护大家的利益，成员们在自愿工作中相互支持，按会员自己的愿望形成俱乐部的特色。俱乐部的重大问题通过民主决策，具体工作都由集体决定。体育俱乐部普遍的义务工作制大大降低了俱乐部的运行成本。如果按实际成本核算应交的会费，西德每个会员需要400马克，东德每个会员应交160马克，才能维持体育俱乐部的基本运转。据测算，德国体育俱乐部自愿工作者一人一小时可以为俱乐部节省30马克，每年可以节省70多亿马克的巨资。

广告、赞助等商业性收入只占体育俱乐部总收入的不到10%。俱乐部运行所需要的其他费用主要依靠政府补助。1995年，德国政府的财政补助占西德俱乐部总收入的11%，占东德的27%。此外，多数俱乐部还有权免费使用体育场地。

当然，近年来德国体育俱乐部也面临着资源缺乏的问题。Christoph Breuer发表于《Sport Management Review》2010年9月的一篇文章《Scarcity of resources in German Non-profit Sport Clubs》就指出德国非营利俱乐部面临资源短缺的状况，尤其是志愿者和场地的缺乏。与此同时，受薪人员开始增加。

三、德国体育俱乐部的社会公益属性

在德国，体育俱乐部不仅被视为体育运动的提供者，也被认为是各种文化、政治、教育和社会功能的提供者。这是体育俱乐部受到各级政府重视的根本原因。政府之所以减免俱乐部的税收，以财政补助俱乐部，其根本原因就是俱乐部所承担的众多社会功能。

Christoph Breuer主编的报告中对此给出了详尽的说明。

他列举了德国体育俱乐部的一些社会目标定位：传播公平、隐忍等价值观；提供体育锻炼的实践机会；追求参与者(男女老少)的平等地位；为移民提供体育锻炼机会；必须由志愿者来管理；特别关注体育供给的质量；为老年人提供体育参与机会；强调青年人参与；为低收入人群提供体育机会；为家庭提供体育机会；使人们对未来更加乐观。

他还将德国的体育俱乐部分为五种类型：综合体育俱乐部(integrative sports club)、青年人定位的体育俱乐部(youth oriented sports club)、竞技体育俱乐部(competitive sports club)、传统体育俱乐部(traditional sports club)、服务定位的体育俱乐部(service oriented sports club)。

每一种俱乐部的社会目标也有所不同。

综合体育俱乐部：努力为尽量多的人群提供体育、给予体育锻炼人群专业服务、为老年人提供体育、为家庭提供体育、为残疾人提供体育、为低收入人群提供体育、为移民提供体育、强调男女老少平等参与体育。

青年人定位的体育俱乐部：使青少年从街头走进体育场所、强化青年人的参与。

竞技体育俱乐部：使人们在竞技体育中赢得自豪感、促进青少年竞技体育选手的进步。

传统体育俱乐部：使传统体育保持原有面目、为志愿者所管理、奉行传统价值观、追求体育以外的价值、追求友谊和欢乐。

服务定位的体育俱乐部：有战略观念、承诺健康、重视作为体育服务提供者的角色、特别关注体育服务的质量。

四、政府的相关政策

德国政府对非营利性的俱乐部和协会实行减税，使得大多数俱乐部不用交税。体育俱乐部和体育协会的捐赠者可以要求减免个人所得税。

多数俱乐部可以免费或者以很低的价格使用体育场。

如果训练和比赛影响了运动员的学业进程，或者运动员的成绩没有达到大学的入学要求，优秀运动员可以根据特殊规定免费进入高等学校学习，当然在入学后有严格的学分和成绩要求。

根据德国有关法律规定，各种博彩活动收入中的25%要返还博彩者；另外25%的收入必须提供给各种社会组织，其中包括各种福利机构和体育组织，体育组织获得其中的一半。还有一种专门的彩票“Gluckspirale”的收入全部由体育组织支配。国家为特殊人群提供特别的免费体育服务，如残疾人、老年人等。

我国的医药卫生体制改革近年来一直在推进，全民健身事业也逐步得到重视，但如何从健康促进和预防医学角度推进国民健康素质的提升，如何将其他各种社会目标嵌入体育领域中来，如何通过俱乐部这种形式获得来自各个领域和层面的政策和资金支持，如何让中小学所谓的“体育与健康”课程难以落实的问题得到解决……这都需要经过广泛的调研、深刻的思考和扎实的推进来保障！

我的体会是：只有将体育融于社会、将各种社会目标植入体育实践领域，体育才能真正获得实质性的发展，全民健康才能变成具体的现实！

# 第七章　公共住房管理

住房集生存资料、享受资料与发展资料于一体，是人类赖以生存的基本物质条件之一。住房作为一种基本的社会保障，它的需求与供给、建设与分配，是国际公认的重要民生问题。我国正处于城市化快速发展时期，随着城市规模的不断扩大，城市人口密度越来越高，城市公共住房的供求矛盾也越来越突出。本章阐释公共住房基本理论，探讨我国住房公积金制度和廉租房制度，分析我国公共住房管理的现状与问题，借鉴发达国家经验提出了相应的公共住房发展对策。

## 第一节　公共住房管理概述

### 一、公共住房的概念与特征

1. 公共住房的概念

公共住房是为了解决中低收入阶层居民的居住问题，由政府直接投资建设或者由政府以一定方式对建设房屋机构提供补助，由建设房屋机构建设，并以较低价格或者租金向中低收入家庭进行出售或者出租的房屋。住房是一种耐久性消费品，它不仅具有一般消费品的共性，还具有昂贵性、固定性和异质性等特点，作为公共住房，它更具有重要的社会保障性质。目前，我国公共住房的核心问题是居民住房消费支付能力不足，大量中低收入家庭的支付能力与具有适宜标准的住房价格之间存在着巨大的鸿沟，这对公共住房管理提出了新的要求。

2. 公共住房的基本特征

(1) 政府的干预性。公共住房既可以指政府为了体现公平原则，以政府投资为主、由政府或其他委托的机构兴建的住房，也可以是非营利性的私有居民团体接受政府补贴建设、向中低收入家庭出售或者出租的住房。这是政府以实物形式进行社会再分配的一种方式。因此，在公共住房的开发、建设、分配、消费和管理过程中，都有政府的介入。

(2) 需求对象的有限性。从需求角度看，中低收入阶层是公共住房的主要需求者。

(3) 经营目的的非营利性。从住房资金周转的角度来看，公共住房建设和经营的基本原则是收回成本，不以营利为目的。在实际运行过程中，往往存在经营亏损，因此需要政府补贴。

(4) 分配标准的复杂性。从住房分配过程来看，公共住房分配主要以家庭收入、家庭人口规模、家庭特征和已有资产以及居住状况为主要依据，形成分配和轮流排队的系统。这一过程远比居民自己购房、建设或租房更加复杂。

(5) 价格的低廉性。从住房流通过程来看，公共住房既包括低于市场价格出售并对外转售有限制的政府投资或补贴建设的住房，也包括以低于市场租金出租的政府投资和补贴的住房。因此，公共住房是指按低于市场价租售的住房，其房价主要取决于政府的土地供应、房租和税收等方面的政策性补贴。

## 二、公共住房政策

公共政策是指国家(政府)与公民就某一公共问题通过一定的程序共同作出决策的选择，并通过国家行为解决公共问题的过程。政府作为一种权威公共组织，其职能就是按照公共利益的要求以及一定的程序来调整与协调相应主体之间的利益关系，并寻求到这种利益关系的平衡点，以此来促进社会经济的发展。所以，公共政策本质就是国家运用权力在一定的法定程序内来协调各主体之间的利益关系，但这种利益关系变动或博弈是一个过程。

公共住房政策可理解为国家(政府)与公民就住房公共利益通过一定程序共同作出决策的选择，并通过国家公权力来调整与解决住房公共利益的过程。公共住房政策通过国家的公共权力来协调住房市场各主体或者利益集团之间的利益关系，并根据公共利益的要求，通过公共政策的基本程序，来达到住房市场各种主体之间的利益均衡，以此来维护社会的和谐与稳定。也就是说，住房公共政策所关注的是住房市场各主体之间的利益均衡以及住房市场持续稳定发展。它是一种住房市场的利益协调机制。

一般来说，对于能够通过住房市场这只“看不见的手”自我调节的住房问题，政府制定的住房政策就很少，基本上都是由市场去调节。而对于那些“看不见的手”解决不了的住房问题，也就是消费支付能力较差的中低收入阶层住房问题，政府出于自身的经济和社会责任，就必须制定相应的公共住房政策去帮助他们解决住房问题。从这个意义上讲，政府的住房政策必然以公共住房政策为主。

从世界各国政府来看，无一例外地在不同程度上使用公共住房管理政策为中低收入阶层解决住房问题提供帮助，并承担了重要的社会和经济责任。它们制定专门针对中低收入阶层的住房发展计划，或者把中低收入阶层的住房问题与社会发展目标相结合，作为更加广泛的住房发展策略目标，通过住房供应和住房需求的补贴以及住房建设的直接干预，满足中低阶层不断增长的住房需求。

尽管公共住房是为了解决中低收入阶层居民的居住问题，由政府直接投资建造或者由政府以一定的方式对建房机构提供补助，并以较低的价格或者租金向中低收入家庭进行出售或者出租的住房，但从公共住房政策的本质上来讲，公共住房政策就是政府对公共住房的供应、需求、流通和消费过程进行干预、调节的手段和措施。由于公共住房计划常常具有明确的住房数量和质量的目标、贷款以及利率限制，因此公共住房政策具有很强的计划性特征。

公共住房政策手段可以按照促进对象和内容进行划分，按照促进对象划分可以分为促进住房供给和促进住房需求两种措施：①促进住房供给的措施包括政府直接承担住房建设、政府开发建设用地(基础设施)、政府补贴性住房租金和政府减免住房建设税费；②促进住房需求的措施包括通过个人所得税和财产税等个人收入变动来促进需求、通过政府支出来促进需求(如发放住房补贴金和奖励住房建设等)。

## 三、我国公共住房的类型

目前我国已初步建立起一套能够覆盖一定城镇居民范围的公共住房体系，在总体上可以分为四个组成部分：限价房、经济适用房、廉租房和公共租赁房。

1. 限价房

限价房是提供给收入不足以购买普通商品房又高于经济适用房和廉租房标准的保障性住房。它的价格由政府直接限定，开发商没有修改的余地，通常的做法是政府先限制地段，限制房价，然后再来拍卖土地，也就是以房价来定地价。限价房的价格一般高于经济适用房，但是低于普通商品房，限价房一般规定5年内不许交易，但是可以出租。

2. 经济适用房

经济适用房是政府提供给中低收入人群的一种保障性住房，条件上和限价房类似，不过其规定的收入水平比限价房更低。经济适用房建设时期免土地出让金，所以价格也比限价房更加低廉。经济适用房政策刚出台时，实际上产权基本等同于一般商品房，但是后来由于执行中监管不力，常常出现富豪住经济适用房的情况，所以之后出现5年内不许交易的规定，并且不得出租等限定条件。经济适用房与限价房的出台，政府都抱有很好的设想，但是实际上基本上成为公务员和一些事业单位的福利房，结局也可以说是违背了初衷，也正因为如此，2007年以后，这两种社会保障性住房逐渐成为配角。

3. 廉租房

廉租房是政府提供给城市最低收入家庭的一种租赁型住房，一般采取实物配租(即由政府直接提供住房)和租金补贴(即租房者到市场上租房，政府提供租金补贴)两种形式。在这一制度下，市民只需花费少量资金就可以使用保障住房，不过房屋质量问题有待解决，这是政府提供的一种最低住房保障。

4. 公租房

从现有的规定来看，公租房的保障对象在收入上应是低于经济适用房和限价房、但是高于廉租房的保障对象。目前很多城市的公租房保障对象实际上与经济适用房、限价房没有很大区别，不过公租房只租不售，而且明确规定了退出的条件，相对而言能够更好地避免经济适用房和限价房出现的弊端。

## 四、我国公共住房管理概况

我国开始于1978年的住房改革，在经历了20年的曲折探索后，终于在1998年完成了从福利分房制度到商品住房制度的根本性转变。住房不再由政府无偿分配后，住房市场变得有利可图。自此以后，我国房地产投资规模爆发性扩张，住房供应不再成为中国城市的难题。例如1978年，我国城镇年均住宅仅有0.18亿平方米，1978—1987年间年均为1.3亿平方米，1988—1998年间年均为2.9亿平方米，1999—2009年间年均攀升至6.13亿平方米，达到了历史最高水平。这10年间，仅由房地产开发商提供的商品住宅累计达到3900万套，解决了一亿多人的居住问题。住房总体供应上不再短缺，2009年底城镇住宅存量面积达到131亿平方米，城镇人均住房建筑面积超过28平方米，是1978年的4.2倍。

我国的住房保障制度改革总的来说与我国的住房制度改革是同步推进的，在改革开放的前20年，我国的住房制度总体上是以单位福利分房为主，以市场供应为辅。但是，1998年开始，为了加速市场化改革，国务院颁布的《关于进一步深化城镇住房制度改革加快住房建设的通知》，其中提出了要“停止住房实物分配，逐步实行住房分配货币化；建立和完善以经济适用房为主的多层次城镇住房供应体系；发展住房金融，培育和规范住房交易市场”。从此，以单位福利房为主的住房供应模式正式让位于以市场化为主的住房制度体系。当然，与此同时，也提出了以经济适用房为主、廉租房制度为辅的住房保障体系。在这一政策推出的最初几年，中国的房地产规模迅速扩大，但与此同时，经济适用房建设也获得了较快的发展，经济适用房在住房建设投资比例中占有很大的比例。作为一个新兴的市场，住宅价格难以抑制地持续高涨，远远高于同期居民收入的增幅。自1998年之后，中国城市房价收入比居高不下，中低收入家庭对于商品住宅的承受能力更加脆弱。事实上，中国政府在90年代的住房改革中已经意识到中低收入家庭的住房问题是不能完全由住房市场解决的，也采取了诸多办法试图缓解这一难题。从2004年开始，中国的大部分大中城市都开始以经营城市为名，纷纷将房地产业作为支柱产业，对于保障性住房建设的重视程度日益削弱，从而出现房价迅速上涨的现象。与此同时，中国的一些住房保障制度逐渐异化，如经济适用房和限价房基本上被公务员或者与政府部门关系密切的人群获得。经济适用房又成为某些人一种投资致富的资源，原有的保障中低收入群体的职能异化。而廉租房一方面数量极少，另一方面限制条件极为苛刻，定位于城市最低收入家庭，于是很多没有能力购买商品房，又没有关系申请到经济适用房，同时收入又高于最低生活家庭的所谓夹心层的家庭就开始成为一个非常严重的问题。2007年，国务院针对性发布了《关于解决城市低收入家庭住房困难的若干意见》，第一次明确提出了将廉租房作为住房保障体系的主体，并将廉租房的保障对象由原来的城镇最低收入家庭扩大到低收入家庭。这一政策的颁布，使我国的城市住房保障正式由原来的经济适用房为主转为廉租房为主，但开始阶段仍未将中低收入者考虑在内，由于公共住房保障问题日益严重，部分城市在廉租房建设的基础上，开始了公共租赁住房的建设。这种公共租赁形式的住房的推出，使中国住房保障制度正式成为一个覆盖全体居民的住房保障体系，也就迅速获得了社会的认可。在2010年6月12日，中央七部委(住房和城乡建设部、国家发展和改革委员会、财政部、国土资源部、中国人民银行、国家税务总局、中国银监会)联合发布了《关于加快发展公共住房的指导意见》，公共租赁住房正式成为我国住房保障体系的一个重要组成部分。

# 第二节　西方公共住房管理

## 一、西方发达国家的公共住房政策

在多数西方国家，住宅消费不仅是人生一项最大的消费支出，更被视为人权的重要组成部分。对于住房权是人权的组成部分，西方国家在各自的住房文件中多有以下表述，即：要遵循《联合国宪章》的宗旨和原则，要确保充分实现国际文件中规定的人权。在考虑住房权时，应使《世界人权宣言》、《经济、社会、文化权利国际盟约》、《消除一切形式种族歧视国际公约》、《消除对妇女一切歧视公约》和《儿童权利公约》中所规定的有关住房权得到逐步实现。人权应包括公民权利、文化权利、经济权利、政治权利、社会权利和住房权。这些人权是普遍的、不可分割的、相互依存和相互联系的。人人享有适当的住房这项政策在西方国家早先的提法是“居者有其屋”，后来改为人人享有适当的住房。提出这一政策，就是要求各国政府采取各种有效的措施，加快建设更多的住房，实现人人(特别是贫困者和脆弱团体)享有适当住房的目标。这一政策也是西方国家制定住房分配供应制度的基本根据。有些西方国家还进一步提出了加快建设和改善无害于环境的住房，增加了对居住环境的要求。西方国家的公共住宅政策可以分为两种类型：一种是作用于住房消费的需求政策；另一种是住宅供给方面的政策。这两方面的努力是通过制定收入转移政策、房租和税收政策以及政府提供公共住宅信贷支持来实现的。因为低收入家庭的住房问题是西方国家住房问题的焦点，所以政府的政策一方面要增加低收入阶层的住宅供给，另一方面要增加低收入家庭对较高水平的住宅消费的有效需求。

### (一) 美国的公共住房政策

美国是一个市场经济高度发达的国家，国家对于经济的直接干预通常很少，但在低收入家庭住房问题上却是个例外。为了解决低收入家庭住房问题，美国政府在立法、金融、税收等方面都大力干预，同时也提出了许多针对低收入家庭的住房计划，帮助低收入家庭解决住房问题。

1. 法律

美国重视住房立法，对住房保障政策的制定实施提供了法律上的保证。《合众国住房法》规定了要为低收入家庭修建公共住房制定长远计划。《国民住宅法》要求建立住房管理署，设立联邦存款和贷款保险公司，由政府提供低利息贷款，鼓励私人投资于低收入家庭公寓住宅。《开放住房法案》致力于帮助穷人成为房主，规定在10年内为低收入家庭提供600万套政府补助住房，并禁止在购买和租用房屋时的种族歧视，被认为是

“20世纪第一个公平住房法令”。同时，美国注重法律与实际发展的适应性，注意根据不同时期的住房要求对原有法律条文进行修订或推出新的相关法律，目前在住房立法方面形成了比较完善的体系，涵盖了公共住房补贴、房租补贴、消除贫民窟等诸多方面。注重法制，使住房保障政策措施有法可依，进而保证政策的权威性和有效性，这是美国住房制度的突出特点。

2. 财政补贴政策

在美国，凡家庭收入未达到所在地区家庭平均收入的80%者，可以申请住房补助。补助的方式通常有两种：一种是直接对低收入家庭提供低租金的公共住房(一般低于市场价的20%～50%)；另一种是向低收入家庭发放住房券，享受这种补助的家庭必须拿出本户总收入的25%支付房租，租金超过部分用住房券来补充。而美国政府对地方政府建设的公共住房和私有营利或非营利机构建设的低收入住房，也进行补贴。在公共住房消费上，政府也实行补贴。住房支出超过收入30%时被认定为过度消费负担，并以此为参考对住房需求者进行补贴。

美国的住房补贴政策是一种直接补贴形式，即直接用于增加低收入家庭住房消费的财政补贴。其政策目的是减轻低收入阶层的住房消费负担，以达到政府提出的保证最低住房消费水平的要求。这种房租补贴政策实施的前提是先确定一个低收入家庭的标准，然后再规定达到这一标准所需付出的房租占家庭总开支的比例，政府对超出该比例的部分给予补助。由此可以看出，家庭收入越低者，所获得的补贴也就越多，低收入家庭是补贴政策的最大受益者。

3. 税收减免政策

为让低收入者拥有住房，美国政府采取了税收减免政策。这是为了推行住房私有化而实行的一种优惠政策。美国政府实行购房减免税政策主要是鼓励中低收入阶层购买自用住房。主要体现在：①对利用抵押贷款购买、建造和大修自己房屋的家庭，在征收个人所得税时减免抵押贷款的利息支出；②对拥有自己住房的家庭，还可以减免所得税和财产税；③对有出租屋的家庭实行税收减免政策。美国的住房减免税政策优于西方其他国家，其住房减免税额占住房优惠费用总额的比例也高于世界其他国家。

4. 金融政策

美国政府利用信贷杠杆，鼓励个人或开发商参与开发建设适合中低收入家庭的经济住房，如提供低息贷款和“税收信贷”。另一方面，通过住房抵押贷款一级市场和二级市场为住房需求者提供信用。前者常见形式为固定偿还抵押贷款，累进偿还抵押贷款，固定利率住房抵押贷款及可调整利率抵押贷款等。后者即为住房抵押贷款的证券化。上述两级市场都建立了相应的保险机制，保证了市场运作的稳定性。

### (二) 英国的公共住房政策

目前，英国居民中有近70%的居民拥有自有住房产权，另外30%的居民租赁住房；其中，20%的居民从当地政府租赁公有住房、10%的居民租住私人房屋。这种住房消费格局，是长期以来英国住房政策特别是公有住房政策实施的结果。英国的住房政策大致分为两个部分：市场交易政策和面向低收入居民的住房保障政策。

1. 市场交易政策

市场交易政策的主要宗旨是保持一个畅通、方便的住房交易市场，并满足居民购房之需求。政府管理住房交易市场的主要手段是住房法律，并通过规划和住房信贷等进行调控。此政策影响广泛，施政对象涵盖了80%的英国居民(即70%的自有住房者和10%的租住私人住房者)。

2. 住房保障政策

住房保障政策是英国福利制度的重要组成部分，与英国的社会和经济发展密切相关。在英国的住宅体系中，经济适用住宅分为三类，一是廉租房，二十世纪80年代以前，英国住房保障政策主要以提供廉租房为主，即向低收入居民提供低租金住房，政府对一些建房活动给予资助。二是折价房，即由政府资助建设或开发商建设的，为满足中低收入阶层需要，以低于市场价格的价位出售给符合条件的家庭的住宅；三是共享产权(shared ownership)住宅。此外，英国政府鼓励现行的、隶属于地方政府的管房机构改造成私人合作及非营利性质的住房协会，由住房协会整体购买现在管理的公房，成为社会性房产主，并依靠租金收入，对所拥有公房进行维修和管理。目前，中央政府的住房保障预算资金，除了向地方政府拨付外，也直接向住房协会拨付。

共享产权住宅，指的是购买者购买并享有住宅的部分产权。在这种方式下，购房者购买住宅的一部分产权(通常是25%或50%)，代表政府管理经济适用住宅的住房协会拥有剩余的产权。购房者在居住期间需要向住房协会支付剩余产权的租金(政府会对租金给予部分补贴)。当他们有能力购买更多产权时，可以向住房协会提出申请，购买其余部分的产权。而当他们因为搬迁或其他原因需要离开居所时，也可以将自己拥有的那部分产权出售。在此模式下，政府给予购房家庭的仅仅是部分租金补贴，而不涉及房价。无论是初次购买、加购产权还是转让产权，这些住宅定价都完全依据当时的市场价格。每当产权发生变化时，住房协会都会对房产的价值进行重估，以此作为产权交易的基础。在共享产权住宅体系中，由于每一次产权交易的基础都是市场价格，想通过这种方式赚取差价几乎是不可能的事，因此也就大大降低了分配过程中的道德风险，确保了政府资源能够真正用在有需要的人身上。同时，降低了购房者的置业门槛，市场化的定价可以使个人资产增值；对政府来说，市场化的定价也打消了人们通过购买经济适用房获利的念头，使甄别购房者资格的工作得到了简化，并且住房协会所持有的产权也会随着市场价值的提升而升值，完成政府资源的保值增值。

3. 住房信贷政策

在英国，住宅金融扮演着很重要的角色。抵押贷款目前成为在英国购买住房时的重要资金来源，约有四分之三的住房是通过抵押贷款购买的。购房者通常可贷到房价90%的购房款，有的还能贷到100%的购房款。在还本付息期间，如申请抵押贷款的购房者发生失业等特殊情况而不能按时付款时，银行并不以处置抵押房产为主要手段，一般都给予一定的还款宽限期，在此期限内可只付息不还本。另外，政府和银行都希望贷款者在贷款的同时，购买贷款保险(失业与疾病保险)，以保证还款期间贷款者的收入发生大的变化、暂无还款能力时，保险公司可以帮助居民还款。

### (三) 瑞典的公共住房政策

瑞典政府宣称，其住宅政策的目标是给每个人提供一所足够宽敞和舒适而且环境优美的住所。基本原则一是居住质量力求达到现代化标准；二是社会性，即把获得符合标准的住宅看作人们的社会权利。

#### 1. 住房建设政策

瑞典的住房建设，大致可以分为三方面：一是政府直接投资；二是合作社投资；三是私人投资。一般来说，公寓等多户住宅由政府房地产公司建造，合作社建造的多户住宅占1/4，独户住宅绝大多数由私人或私营营造公司建造。对于中低收入家庭来说，获得住房主要体现在政府投资建房和合作社建房上。

地方政府所有的公房公司组成的协会在瑞典称为SABO，它管理全国的公有住房，所建住房16%左右归协作团体所有，其余归地方基层自治体所有。公司不以营利为目的，地方政府以无息或低息贷款方式提供全部资金，政府不收税利，公司只计建房成本，所以售价较低。公司每年大约承担全国住宅建设1/4的任务，为解决市民住房发挥了重要作用。

住房合作社是指按合作经济的原则，由群众集资兴办，不以营利为目的的住房合作组织。社员自愿结合，其储蓄与股金是合作社赖以生存和发展的基础。HSB是瑞典全国住房合作社联盟的简称，是一种以住房资金融通、储蓄建设一体化为特征的互助合作组织。合作社所建住房的费用一般由房主以分期付款方式偿还。瑞典人认为，合作社住宅是社员有全部处置权的合作社共有财产，是介于买房和租房之间获得住宅的方式。

#### 2. 财政补贴政策

瑞典实行公共住房补贴政策。该政策的特点可概括为坚持普遍受益原则，经历了从“砖头”向“人头”转变以及补贴费用由国家和地方团体共同负担三个方面。

#### 3. 税收政策

瑞典一直采用税收优惠政策支持住房建设，解决公共住房问题。与公共住房问题有关的税种有不动产税、印花税、遗产税和所得税等。另外规定，住房所有者在出售其住房时应缴纳资本所得税，但是这种税常常因所售住房的维修和改造补贴而收不到，这实际上也相当于税收优惠。房屋造价的70%可申请抵押贷款，归还这部分贷款不交所得税。1991年的税制改革，也使边际税率从47%减至30%。

#### 4. 金融政策

瑞典除了制定了公共住房建造的金融政策外，还推出了有关公共住房消费的金融政策，鼓励居民购买公共住房，付款方式可以是一次性付清，也可以是分期支付。而在住房金融机构方面，瑞典主要有三大类——瑞典抵押贷款机构、国家退休基金和瑞典全国住房合作社联盟。

### (四) 德国的公共住房政策

1. 房租指导政策

德国的租金管制制度开始于战后住房短缺时期，由于住房出租价格大幅度上升，广大居民无力支付所承租住房的费用。针对这种情况，政府采取了租户权益保障措施，要求各地政府按照不同区位、不同房屋结构和房屋质量，提出相应的指导租金水平，作为住房出租人和承租人确定住房租金的参考标准。随着住房供求矛盾的缓解，联邦政府于1960年提出有条件取消租金管制制度。规定在缺房率为3%以下的城市和乡镇全部取消住房配给和房租限制。

2. 公共住宅政策

战后，德国面临非常严重的房屋短缺，为此政府大力推动低价住宅建设，同时也支持建设了相当规模的福利性公共住宅。法律规定，对于因经济收入低，或某一民族、信仰某一宗教，或孩子太多等原因导致找不到房子的家庭，政府有提供公共住宅供其租住的职责。尽管80年代以来，德国住房数量基本得到满足，但政府一直没有停止建设高质量福利房。此外，还有退租方面的规定，凡收入超过规定标准的应退出福利住宅，否则将收取市场租金。目前，约14%的福利房租住家庭已经不属于福利房供应对象，是按照市场租金交纳房租的。

3. 房租补贴政策

房租补贴是目前德国对低收入居民住房保障的主要方式。住宅补贴法规定实行房租补贴制度，由政府根据家庭人口、收入及房租支出情况给予居民以适当补贴，保证每个家庭都能够有足够的住房支付能力。住宅补贴法规定，居民实际交纳租金与可以承受租金的差额，由政府负担；其中，居民实际交纳租金要与家庭住房需要相结合，可以承受的租金一般按照家庭收入的25%确定。房租补贴的资金由联邦政府和州政府各承担50%。

4. 住宅储蓄政策

德国的住宅储蓄起源于英国的住房信贷合作社制度。政府希望通过住宅储蓄制度发挥住房储蓄者的积极性，筹集建房资金。德国住宅储蓄制度的两大支柱是：①固定利率、低息互助。住宅储蓄制度是一种封闭运转的融资系统，独立于德国资本市场，存贷款利率不受资本市场供求关系、不受通货膨胀等利率变动因素的影响。多年来，住宅储蓄利率保持在6%以下，且贷款实行固定利率，居民还贷额固定、明确，因而对居民有相当大的吸引力。②政府的储蓄奖励。对低收入居民来说，参加住宅储蓄可以得到政府的奖励，是促使他们参加住宅储蓄的一个重要原因。住宅储蓄奖励分为两种：一种是储蓄奖励，任何16周岁以上、年收入5万马克以下的单身家庭，每月1000马克以下部分的住宅储蓄，可以得到政府每月最高100马克(即10%)的储蓄奖励；年收入10万马克以下的单身家庭，每月2000马克以下部分的住宅储蓄，可以得到政府每月最高200马克(即10%)的储蓄奖励。另一种是购房奖励，对通过住房储蓄进行的建房活动，政府还给予贷款总额14%的贷款补助。此外，政府对住宅价格的有效调控，以及相应的住宅价格稳定，保证储蓄的住宅购买力不发生大的变化(贬值)，也是住宅储蓄制度得以发展的一个重要外部条件。

5. 住房税收政策

为鼓励私人建房，政府通过减免税和其他奖励措施予以鼓励。联邦所得税法规定了几个方面的优惠：①建房费用可在最初使用住宅的12年内折旧50%(后又改为在最初8年内折旧40%)，从而降低房主应纳税的收入；②申请建房的贷款也可从应纳税的收入中扣除；③免征10年地产税，并在购买建房地产时免征地产转移税。此外，财政还给予收入较低的购房人不同程度的购房补贴，绝大部分的德国人都可以享有不同额度的补贴。

**(五) 日本的公共住房政策**

日本是一个四面环海的岛国，典型的人多地少国家，住房历来紧张，尤其是二战后，由于出现了全国性的严重房荒，城市中涌现出大量的无家可归者，单凭个人力量无法解决住宅问题。为了避免出现社会问题，日本政府开始实施住房保障制度。

1. 法律

日本政府首先在立法上进行了制度支持。如日本政府先后制定实施了《住房金融公库法》(1950年)、《公营住宅法》(1951年)、《日本住宅公团法》(1955年)、《城市住房计划法》(1966年)等。此后又陆续制定了一系列相关法规，逐步建立健全住房保障的法律体系，这类法律共颁布了40多部。

2. 公共住房政策

日本政府成立了专门的决策协调机构——建设省住宅局，代表政府行使住房建设决策和管理监督的职能。具体实施公房建设的机构为住房公团，还有政策性的住房金融机构——住房金融公库，为住房建设和购买住房提供长期低息资金。日本的住宅政策目标是帮助中低收入家庭解决住宅问题，而政府的支持主要体现在向中低收入家庭提供融资方面。为此，在建设省住宅局的统管之下，日本政府构造了以日本住宅金融公库、日本住宅都市整备公团和地方住宅供给公社为主体的社会保障性住房供应体系。其中住宅金融公库承担住宅资金融通职能，公团和公社则直接建造和提供住宅。住宅金融公库是直接隶属于政府的法定机构。它依照《住房金融公库法》的规定向自建或购买住宅的国民提供长期、稳定的低息贷款，为民间住房信贷机构提供贷款保险，并向建造出租用住宅的土地所有者提供贷款。住宅金融公库对贷款利率和额度的控制体现了政府对中低收入者的支持。1981年住宅公团与宅地开发公团合并成立了住宅都市整备公团。公团为非营利性质，直接隶属于中央政府，面向全国居民提供住宅。公团主要职能是以中心城市为主，以中等收入阶层为对象，直接建造低成本住宅，向中等收入家庭出售、出租。

3. 财政补贴政策

政府的财政补贴分为两种，一种是政府财政拨款：一方面用于低收入家庭的租房、购房补贴，另一方面用于资助公营住宅建设。第二种是政府的财政投资性贷款，一方面是对住宅都市整合公团住房建设的投资贷款，另一方面是将资金贷给住房金融公库，再由后者用于建设公共住房和向低收入者发放住房贷款。日本对公营住宅实行财政补贴。公营住宅是指由地方政府在国家的补助下建造的、由地方住宅供给公社经营并专门出租给住房困难的低收入者的一种住宅。满足入住条件的国民可向政府提出申请，由抽签方式决定入住者，入住权利严禁转让。

4. 税收优惠政策

除了建立有效的社会保障性住宅供给体系外，日本政府还运用税收手段鼓励住宅建设。《住宅取得促进税制》中规定，利用住宅贷款自购、自建住宅的居民，在5年内可以从每年的所得税中扣除当年年底的住宅贷款剩余额的1%。另外，日本政府对财产登记税、不动产所得税、城市建设税实行了减免，并且规定，住房资金中的赠款部分可以免交赠与税。这些税收规定在刺激住宅建设、鼓励个人拥有住宅方面功不可没。

5. 金融政策

日本采用混合型金融政策模式，这种模式的特点是，以央行为领导，民间金融机构为主体，政策性金融机构为补充，官民结合。政府住房金融机构有住宅金融公库、住房公团、住宅融资保证协会等；民间的住房金融机构包括住宅金融专业公司、劳动金库、住房社团等。在住房贷款方面，各机构做法各有不同。

## 二、西方发达国家解决公共住房问题的基本方式

分析上述国家的住房政策可以看出，各国的住房政策都具有一个综合性的体系，采取财政、税收、金融等各个方面的政策去解决和保障社会大众的住房问题。解决居民住房问题的方式主要分为三种。第一种是政府直接建房提供给居民，以英国和德国为代表，采取“公有产权”政策和“公共住宅”政策。第二种方式是政府间接参与，政府提供优惠贷款或贷款利息补贴，建立或支持非盈利机构建设低成本、低租金住房。瑞典和日本主要采取这种方式。第三种方式是各国都普遍采取的对住房购买减税和对住房承租补贴的方法。这三种方式是在各个国家不同的历史条件和社会环境下产生，也是各国针对自己的国情采取的措施。每一种解决住房问题方式的选择都有其历史的背景和原因，也都在一定时期内发挥了应有的作用，而且大部分市场经济体制国家三种方式是同时并存的，只是在不同的历史阶段侧重点不同而已。政府直接投资建房是在住房严重短缺，住房供求矛盾尖锐的情况下产生的。这种政策可以充分发挥政府的行政优势和动员优势，可以在短时间内保证住房总量上升，缓解住房紧张的状况，同时也会造成政府财政

包袱过重，也需要采取一定的措施化解财政压力。政府建立或支持非营利机构建设住房也是解决住房短缺问题的一个有效手段。政府运用低息贷款或者利息补贴政策等金融政策可以引导社会资源向住房建设倾斜，这样政府的财政压力减小，但是也面临效率问题和对非营利机构的管理问题。对住房购买减税，可以推动个人购房、提高住房自有率，并且可以有效推动建筑业发展以至提高自有消费，扩大内需推动经济发展。对住房承租补贴的方式，可以使政府的补贴真正用到低收入者，可以控制和减少政府财政压力，也可以避免对住房市场规律和效率的部分干预。但是，对住房购买减税和对住房承租补贴的方式只是有利于提高存量住房的使用率，同时可能会因为住房供应不足而造成房价上涨和房租上涨，导致政策无效。一般来说这种政策适用于住房供求总量基本平衡，甚至是供大于求的环境。

## 三、西方发达国家公共住房管理对我国的启示

西方发达国家的住房政策与住房管理方式给我们的启示主要有以下几点。

### 1. 从民生角度，住房需要政府和市场共同支撑

不论前面所述国家的经济市场化程度如何，都在住房问题上采取了政府干预的政策，实施了一系列的住房政策，促使和保障社会大多数人基本的居住权利。即使是在市场经济比较发达的美国，也采取了一系列措施来保障人们的住房需求，并没有仅仅依靠市场化的方法来解决社会住房问题。这是因为房地产行业从来就不是一个在经济学意义上的充分竞争行业，住房一直具有准公共产品的特性，所以任何一个国家都不会只是依靠市场去解决住房问题。解决居民住房问题是政府的责任。比如法国2007年通过了住房权新法案——“可抗辩居住权”法案，法案规定：政府应满足低收入者、无家可归者等人士对由政府补贴的社会住房的需要；5类住房困难户可向政府主管部门要求解决住房问题，如问题得不到解决，可向法院提起行政诉讼。同时，上述国家的住房建设主体包括政府部门、政府部门成立的非营利机构、私人房地产开发商、居民个体，住房建设走的是一条多元化的道路，并没有哪一个主体位于垄断地位。同时在土地资源缺乏，住房矛盾比较尖锐的日本，政府部门与政府部门成立的非营利机构建设的低成本住房占住房总量的大部分。

### 2. 住房保障要有明确的切入点

借鉴发达国家住房政策经验，当前我国处于城市化加速时期，面对普通民众住房难题，住房政策的重心应当是发挥政府的主导作用大力发展公共住房，而并非从商品房市场中推行住房保障。也就是说，我国目前面临的住房问题，与其说是具体建造、融资、分配等问题，不如说是一个政策目标、定位不清晰的问题。我国由于经济改革和市场经济的运作，在社会保障制度尚未完善的情况下，还存在大量的中低收入阶层，他们的住房需要，肯定不会是自由市场能够解决的。这些原因共同指向的是制定明确和有效的住房政策的诉求，目前中国需要先定位政策的重要性、角色，下一步再研究法律的地

位、资源的投入和运用的方式等。观察中国与市场经济发达国家的住房政策，可以发现两个重要特点。一是我国与发达国家首先存在的是政策差异，在执行方式和组织管理模式上不同，这在一定程度上是政策选择的产物。二是发达国家现在的政策是20世纪50年代以来发展经验的产物，一些市场经济比较发达的国家比如美国主要采用财政、金融和税收政策来调节。这种采取经济手段调节的政策是在政府已经有很高的收入水平、住房建设速度有限，并且政府提供的公共服务水平较高的条件下产生的。我们选择吸收经验时，必须把它们放在一个社会经济文化条件下去考虑，同时要认清中国目前住房严重短缺，供求矛盾尖锐，房价畸高的整体状况，要根据我们的现实情况去考虑和制定住房政策。

3. 应重视廉租房的实物配租形式

租房是与较低的支付能力者相对应的住房消费模式，大力发展廉租房是推进住房公平与社会和谐的重要措施。日本政府面对低收入者提供的廉租房在房地产泡沫日趋膨胀的1983—1990年期间年均只上涨了4.4%，这不仅在房地产泡沫时期有效保护了中低收入阶层的利益，而且对房地产泡沫破灭以后的日本社会经济的稳定，也起着重要作用。当前我国廉租房建设严重不足，我国自1998年以来，公房大量出售，加上旧城改造，城区供出租的廉租房源大为减少。而已经实施的廉租房制度以货币配租为主，廉租住房建设数量有限。在发达国家，货币配租一般要等到实物配租发展到一定阶段后才能够试行。在我国现阶段，廉租住房建设才刚刚兴起，更应严格要求地方政府建设廉租房，丰富廉租房的公营形式，而不能以货币配租代替实物配租。

## 第三节　我国住房的宏观调控

### 一、住房宏观调控的必要性

住房是关系到我们每个人安居乐业的特殊商品，房价关系着国计民生。住房是基本生活资料，享有适当的住房将为居民参与社会经济活动提供基本物质前提，能够促进各种社会经济活动顺利开展。此外，住房消费特别是居民购房置业，对于增强其对国家及所在城市的归属意识有很大的促进作用。由于市场机制在公共产品供应或者说公共价值的实现上是失灵的，住房的外部效应不能通过市场机制来实现，因此导致住房市场供应相对不足。这种相对不足主要体现为结构上的普通住房供应相对不足，中低档普通住房更为突出。当住房市场供应表现为结构性不足时会带来较大的经济效益失衡和社会福利缺失。此外，房地产在一定的经济发展阶段，除了它自己居住的功能外同时也具有投资保值和增值的功能，这时的房地产市场，也就不再仅仅是一个产品市场，而成为一个产品与金融、证券市场高度融合，互为表里，相互促进和制衡的市场。同时，它又逐渐和养老、社保、全民共享等社会机制高度相关。因此，对住房进行宏观调控就显得十分必要。无论在发达国家，还是在发展中的国家和地区，对住房市场进行宏观调控是其解决居民住房问题不可或缺的措施。

## 二、住房市场的宏观调控目标

1. 实现供求均衡

政府调控的目标到底是什么？是降低房价还是控制房价上涨的速度？是抑制需求还是扩大供给、改善供给结构？还是在不均衡的市场中发现深层次的问题，建立健全城市住房供应体制？要回答这些问题，必须从住房价格说起。住房价格是住房市场的核心，是住房市场健康的晴雨表。在正常情况下，房地产价格取决于供求关系，如果供求不均衡，则房地产市场价格机制会自行调节供求。住房市场由于承载其土地位置的固定性和住房生产周期较长等特质，对价格信号的反应相对比较迟缓，具有滞后性。房价的不断上涨，应是市场供求不均衡的必然表现。从近几年影响中国房地产市场价格的内部因素，即供求方面进行分析，不难看出，房地产商提供的产品结构趋于高档化，造成了近两年房地产价格统计指数不断上涨，从地价、建材到各项开发成本的不断走高造成了房价的不断攀高；需求市场上的投机风气盛行，外资的涌入，经济的迅速发展致使资金市场的流动性增强，投资渠道不畅通均是导致供求失衡的直接内部因素。另外，一些外部因素也加剧了供求的失衡，比如城市建设用地供给的有限性也是房价上涨的重要前提，政府对于土地市场的垄断和对土地收益的追逐及信赖，信息的不对称，相关利益集团的博弈等因素也加剧了房价的上涨。市场机制并非万能，市场机制在某些时候会出现失灵，这就给政府的宏观调控提供了理论上的支持。

当政府对住房市场进行宏观调控时，如果调控目标不明确或者不一致，则宏观调控的效果将会大打折扣。综上分析，政府调控决定了现有房价变动的供求关系。宏观调控是政府对经济总量，即总供给与总需求的调整和控制，通过深入分析造成总供求失衡的原因，进而从深层次上通过总量控制稳定整个社会经济周期中的房价上下波动。

2. 调节需求差异

不同类型和层次的住房需求，对于调控政策的反应程度是不同的，调控效应以及结果也因需求而异。所以应该针对房地产市场的需求差异，制定相应的调控政策，把握好调控力度。如果按照需求动机进行市场分割，则可以对市场需求与调控政策的关系进行如下的分析。

(1) 源于自身住房的消费需求。以广州为例，居民私房拥有率平均每年大约以5%的速度提高，购房者中自主性买家占有很高的比例，这种刚性的需求很难消失。有关调控政策在短期内会延缓这种刚性需求，形成短期的观望和对未来的价格预期，但是从长期来看，这种政策的影响效果不大。

(2) 源于个人及企业的长期投资需求。土地资源的稀缺性，导致了房地产价值在不断平稳增值，投资房地产确实是不错的长期投资选择。此外投资房地产还可以以小博大，个人和企业可以充分利用财务杠杆以及区域利率的差异，在较为宽松的贷款环境和条件下进行操作。这部分投资与一个国家地区的发展情况、地区区域条件、对未来价格预期等密切相关，因为相当一部分资金源于借贷，因而特别对于金融政策变化较为敏感。

(3) 个人及企业的短期投机需求。当市场价格有了强劲的上升趋势，心理预期未来市场价格将会继续上升时，在市场的示范效应下，个人以及企业都有强烈的投资冲动，这部分需求属于短期炒作。房地产的投资与投机这两种需求都有可能在一定的市场环境下相互转换，短期内在一定的市场环境下很难作出明确的区分。在中国，由于投资渠道的狭窄，住宅的投资需求在中国房价走向中占有很高的比重。

此外，房地产需求有长期需求和短期需求之分，本地需求与外地、国内国外需求、国内各个不同地区需求之间的差异等。特别是地区需求差异，由于各个区域经济发展定位以及国家在国际社会中的影响，房价存在相当大的差异，宏观调控政策要充分发挥作用，必须对房地产市场进行分割，掌握各个分割市场的需求特点并且长期跟踪调研，进行统计数据的分析，掌握其对政策的反应程度，准确测算政策的效应值，并且在这样的基础上，制定相应的调控政策。

## 三、我国住房宏观调控的完善

我国从1980年开始住房制度改革，改革的过程可以以1998年为界分为两个阶段，1998年之前的住房制度改革强调的是公房如何转变成商品房，如何集资建房，因此，在单位分房的计划体制下，我国既没有房地产业也没有住房市场，当然更无法有住房市场的公共政策。1998年中国采取货币化分房之后，住房市场才开始逐渐形成。1998年之后政府出台了三个很重要的关于住房改革的政策文件，即：1998年的《国务院关于进一步深化城镇住房改革加快住房建设的通知》(国发[1998]23号文件)；2003年的《国务院关于促进房地产市场持续健康发展的通知》(国发[2003]18号文件)；2008年的《国务院办公厅关于促进房地产健康发展的若干意见》(国办发[2008]31号)。尽管这些有关住房的政策性文件同样涉及住房市场利益分配，涉及对弱势居民基本居住权的关注，但是这些政策文件并没有包含住房市场的公共政策含义。无论是从这些文件所规定的住房市场目标还是文件形成的方式来看，都是如此。比如从住房市场发展的宗旨来分析，23号文件住房发展的目标是“稳步推进住房商品化，逐步建立中国城镇的住房新制度；加快住房建设，促进住房业成为新经济增长点，不断满足城镇居民日益增长的住房需求”。因此，我国住房的宏观调控仍需要从以下几方面加以完善。

### 1. 完善住房保障制度

我国城市住房供应体制应该在住房供应方面加强政府参与，不断增加住房福利保障成分，逐渐减少对住房市场的依赖，有效减轻居民的住房负担。政府应该承担保障中低收入居民住房的责任，建立完善的住房保障制度。对高收入者供应商品房，对中低收入者供应有一定住房保障作用的经济适用房，对于最低收入者供应有较多住房社会保障性质的廉租房。同时，政府要给予中低价位、中小户型普通住房建设一定的政策支持，按照需求增加普通住房的供给。并制定普通住房定向销售的细则，在分配、房贷利率、首付比例以及公积金贷款等方面给予优惠，满足普通居民购房的需求，降低购房的成本。

2. 引导住房适度消费

当前我国的住房需求正在迅速膨胀，如果不加以抑制，将对土地、资金以及相关资源形成巨大的压力，进而可能影响国民经济的健康发展。基于我国人多地少的基本国情，我国的住房供应政策要引导和适度抑制居民住房消费需求，提倡根据消费能力购买住房，合理引导普通居民的住房消费，促使城市居民保持适度的住房消费水平。同时，应采用多种渠道增加住房供应量。还要保持住房市场均衡供应，各种档次的商品房供应都与需求基本相当，特别是中低档的商品房供应，应该与广大居民的住房需求基本一致。

3. 加强住房信息管理

导致我国房价持续走高和房地产市场结构性过剩的一个直接的成因和动力是来自于市场上的投机力量的作用。政府可以通过税收的手段，压抑这种投机投资的作为，推动不动产税的实施征收，合理配置房产资源。根据居民持有的住房情况，征收不同的财产税，又是当前房地产市场宏观调控的手段之一。同时，政府在住房管理上，还应建立市场监测和市场信息披露制度，使住房管理职能部门在信息沟通与整合的基础上，适时披露土地供应、商品房市场供求以及土地和住房价格变动等信息。通过网上公示房源信息，可以在一定程度上有效解决房地产市场供求信息不对称的局面，让公众参与了解价格形成机制，从而使住房价格趋于合理。

## 第四节　住房公积金管理

### 一、住房公积金概述

1. 住房公积金的含义

所谓住房公积金是指国家机关、国有企业、城镇集体企业、外商投资企业、城镇私营企业及其他城镇企业、事业单位、民办非企业单位、社会团体(以下统称单位)及其在职职工缴存的长期住房储备金。我国《住房公积金管理条例》(以下简称《条例》)规定，职工个人缴存的住房公积金和职工所在单位为职工缴存的住房公积金，属于职工个人所有。住房公积金应当用于职工购买、建造、翻建、大修自住住房，任何单位和个人不得挪作他用。

我国的住房公积金制度是在借鉴国外经验并与我国具体实践相结合的基础上逐步建立起来的。该制度首先于1991年5月在上海试行，1994年发布了《国务院关于深化城镇住房制度改革的决定》，1999年国务院颁布《住房公积金管理条例》，2002年对该条例进行了修订。公积金制度的建立和发展，对我国城镇住房体制顺利转轨、引导职工住房观念转换、提高职工住房消费支付能力、培育促进住房金融业发展和推动房地产市场形成发展，发挥了巨大作用。

2. 住房公积金的性质

住房公积金制度是国家法律规定的住房社会保障制度，具有强制性、互助性和保障性。单位和职工个人必须依照法律法规履行缴存住房公积金的义务。住房公积金的最根本功能是住房保障功能。住房公积金也是住房分配货币化、社会化和法制化的主要形式。住房公积金制度实质是政府为解决职工家庭住房问题提供的一种政策性融资渠道。

(1) 保障性。建立职工住房公积金制度，为职工较快、较好地解决住房问题提供了保障。

(2) 互助性。建立住房公积金制度能够有效地建立和形成有房职工帮助无房职工的机制和渠道，而住房公积金在资金方面为无房职工提供了帮助，体现了职工住房公积金的互助性。

(3) 长期性。每一个城镇在职职工自参加工作之日起，至退休或者终止劳动关系的这一段时间内，都必须缴纳个人住房公积金；职工所在单位也应该按照规定为职工补助缴存住房公积金。

(4) 普遍性。城镇所有在职职工，无论其工作单位性质如何、家庭收入高低、是否已有住房，都必须按照《条例》的规定缴存住房公积金。

(5) 强制性(政策性)。单位不办理住房公积金缴存登记或者不为本单位职工开设住房公积金账户的，住房公积金管理中心有权责令限期办理，逾期不办理的，可以按《条例》的有关条款进行处罚，并可申请人民法院强制执行。

(6) 福利性。除职工缴存的住房公积金外，单位也要为职工缴纳一定的金额，而且住房公积金贷款的利率低于商业性贷款。

(7) 返还性。职工离休、退休，或完全丧失劳动能力并与单位终止劳动关系，户口迁出或出境定居等，缴存的住房公积金将返还职工个人。

3. 住房公积金的运作模式

我国公积金的管理实行“住房委员会决策、住房公积金管理中心运作、银行专户储存、财政监督”的原则。在这一制度框架内，目前我国公积金业务运作在实践中按公积金管理中心与委托银行的关系区分，大体存在以下两种模式。

(1) 委托银行办理业务，中心监管与审批，可以简称为委托办理模式。这是我国公积金制度下的原生模式，是公积金业务运作与管理的主流方式，在上海等全国80%以上的城市应用。

(2) 以公积金管理中心办理为主，银行予以协助，可以简称为自主办理模式。这是近年来公积金业务运作与管理的新兴方式，仅在大连等全国不到20%的城市应用。

这两种办理模式的具体区别在于：在第一种模式下，公积金的归集、提取、贷款和结息对账等业务全部委托银行办理，所有的数据资料、财务信息都由银行掌握，管理中心仅对业务进行审批和依据银行传递的单据记录总账，有的地方管理中心每天向银行收取票据自行录入，并定期与银行对账。在这种模式下，住房公积金业务的第一手资料由银行掌握，管理中心市场受到牵制，造成管理工作的被动。而在第二种模式下，公积金除业务审批外，其金额的缴交、提取、贷款和结息对账等会计审核均由管理中心完成，所有的数据资料和账务信息都由管理中心直接形成和控制，委托银行仅仅起到资金结算的职能，管理中心具有较强的管理主动权。

除此之外，国外的一些住房公积金管理模式也很值得我们借鉴，例如新加坡。在20世纪50年代建立的新加坡公积金制度是一种政府强制雇主的雇员共同供款的、为居民提供综合保障的个人储蓄制度。新加坡于1955年7月成立了专门的负责管理公积金的中央公积金局，开始实施中央公积金制度。新加坡的中央公积金计划由中央公积金局统一管理，由劳工部制定有关的政策并且进行监督。中央公积金局虽然隶属于劳工部，但性质是半官方机构，实行董事会领导下的总经理负责制，依法独立进行工作，其他部门不得干预其日常事务。董事会由董事会主席、总经理和其他10名董事会成员组成，均由劳工部部长在得到总理的同意任命后，由劳工部部长决定，任职3年或者更短。10名董事会成员包括2名政府官员、2名雇主代表、2名雇员代表和4名相关专家。中央公积金局的主要业务包括征收费用、保存记录、支付收益和投资所积累的基金。相关投资决定由另外两个非常重要的政府机构执行，即新加坡货币管理局和新加坡政府投资管理公司。其中，新加坡货币管理局负责中央公积金对国债和银行存款的投资管理，而新加坡政府投资管理公司负责把积累的基金投资于国内的住房和基础设施建设等方面，也把大量资金投资于国外资产以取得较高的收益，成为新加坡庞大的外汇储备的一个重要来源。由于劳工部制定政策并进行监督而不负责具体事务，相对独立的中央公积金局制定具体政策并承担一些日常事务，但把大量的投资管理职能交给了货币管理局和政府投资管理公司并对其进行监督，所以能够形成一个多方相互制约的机制，既有效遏制了腐败行为，又保证了制度的运作高效。更重要的是，这种集中管理模式使得新加坡政府可以把中央公积金累计用在社会经济发展最需要的地方，成为政府调控经济的有力工具。

## 二、我国住房公积金管理存在的问题

我国的住房公积金制度是计划经济管理模式下的产物，带有较浓厚的行政色彩，随着市场经济改革的不断深入，先行的住房公积金制度存在许多与市场相违背的地方，例如一些地方住房委员会制度不健全；供给金管理委员会的决策流于形式；住房供给金管理机构设置不规范等。近年来，各种涉及住房公积金的违法案件频发，公积金监管领域问题不断。我国现行的公积金制度的缺陷主要表现在以下几方面。

### 1. 管理决策层问题

住房公积金管理委员会的地位不明确。我国住房公积金的管理实行住房公积金管理委员会决策、住房公积金管理中心运作、银行专门存储、财政监督的原则。而在实际工作中，管委会成员大多数由相关部门的负责人组成，人员的变动较大，公积金储户代表所占比重很低，多数管委会成员对住房公积金政策和业务不了解，因而所作出的决定往往与公积金所有者的意愿和利益存在较大差距。另一方面，住房公积金管理中心往往行使着管委会的职责，决策主体不明确，使住房公积金管理委员会的决策流于形式。

2. 公积金管理与使用问题

由于对住房公积金管理监督不力，导致挤占、挪用住房公积金等违法违规现象时有发生，使住房公积金运营存在风险隐患。事实上，地方财政部门挪用公积金的事情屡屡发生，银行以吸收储户为中心的考核机制、监管不力等都为住房公积金被挪用留下了缺口。同时，还存在资金使用率低，公积金制度的优势体现不明显等问题。住房公积金作为一种长期住房储备金，是职工从自己的工资里拿出来的钱，是百姓的安居钱，百姓自然希望有人能够管理好它，在保值增值的同时能够获得一种金融便利。低利率是住房公积金贷款最大的优点。以贷款10万元、20年期为例，使用公积金贷款比商业贷款少付约1.45万元的利息。在当前很多地方居高不下的房价面前，理应不愁贷不出去，但是目前我国住房公积金贷款余额占房地产贷款余额和居民个人购房贷款余额的比重却很低。

3. 住房公积金制度地区性不平衡

目前，我国住房公积金制度的发展呈现出地区性与阶段性的不平衡现象。以2007年为例，该年年末，东、中、西部地区实际缴存职工人数分别为3567.63万人、1982.24万人和1638.05万人，分别比上年末增长4.89%、4.19%和1.55%。2007年的缴存额分别为2135.24亿元、708.07亿元和699.61亿元，同比分别增长17.96%、22%和30.18%；当年发放个人贷款额分别为1398.74亿元、397.47亿元和405.37亿元，同比分别增长16.78%、17.31%和77.3%。尽管中西部地区的缴存额和发放贷款额的增长速度较快，但从总量上看与东部地区差距较大。同时，各地住房公积金的资金整体运用和融资效率状况也存在比较明显的差异。在沿海和经济发达地区，住房公积金个人购房贷款发放率较高，资金运用率平均达到75%以上，而在经济发展相对较缓的西部及中部地区，住房公积金总体资金运用率平均仍不足50%。造成以上地区差异的原因，主要是由于各地社会经济发展水平不同，导致住房公积金制度处于不同的发展阶段。①

4. 其他问题

一是宣传力度不够。截至2007年年末，全国住房公积金缴存人数为7187.91万人，比2006年增长了3.77%，但是与《住房公积金管理条例》规定的覆盖城镇在职职工的要求相比，仍然差距较大。固然存在许多原因，但也说明我们对住房公积金政策的宣传还有较多空间。二是手续繁多，限制条件诸多。随着相关政策的制定，职工申请住房公积金贷款受到很多条件的限制，如规定只有缴存住房公积金的职工才能申请公积金贷款；公积金贷款只能用于职工购买、建造、翻建和大修自住住房等。因此，大部分有强烈改

① 2007年全国住房公积金缴存使用情况. http://www.mohurd.gov.cn/zxydt/200803/t20080313_164189.html.

善住房需求的城镇职工因为没有建立住房公积金账户，而无法获得住房公积金贷款；其次，一些较低收入行业的职工因为工资低，实际缴存的金额有限，能够申请到的住房公积金贷款难以满足实际的购房需要。

## 三、住房公积金制度的完善

### 1. 构建住房金融监管体系

随着住房公积金管理中心机构改组为住房政策性银行后，与之相适应的制度体系势必也要随着发生改变，即改革原有的住房公积金监管体系，调整建设部门、财政部门等部门的多头监管职能。将外部监管职能交给银监会，纳入银监会对银行的监管体系中。将住房公积金管理中心改为住房政策性银行再纳入银监会的监管体系中，从现实情况来看具有可行性。

### 2. 建立完善的内部控制制度

以往的内部控制制度监控的对象主要限于中层以下管理人员和普通职工，对于中心高级管理人员控制相对薄弱，因此应该建立涵盖公积金中心所有成员的内部控制制度，将所有岗位都纳入内部控制制度的监控范围。

### 3. 建立健全住房金融法律体系

在改组住房公积金管理中心后，应当清理原有的住房公积金法规文件，修改或废除与新体制不适应的法律制度，根据需要建立一套符合我国国情的住房金融法律体系。

### 4. 加强住房公积金制度的舆论宣传

采用多种宣传形式加大公积金制度的普及，全面介绍个人住房委托贷款有关政策和办理程序，努力使住房公积金制度家喻户晓，培养个人的维权意识，提高缴存的积极性，引导居民使用住房公积金贷款购房，改善居住条件。

### 5. 创新住房公积金管理模式和运营机制

首先要科学划分管理层次，实施前台操作与后台管理双规运营、系统优化整合的管理新模式。机关部门作为管理层，负责政策制定、指导、资金统筹调度以及稽核监控等管理工作；办事处作为经办层，负责资金的归集、支取、个贷发放与回收等前台具体操作。其次，要明确中心的管理主体地位，细分前台业务分工。计划安排、资金运行调度、三级账户设立与核算及计算机系统完全由中心独立掌控，确保业务数据资料的真实性、准确性和安全性，从而彻底改变以往中心与代办银行职责不清、主体不明确而导致的业务不协调、监督滞后的局面，同时也提高代办银行的工作责任心和积极性。

### 6. 建立统一的风险管理和流动性管理机制

对于全国住房公积金缴存额及其变化情况，官方的数据止于2008年。2008年，住房和城乡建设部发布了《2008年全国住房公积金管理情况通报》。报告显示，2007年住房公积金使用率(个人提取总额、个人贷款余额与购买国债余额之和占缴存总额的比例)

为74.58%，住房公积金运用率(个人贷款余额与购买国债余额之和占缴存余额的比例)为57.24%，沉淀资金为2186.55亿元，沉淀资金占缴存余额的比例为22.76%。2008年，住房公积金使用率为72.81%，住房公积金运用率仅为53.54%。沉淀资金为3193.02亿元，沉淀资金占缴存余额的比例为26.35%。按2008年以前数据粗略推算，目前全国住房公积金缴存总额应在2万亿元以上，缴存余额至少在1万亿以上，估计有超过1/4的公积金在账户上沉睡。住房公积金从本质上说担负着政策性住房金融服务功能，如果资金沉淀过多，使用效率过低，对资金所有人来讲并不能为他们住房消费服务，只能被通胀侵蚀。为了提高公积金使用率，减少闲置规模，从2009年起，住房和城乡建设部、财政部等七部委联合启动了利用住房公积金闲置资金支持保障房建设的试点工作，符合条件的试点城市可以将50%以内的住房公积金结余资金贷款支持保障房建设。如今，试点城市已经由首批的29个增加到90多个。此外，目前住房公积金的信贷模式和政策性管理框架也逐渐暴露出运转成本高、风险大等问题，并且也随着住房市场的发展出现地方之间资金余缺不均衡和地方内部流动性不足等问题。

因此，必须通过管理模式的创新来打破各地方住房公积金独立运作的现状，通过金融工具的创新来改善全国住房公积金资金的流动性问题、提高公积金的资金使用效率，才能有效发挥住房公积金的政策性住房金融功能。在近期的改革中，可以考虑建立全国性住房公积金风险管理平台，集中管理贷款发放标准和建立系统风险准备金，以增强住房公积金的风险抵御能力，尤其是增强抵御由系统性风险引起的大规模贷款违约风险的能力。与此同时，通过建立全国住房公积金的投资管理平台，盘活全国的住房公积金沉淀资金，即解决部分地方住房公积金管理中心因为资金沉淀导致的资金使用效率低的问题，全面提高全国住房公积金系统的资金流动性。

综上所述，我国住房公积金制度在过去的十几年运行中，尽管存在着诸多问题，但是对于解决城镇居民的住房问题起到了重要作用。因此，要解决城市住房问题，建立有效的住房金融体系，就必须从住房公积金制度改革入手，真正实现住房公积金建立的目标，推进城镇住房建设，大力改善城镇职工居住条件，促进和谐社会的建设。

## 第五节　廉租房制度

### 一、廉租房制度的内涵与特点

廉租房是指政府以租金补贴或实物配租的方式，向符合城镇居民最低生活保障标准且住房困难的家庭提供社会保障性质的住房。廉租房的分配形式以租金补贴为主，实物配租和租金减免为辅。廉租房制度具有以下特点。

1. 廉租房供给对象的确定性

廉租房，只供给城镇居民中住房困难的家庭，保障他们有房可住。现在的廉租房制度与传统住房分配方式中仅以居住困难状况作为单一分配标准有很大不同，确立了以家庭收入状况和居住困难状况双重衡量的标准，根据这一标准，廉租房制度的供应对象最初确立为社会最低收入线以下且居住困难的家庭。由于我国低收入家庭也存在严重的住房困难，故将廉租房的保障对象扩大为“城市低收入住房困难家庭”，即城市和县人民政府所在地的镇范围内，家庭收入、住房状况等符合市、县人民政府规定条件的家庭。

2. 廉租房具有社会保障性和社会福利性

在我国实行住房商品化和社会化过程中，在以市场机制调节的住房分配体系中，住宅的社会保障在本质上只能是弥补市场的缺陷，对市场竞争中的弱势群体提供帮助和救济。为了保障弱势群体有房解困，由国家拨款或社会组织筹资帮助他们解决住房问题。这类住房既不同于商品房，也有别于政府扶持的经济适用房，而是福利性的租金补贴配房或实物配房。

3. 廉租房供应方式的固定性

因低收入家庭无力购买商品房或经济适用房，要解决住房困难，只有采取租赁的方式。同时，由于政府提供的廉租房的有限性和供应价格的福利性，就要求对申请租住的对象进行资格认定，只有经过有关单位认定符合条件的家庭，才能按规定租住政府提供的廉租房。

4. 廉租房运作过程的封闭性

由于廉租房只供应给城镇低收入住房困难家庭，它的运作过程是严格按照政府制定的有关政策法规进行的，以保证他们的家庭有房租住，但不能转让、转租，并随着家庭经济状况的变化而变化。

5. 廉租房补贴方式的多样性

廉租房的补贴方式大致可以分为两类：一类是供给方补贴，即所谓的“砖头补贴”。由政府或企业建造廉租房，然后以低房租提供给市民或职工。这是西方国家解决城市住房问题初期通常采用的方式，我国计划经济时期城市住房制度也采用这种方式；第二类是需求方补贴，即向住房困难群体发放租房补贴，由其自由选择租房，而不是直接对其提供住房。这种补贴方式是各国普遍采用的方式。

## 二、我国的廉租房制度

### (一) 我国廉租房制度的建立与发展历程

在我国住房制度从高度福利化向以市场为导向的住房制度改革中，党和政府一直都很重视解决低收入城市居民的住房问题，使得廉租房政策成为国家住宅制度改革政策中最早提出的政策。

1. 廉租房制度的启动阶段

1998年国务院发布了《关于进一步深化城镇住房制度改革加快住房建设的通知》，提出了“廉租房”概念，规定廉租房是我国住房供应体系的一个重要组成部分，明确提出“对不同收入家庭实行不同的住房供应政策，最低收入家庭租赁由政府或单位提供的廉租房”。1999年建设部颁布的《城镇廉租房管理办法》指出：城镇廉租房是指政府和单位在住房领域实施住房保障职能，向具有城镇常住居民户口的最低收入家庭提供的租金相对低廉的普通住房。该办法对在全国各大城市开展廉租房工作提出了要求，并提出了具有指导意义的原则。

2. 廉租房制度的探索实施阶段

2003年11月15日，建设部第22次常务会议审议通过了《城镇最低收入家庭廉租房管理办法》。该办法结合各地开展廉租房工作的实践对廉租房制度进一步作了补充和细化，对于廉租房在我国的深入开展具有积极的意义。2004年3月1日，建设部、民政部等五部联合以120号令发布了《城镇最低收入家庭廉租房管理办法》，对1999年的《城镇廉租房管理办法》进行修订，进一步明确了保障对象、保障方式和保障标准。2005年5月1日，建设部、国家发改委联合下发的《城镇廉租房租金管理办法》正式施行。这一《办法》的出台，规范了城镇廉租房租金管理，保障城镇最低收入家庭的基本住房权。2006年中华人民共和国建设部针对廉租房制度，再次先后发布了三个文件，包括《城镇廉租房工作规范化管理办法》、《城镇廉租房档案管理办法》和《财政部、建设部、国土资源部关于切实落实城镇廉租房保障资金的通知》，以此来加强城镇廉租房制度建设，规范城镇廉租房管理，强化政府住房保障职能，切实解决最低收入家庭住房困难。

3. 廉租房制度的改进完善阶段

2007年8月13日，国务院公布了《国务院关于解决城市低收入家庭住房困难的若干意见》(即国务院24号文件)。《意见》要求，2007年底前，所有设区的城市要对符合规定住房困难条件、申请廉租房租赁补贴的城市低保家庭基本做到应保尽保；2008年底前，所有县城要基本做到应保尽保。“十一五”期末，全国廉租房制度保障范围要由城市最低收入住房困难家庭扩大到低收入住房困难家庭。2007年12月1日，建设部、发展改革委等九部委联合发布的《廉租房保障办法》正式实施，2004年起实施至今的《城镇最低收入家庭廉租房管理办法》同时废止。保障对象覆盖面更广；保障方式更加具体，表述更加明确；廉租房资金需求更有保证成为这个新办法的三大亮点。由财政部颁发并于2008年1月1日起实施的《廉租房保障资金管理办法》，确保了廉租房保障资金的正规渠道来源，这使国家加强和加快廉租房的建设从原来大多数的纸上谈兵，发展到了实际操作，使住有所居的基本国策从根本上得以落实。

### (二) 我国廉租房制度存在的问题

1. 认识层面

地方政府重视不够，职能缺位。部分地方政府片面强调市场的作用和房地产业发展对当地经济发展、财政收入的作用，忽略了住房问题的社会性一面，存在着住房供应是市场的问题、政府不再需要承担责任或是责任不重要等思想倾向。据权威分析，廉租房与房价成反比关系，廉租房供给每增加5%，就会迫使房价下降3%～4%[①]，必然会影响当地的土地出让金收益和GDP增长速度，并且建设廉租房，政府不但得不到收益，反而要拿出土地，投入大量资金，使用大量人力、物力，这使得政府相关部门缺少积极性，个别城市甚至把建设廉租房仅仅作为短期的“形象工程”。

2. 制度层面

(1) 配套政策不完善，缺乏长远规划。廉租房制度的相关配套政策仍然不完善，且缺乏长远的规划。许多政策不明确，以至于地方不知如何操作。有关财政、税收、土地和金融政策，既是对困难群体实施保障政策的条件，也是住房保障制度的重要组成部分。目前，这些配套政策对解决困难群体住房的支持力度有限。

(2) 缺乏法律保障。制度的实施要靠法律法规的保障。只有建立健全的法律法规，才能保证廉租房制度的有效实施。如：美国制定了《住宅法案》、《住房与城市发展法案》、《老年人住宅法案》等法律，使廉租房制度框架得以迅速建立起来。我国目前与廉租房制度有关的文件仅有《国务院进一步深化城镇住房制度改革加快住房建设的通知》、《城镇最低收入家庭廉租房管理办法》等几种规范性文件，以及各地政府制定的本地廉租房制度管理办法等，使廉租房的制度建设缺乏权威性的法律依据。由于缺乏法律的保障，廉租房制度实施起来困难重重。

(3) 缺乏社会力量参与的激励机制。没有相应的激励机制，房地产开发公司不愿承建廉租住房。廉租住房不同于商品房，也不同于经济适用住房。建设商品住房可以获得较高利润。建设经济适用住房只能实现保本微利。廉租住房只能租给城镇最低收入家庭居住，其租金实行政府限价，租金标准较低，无法形成建设资金投入产出的良性循环，因此，一般房地产开发企业从经济效益和自身的承受能力出发，不愿从事廉租住房的开发建设。而且，由于相关部门在廉租房的计划审批、手续办理、落实优惠政策等方面拖拉、掣肘，建房成本和风险大为增加，使开发商对建设廉租房不感兴趣。

(4) 我国实行分税制后产生的新问题。我国于1994年在全国范围内推行“分税制”[②]。实施分税制以后，中央增强了财力及加强了对地方的宏观调控能力，同时将土地出让金的管理使用权划归地方，以激励地方的建设。实行分税制财政体制后，中央政府和地方政府划分了税收比例，地方财权范围缩小，地方政府为了增加财政收入，提升政绩，只能靠土地出让金的收入，从而增加了对土地出让金的依赖。加之分税制以后，地方政府的体制改革基本上处于自发状态，在这种环境下，必然出现对廉租房制度建设的忽视和实施的滞后。

3. 操作层面

(1) 缺乏专门的管理机构。在一些实行租金补贴的城市中，廉租房源的寻找必须依

---

① 吴睿鹣. 廉租房为何受地方政府普遍冷落. http://news.sina.com.cn，2007-2-9.

② 我国于1992年开始分税制试点，1994年在全国范围内推行分税制，主要内容包括中央与地方的事权和支出划分、中央与地方的收入划分、中央财政对地方的税收返还、机构设置、原体制的处理。

靠专业的房地产中介公司来进行。目前大多数中介服务不规范，无法提供专业高效的中介服务，很多中介服务机构出于利益的考虑不愿意承担此类义务。同时由于社会对弱势群体缺乏公正的对待，政策宣传也不够，使得一些拥有房源的房东，出于对廉租房保障政策的疑虑以及其他方面的担忧不愿意将房屋出租给廉租家庭。缺乏专门的管理机构，使廉租房制度的发展面临阻碍。

(2) 廉租房建设资金不充裕。资金筹措是推动廉租房制度建设的根本保障。目前我国廉租房建设的资金来源渠道主要包括财政拨款、住房公积金增值收益、社会保障及土地出让金净收益中的部分资金，多数城市依靠住房公积金的增值收益和公房售房款的余额部分作为廉租房资金来源的主渠道。目前廉租房制度实施过程中最大的问题就是资金短缺。

从各地已经公布的住房建设计划来看，我国廉租房预算严重不足。“十一五”期间如果将覆盖面扩大到1000万户低收入住房困难家庭，每年的资金需求至少要497亿元。然而，2007年中央财政只安排51亿元，用于中西部财政困难地区廉租住房专项补助。2008年安排68亿元①，虽然增长幅度很大，但总数仍然太小。与众多需要政府提供廉租住宅的家庭急迫的住房需求来比，廉租房建设资金的落实问题是目前廉租住房进展缓慢的一个瓶颈。

(3) 廉租房覆盖面小。廉租房制度本质上就是发达国家实施的公共住宅制度，在我国，它是由政府提供的、面向具有城镇常住居民户口的最低收入家庭的社会保障住宅。从社会政策的原则上讲，对于那些住房特困家庭，政府应当做到“应保尽保”，基本上解决该群体的住房问题。但是，根据有关部门的调查，目前，全国城镇低保家庭中人均10平方米以下的住房困难户有400多万户，目前累计解决的为54.7万户，仅占13.7%。如果按照国务院24号文件精神，廉租房政策要进一步扩大到所有低收入家庭，那么这个群体将达到1000万户左右，这意味着还有95%左右的低收入住房困难家庭需要得到解决②。

(4) 房源供给不足。廉租房数量有限，难以满足现实的需要。由于我国的廉租房制度的建立比较晚，属于起步阶段，从目前的情况来看，廉租房的数量相当有限，而且廉租房的数量短缺的局面短时间内难以解决，与众多需要政府提供廉租住房的家庭急迫的住房需求相比，房源不足是目前廉租住房制度推进缓慢的又一个瓶颈。

(5) 收入线难以划分，监督难度大。由于我国没有建立个人信用制度和个人收入申报机制，居民的“隐形”收入没有办法统计，因而划分居民收入线的基础很薄弱，实施起来也非常困难。而且，即使在收入线划分以后，还存在监督成本过高的问题。因为“隐形”收入的存在导致监督居民的实际收入变得异常困难。

(6) 缺乏严格的资格审查机制和退出机制。目前我国各城市现行的廉租房制度普遍缺乏严格的资格审查机制，许多“吃低保”的人家里有车有储蓄，只要有“证明”就可享受低保，且多年不变。另一方面，当低收入者以实物配租的方式获得廉租房后，家

① 中华人民共和国住房和城乡建设部. 全国近千万户居民需要廉租房. http://www.cin.gov.cn，2008-3-7.

② 王炜. 走近廉租房：988万低收入家庭如何解决住房难[N]. 人民日报，2007-05-10.

庭收入水平一旦有所改善，如何建立有效的迁出机制，让这部分家庭退出廉租房，使有限的廉租房资源用于真正需要帮助的困难家庭，这也是实际操作中亟待解决的问题。虽然各地均规定超过廉租房要求收入水平限的承租户应在一定期限内通常为6个月腾退廉租房，否则处以罚款，但由于早期廉租房租赁合同缺位，政府难以实施强制措施进行腾退，且承租家庭的收入较低，无力缴纳罚款，因而各地较为普遍地存在着腾退工作开展不力的情况。

## 三、我国的廉租房制度的完善

### 1. 明确政府在廉租房建设中的职能定位

从中央层面，要加强职能分工，建立相关职能部门负责制度。从地方政府层面，要充分认识廉租房制度建设过程中的各种利益关系，分析和解决廉租房制度在实施过程中出现的问题，按照廉租房制度的管理办法规范各相关部门的职能范围。地方政府还要将廉租房制度建设纳入政府年度工作计划，增强部门的责任意识，将廉租房建设纳入对地方政府的政绩考核中。并且地方政府要定期对廉租房工作目标完成情况进行检查和考核。

第二，将廉租房建设纳入对地方的考核中。要改变以往以GDP作为考核指标的做法，随着社会经济的发展进步，把年度廉租房供应计划实施情况作为城市政府考核的一个重要指标。如果连续三年以上廉租房工作不达标的，应追究主要官员的责任。

### 2. 完善配套政策及制度体系

要制定出符合我国国情的统一的廉租房保障法规，可从立法上规定廉租房保障的对象、保障标准、保障水平、保障资金的来源、专门管理机构的建立，以及对骗取保障优惠行为的惩罚等，确保这一制度有章可循，有法可依。要制定不同的针对廉租房制度建设的转移支付政策，加强对落后城市的财政支持力度。完善有关财政、税收、土地和金融等方面的廉租房制度，让地方政府在进行廉租房建设的时候有章可循。同时还应鼓励和培育开发企业的社会责任感，解决分税制实施以来中央及地方的体制矛盾等。

### 3. 加强廉租房的运作管理

要设置专门的管理机构，专门实施廉租房的开发、设计和建设，国家通过立法对其进行监督。建立“廉租房信息采集”的中介服务机构，广泛收集相关数据，为廉租对象提供有效信息。要逐步把住房保障和其他社会救助资金列入我国的中央地方经常性财政支出预算，确保其在国民收入中占有一定比例，从而使廉租房建设资金能稳健增加。同时，我国应该逐步扩大廉租房非财政资金的筹资渠道，形成多元化的资金渠道。要结合实际情况确定廉租对象覆盖面，保证廉租房的房源，搞好受惠者收入线的划分与信用监管制度建设，建立廉租房的轮候机制和退出机制。

## 复习思考题

1. 什么是公共住房？公共住房有哪些基本特征？

2. 什么是公共住房政策？

3. 如何完善我国公共住房保障政策？

4. 为什么要进行住房市场的宏观调控？

5. 如何完善我国房地产调控政策？

6. 我国住房公积金有几种运作模式？

7. 如何完善住房公积金管理？

8. 我国廉租房制度存在哪些问题？如何完善我国的廉租房制度？

## 扩展阅读

### 盘点北京住房政策：经适房历经九年回归保障房本意①

1998年，持续了40多年的福利分房制度宣告结束，“等国家建房，靠组织分房，要单位给房”的“三字诀”渐渐淡出北京人的生活。从这年起，银行“开闸”居民住房贷款，市民们开始学习明天钱今天花。也是从1998年，北京批准建立经济适用房，由此拉开了政策性住房和商品房并存的新时代。

2014年，自住型商品房，因被视为解决“夹心层”住房需求的“利器”，毫不意外地成了许多买房人口中的热词。

这期间，各色令人眼花缭乱的“房”粉墨登场。

1998年 经适房规模大套内面积也大

1998年，农历虎年，北京市民头一次听说“经济适用房”这个词。

当年10月29日，以回龙观、天通苑、建东苑等为代表的19个首批经济适用住房项目在北京市房地产交易中心集中展示，拉开了经济适用房在北京大规模开发的序幕。

不过，对于这个新生事物，绝大多数人表现得并不热络。

“几十年来，人们习惯了分房住，罕有买房的概念。更何况，很多人还悄悄想着福利分房不会‘一刀切’，也许能侥幸搭上‘末班车’”，陈俊(化名)告诉记者。1998年，大学毕业的他初入职场，留意到了经济适用房。“用现在的话，我是职场‘菜鸟’，分房与我无关，只能靠自己买房。”

2000年12月，北京市颁布《北京市城镇居民购买经济适用住房有关问题的暂行规定的通知》，规定没有住房和现住房面积没有达到本市规定的住房补贴面积标准的本市城镇居民，在2001年底前家庭年收入在6万元(含)以下的，可申请购买经济适用房。

符合此规定的陈俊，随后选择了回龙观的经适房，一套舒适的110平方米三居，单价2600元/平方米。“这种面积出现在经适房小区中，现在看来是不可思议的，可在当时，这种面积在经适房中挺普遍。”

根据目前可查询到的最早资料，1998年至2003年底，北京市共批准经济适用住房建设项目52个，竣工面积1113万平方米，中央国家单位及各系统等建设413万平方米；两

① 佚名. 盘点北京住房政策：经适房历经九年回归保障房本意[N]. 北京晚报，2014-4-17.

部分共约1500多万平方米，平均每年竣工面积250多万平方米。

1999年以来，经济适用住房共解决了约30多万人的住房问题，提高了城镇居民住房水平，人均住房建筑面积从1998年的19.8平方米增加到2003年的24.9平方米，人均增加5.1平方米。

**2004年 排队抢号 拼的是消息和体力**

时钟走向2004年，随着商品房建设大踏步般的前进，原本不受关注的经济适用房，因为价格略低、性价比高，也渐渐成为市民眼中的“香饽饽”。

直到今天，1970年出生的石雷，还记得自己当年排队抢号的场景。

“2003年底，我参加工作半年多，在单位盖了收入证明材料，递交了申购申请。”石雷是在崇文门东花市房地产交易中心递交的保障房申请资料。在2007年11月12日之前，东花市是整个北京城唯一一处经济适用房审核点。

一个半月后，石雷接到通知，可以参加百子湾经济适用房的选房，项目售价3830元/平方米，比周边商品房要便宜40%。“五年前，百子湾地块在人们眼中，勉强算个半郊区，公交站、地铁都没有。”石雷笑言，即使如此，也没阻碍人们购买百子湾的热情。

“当时是排队放号，先到先拿，拼的是谁的消息快、谁的体力强，所以一些早知道的申请人，恨不得提前三天就到现场排队了。”小马扎和盒饭，成为他记忆中的排队一景。疯狂排了两期后，石雷一家选了套两居室，“选上房时可高兴了，就像中了六合彩。”不过，对于“排队购房”，石雷隐约觉得有点混乱。

**2007年 三级两审 经适房告别全民时代**

2004年1月10日起，北京市建委出台新规，将北京市居民购买经济适用住房的申报材料向社会公示10天，公示期满无人举报，申请人才具备购买资格。紧接着的5月，又规定已购买经济适用住房的家庭未住满5年的，不得按市场价格出售住房。

随着对购买人资格的审核越来越严，经适房正式告别全民时代，递交申请一个半月就能选房的日子一去不返。

到了2005年天通苑经适房放号时，排队抢号的情景愈演愈烈。根据媒体当年的报道，2005年6月12日，天通苑经适房3000套现房放号，几千人熬夜排队，车流堵到了亚运村，现场因为拥挤一度失控，开发商不得不临时终止放号，后改为在第二日凌晨4时重新放号。

随着经适房备受瞩目，开着“奔驰”买经适房、购买数套经适房转手再卖、经适房户型超140平方米等各种“负面”消息，充斥着市场。2005年9月，北京140平方米以上的经适房被暂停销售。2006年，市住建委表示，今后新建经济适用房单套户型面积全部控制在90平方米以下，主要户型面积为60至80平方米。

2007年10月，位于崇文门东花市的北京市房地产交易中心关闭。经济适用房的申请，改为按照“三级审核、两级公示”的办法进行，审核工作重心下移，街道办和区县住房保障管理部门的监管职责加强。人户分离家庭，在户口所在地和实际居住地同时公示。自此，经适房才算真正回归到“保障房”的属性。

链接：重大政策记

2000年12月29日

北京市人民政府办公厅发布《关于北京市城镇居民购买经济适用住房有关问题暂行规定的通知》，首次明确经济适用房的申请标准。

2001年10月22日

《北京市城镇廉租住房管理试行办法实施意见》出台。本市廉租房起步阶段的廉租对象暂限定为两类家庭，即领取社会最低生活保障金的家庭(以下简称低保对象)和城镇优抚对象家庭。城近郊八区的廉租房采取实物配租、租金补贴和租金减免三种方式相结合的实施方式。

2004年5月

北京颁布并实施《北京市关于加强经济适用住房交易管理有关问题的通知》，规定已购买经济适用住房未住满5年的，不得按市场价格出售住房。

2005年9月

北京市建设委员会发布《关于暂停140平方米以上经济适用房销售的紧急通知》，要求暂停全市140平方米以上经济适用房的预售登记和产权登记。随后，2006年，天通苑对未售出的单套建筑面积超过140平方米的经适房，被要求由开发商按当地地价水平，补交每平方米590元的综合地价款后按商品房出售。

2007年4月

北京市发布首批限价房地块招标公告，用地总规划建筑面积约110万平方米。自此，为解决“夹心层”住房困难的限价房正式进入公众视线。

2007年9月

北京开始实施《北京市经济适用住房管理办法(试行)》。办法规定，经济适用房申请人必须有北京城镇户籍时间满3年，且年满18周岁。购买经济适用住房不满5年的，不得上市交易；购买经济适用住房满5年的，出售时应当按照届时同地段普通商品住房和经适房住房差价的一定比例，缴纳土地收益等价款，并由政府优先回购；购房人也可在补缴政府应得收益后取得完全产权。

2007年11月5日

市建委、市统计局、市财政局等部门联合下发通知，对北京市城八区城市居民申请廉租房、经济适用房的相关准入标准作出规定。和此前申购经济适用房统一为家庭年收入6万元以下相比，新规定将每户人数分为1人到5人，分别制定相应的收入、资产、住房等标准。

2008年4月15日

《北京市限价商品住房管理办法(试行)》正式实施。北京市限价房供应对象为北京户口的中等收入住房困难的城镇居民家庭、征地拆迁过程中涉及的农民家庭及市政府规定的其他家庭。申请购买限价商品住房的家庭，要通过街道(乡镇)、区(县)、市，“三级审核、两级公示”的程序，才能取得购房资格。

2011年12月1日

《北京市公共租赁住房申请、审核及配租管理办法》正式实施。公共租赁住房面向三类城市中低收入家庭配租：一是现有的廉租住房、经济适用住房和限价商品住房轮候家庭；二是家庭人均住房使用面积在15平方米(含)以下，3口及以下家庭年收入10万元(含)以下、4口及以上家庭年收入13万元(含)以下的本市城镇户籍家庭；三是外省市来京工作人员。

2012年4月27日

北京出台《关于公共租赁住房租金补贴对象及租金补贴标准有关问题的通知》。符合人均月收入在2400元(含)以下等条件的本市城镇户籍家庭，通过公开摇号承租公租房的，可获得政府提供的租金补贴，最高补贴为租金的95%。

2013年11月27日

北京出台《北京市自住型商品住房销售管理暂行规定(征求意见稿)》，明确在北京具有购房资格的家庭可以购买自住房。其中，北京户籍无房家庭，且单身人士需年满25周岁；经适房、限价房轮候家庭，可以优先购买。

2014年2月12日

市住建委正式出台《北京市自住型商品住房销售管理暂行规定》，明确自住房摇号必须使用全市统一的摇号软件。摇号软件在设计中采用了"双重随机"概念，家庭编号随机产生、现场随机确定种子数，确保摇号结果公平公正。

2014年3月19日

市住建委联合市发改委、市财政局发布《关于进一步加强廉租住房与公共租赁住房并轨分配及运营管理有关问题的通知(征求意见稿)》，明确廉租房与公租房全面并轨，实行房源分配、租金标准、退出管理的三统一。

廉租房　低保家庭和优抚对象获益

和经济适用房同时启动的另一个"保障房"类型，就是廉租房。2001年，本市明确，低保家庭和城镇优抚对象家庭，被纳入北京首批廉租对象。第一个廉租房项目，是广渠门北里廉租房，2004年便迎来了首批廉租户。不过，由于各区进度不同，入住时间也不同。

作为丰台区第一批廉租房住户，今年70多岁高龄的秦大爷，2010年才搬进了万科·红狮家园的9号楼，40平方米的一居室，摆放着两张上下铺的单人床，有明亮的厨房，月租金50元。

"和我以前住的屋子比，这里再好不过了。"秦崇义从抽屉里拿出了十几年前的照片，尚显年轻的他，借住在前门一间只有8平方米的"鸽子笼"里，屋顶上堆放的防雨瓦片，不知道何时就可能砸下来，冬天从隔壁邻居家接来的自来水，过一晚就全成了冰。"所以，现在，能住在干净的屋子里，下雨前就赶回家，特别幸福。"

限价房　等着等着房价涨了一倍

经济适用房和廉租房"双头并举"的模式，直到2007年才被打破。这一年，北京市发布首批限价房地块招标公告，原本略显单薄的政策房体系，才终于来了一位新“兄弟”。同时，经历过经济适用房的洗礼，对于配套设施的同步建设，也开始得到关注。

“每个工作日的早晨，6点就得起床，从小区整整步行30分钟，才能找到一个公交车站，再搭公交车去往西三环的单位。早晚1个多小时的长时间徒步‘旅行’，腿都走细了。”这是石雷入住百子湾经适房时遇到的难题。而上世纪50年代生的北京人老何，就没遇到过。

2009年，作为东城区的拆迁户之一，老何参加了北京首批限价房之一的金隅·美和园项目的摇号选房，选上了一套一居室。从递交申请材料到入户审核、现场摇号，老何一步一步按照规章流程严格执行，“和所有申请人站在同一起步线上。”

2010年入住金隅·美和园后，老何从没为交通出行犯过愁。从地铁13号线上地站A口出站，搭乘996路或681路公交车，两站路，上地桥东下车，挨着马路边的小区就是金隅·美和园。平时的生活需求，他在小区周边范围内就能解决。楼下有水果摊，小区门口就是京客隆超市，东边还有餐馆和托儿所，据说西边的马路将来还要和地铁上地站打通。“除了看病要去市中心的大医院外，其他事儿都能在家门口解决。”

不过，和经济适用房一样，售价比商品房便宜许多的限价房，也是“僧多粥少”，许多等不到房子的轮候家庭，陷入和房子“较劲”的长期等待中。在某商业网站上，甚至有名为“血拼限价房”的论坛，足见人们在等待中的无奈。

80后的小伙张城(化名)就曾是限价房等候人群中的一员。2010年，他提交了两限房申请，因为两限房有产权，买了后就归自己所有，可相比经济适用房，它对收入水平卡得没那么低。结果，一直等到2013年，也没轮上自己。“每一次，我听到新闻说，要大力推进保障房建设，我就感觉有了新希望，可等着等着，又重新变回了失望。”

就在张城等着两限房的时候，周围的同学都买了商品房。2013年，等不及的张城，无奈放弃了两限房，改为在郊区买了套商品房。只是，面对房价的飞速上涨，他购买的价格，早已比同学贵出了一倍，成了玩笑中的“等着等着等成了悲剧”。

公租房　对京外人员也开放

最后一位进入保障性住房家族的成员，就是公租房。

和此前的三位“成员”略有不同，北京市首个公租房项目——京原路7号公租房，从进入市民视野起，就被给予了很多称赞。

“装修好的新房子，而且家具电器都可以租用，价格还不贵。如果真能住到这就好了。”2012年末，在跟随公租房申请备案家庭去实地看房时，市民孙女士现场就表现出了期待。

随后，根据对外公布的《配租公告》，京原家园试点跨区配租，租金标准是37元/建筑平方米·月。而且，其中的118套房源，含小套型39套，中套型61套，大套型18套，将面向东城、西城、朝阳、海淀、丰台、石景山外省市来京工作、取得公共租赁住房资格人员。这也意味着，北京的公租房体系，开始对外地在京工作人员“敞开”。

不过，对于类型众多的保障房体系，专家们也有不同建议。在2014年的北京两会上，来自昌平团的人大代表张学兵就提出议案，请求市人大尽快以地方性法规形式制定出台《北京市城镇居民基本住房保障条例》。“经济适用房、限价房、廉租房、公租房……目前保障性住房种类众多，规范性文件数量也较多，各种类型的保障性住房在保障对象和保障方式上存在一定重合，容易造成混乱，制定《条例》可以建立统一的住房保障体系，简化申请程序，使市民能够更加方便地获得住房保障。”

**自住房　一个在摇号中飘摇的梦**

2013年，北京市为解决“夹心层”的住房困境，又在全国首创了自住型商品房。截至目前，三批自住房、共6个项目，已经启动了网上报名程序。

对于自住房，被市场称为“刚需”型购房人的市民，给予了莫大的关注。从恒大御景湾，到金隅汇星苑，前三个项目报名首日，网站都会出现瞬间“瘫痪”的情况。

“自住房项目我每个都申请，希望能摇中一套。”毕业四年多的小楠，从第一个自住房——恒大御景湾入市开始，就一直关注进展。“没办法，我每个月几千块钱，只有限价的自住房，我还能勉强试一下。”

小楠说，她的愿望就是摇中一套自住房，拥有一个自己的家，让她每天回家的路上知道，万千灯火中有一盏是为她而亮的。

# 第八章　社会保障管理

社会保障是国家为保障居民生活、提高居民福利而进行的收入分配和再分配过程。社会保障制度是现代国家的基本经济制度之一，社会保障管理是公共事业管理的重要组成部分。社会保障涉及公民生活的多个方面，各种社会保障项目构成了社会保障体系。本章学习社会保障管理的基本理论，重点介绍社会保障的覆盖范围、资金筹集、保障对象、保障水平、基金运营和管理机构等方面的知识。

## 第一节　社会保障概述

### 一、社会保障的概念与原则

1. 社会保障的概念

社会保障一词的英文是“social security”，它最早出自美国1935年颁布的《社会保障法》。“security”意为安全、防备、保障，因此社会保障可以理解为社会为了抵御各种问题对社会成员生活和福利所产生的不利影响而采取的各种措施。尽管各国社会保障在诸多方面存在差异，但它存在的目标都是为了保障社会成员的生活和福利。社会保障在不同的社会经济文化和历史条件下有不同的内涵，其定义也在不断变化。为了确定社会保障的准确定义，我们可以作如下讨论。

首先列举几个国际上关于社会保障有代表性的定义。美国1999年出版的《社会工作词典》将社会保障定义为：“一个社会对那些遇到已经由法律作出定义的困难的公民，如年老、生病、年幼或失业的人提供的收入补助。”《新大不列颠百科全书》对社会保障的定义是：“社会保障是对病残、失业、作物失收、丧偶、妊娠、抚养子女或退休的人提供现金待遇。”国际劳工局所定义的社会保障是：“社会保障即社会通过一系列的公共措施对其成员提供的保护，以防止他们由于疾病、妊娠、工伤、失业、残疾、老年及死亡而导致的收入中断或大大降低而遭受经济和社会困窘，对社会成员提供的医疗照顾以及对有儿童的家庭提供的补贴。”①

我国的社会保障建设起步较晚，但发展较快，对社会保障的理论研究也有较快发展。国内的不同学者也对社会保障提出了不同的定义。有代表性的有以下几种：①社会保障是国家和社会通过国民收入的分配与再分配，依法对社会成员的基本生活权利予以保障的社会安全制度。②社会保障是社会(国家)通过立法，采取强制手段，对国民收入

① 孟醒. 统筹城乡社会保障[M]. 北京：经济科学出版社，2005：6.

进行分配和再分配形成社会消费基金，对基本生活发生困难的社会成员给予物质上的帮助，以保证社会安定的一种有组织的措施、制度和事业的总称。③社会保障是与社会主义市场经济的体制基础相适应，国家和社会依法对社会成员基本生活予以保障的社会安全制度。④社会保障是国家依法强制建立的、具有经济福利性的国民生活保障和社会稳定系统。在中国，社会保障应该是各种社会保险、社会救助、社会福利、军人保障、医疗保健、福利服务以及各种政府或企业补助、社会互助保障等社会措施的总称。由于社会保障是一项不断发展的社会公共事业，因此，随着社会保障内容与项目的增多和具体制度的变化，对社会保障的定义也应当与时俱进。综合以上观点，我们可以将社会保障定义为：为了保证一国居民的基本生活，增进居民的公共福利，提高居民的生活质量，国家通过立法手段对国民收入进行分配和再分配，对社会成员，尤其是生活遇到困难的社会成员和某些特殊群体进行帮扶的各项公共措施。对这一概念的理解应当注意以下几个方面。

首先，社会保障的目的是保障居民生活、增进居民福利、提高居民生活水平。任何社会成员在社会生活中都必然会遇到生老病死等问题，都可能遇到自然灾害、社会灾害、失业等偶然性事件，这些问题和事件会对居民的收入、生活和福利产生影响，为了减少这种影响便需要社会为其成员提供社会保障。在经济发展水平较低时，社会保障首先要维持社会成员的基本生活，保证社会成员的生存，随着社会经济的发展，更多保障内容、更高的保障水平得以实施，增进居民福利、提高居民生活水平的社会保障项目会被纳入进来。

其次，社会保障的实施需要借助国民收入分配和再分配手段进行。为了保障一部分生活困难居民的生活，需要对这部分居民进行物质性帮助。在国民收入总量一定的条件下，对这部分居民的物质性帮助需要以减少其他居民和单位的收入为代价，通过税收、转移支付、社会捐助等收入分配和再分配手段进行。

再次，社会保障的对象是特定且变化的，不同社会保障项目的保障对象也是不同的。社会保障首先要保障生活遇到困难的社会群体。在特定时间，生活遇到困难的社会群体是一定的，困难群体所包含的具体对象可以通过一系列标准、法律、法规确定，因而也是一定的。在不同时间，生活遇到困难的群体是不同的，确定困难群体的具体标准也是变化的。在困难群体内部也可以根据困难原因等标准分成不同子群体，根据不同的困难群体需要提供不同的社会保障。

最后，需要明确的是，社会保障不仅包括物质性的经济保障，也可以包括服务保障和精神保障。如养老保障不仅包括养老金，也包括一些养老服务和精神慰藉。在某些情况下，经济保障、服务保障和精神保障难以区分。

2. 社会保障的原则

良好的社会保障制度的建立和顺利运行，是建立在一系列原则基础上的。

(1) 公平性原则。在经济和社会发展中，既需要强调效率也需要强调公平。社会保障制度作为一项基本的经济制度，首先应当强调的是公平性。社会成员由于主客观条件的不同，所获得的收入和所享有的生活水平也各不相同。社会保障应当能够发挥收入分配和再分配的功能，在保证低收入者基本的生活水平的基础上促进整个社会福利水平的上升。另外，在社会保障的实施过程中，也要体现公平性原则。社会成员获得的社会和国家的帮助不应以其为社会保障所作的贡献为依据，即社会保障具有权利义务的不对等性。否则，社会保障就不能起到应有的保障作用。

(2) 普遍性原则。普遍性原则是指社会保障的目标之一是要扩大社会保障的覆盖面，最终实现全面覆盖。社会保障最终要把全体国民纳入社会保障体系之中，要把社会成员人生的各个阶段都纳入社会保障体系之中，要把社会成员遇到的各种困境都纳入社会保障中。社会保障应当能够提高所有社会成员的生活水平和福利水平。

(3) 与经济社会发展相适应原则，也称适度原则或选择性原则。社会保障需要一定人、财、物的投入，社会保障的发展受到经济社会发展水平的限制。在不同经济和社会发展阶段，国家和社会所能够提供的社会保障水平是不同的，社会成员所需要的社会保障水平也是不同的，政府应当有选择地对社会保障的对象、水平进行选择。因此，经济社会的发展决定着社会保障的发展，社会保障的选择取决于经济社会发展。

(4) 责任分担原则，也称为多元化或多重性原则。在社会保障的责任主体方面，政府是最重要的责任主体，但不是唯一的责任主体，政府的一些社会保障职责可以部分地由企业、个人和社会团体承担。社会保障的资金渠道也向多元化发展，社会保障资金不单纯来源于财政拨付，也包括单位、个人的社会捐助、慈善基金的运营等。社会保障制度体系向多层次、全方位发展，社会保障内容大大丰富，社会保障体系更加完善，社会保障效能加强。

(5) 其他补充原则，包括统一性原则和法制性原则。统一性原则是指在社会保障的实施过程中，坚持统一收缴、统一法规、统一制度、统一政策、统一管理，使社会保障的各个环节在统一框架下运行。[①]法制性原则是指社会保障需要依法进行。各国、各地区也会根据本地区经济社会发展水平制定不同的原则作为对主要原则的补充。

## 二、社会保障的体系与功能

### 1. 社会保障体系与制度

社会保障体系是指社会保障的各个组成部分所构成的社会保障总体。在我国，社会保障体系包含五个部分：社会保险、社会救济、社会福利、社会优抚和社会互助。这几个部分相互联系，相辅相成，构成了我国完整的社会保障体系。

(1) 社会保险。社会保险是指国家通过立法确立旨在保证劳动者因年老、失业、患病、工伤、生育而减少或丧失劳动收入时能够从社会获得经济补偿，以保障其基本生活的社会保障制度。社会保险以经济保障为前提，具有强制性、社会性和福利性的特

① 郭士征. 社会保障学[M]. 上海：上海财经大学出版社，2009：53.

点。在我国社会保险主要包括养老保险、失业保险、医疗保险、工伤保险和生育保险，即俗称的“五险”。

(2) 社会救济。社会救济是指国家和社会为无法维持最低生活水平的公民提供无偿物质性救助的一种社会保障制度。社会救济的目的是为了保障居民的基本生活，是最低层次的社会保障制度。在我国，社会救济包括自然灾害救济、失业救济、孤寡病残救济和城乡困难户救济等。我国的社会救济按救济对象的地域可以分为城市社会救济和农村社会救济。城市社会救济对象主要是城市中无依无靠、无生活来源的孤老残幼以及无固定收入或收入不足以维持最低生活者。农村的社会救济对象包括无劳动能力、无生活来源、无依无靠的老人、残疾人和孤儿，对这部分人实行“五保”，即保吃、保穿、保住、保医、保葬(孤儿保教)，以保障他们的基本生活，包括收入不能维持基本生活的困难户，国家对这部分人发放救济费。随着经济发展和贫困人口温饱问题的解决，部分社会救济被更高层次的社会保险取代。

(3) 社会福利。社会福利有广义和狭义之分。广义上的社会福利是指为了改善和提高全体社会成员的物质文化生活，增进全体国民的福利水平，政府为社会成员提供的社会性津贴、公共基础设施和社会服务等服务政策和服务措施。社会福利内容广泛，涵盖生活、教育、医疗、交通、文娱等居民生活的多个方面，具体包括各种文化教育、公共卫生、公共娱乐、市政建设、家庭补充津贴、教育津贴、住宅津贴等。狭义上的社会福利，是指国家为儿童、老人、残疾人、精神病人等社会中需要给予特殊照顾的人群提供的必要生活保障和其他社会服务。

(4) 社会优抚。社会优抚又叫做优抚安置，是指国家对军人等从事特殊工作的人及其家属的优待、抚恤和安置。在我国社会优抚的对象主要是烈属、军属、复员退伍军人、残疾军人及其家属，优抚安置的方式主要包括提供抚恤金、优待金、补助金，举办荣誉军人疗养院、光荣院，安置复员退伍军人，为军队离退休干部提供服务等。

(5) 社会互助。社会互助是一种补充性的社会保障，是指在政府鼓励和支持下，社会团体和社会成员自愿组织和参与的扶弱济困活动。社会互助具有自愿性和非营利性，其资金主要来源于社会捐赠和成员自愿交费，政府往往从税收优惠等方面予以支持。社会互助主要形式包括：工会、妇联等群众团体组织的群众性互助互济；民间公益事业团体组织的慈善救助；城乡居民自发组成的各种形式的互助组织等。

在社会保障体系的各项内容中，除了社会互助是在政府帮助下由民间团体主导之外，社会保险、社会救济、社会福利和社会优抚都是由政府主导的，这四个组成部分在社会保障体系中的地位和作用是不同的。其中，社会保险是社会保障体系的核心，是社会保障的最重要组成部分，是基本性的社会保障；社会救助是社会保障的最低层次，充当社会保障的最后一道防线；社会福利是社会保障的最高层次，提高居民福利是社会保障的最高目标；社会优抚是社会保障的特殊构成部分，是特殊阶层的社会保障。

社会保障的实施需要借助一定的制度来实现，这些制度便称为社会保障制度。社会保障制度可以定义为：保证社会保障实施的一系列经常性规则或制度安排的总称。这些规则或制度往往以一定的法律或规章的形式表现出来。社会保障制度是当代国家最重要的社会经济制度之一，其实质是国民收入的分配和再分配制度。

我国的社会保障体系由社会保险、社会福利、社会救济、社会优抚和社会互助构成，相应的，社会保障制度由社会保险制度、社会福利制度、社会救济制度、社会优抚制度和社会互助制度构成。社会保险制度是指国家依法建立的使劳动者在年老、患病、伤残、生育和失业时从社会获得物质帮助的制度。社会福利制度在广义上同社会保障制度相同，狭义上的社会福利制度是指国家或社会在法律和政策的范围内向全体公民普遍地提供资金帮助和优化服务的社会性制度。社会救济制度是指国家通过国民收入的再分配对因自然灾害或其他经济、社会原因而无法维持最低生活水平的社会成员给予救助，以保障其最低生活水平的制度。社会优抚制度是指国家依法对有特殊贡献的军人及其眷属实行的具有褒扬和优待赈恤性质的社会保障制度。社会互助是指在政府鼓励和支持下，社会团体和社会成员自愿组织和参与的扶弱济困活动的制度。

2. 社会保障的基本功能

社会保障的功能是指社会保障在经济与社会发展中的作用。一般而言，社会保障的功能体现在以下五个方面。

(1) 保障居民基本生活。社会保障的内容之一就是在社会成员遇到各种困难和问题使收入大幅度减少以至于不能保证自身的基本生活，不能维持最低生活标准时，给予这部分劳动者必要的帮助，维持其基本收入，满足其基本生活需要。这种“安全网”作用的发挥能够保障劳动者的生存，保证劳动力的再生产，从而保证社会再生产的顺利进行。

(2) 促进收入分配平等。社会保障是通过收入分配与再分配实现的，这一过程的运行能够起到调节收入分配，促进收入分配平等的作用。通过税收、补贴、转移支付等手段，社会保障能够对中高收入进行调节，对低收入者进行必要帮助，缩小社会收入差距。

(3) 促进经济发展。首先，社会保障制度能够提高社会成员的福利水平和生活水平，这有助于劳动者素质的提高，推动经济发展。其次，社会保障制度能够促进劳动力资源的合理流动，提高资源配置效率。完善的社会保障制度能够降低劳动力流动的成本，减少劳动力流动的风险，从而增加经济活动的活力。第三，社会保障制度有助于维护居民消费的基本稳定，有助于实现社会总供给与总需求的平衡，有助于经济的稳定运行。在经济萧条时期，居民实际收入的下降往往会导致居民消费的下降从而引起总需求减少。通过增加居民救济和其他福利支出等社会保障措施能够促进消费，增加总需求，从而起到稳定经济的作用。

(4) 保障社会的稳定运行。良好的社会保障制度能够保障居民生活，提高居民福利，促进社会公平，帮助化解居民所面临的各种风险，减轻社会成员因各种风险所带来的焦虑和紧张，这些都能够促进社会矛盾的解决，协调社会成员的关系，从而维护社会的稳定。

(5) 促进国民福利。现代社会保障不仅承担着“救贫”和“防贫”的责任，而且还要为全体社会成员提供更广泛的津贴、基础设施和公共服务，从而使人们尽可能充分地享受经济和社会发展成果，不断提高物质生活和精神生活的质量。

## 三、社会保障管理及其体制

### 1. 社会保障管理[①]

社会保障管理是由国家和政府制定和实施有关社会保障的法律、政策，以及实现社会保障任务、目标的行政工作过程。根据社会保障的历史情况和目前世界各国社会保障的状况，社会保障管理可以归纳为以下几项内容。

(1) 社会保障的政策法规管理。社会保障的政策法规管理是指政府制定社会保障的政策法规和运用政策法规实行管理与监督的过程。这是社会保障管理的第一个环节。这些法律、法规和政策对社会保障的实施范围与对象、享受保障的基本条件、资金来源、待遇支付标准与方式，对国家、单位、个人的责任、权利、义务等方面作出了规定，从而规范社会保障活动，保障社会保障事业的顺利开展。

(2) 社会保障资金管理。包括筹集社会保障资金；支付社会保障待遇；管理、运营社会保障资金，保障社会保障资金的安全和保值、增值；建立社会保障预算。社会保障资金一般由专门的社会保障管理机构进行管理。

(3) 社会保障对象管理。社会保障管理的最终目的就是要保护社会保障对象的合法权益，并为之提供完善的社会服务。因此，社会保障对象管理也就是为社会保障的享受对象提供一系列服务的过程。这种服务既包括相关物质的提供，也包括一系列日常服务。对于特殊保障对象，需要在政府的领导下，通过社会组织开展管理和服务工作，如对退休、退职的老年人，鳏寡孤独者、失业者、残疾人等社会保障对象的各种要求，需要区分不同情况采取不同办法。

(4) 社会保障的机构管理。社会保障的机构管理包括建立、完善和改进社会保障的工作机构，确定工作机构的体制、职责、权限、分工，实行对机构工作的监督、评级等。现代各国的社会保障机构一般都是根据各国的国情和行政体制，按照现代国家行政管理的基本原则建立起来的，其基本要求是分工明确、职责清楚、效率优先。在实行社会保障的各个国家，社会保障系统一般由中央和地方机构组成。在实行不同制度体系的国家，中央和地方的权限分配有所不同。

以上社会保障管理的四个部分是紧密相连、不可分割的。国家和政府履行立法和政策制定的职能，开展行政执法工作，并对业务管理机构实行监督；资金管理是社会保障管理工作的关键和重点所在；对象管理是社会保障管理工作不可分割的服务系统；社会保障机构管理是社会保障管理的实体运行和组织保证。

---

① 孙光德，董克用. 社会保障概论[M]. 北京：中国人民大学出版社，2008：75-88.

2. 社会保障管理体制

社会保障管理体制是指社会保障的管理制度和管理方法的总称。根据社会保障管理中权限与职责的不同划分形式，可以将社会保障管理分成三种不同的管理体制：政府直接管理体制、政府和社会公共组织共同管理的体制、以私营公司为主的管理体制。

(1) 政府直接管理体制。在政府直接管理体制下，社会保障的行政管理和业务管理均由政府统管，政府职责包括：①制定社会保障的政策和法规，规定社会保障的实施范围与对象、资金来源、待遇支付、有关方面的责任、义务、权利；②检查监督政策与法令的实施，受理有关社会保障的申诉，协调解决具体工作中的纠纷；③负责社会保障业务管理。在这种管理体制下，管理机构包括从中央到地方的专门管理机构，包括行政管理机构和业务管理机构，管理人员一律为国家公职人员。

(2) 政府和社会共同管理体制。在政府和社会公共组织共同管理的体制下立法、监督和具体业务是分开的，立法和监督由政府负责，具体业务管理由社会公共组织负责。政府的行政性工作和具体业务工作分开，政府只能对具体业务进行监督而无权干涉。在机构设置上，政府一般设立统一的机构来管理和监督全国的社会保障运作。德国是这方面的典型代表。

(3) 私营公司为主的管理体制。在以私营公司为主的管理体制下，私营公司在国家既定的法律和政策下负责全部社会保障的日常管理工作，包括具体政策的制定。这种管理体制反映了社会保障改革的一种发展趋势，体现了减轻政府负担、提高社会保障效率的要求。

## 四、我国社会保障的现状与问题

现代意义上的社会保障制度产生于欧洲。1601年英国女王为缓解“圈地运动”带来的社会问题颁布了《伊丽莎白济贫法》，这是公认的社会保障制度的起源。1883年至1889年间，德国的政府先后颁布了《健康保险计划》、《工伤事故保险计划》、《退休金保险计划》，建立了以社会保险为特征，由国家主导的社会保障制度，成为现代社会保障制度的开端。1935年美国的罗斯福政府颁布了《社会保障法》，首次使用了“社会保障”一词，这标志着现代社会保障制度的形成。第二次世界大战以后，社会保障制度大大发展，发达资本主义国家的社会保障制度不断完善和深化，发展中国家的社会保障制度也不断建立和发展。至今，世界上几乎所有的国家都建立起了社会保障制度。

我国自古就有各种各样的社会救助思想和社会救助活动，但真正意义上的社会保障制度建设却始于20世纪50年代。当时国家颁布了一系列关于社会保障的法律法规，初步建立了社会保险制度、劳动和工伤保护制度、公费医疗制度、退休退职制度、农村的“五保”制度、军属优待制度等。随着法律法规不断调整和完善，到60年代中期我国已基本建立了一套统一的社会保障制度。在文化大革命以后，随着社会主义市场经济体制的确立和不断完善，社会保障制度应市场经济的要求也在不断调整。1986年《国营企业职工待业保险暂行规定》的颁布初步建立了我国的社会失业保险制度，1988年《女职工劳动保护条例》的颁布初步建立了我国的社会生育保险，1994年通过的《中华人民共和国劳动法》对职工的社会保险和社会福利作出了规定，1996年通过的《中华人民共和国老年人权益保障法》对老年人的社会保障作出了规定。到1998年，中央劳动和社会保障部的建立标志着我国统一的社会保障管理体制的建立。此后，我国的社会保障有了更大发展。1999年我国颁布了《社会保险费征缴暂行条例》和《失业保险条例》，对社会保险进行了规范；城市最低生活保障制度建立；廉租房政策、经济适用房政策等构成了我国的住房保障制度；经常性的社会救助制度建立；社会保障的民间力量也在不断发展，"希望工程"、"春蕾计划"等专项社会救助不断发展壮大；民间慈善基金不断发展；社会捐助不断发展，在近几年的自然灾害救助中发挥了重要作用。

在我国社会保障不断发展的同时，也应当看到仍旧存在一系列问题影响着我国社会保障的进一步发展。这些问题表现为：①社会保障的覆盖范围不够全面。②社会保障对象的管理不够严格。③社会保障给付水平上存在不均等问题。④存在社会保障多头管理现象。⑤我国人口老龄化对社会养老保险乃至整个社会保障体系提出了更高要求。⑥"农民工"的社会保障是当前我国社会保障体系急需解决的问题。

## 第二节　社会养老保险

### 一、老年保障与社会养老保险

1. 老年保障

老年保障是指社会为因年老而退出社会劳动领域的劳动者或者无劳动能力的老年人提供的包括经济、医疗、社会服务在内的各种社会保护和社会救助。老年保障是社会保障的重要组成部分，因为年老风险是每一个人都确定会遇到且不可规避的风险。与年轻人相比，老年人的社会劳动能力已经大大减弱，并将继续逐步减弱且不可恢复。老年保障几乎成为每个人、每个社会都必须面对的问题。

老年保障的内容比较广泛，涵盖经济、医疗、社会服务等多个方面，具体包括收入保障、养老保障、最低生活保障、住房保障、医疗保障、社会救济、生活服务、老年教育、法律援助和保健服务等。老年保障的对象是老年人，老年人标准的确定是以人的生理衰老和社会功能下降为依据的。老年人的判定一般是以年龄为标志，年龄包括日历年龄、生理年龄、心理年龄、社会年龄等，老年保障中的年龄范围一般是日历年龄为标准并在法律中作出明确规定，如我国法律规定了男性60岁、女性55岁为退休年龄。由于各国的经济、社会条件的不同，人们对劳动者生理衰老和社会功能下降有不同的标准，确定的老年保障的年龄标准也不同。

2. 社会养老保险

社会养老保险是老年保障的重要组成部分，也是社会保险的重要组成部分，它是指国家和社会依据一定的法律法规，为保障因达到法定年龄或者年老而退出劳动岗位的老年人的基本生活而建立的一种社会保险制度。这一概念明确了社会养老保险的基本要素：首先，社会养老保险的对象是达到法定年龄或者因年老退出社会劳动的老年人，具体的法定年龄是通过法律规定的，各国法律规定的年龄标准不同；其次，社会养老保险的目的是保障老年人的基本生活，为其提供维持基本生活必要的经济来源；第三，社会养老保险本质上是一种社会保险，通过社会保险方式来达到保障老年人生活的目的。

社会养老保险与老年保障间存在着明显的区别。在对象上，老年保障包括所有的老年人，社会养老保险的对象是达到法定年龄或因年老而退出岗位的社会劳动者，或者叫做“退休者”。在内容上，老年保障涉及老年生活的各个方面，包括经济、医疗、社会服务各个方面，社会养老保险一般只涵盖经济方面，为老年基本生活提供经济保障。

3. 社会养老保险制度

社会养老保险是依照国家法令规定，要求符合条件的公民必须参加，由国家、雇主和个人共同出资建立基金，对达到法定年龄并退出劳动领域的劳动者提供补偿以保障劳动者个人及其家庭基本生活需要的制度。[①]社会养老保险制度可以从社会养老保险的覆盖范围、资金筹集、养老金发放对象和水平、养老基金运营和社会养老保险管理机构几个方面来描述。

社会养老保险的覆盖范围是指社会养老保险制度所适用的社会成员的范围，在不同的社会经济条件下，社会养老保险的适用范围不同。某些国家的社会养老保险制度只覆盖劳动者，只有劳动者达到一定年龄后能够享受；有些国家的社会养老保险覆盖全体社会成员，只要社会成员达到一定年龄都能享受。社会养老保险的资金筹集是从社会养老基金的负担对象筹集养老基金的过程，社会养老基金一般由国家、用人单位和个人根据不同的法律规定和原则承担不同比例。养老金发放对象或者养老金的享受者需要具备一定的条件，这些条件一般都在各国法律法规中作出明确规定，包括年龄条件、缴费条件和其他条件。养老保险金的发放水平与一个国家或地区的经济发展水平相关。养老基金的运营是在法律规定内按照保值、增值的原则进行。各国一般都建立专门的社会养老保险管理机构对社会养老保险进行管理。

尽管各国实行的养老保险制度千差万别，我们仍旧可以根据这几个方面将养老保险制度分成不同的模式。

(1) 投保资助型养老保障，或者称为三方共担型养老保障。实行投保资助型养老保险制度的国家，包括以德国为代表的欧洲大陆国家及美国和战后的日本。从处理公平与效率的关系来看，这种制度更强调效率、兼顾公平。其特点有：①在覆盖范围上，劳动者和不参加社会劳动的公民都是老年保障的对象；②在资金筹集上，养老基金由国家、

---

① 从春霞，刘晓梅. 社会保障概论[M]. 大连：东北财经大学出版社，2008：42-45.

企业和个人共同负担，其中企业和个人负担大部分，国家提供补贴或资助；③在养老金发放对象上，享受对象除了要满足一定的年龄条件外，还需要履行一定的社会保险费缴纳义务，在职职工以工资的一定比例来缴纳，未参加社会劳动的公民按一定数额向社会保险机构缴纳；④在养老金发放水平上，按照投保人的不同情况分成不同的标准。具体来讲，这种模式下的养老金可以分为三个层次。第一层次是普遍养老金，即只要达到法定年龄并缴纳过一定的保险费的公民无论工作与否、工资高低都能享受；第二层次是雇员退休金，是在第一层次的基础上面向企业雇员的，即雇员按照工资的一定比例上缴保险费后才可以享受到；第三层次是企业补充退休金，在第二层次的基础上，企业为了吸引人才等目的附加保险项目，可以使雇员在退休金基础上享受更高层次的福利待遇。⑤在养老基金运营上，资金管理难度较大，一般由专门的运营机构负责。⑥在社会养老保险的管理机构上，国家建立统一的社会养老保险行政管理机构。这种养老模式的典型代表是美国，我国养老保险改革也是以这种模式为基础。

(2) 国家企业负担型老年保障，这种模式以国家保险型老年保障为代表。①在覆盖范围上，社会劳动者均可享受；②在资金筹集上，养老基金全部由政府和企业负担，个人不缴纳任何养老保险费，其中国家保险型老年保障的资金全部来自国家财政拨款；③在养老金发放对象上，享受对象满足一定的法定年龄条件即可；④在养老金发放水平上，在符合年龄规定的条件下还需要考虑劳动者在劳动期间的工龄长短和职业、职位等因素；⑤在养老基金运营上，通过直接发放给个人的办法进行退休金的管理，不存在大量基金运营任务，基金管理工作较为简单，成本较低；⑥在社会养老保险的管理机构上，国家可以设立统一的社会养老保险行政管理机构。该制度的优点在于运作简单易行，通过收入再分配的方式，对老年人提供基本生活保障，以抵销市场经济带来的负面影响。但该制度也有明显的缺陷，其直接的后果就是政府的负担过重。由于政府财政收入的相当一部分都用于了社会保障支出，而且维持如此庞大的社会保障支出，政府必须采取高税收政策，这样加重了企业和纳税人的负担。同时，社会成员普遍享受养老保险待遇，缺乏对个人的激励机制，只强调公平而忽视效率。需要指出的是，国家保险型的老年保障是建立在生产资料公有制的基础上，随着社会经济条件的变化，这种模式已经被淘汰。这种养老模式的典型代表是前苏联，改革开放前我国养老保险也施行这种模式。

(3) 福利国家型老年保障，也称国家负担型养老保障。①在覆盖范围上，这种模式下的老年社会保障覆盖全体国民。②在资金筹集上，养老金支出主要来源于国家财政，个人不支付或者支付很少的社会养老保险费。③在养老金发放对象上，享受对象满足一定的法定年龄条件即可。④在养老金发放水平上，享受对象除了享有国家支付的比较慷慨的养老金以外还享有多种形式的其他福利，具有较高的保障水平。⑤在养老基金运营上，由于养老金支出全部来源于国民税收，采用现收现付制，不存在养老基金运营问题。这种养老保障模式为社会成员提供较高老年保障的同时会加大政府财政负担，恶化财政状况，影响劳动者积极性，使这种制度难以持续。⑥在社会养老保险的管理机构上，国家建立统一的社会养老保险行政管理机构。瑞典是这种制度的典型代表。

(4) 强制储蓄型养老保障，也称企业、个人负担型社会养老保障。这种模式下，每一个劳动者有一个个人退休账户，在这个账户中积累养老保险基金，在劳动者达到一定年龄后，账户中的基金、利息和其他收入会一次性或者分批发放给账户持有人。这种模式的典型代表只有新加坡和智利，这两个国家在具体安排上又有所不同。①在覆盖范围上，这种模式的服务对象主要是劳动者。②在资金筹集上，养老金支出主要来源于企业和个人，国家不进行直接投入，只给予一定的政策优惠。新加坡的就业者和雇主都要按工资的一定比例缴纳公积金，在智利完全由个人缴纳，企业不做投入。③在养老金发放对象上，享受对象除了满足一定的法定年龄条件还必须履行社会养老公积金缴纳义务。④在养老金发放水平上，享受对象享有的养老金除与缴纳数额有关外，还与市场利率、基金运营单位有关。⑤在养老基金运营上，存在两种不同运行模式。新加坡的公积金由中央公积金局对全国养老公积金进行统一管理，智利的公积金主要由私人养老基金公司进行管理，政府职责主要是制定法规、对这些基金公司进行监督和担保。⑥在社会养老保险的管理机构上，两个国家建立了统一的社会养老保险行政管理机构。这种模式解决了政府负担过重问题，但因缺乏社会保险共有的共济性而存在争议。

我国的养老保险是多层次的养老保险，具有复合型的特征，覆盖范围是社会劳动者，参保需要以单位为依托。单位持有相关证件到社会养老保险经办单位申请办理社会保险登记，审核通过才能缴纳社会保险费，职工个人缴纳部分由所在单位从工资中代为扣除。我国的社会养老保险由基本养老保险、企业补充养老保险和个人储蓄性养老保险三个部分构成。基本养老保险是国家通过法律确立的，用人单位和个人必须参加的社会养老保险制度，资金由用人单位和个人共同负担。企业补充养老保险是用人单位为本单位职工设立的，费用承担由单位和个人协商确定。个人储蓄性养老保险由个人自愿参与，费用完全由个人负担。

## 二、城市养老模式

中国的二元经济结构造成了养老模式的二元性，使城市养老与农村养老存在着较大的差别。城市地区人口集中，主要以第二、第三产业为主，社会劳动以企事业单位的形式组织，社会养老保险能够覆盖这部分人。相应的养老模式主要包括家庭养老、社会养老和社区养老三种。

### 1. 家庭养老

家庭养老是中国传统的养老模式，它建立在自然经济的社会基础之上，具有深刻的文化传统和伦理基础。在传统农业社会，家庭负责组织生产，家庭成员关系密切，老年人与家庭成员一起生活并在亲人照顾下安度晚年。在工业化、城市化发展的今天，虽然家庭养老的经济基础已经大大削弱，但家庭养老由于契合了中国传统文化和伦理道德的要求，仍旧是城市养老的主要模式。家庭养老之所以有如此巨大的吸引力主要是因为在传统文化的影响下，老年人认为家庭是最好的养老场所，老年人在家庭中能享受到亲情的慰藉、熟悉的居住环境等。因此，在条件具备情况下，家庭养老成了老年人的首选。随着社会经济的发展，家庭养老的经济基础逐渐被削弱，家庭养老的功能也在弱化。家庭养老的质量取决于子女的条件，如经济能力、精力、赡养意愿、价值观念等。随着社会生活节奏的加快、家庭结构的变化、人口老龄化，家庭养老已经使得子女越来越力不从心。经济发展带来的社会观念的变化也侵蚀着家庭养老的伦理基础。

2. 社会养老

社会养老是指老年人在社会化的养老机构进行养老的模式，老年人利用社会提供的养老设施与服务安度晚年。在我国这种社会化的养老机构分为两类，一类是政府开办的社会福利性养老机构，主要面向生活有特殊困难的特殊群体；另一类是具有商业性质的养老机构，面向各类养老人群。这种社会养老模式符合社会化大生产的要求，能够提供集中的专业化服务，居住环境较好，老年人有较多休闲时间，并且可以减轻子女压力，让他们将更多精力投入工作中。在这种养老机构中安度晚年需要适应新的环境，缴纳一定的费用，更重要的是缺少亲人的情感慰藉，这些原因使得老年人对这种养老机构的认可和接纳有一定困难。尽管近几年我国福利性养老机构和商业化养老服务机构都有较快发展，国家也出台一系列法律法规予以规范和支持，但由于老人偏好和选择的影响，这种社会养老模式的推广并不迅速。社会养老机构存在的另一种矛盾是，虽然社会养老机构在数量和硬件上发展迅速，但在服务等软件上并不到位，难以满足老年人多样化的需要。因此，在多种因素综合影响下，老年人只要具备家庭养老的基本条件，一般不会选择社会养老，这限制了社会养老作用的发挥。

3. 社区养老

社区养老在我国是一种新兴的养老模式，是指以社区为单位组织社会化养老服务体系或养老服务中心，向老年人提供集中的专业化上门养老护理服务，使老年人不必离开熟悉的环境就能得到良好的服务。社区养老是欧美国家主要的养老方式，在我国始于2002年大连市沙河口区。这种社会养老模式有效地整合家庭养老与社会养老，使得老年人可以在家庭环境、社区氛围下享受到日常照顾，使老年人不必脱离情感慰藉又能享受到专业化服务。此外，家庭也可以根据自身的经济承受能力和需要选择不同水平、不同项目的服务，具有较大灵活性。这些优势使得这种养老模式受到了社会的广泛欢迎，发展较快。我国在发展社区养老上仍存在一些问题，例如社区养老的资金来源不够规范，社区养老相关的法律法规不够健全，专业服务人才仍旧欠缺，这些问题的解决需要各方面的共同努力。

## 三、农村养老模式

在中国经济发展过程中，农村养老改革不断进行，农村的养老模式也不断发展。当前的农村养老主要由家庭养老、社区养老、土地养老和社会保险构成。

1. 家庭养老

对于家庭养老，上一小节已经作了基本介绍，这里需要说明的是，由于城乡间的差别，家庭养老在农村遇到了更大阻力。最明显的问题是随着我国城市化的加深，农村青壮年劳动力不断向城市转移，这使得家庭能够为老人提供的照顾越来越少，老人能够获得的精神慰藉更少。农村家庭的收入普遍低于城市，家庭为老人提供的经济保障普遍较低。农村青壮年人口道德素质参差不齐，老人能够享受到的家庭养老保障受到子女态度和观念的影响较大。

2. 社区养老

在农村，社区养老主要是以集体经济为基础向老年人提供生活保障。随着我国家庭联产承包责任制的实行，集体经济已经大为削弱，农村社区养老的经济基础已经不复存在。

3. 土地养老

土地养老是一种自身养老方式。老年人在尚具备一定的生产能力时参加农业生产，为养老积累一定的物质基础。这种养老模式可以满足农村老年人因劳作习惯形成的心理和精神需求，也能够产生一定数量的物质积累，但这种养老模式的保障能力极弱，老年人的物质积累不一定能够满足必要的养老需求。

农村社会养老保险制度是在20世纪80年代逐步建立起来的。这种社会养老保险由农民自愿参加，资金筹集以个人缴纳为主，集体补助为辅，建立个人养老保险账户。由于国家在资金筹集上不负担任何费用，集体经济的补助又少，这种养老模式与个人储蓄没有多少差别，并且它提供的保障水平过低，几乎不起什么保障作用。因此，这种保险的参保比例很低。近几年，国家对农村养老保险进行了大刀阔斧的改革，建立并试点运行了“新型农村社会养老保险”，简称“新农保”。在参保原则上，“新农保”仍然坚持农民自愿参加、政府引导的原则。在资金筹集上，坚持国家、集体、个人共担原则，增加了中央财政对地方的补助，且直接补贴给农民。在账户管理上，“新农保”采取社会统筹与个人账户相结合的模式。“新农保”在支付结构上分为基础养老金和个人账户养老金两个部分，其中基础养老金全部由国家财政负责支付。在资金运营上，在加强对资金监督的基础上更加强调资金的保值增值，以确保“新农保”的长期持续发展。在配套措施上，注重与农村其他养老方式的配合，注重农村养老保险的地区间协作。“新农保”地区间的协作有效地解决了“农民工”参保问题，得到了社会的广泛支持。

## 第三节　社会医疗保险

### 一、医疗保障与社会医疗保险

1. 医疗保障

生老病死是人的一生中必然遇到的自然现象，生病具有较大的偶然性，对人的身心健康和经济状况具有较大的影响。当个人的经济能力无力负担伤病的治疗费用时，就需要社会提供的医疗保障予以资助。医疗保障是指以国家或政府为主体，依据有关法律规定，通过国民收入再分配，对公民因患病、年老体弱丧失劳动能力或意外事故造成身体残疾时，能提供基本医疗服务并给予经济补偿与帮助，保障国民得到医疗服务的经济制度。[①]医疗保障是社会保障体系的重要组成部分。医疗保障的内容广泛，包括社会医疗救助、社会医疗保险、补充医疗保险和商业医疗保险。社会医疗保险是社会保险的重要组成部分，是医疗保障的核心。社会医疗保险是指在法律规定的范围内，由特定机构承办，以一定的契约或制度安排为基础，在一定的地域范围和人口范围内筹集资金，保证在投保人或参保人因伤病遭受经济损失时，能够获得一定经济补偿的制度安排。承办的机构可以是政府也可以是企业，由政府承办的医疗保险一般可以称为社会医疗保险，由企业承办的医疗保险可以称为商业医疗保险。资金的筹集对象包括个人、单位和政府，具体比例因医疗保险的性质和模式的不同而不同。

2. 社会医疗保险

社会医疗保险制度产生于德国，1883年俾斯麦政府颁布《劳工疾病保险法》，规定某些行业中的工人必须将工资的一部分上缴医疗保险基金会，基金会强制征收工人及其雇主的缴纳金，在这部分工人遇到伤病时予以经济扶助，这标志社会医疗保险制度的产生。在1929年至1933年的世界性经济危机之后，社会医疗保险作为一种社会保险制度逐步发展起来。

社会养老保险制度包括覆盖范围、资金筹集、养老金发放对象和水平、养老基金运营和养老保险管理机构六个方面。社会养老保险与社会医疗保险同属于社会保险，社会医疗保险制度的构成可以参照社会养老保险的制度构成来描述，包括覆盖范围、资金筹集、医疗保险金发放对象和发放水平、医疗保险基金的运营和社会医疗保险机构几个部分。

(1) 覆盖范围。社会医疗保险制度一般覆盖的是全体社会成员，但在有些国家，社会医疗保险制度仅覆盖劳动者。在中国，社会医疗保险覆盖城镇职工和农村劳动者。在美国，社会医疗保险仅覆盖退伍军人、穷人和65岁以上的老人等特殊人群，其他人的医疗保障主要靠商业保险。

(2) 资金筹集。与其他社会保险制度相同，社会医疗保险一般也要求国家、单位和个人共同承担。社会医疗保险是政府为公民提供的社会保障的一部分，国家应当承担一定的费用。个人作为受益者，需要进行一定的投入，这也是政府减少社会医疗保险道德风险，控制社会医疗保险费用的要求。单位作为社会劳动的使用者，对劳动者的健康负有一定责任，一般的社会医疗保障法律法规都要求单位缴纳一定比例的社会医疗保险费。在不同的制度模式下，个人、单位和国家承担比例不同。在北欧和加拿大，国家补贴构成了社会医疗保险基金的绝大部分，可以为国民提供低费甚至免费的社会医疗服

① 郭士征. 社会保障学[M]. 上海：上海财经大学出版社，2009：181.

务。在美国，医疗保险主要由商业保险构成，保险费全部由家庭承担，针对特殊人群社会医疗保险才包含政府出资。单位缴纳的部分一般由法律具体规定缴纳比例和缴纳办法。此外，社会医疗保险基金也可以来自基金经营收益和社会单位捐赠。

(3) 社会医疗保险金发放对象。一般是根据法律规定，除了符合伤病带来经济损失这一普遍性条件外还有其他附加性条件。在要求个人负担一部分社会医疗保险费用的国家，社会医疗保险仅对投保并缴纳社会医疗保险费者支付。

(4) 社会医疗保险金发放水平。由于社会医疗保险中存在着严重的信息不对称导致的道德风险问题，在社会医疗保险金发放上需要解决的一个重大问题是医疗保险费用的控制，这关系到社会医疗保险的持续性甚至是成败。社会医疗保险费用的控制一般通过社会医疗保险金支付方式和支付项目两个方面来进行。在支付方式上，一般需要社会医疗保险的主办方和投保人共同支付，通过双方责任共担来化解道德风险，但不同社会医疗保险模式下支付的具体办法不同。在支付项目上，社会医疗保险主管单位往往会对具体支付项目作出具体规定，只有在符合项目的范围内才予以一定比例的支付。

(5) 社会医疗保险基金的运营。社会医疗保险资金一般实行的是现收现付制，不需要专门的社会医疗保险基金管理单位。

(6) 社会医疗保险管理机构。各国根据自身的需要建立社会医疗保险管理机构来管理社会医疗保险的运营，不同类型的社会医疗保险机构职责和权限不同。在巴西，新的卫生部由原有的卫生部和社会保障机构中的社会健康保险机构合并构成，负责卫生服务事务，包括社会医疗保险的管理。在日本，厚生劳动省由原有的厚生省和劳动省合并构成，全面负责卫生管理、社会保障和社会福利事务。在德国，卫生和社会保障部由原有的卫生部和劳动与社会保障部中的社会保障分支机构合并构成，负责社会保障和卫生事务。世界上大多数国家的医疗服务与社会医疗保险是由同一个行政部门管理的。

我国的社会医疗保险制度始建于20世纪50年代，根据适用对象的不同分为三个部分：即适用于国有企业和集体企业职工的劳保医疗制度、适用于机关事业单位工作人员的公费医疗制度和适用于农村居民的合作医疗制度。在覆盖范围上，不同社会医疗保险制度已经作出明确限制。在资金筹集上，劳保医疗制度中的费用由企业和个人共同承担，公费医疗制度中的费用全部由国家财政承担，合作医疗制度中的费用由集体和个人共同承担，没有国家财政的参与。在社会医疗保险金发放对象上，公费医疗制度包括所有覆盖对象，劳动保护医疗制度和合作医疗制度还需要满足个人投保和缴费条件。在管理机构上，劳动保护医疗由企业自行管理，公费医疗由政府财政和卫生部门共同管理，农村合作医疗由集体经济组织管理。随着我国经济体制改革的进行和社会主义市场经济确立，非公有制企业的增多和农村家庭联产承包责任制施行导致的集体经济弱化使原有的社会医疗保险制度的弊端逐渐显露出来。

为了使社会医疗保险与社会经济发展相适应，国家对社会医疗保险制度作出了改革。1998年我国颁布《关于建立城镇职工基本医疗保险制度的决定》，建立了面向城镇职工的基本医疗保险制度。2002年《中共中央、国务院关于进一步加强农村卫生工作的决定》发布，对农村合作医疗制度进行改革，建立了新型农村合作医疗制度。在各项社会医疗保障制度的建立与完善中，我国逐步形成了基本医疗保险制度、大病医疗互助制度、企业补充医疗保险、针对公务员的公费医疗制度和医疗补助制度、社会医疗救助、特殊人群医疗照顾、新型农村合作医疗制度的社会医疗保障体系。

## 二、我国城镇居民的社会医疗保险

1. 我国城镇居民社会医疗保险制度的建立

我国的城镇居民的社会医疗保险制度初建于20世纪50年代，根据对象的不同分为公费医疗制度和劳保医疗制度。公费医疗制度覆盖对象为机关和事业单位的工作人员，国家财政负担这些单位工作人员的全部医疗费用。由于这种制度下的公费医疗资源具有很大“共用品”性质，社会医疗保障资源存在过度使用问题，国家财政负担很大。劳动保护医疗制度覆盖对象是国有企业和城镇集体企业，费用由企业和个人共同负担。在市场经济改革过程中，要求企业建立现代企业制度，成为独立的经济主体，需要将自身过重的财务负担剥离，把社会医疗保险转化成真正社会化的医疗保险。在中国市场经济体制建立的过程中，大量非公有制企业的建立和非公有制企业就业人数的增多也要求扩大原有城镇社会医疗保险的覆盖范围。

1998年12月国务院颁布的《国务院关于建立城镇职工基本医疗保险制度的决定》标志着城镇居民社会医疗保险制度改革的开始和基本医疗保险制度的建立。城镇居民基本医疗保险制度是指国家依据法律规定，覆盖全体城镇职工，以个人、单位和政府为资金筹集渠道，在个人因伤病导致经济损失时，按照有关规定给予个人一定医疗费用补偿的社会保险制度。

2. 我国城镇居民社会医疗保险制度的基本内容

(1) 覆盖范围。在覆盖范围上，社会基本医疗保险覆盖全体城镇职工。《国务院关于建立城镇职工基本医疗保险制度的决定》规定：“城镇所有用人单位，包括企业(国有企业、集体企业、外商投资企业、私营企业等)、机关、事业单位、社会团体、民办非企业单位及其职工，都要参加基本医疗保险。”对于乡镇企业职工、个体经济业主和从业者是否参加基本医疗保险则由各省自行决定。

(2) 资金筹集。在资金筹集上，城镇基本医疗保险制度坚持个人、单位、国家共担的原则，对个人和用人单位缴费作出了明确的规定。目前，个人缴费比例为本人工资的2%，用人单位缴费比例为工资总额的6%左右。这能够扩大社会医疗保险的资金来源，增强保障能力，明晰个人和用人单位的职责，提高自我保障意识和医疗费用节约意识。

(3) 保险支付。我国城镇居民基本社会医疗保险的支付上的特色体现在支付方式和支付项目上。支付方式和支付项目的管理主要体现在账户管理上。现行社会基本医疗保险为了便于支付管理和费用控制建立了社会统筹基金和个人账户，单位缴纳的基本医疗保险费按约30%的比例划入个人账户，其余部分划入统筹基金，个人缴纳部分全部划入个人账户。根据各地情况，对统筹基金和个人账户分别规定了不同的支付项目。统筹基金用于大额费用、住院医疗费用和部分慢性病门诊治疗费用，设有起付标准和最高支付限额；个人账户的实施形式是医保卡，它可以用于支付小额医疗费用和门诊医疗费用，资金归个人所有。此外，为了对社会基本医疗保险费用进行控制，国家对医疗服务的具体项目和提供单位作出了明确规定，确定了社会基本医疗保险中可以使用的药品、诊疗项目、医疗服务设施、定点药店和定点医疗机构。

(4) 管理机构。在管理机构上，建立统一的社会化管理体制，以地市级行政区为单位建立统一的社会保险经办单位，负责社会基本医疗保险费用的收缴、管理和结算；建立社会基本医疗保险的监督组织，对基本医疗保险定点单位、药品、医疗服务和医疗设施进行监督。基本医疗保险基金的管理上，建立统一的财政专户进行管理。

## 三、我国的农村社会医疗保险

### 1. 我国农村社会医疗保险的发展

我国的社会医疗保险制度始建于20世纪50年代，包括劳保医疗制度、公费医疗制度和合作医疗制度。其中合作医疗制度是专门针对农村居民设立的，是社会医疗保险制度的重要组成部分。在农村地区，农民在个人自愿的基础上通过集体和个人集资筹集资金，在农民遇到伤病时进行资助，国家财政不进行资金支持，本质上这是一种社区互济保障制度。1965年中共中央发布《关于把卫生工作重点放到农村的报告》，推动了农村合作医疗的推广。到70年代，农村合作医疗覆盖了我国90%的农村地区。这项制度可以为农民提供较为有效的医疗保障，受到了农民的欢迎。

20世纪70年代末，我国开始了农村经济体制改革，实行家庭联产承包责任制，集体经济比重越来越小，能够为农村合作医疗提供的经济支持也越来越小，农村合作医疗因经济基础不复存在而逐渐消亡。此后，农村的社会医疗保险制度一直没有得到重建，农村医疗保障主要以家庭保障为主，农民家庭因病致贫、因病返贫现象极为普遍。农村社会医疗保障的落后制约了农村经济社会的发展，农民无法享受到经济发展益处。

随着我国经济社会的发展，“三农”问题越来成为制约我国经济社会发展的重要问题，而这一问题的解决也需要给予农民生活必要的保障，医疗保障是其中的重要组成部分。由于我国幅员辽阔，农村地区社会经济形态多样，很难建立完全统一的社会医疗保险制度，加上我国农村地区农民也有很好的互助传统，政府对原有农村合作医疗进行了改革，称为“新型农村合作医疗”，简称“新农合”。

2002年10月《中共中央、国务院关于进一步加强农村卫生工作的决定》指出要“逐步建立以大病统筹为主的新型农村合作医疗制度”，并于2003年开始在全国进行试点研究，目标是在2010年基本覆盖中国农村居民。

### 2. 我国农村社会医疗保险的基本内容

(1) 覆盖范围。在覆盖范围上，新型农村合作医疗的目标是覆盖全国农村地区的居民。在保障对象上，“新农合”以农民自愿参与为基础，保障对象是参保并且履行缴纳相关费用的农民。

(2) 资金筹集。“新农合”与原有农村合作医疗最大的不同体现在资金来源上。原有农村合作医疗资金的筹集对象主要是农民个人和集体经济。家庭联产承包责任制的实行弱化了原有农村合作医疗的主要资金来源——集体经济。“新农合”的建立主要在资金筹集上进行了改革，除了需要参保农民自己缴纳一部分费用之外，还增加了政府国家财政对农村合作医疗的支持。

(3) 保险支付。在保险支付方式上，“新农合”采用的是报销制度，即农民将伤病的费用报送民政部门，民政部门根据相关政策报销一定比例。在支付项目上，政府对支付项目作出了具体规定，确定了具体项目的报销比例。

(4) 管理机构。在管理机构上，“新农合”主要由民政部门负责管理。

## 第四节　社会救助

### 一、社会救助的概念

社会救助是指国家和其他社会主体对因自然灾害、偶然事故、个人能力等因素不能维持自己的基本需要或基本权利的公民给予一定经济、精神和服务救助，以保障这部分居民的基本权利和基本需要的各项措施。社会救助是社会保障的一个重要组成部分，是社会保障的最低层次，是社会保障体系的最低目标。同社会保障的其他部分一样，社会救助通过国民收入分配和再分配保障调整资源配置，保障居民基本生活，维持社会稳定，促进社会公平与正义的实现，对社会发展具有重要意义。

社会救助起源于社会救济。在古代，无论是国内还是国外都存在保障贫困居民基本生活的社会救济。在饥荒或者是瘟疫发生期间，政府、宗教团体、富裕阶层会给贫困居民一定的食物、药品、住宿等资助，以帮助他们渡过难关。社会救济是基于一种同情心和慈善心，在其他社会成员生活遇到极端困难时候才予以帮助，具有暂时性。随着经济与社会的发展，原有的社会救济以法律形式规范下来，成为具有长期性、持续性、经常性的一项专门制度，专门对生活贫困者予以资助，为他们提供最低生活保障，以保证他们的基本生活。在这种社会救助制度中，政府作为社会救助的责任主体得以彰显，其他社会主体，包括个人和社会组织，可以作为社会救助的配合和补充。由于它的目标是保障困难群体的基本生活，社会救助制度成为社会保障制度的最后一道防线，成为公民基本生活的安全网。

在实际操作中，社会救助一般的实施办法是，首先确定最低生活标准，根据既定生活标准确定不能满足自身基本生活需要的群体或对象，再依据法律或其他程序给予这部分公民必要的经济资助，使其生活水平至少能够达到最低生活标准。这时的社会救助可以定义为：国家和社会根据法定标准和程序对因灾害或其他原因不能维持最低限度的生活水平而陷入生存危机的社会成员予以资金和实物帮助，以保证其基本生活需要的各种措施。

在以后的发展中，社会救助制度的内容已经由居民基本生活领域向居民其他生活领域扩展。现代各国的社会救助制度已经不仅仅包含基本生活保障，还包括住房、教育、法律等其他多个方面，救助对象除了生活贫困者还包括在受教育、住房、维权等方面存在困难者，救助原因也不仅仅是收入水平过低，还包括了知识、能力、社会服务资源等欠缺导致的住房、就学、维权等困难。现代的社会救助制度已经是包含多个方面，具有系统性、综合性的社会救助制度。救助方式已经不仅仅是提供衣、食和现金等，还包括了提供人员、服务、场所等。社会救助制度要维护的不仅是与居民基本生活相关的生存权，也包括发展权等其他基本权利。

在整个多方位的社会救助体系中，可以依据不同的标准对社会救助分为不同种类。根据社会救助的内容可以分为生活救助、住房救助、医疗救助、教育救助、法律援助等；根据社会救助的给付内容可以分为资金救助、实物救助和服务救助；根据社会救助持续时间的长短可以分定期救助、临时救助和周期性救助。

## 二、社会救助制度的基本内容

社会救助制度作为社会保障制度的一个部分，可以从覆盖范围、资金来源、社会救助对象、社会救助发放、社会救助基金运营、社会救助管理机构几个方面对社会救助制度进行描述。

(1) 覆盖范围。救助制度应当能够覆盖所有社会成员。社会救助制度的目的是维护公民的生存权和基本发展权，保障居民的最基本生活水平，这是每一个公民都应当享有的基本权利。社会救助制度应该覆盖所有社会成员，给予任何必须得到帮助的人以必要的帮助。

(2) 资金来源。社会救助资金的来源主要是国家财政的拨款，其他还包括慈善机构提供的慈善基金、各种社会单位的捐助、个人捐助、国际援助和信贷扶持等。不同国家对社会救助资金来源的具体规定不同。发达国家和发展中国家对社会救助责任的划分存在明显的差异，发达国家定义的社会救助主要指由国家资助、由国家管理的项目；而发展中国家定义的社会救助除了包括国家支持外，还包括社会的参与。[①]

(3) 社会救助的对象。社会救助的覆盖范围是全体社会成员，但并不意味着全部社会成员都是社会救助的对象。社会救助是面向生活贫困或存在其他特殊困难的群体，这部分社会成员才是社会救助的对象。在贫困的社会救助上，一般的做法是根据社会经济状况，划定基本生活标准或者收入标准，称之为“贫困线”，对处于贫困线以下的居民予以资助。不同社会救助内容具体对象的确定标准各有不同，通过原因确定，如灾害、劳动能力等；通过年龄性别等人身条件确定，如对特定疾病患者、特殊儿童、老人、妇

① 郭士征. 社会保障学[M]. 上海：上海财经大学出版社，2009：270.

女的救助；通过地域确定，如贫困地区的划定。在具体救助对象确定办法上，包括社会救助申请制和社会救助调查制两种。社会救助申请制是指需要救助的公民向有关单位提出申请以获得社会救助的方式，社会救助调查制是指社会救助机构根据社会调查的结果确定社会救助对象的方式，部分社会救助对象的确定办法是个人先向社会救助机构提出申请，社会救助机构通过社会调查进行确认。根据不同救助对象的需求和需求原因，社会救助内容大致包括贫困救助、灾害救助、扶贫开发和特殊对象救助。

(4) 社会救助发放。在社会救助的发放水平上要达到维持居民基本生活，保障居民基本需要，维护居民基本权利的水平。社会救助的目的就是为了维持居民的最低生活水平和基本权利，如果社会救助不能达到这一水平，社会救助的目的就不能实现。不同社会救助对象对社会救助需要的数量也存在不同。在社会救助的发放方式上，可以是现金，可以是实物，还可以是服务。不同的社会救助项目的对象是不同的，不同救助对象群体对社会救助的需求原因和需求内容也是不同的。在受教育上存在困难的儿童可能不仅仅因为资金缺乏，更重要的可能是教育服务的缺乏，教育硬件设施的缺乏。因此，国家和社会在对困难儿童提供教育救助时，不仅需要提供资金，也需要提供教育人员、教育基本设施。流浪乞讨人员可能不仅仅需要食物，也可能需要返乡费用和临时住所，相应的社会救助应当包含这部分内容。

(5) 社会救助管理机构。不同国家有不同的社会救助管理机构，不同机构组织形式的权限和职责不同。在美国，通过宪法和各州立法成立不同的项目组织，分别负责各个社会救助项目，单个项目具有较大独立性。在我国，社会救助由民政部门统一管理，农业部门、教育部门、法律部门、公安部门等其他部门相互配合，帮助提供和管理各项社会救助。

## 三、我国的社会救助体系

新中国成立之初，城乡居民生活水平都比较低，许多人满足不了自身的基本温饱需要，在这一时期，保障居民基本生活成为整个社会救助乃至社会保障的中心。国家在原有的临时救济基础上建立了社会救济制度，中国人民救济总会、中央救灾委员会等社会救济、救灾机构成立，由财政划拨一部分粮食和资金用以维持城乡贫困人口的生活。在国民经济恢复以后，社会救济制度更加规范化、经常化，建立了“五保”供养制度、城镇就业保障制度等。依托农村集体经济、城镇国有企业或集体单位，形成了以社会救济为核心的社会救助制度。

改革开放以后，社会救助制度有了更大发展。随着《农村五保供应条例》、《城市居民最低生活保障条例》以及其他社会救助法规的颁布，我国的社会救助制度更加规范、救助内容更加全面，救助方式更加多元化，不同地区之间更加均等，各项救助制度能够相互配套，形成了比较完善的社会救助体系。

(1) 覆盖范围。宪法第四十五条明确规定：“中华人民共和国公民在年老、疾病或者丧失劳动能力的情况下，有从国家和社会获得物质帮助的权利。国家发展为公民享受这些权利所需要的社会保险、社会救济和医疗卫生事业。”这表明，我国的社会救助的覆盖范围是全体国民。

(2) 资金来源。原有的社会救助制度中，资金主要来源于单位和集体。在社会主义市场经济条件下，在新的社会救助体系建立并逐步完善过程中，资金来源渠道转化为以政府为核心的多元筹资渠道。政府作为社会救助制度的主要责任主体，负担了社会救助资金的大部分。政府资金与其他的资金渠道相比一个显著的优势是，政府资金具有稳定性、经常性和连续性，能够保障社会救助的持续运行。社会救助管理体系的运行也是靠政府财政支持。除了政府财政之外，其他社会主体也能够成为社会救助的资金来源，包括社会单位和个人的捐助、慈善机构和慈善基金的资助、来自于其他国家的国际援助、银行等金融机构通过优惠政策提供的信贷支持。需要指出的是，我国政府在社会救助上的投入可以分为中央政府资助和地方政府资助，不同地区政府投入数量上存在差别。

(3) 救助对象。我国的社会救助体系是由多个社会救助项目组成的，不同的社会救助项目是针对不同救助对象展开的。虽然不同救助项目存在多个方面的差异，本书认为救助对象的不同是造成社会救助项目差别的根本原因。不同的社会救助对象具有不同的需求，国家和社会应当根据不同对象的需求提供不同内容的社会救助并采取不同的给付方式，根据不同办法确定社会救助的具体对象。依据社会救助对象的不同，我国的社会救助项目可以总结为如表8-1所示的内容。

表8-1 我国社会救助项目

| 类型 | 项目 | 救助对象 | 给付办法 |
|---|---|---|---|
| 基本生活救助 | 最低生活保障 | 城乡贫困人口 | 现金 |
| | 五保供养制度 | 农村特殊困难人口 | 实物、现金 |
| 专项救助 | 教育救助 | 城乡就学困难儿童 | 现金、费用减免 |
| | 医疗救助 | 城乡贫困人口中的就医困难人口 | 现金 |
| | 司法援助 | 根据专门规定确定的特殊需求者 | 服务 |
| | 住房救助 | 城乡贫困人口中的住房困难人口 | 现金、实物 |
| 临时救助 | 灾害救助 | 遭受灾害人口中需要特别救助人口 | 现金、实物、服务 |
| | 流浪乞讨人员救助 | 流浪者、乞讨者、无家可归者 | 现金、实物、服务 |
| | 其他临时救助 | | 现金、费用减免、服务 |
| 其他救助 | 扶贫专项救助 | 贫困地区的贫困人口 | 现金、服务、实物 |
| | 社会互助 | 专项救助对象 | 现金、服务、实物 |
| | 民间组织救助 | 专项救助对象 | 现金、服务、实物 |

(4) 救助发放。针对不同的社会救助对象，在不同救助项目中有不同的救助发放形式。现金发放是通过向救助对象发放现金，使其获得满足自身需要的经济能力；费用减免是根据有关政策免除救助对象应当缴纳的部分税费；服务提供是指向救助对象提供信息、人力帮助或专门服务等，帮助救助对象满足自身需要；实物提供是指向救助对象提供衣、食、生产资料等可直接使用物品。

(5) 社会救助资金管理。社会救助的政府资金管理采用现收现付制，财政部门负责社会救助资金的划拨，民政部门和社会保障部门负责现金发放。社会捐助主要由民政部门、慈善机构、党团组织、志愿者组织等负责。慈善基金会的慈善基金由自有的基金管理部门或委托其他专业基金运营公司管理。共青团、党组织、妇联、红十字会等也负责部分专项资金。

(6) 社会救助管理机构。我国的社会救助体系中，不同的社会救助项目由不同部门负责或多个部门共同负责。民政部门是负责我国社会救助的主要机构，在社会救助实施中需要多个部门共同配合。城乡最低生活保障、农村五保供养、城乡医疗救助由民政部门负责组织；卫生部门帮助提供医疗救助；建设部门、国土部门帮助提供住房救助；教育部门帮助提供教育救助；司法部门帮助提供司法救助；公安、市政管理等部门帮助提供流浪乞讨人员救助；农业部门帮助进行农业扶贫开发；妇联、慈善总会、残联等帮助提供一些专项救助。

## 复习思考题

1. 什么是社会保障？它在社会经济中有什么作用？
2. 什么是社会保障体系？我国的社会保障体系包括哪些内容？
3. 社会保障建设应遵循哪些基本原则？
4. 什么是社会保障管理？它包含哪些内容？
5. 什么是社会养老保险和社会养老保险制度？
6. 什么是社会医疗保险和社会医疗保险制度？
7. 什么是社会救助？如何完善我国的社会救助制度？

## 扩展阅读

### 中、日、韩健康照顾与社会福利制度结构性特征的比较研究[①]

一、“东亚福利模式”与比较社会政策研究议题

福利国家分类或类型学研究是个十分基础、经典的现实、理论、政策和世界性研究议题，“东亚福利模式”是个新兴的热点研究议题，具有特别重要的现实、理论、政策和世界意义。19世纪末期特别是二次世界大战以来，“福利国家”体制和“追求生活质量运动”成为欧洲国家具有普遍意义的社会现实，不同福利国家之间的相似和差异之处成为人们关注的议题。福利国家制度发展的动力源泉是什么，不同福利国家的制度安排和政策模式有何异同之处，福利国家制度发展演变的结构性普遍规律是什么，社会发展方向与福利国家体制的关系如何？为回答这些基础理论政策议题，对福利国家的历史起源、政策目标、组织体系、服务范围、服务对象、结构功能、资金来源、运作机制和管理体制进行分类和比较的类型学研究日趋流行，相关研究成果大量涌现，例如安德森将福利资本主义区分为自由主义、合作主义和社会民主三大类型，对福利资本主义国家社

① 刘继同. 中、日、韩健康照顾与社会福利制度结构性特征的比较研究[J]. 学习与实践，2007，(6).

会福利制度的多样性、差异性和趋同性作了权威分类。但是，欧洲学者分类研究普遍存在的明显不足是以“欧洲为中心”的思维模式和分类学研究，亚洲、非洲、拉丁美洲和前苏联、东欧、中国等社会主义国家的社会福利制度并未纳入他们类型学和比较社会政策研究的视野，因此1990年代以来“东亚福利模式”议题应运而生。在全球化处境下，“东亚福利模式”议题的现实、理论、政策研究已具有重要的世界性意义。

福利国家分类和类型学研究的方法论基础是比较社会政策研究，比较社会政策研究是超越定量研究与定性分析传统两分法的最佳方法，对理解社会福利现实生活具有重要的意义。比较是观察社会现象、区分正常现象与病态现象、划分社会类型和科学研究的灵魂和精髓，是解释和预测社会现象基本准则，是探索同类现象异同之处和普遍发展规律的最佳方法。1970年代以来，由于环境和制度变迁，欧洲学者的比较社会政策研究逐渐增多、日趋流行，比较社会政策研究成为探讨欧洲内部、东西方国家和世界范围福利制度异同之处的首选方法。因为比较社会政策研究有助于更好地理解不同国家社会福利制度安排之间结构性异同之处，有助于通过对其他国家社会福利制度安排的差异之处和经验教训分析，来加深对本国制度的理解，有助于更好地理解世界各国社会政策领域中的“赶时髦、追风尚”问题，避免制度学习变味，有助于通过比较社会政策研究及时发现现存问题，调整本国社会政策框架和福利服务体系，有助于了解、认识世界各国社会政策框架与社会福利制度发展的普遍规律和未来发展方向。在全球化处境和区域合作日趋紧密的背景下，中、日、韩社会福利制度比较研究已迫在眉睫。

二、中、日、韩健康照顾制度比较研究与分析框架

中、日、韩健康照顾制度(health care system，中文习惯说法是卫生保健制度)的异同之处和普遍性发展规律比较研究，是探索“东亚福利模式”、比较东亚社会政策框架和社会福利制度结构性特征的最佳视角，对东亚和世界范围的社会福利制度改革、卫生部门改革和社会发展具有特别重要的现实意义。中国是世界上人口最多的发展中国家，日本是东亚地区唯一实现全面现代化的经济强国，韩国是著名的“亚洲四小龙”和新兴工业化国家的典型代表之一，三者都是东亚地区和世界上有影响的重要国家，社会经济发展水平呈现梯级分布状况，三国均处于东亚地区，拥有相似的历史发展经验和共同的文化传统，是比较研究的最佳对象。健康照顾政策与健康服务制度是东亚和世界各国社会政策框架与社会福利制度最重要部分，在整个社会政策框架与社会福利制度中处于最高层次，典型反映社会福利制度的发展阶段，是观察、比较、分析、解释、预测不同国家社会政策框架与社会福利制度类型的最佳领域，是探索整个社会福利制度与健康照顾制度发展、变迁的结构性、共同性规律的最佳视角。我们的目的是通过健康照顾制度的比较研究，探讨中、日、韩三国社会福利制度的结构性特征。更重要的是，中、日、韩三国社会福利制度与健康照顾制度都处于体制改革和制度创新阶段，三国政府共同面临诸多严峻的社会问题，例如环境污染、老龄化、医疗保障和疾病模式转变，身心健康需要普遍成为所有国民最重要的需要。如何控制医疗费用增长和提供优质医疗服务，特别是通过中、日、韩三国健康照顾制度的比较研究发现各国家现存的结构性、体制性问题，

总结归纳三国健康照顾制度框架设计、健康政策模式选择与医疗服务质量管理的经验教训，探讨国家社会经济发展、社会福利制度发展、健康照顾制度发展和提高公民生活质量的方向，实现健康公平、健康平等与社会公平、社会平等，构建和谐社会，成为政府工作的战略重点。

中、日、韩健康照顾制度的异同之处和普遍性发展规律，基本是个宏观取向的比较研究，我们将从政治制度、经济政策、社会结构、文化传统和健康照顾制度安排、政策框架等宏观制度安排层面比较中、日、韩健康照顾制度的异同之处，探索三国健康照顾制度的发展方向。由于语言文字和交流沟通，日本与中国、南韩和其他亚太区国家之间政治、外交问题等缘故，目前中、日、韩和亚太区国家之间的普遍状况是，各国大多处于分散零碎的简要介绍阶段，这种“简要介绍”多局限于某个专业领域，基本出发点多是参考借鉴其他国家有益的经验教训。1990年以来，日本与韩国之间的交流日益频繁，社会福利与健康照顾制度的比较研究增多，但是，中、日、韩三国和其他亚太区国家之间健康照顾制度的比较研究凤毛麟角，刚刚起步。客观上说，由于我们严重缺乏有关中、日、韩三国健康照顾制度的全面、足够、最新的资料，无法进行严谨科学、深入系统和专门集中于中、日、韩三国健康照顾制度的全面比较研究。主观上说，由于宏观的制度框架设计与政策模式选择至关重要，政府职能与市场机制的边界，社会政策与经济政策的关系，公共服务、社会福利、教育制度与健康照顾制度的关系密切，我们将主要从社会制度背景、宏观社会环境、制度安排、政策框架和管理机制等宏观层面，对中、日、韩三国健康照顾制度的异同之处和未来发展方向予以宏观取向的比较政策研究。需要强调的是，由于我们掌握日本、韩国资料的有限性，我们将尽量利用其他可用的资料，目的是初步勾勒中、日、韩三国社会政策框架与社会福利制度的“总体图画”和“现实状况”，以增强中、日、韩三国之间的相互了解、相互信任和相互依存，促进亚太地区和平与发展。具体来说，本研究比较分析的框架主要由中、日、韩三国的基本国情，例如人口、国土面积，政治制度、经济政策、社会结构、文化传统和健康照顾制度安排等多方面内容组成，试图将宏观制度框架与微观的医疗服务结合起来，将纵向历史变迁比较与横向结构比较结合起来，将国家案例研究与地区比较研究结合起来，将健康照顾制度局部比较与社会福利制度的整体比较结合起来，以发现中、日、韩三国健康照顾制度框架的异同之处，指明未来的发展方向。

三、中、日、韩健康照顾的制度背景与社会特征

中、日、韩三国的基本国情和宏观的制度背景既有许多相似之处，又有明显的差异之处，为理解三国健康照顾制度结构性差异奠定制度基础。中、日、韩三国的基本国情和社会状况多姿多彩。首先，三国的国土面积和领土范围差距巨大，中国为959.8万平方公里，日本为37.8万平方公里，韩国为9.9万平方公里。需要强调的是，中、日、韩三国都面临“领土完整”问题。其次，三国人口总数和人口规模明显不同。2002年时，中国总人口为1281百万，日本为127百万，韩国为48百万，三国人口规模差距巨大，人口规模问题直接影响社会服务的提供。与此密切相关的是，三国的人口密度状况恰恰相

反，中国人口数量最多，但是人口密度最低。2002年，中国每平方公里有137人，日本有349人，韩国有483人，人口密度差距明显。

中、日、韩三国的政治制度框架、国家权力结构和政府行政管理体制存在明显差异之处，国家政治体制的国情、状况将直接影响社会福利制度与健康照顾制度框架和政策模式选择。国家政治体制决定经济制度，经济政策框架决定社会政策框架。这意味社会福利与健康照顾制度深受政治体制、经济制度的影响，因为国家的权力结构决定公民权利、义务和生活状况。近代以来，三国都有过曾经沦为殖民地的惨痛历史经验，封建社会向现代社会转型时间不一，现代民族主权国家形成和现代化进程的时间不同，中国以1911年辛亥革命为现代民族主权国家诞生的标志，1949年10月1日是中华民族独立、解放和中华人民共和国的国庆节日。日本以1868年明治维新为开端，标志封建社会向现代社会转型和现代民族主权国家的诞生。韩国是二战历史产物，1948年8月15日大韩民国成立，标志现代民族主权国家韩国诞生。更为重要的是，三国的宪法、宪政和政治体制截然不同，中国宪法规定中国是社会主义国家，国家立法机关是全国人民代表大会和常务委员会，政府行政管理机关是国务院和职能部门，司法机关是最高人民检察院和最高人民法院。日本宪法规定日本是君主立宪国家，天皇名义和形式上是国家最高统治者，但是实际上国家权力掌握在内阁大臣和政府各职能部门手中。韩国宪法规定，韩国是以三权分立为基础的民主政体，政府行政管理部门实行总统制，立法权属于一院制的国会，大法院是韩国的最高法院，掌管司法大权，韩国实行多党政治与合作。

最为重要的是，中、日、韩国家政治体制、权力结构与政府行政管理机关设置的差异，集中反映在三国健康照顾制度与行政管理机构上，反映在政府行政管理机关名称、组织结构、功能和职能范围上。例如，从中央政府健康照顾机构设置角度看，中国政府负责健康照顾事务的行政管理机构是卫生部，健康照顾服务主要由卫生部一家负责，而且健康照顾服务与其他社会福利服务例如福利服务与劳动保障没有联系，缺乏社会政策理念与社会福利制度。但是，1938年，日本成立厚生省，厚生省的具体涵义是健康与福利服务部，其主要职能是主管全国健康照顾与社会福利事务。2005年，日本厚生省与劳动省合并，成立厚生劳动省，将健康照顾、社会福利和劳动就业三者联系起来，说明日本社会福利制度的范围不断扩大，典型说明健康照顾、社会福利与劳动就业三者之间的内在逻辑关系和系统化密切联系。韩国政府的行政管理机构设置同样是健康福利部，将健康照顾与社会福利事务整合在一起。简言之，政府行政管理机构设置、结构功能、职责范围将直接影响健康照顾服务体系与质量。

中、日、韩三国经济政策、经济发展水平、产业结构，特别是国民经济发展总量规模与结构状况直接影响各自国家的健康照顾与社会福利制度安排。2004年，根据世界银行统计，中国国内生产总值为16 493亿美元，人均国民生产总值为1290美元。日本国内生产总值为46 234亿美元，人均国民生产总值为37 180美元。韩国国内生产总值为6797亿美元，人均国民生产总值为13 980美元。中、日、韩三国经济发展水平存在显著差距，呈梯级状况。

中、日、韩三国的就业结构反映了产业结构现代化程度，特别是反映了公共服务、社会服务与健康照顾服务的总量规模与结构状况，直接影响各自国家健康照顾与社会福利制度安排。按照世界银行统计，2000年时，中国第三产业的就业率为12.9%，日本第三产业的就业率为63.9%，韩国第三产业的就业率为62.3%。韩国与日本的第三产业就业率已十分接近，但是中国与日本、韩国的就业结构差距则十分明显。总体来说，中、日、韩三国的经济制度、产业结构、现代化程度明显不同，按照世界银行的分类，中国是“低收入国家”，韩国是“上中等收入国家”，日本是“高收入国家”，分属三个世界。

中、日、韩三国的社会结构与社会发展状况，特别是贫困、教育、健康照顾服务状况反映了各自国家的社会现代化程度，反映了国民的生存环境与生活质量，反映了个人福利状况与社会总体的福利水平。根据世界银行的统计，1987—2001年间，中国最贫困的1/5人口收入或消费占国民收入或消费的百分比为5.9%，日本为10.6%，韩国为7.9%。相对来说，中国贫富差距最大，日本贫富差距最小。与此同时，2001年，中国5岁以下儿童营养不良状况比率为10%，日本和韩国则无此类数据，反映中、日、韩三国在根除绝对贫困和饥饿方面面临截然不同的形势，中国的贫困问题严峻。更为重要的是，中、日、韩三国的教育发展状况同样存在显著的差距，说明三国社会发展状况存在明显差距。例如，根据世界银行的统计，从三国用于每个学生教育的公共支出水平看，2000年，中国小学教育支出占人均GDP的百分比为6.1%，日本小学教育支出占人均GDP的百分比为21.3%，韩国小学教育支出占人均GDP的百分比为18.3%，韩国与日本的水平比较接近，中国与日本、韩国的差距较为明显。简言之，中、日、韩三国社会现代化水平与社会发展状况存在明显的差距，呈梯级分布。

中、日、韩三国的文化习俗、历史传统、价值观念和生活方式，既有相似的地方，又有显著的差异。三国之间既拥有共同的社会文化基础与历史渊源，又拥有多姿多彩的民族文化。中、日、韩三国都处于东亚地区，都深受中国传统文化特别是儒家文化和汉族文化的影响，虽然日、韩两国都有自己独特的文化传统，但是中国传统文化和汉族儒家文化是其共同基础。目前，我们并不关心什么是儒家文化，儒家文化的主要构成要素是什么，中、日、韩三国的儒家文化是如何发展演变的，三国儒家文化有何异同之处，而主要探讨传统文化与社会福利的关系。众所周知，儒家文化是东亚福利体制内在的重要组成部分。但是，最为关键的研究问题是，儒家文化在东亚福利制度形成发展中扮演什么角色？有些学者认为，儒家文化成为东亚政府治理社会和谋求政治合法性的工具，成为东亚国家限制约束社会政策的基本理由。

四、中、日、韩健康照顾制度的相似与差异之处

中、日、韩健康照顾制度框架设计、政策模式选择、服务体系建设和医疗服务成效结果，都是比较健康政策研究的基本领域，是观察、分析和解释三国社会福利制度差异的最佳领域。

第一，中、日、韩三国健康照顾制度的性质和健康照顾政策范围的归属处于截然不

同的状况。由于目前中国尚无明确、清晰的社会政策概念和社会政策概念框架，而且学术界、社会大众对社会保障(social security)和社会福利(social welfare)概念理解存在问题，背离“国际惯例”，社会保障是个大概念，社会福利是个小概念，严重影响人们对社会福利制度与政策的理解。因此，中国健康照顾制度与政策模式是否属于社会保障，或者说社会福利制度的性质尚存争议。日本健康照顾制度的性质是社会福利和主观幸福感色彩浓厚的“社会福祉”(social wellbeing)。韩国健康照顾制度的性质也是社会福利，而且社会福利概念内涵和外延包括就业、住房、健康与医药服务、社会保障、妇女福利五大部分，接近欧洲国家的社会政策概念框架与社会福利制度。制度性质的归属是个关键问题，直接决定制度框架设计、政策模式选择和服务体系建设问题。

中、日、韩三国的基本国情与健康照顾制度背景状况如表1所示。

**表1　中、日、韩三国的基本国情与健康照顾制度背景状况比较一览表**

| 表较的层面 | 韩国 | 日本 | 中国* |
|---|---|---|---|
| 国土面积/千平方公里 | 99 | 378 | 9598 |
| 人口数量/百万人 | 48 | 127 | 1281 |
| 人口密度/人每平方公里 | 483 | 349 | 137 |
| 现代主权国家形成时期/年 | 1948 | 1868 | 1911 |
| 独立建国日 | 1948.8.15 | | 1949.10.1 |
| 健康照顾行政管理机构 | 健康与社会福利部 | 健康、福利与劳动部 | 卫生部 |
| 国内生产总值/亿美元 | 6797 | 46 234 | 16 493 |
| 人均GDP/美元 | 13 980 | 37 180 | 1290 |
| 第三产业就业率 | 62.3% | 63.9% | 12.9% |
| 最贫困1/5人口占国民收入百分比 | 7.9% | 10.6% | 5.9% |
| 5岁以下儿童营养不良状况比率 | 无数据 | 无数据 | 10% |

*本文有关“中国”的数据主要局限于中国大陆，香港、澳门特别行政区和台湾省的数据未包括在内。

第二，中、日、韩三国健康照顾制度的价值基础与价值目标体系存在明显的不同，直接决定、影响健康照顾制度的安排和服务质量。价值基础与价值目标是制度安排的灵魂与精髓，是决定制度框架设计与政策模式选择的深层次基础结构体系，地位、功能、作用异常重要。改革开放30多年来，中国卫生改革目标含糊不清，健康不公平与健康不平等问题日益突出，“看病难、看病贵”问题，特别是“政府不满意、群众不满意和卫生系统自己也不满意”的状况凸显健康照顾制度缺乏应有价值基础与价值目标的困境，直接影响医疗服务效果。日本健康照顾制度，特别是全民健康保险制度框架设计和政策模式的选择以健康公平为首要目标，“全民皆年金、全民皆保险”和较高程度的健康平等成为日本健康照顾制度基本特征。韩国政府明确提出以建立“一个能够保证人人幸福的福利社会”为国家发展的主要政策目标，全民健康保险、综合性社会福利制度安排、性别平等、儿童福利等典型反映了政府的价值目标。需要强调的是，价值基础与价值目标并非是无形的和看不见的，而是具体体现在制度安排中。

第三，中、日、韩三国健康保障制度框架与政策模式的性质存在明显差距，日本和韩国比较接近，中国与日本、韩国的差距较大，中国健康保障制度框架建设尚有漫长之路要走。目前，中国健康保障制度的性质基本停留在“医疗保障”层次上，尚未达到“健康保障”层次，而且医疗保障范围有限，主要局限于城市就业者群体，乡村和非就业人员基本无医疗保障。日本全民健康保险制度普及运动始于1958年，1961年时全国基本建立全民健康保险制度，是继英国(1946年)、挪威(1950年)等之后第三个实现全民健康保险的国家，居世界领先地位。与此密切相关的是，中、日、韩三国健康照顾服务对象存在明显不同，日、韩两国健康保险覆盖所有国民，而中国公费医疗、城镇职工基本医疗保险、农村新型合作医疗和医疗救助制度都只覆盖有限的人群，绝大多数中国国民缺乏基本的医疗保障，个人和家庭的医疗负担过重。

第四，中、日、韩三国健康照顾制度的服务范围和服务内容同样存在明显差异，典型地反映三国政府机构设置和政府职能划分的差异，反映政府公共服务与社会服务方面的差异，反映国家、市场、市民社会三个部门之间的关系，反映个人福利与全社会总体社会福利状况，间接反映三国公民的生活状况、生活质量和主观幸福感程度，反映个人与社会总体健康状况。中国健康照顾服务范围有限，服务范围和服务内容有严格规定，健康照顾服务局限于“基本医疗服务”，心理健康、社会功能健康和其他相关社会服务都不包括在内，形成孤零零的体系。日本和韩国的情况比较接近，韩国健康和社会事务部职责范围和服务领域广泛多样，主要包括就业、住房、健康及医药服务、社会保障、妇女福利五大部分。具体来说，韩国健康和社会事务部的职责范围涵盖十大服务领域：一是劳动事务，二是社会保障事务，三是公共卫生，四是母婴健康，五是环境健康，六是医疗事务，七是药物事务，八是社会福利，九是国家福利年金，十是妇女和儿童福利。这种职责范围广泛的公共服务的和系统性的社会服务体系，既说明日、韩社会福利制度的兴旺发达，又说明日、韩政府公共服务与社会职责范围的扩大。

第五，中、日、韩三国健康照顾制度的基础设施体系建设、服务状况和服务条件同样存在明显的差异，显示三国在健康照顾状况方面存在的客观差距，反映了三国健康照顾服务水平。按照世界银行的统计，1995—2000年，中国每千人拥有医生数为1.7人，日本为1.9人，韩国为1.3人，中国在医护人员数量规模上处于日本、韩国之间，且更接近日本的水平。1995—2000年，从每千人拥有医院病床数的角度看，中国每千人拥有的医院病床数为2.4张，日本为16.5张，韩国为6.1张，中、日、韩三国之间的差距非常明显，显示三国健康照顾基础设施体系建设方面存在的客观差距。与此密切相关的是，中、日、韩三国的住院率也存在差距，中国住院人数占人口总数的百分比为4%，日本为10%，韩国为6%。需要强调的是，中国存在大量“应住院而未住院的病人”，大量稀缺、宝贵的医疗资源浪费严重。按照卫生部统计，1980年，中国医院病床总和利用率为82.5%，1990年降为80.7%，2000年降低到60.6%的最低点，2005年缓慢回升到70.3%，反映中国“看病难、看病贵”的社会现实状况。与此同时，中、日、韩三国在可享用卫生设施的人口所占的比例上同样存在明显的差距，按照世界银行的统计，2000年时，中国可享用卫生设施的人口在总人口中所占的比例为38%，日本无此方面的数据，韩国则为63%，突出反映三国在健康基础设施体系建设上的差距。中、日、韩三国在可获得安全饮用水方面也存在明显差距。按照世界银行的统计，2000年，中国可获得安全饮用水的人口在总人口中所占的比例为75%，日本同样无此数据，韩国为92%。简言之，中、日、韩三国在健康照顾基础设施体系建设方面的差距将直接影响健康照顾水平。

第六，中、日、韩三国政府在健康照顾制度建设，特别是在健康照顾投资、融资和疾病负担方面的状况同样存在显著的差距，反映三国公共财政体制的发展与完善程度，反映政府实质承担社会福利责任方面的能力和差距，反映社会服务与社会福利制度的发展状况。按照世界银行的统计，2000年，中国健康照顾服务的支出结构状况是，公共支出占GDP的百分比为1.9%，私人支出占GDP的3.4%，全国健康照顾服务总费用约占GDP的5.3%。日本健康照顾领域中公共支出占GDP的百分比为6.0%，私人支出占GDP的百分比为1.8%，全国健康照顾服务总费用约占GDP的7.8%。韩国健康照顾领域中公共支出占GDP的百分比为2.6%，私人支出占GDP的百分比为3.4%，全国健康照顾服务总费用约占GDP的6.0%。从全国健康照顾服务总费用数量规模的角度看，日本最高，韩国次之，中国最低，差距明显。从全国健康照顾服务总费用支出结构的角度看，即从公共支出与私人支出比例关系的角度看，同样是日本支出结构最佳，韩国次之，中国最差，说明中国政府在健康照顾领域投入太少，说明中国政府在健康照顾领域尚未承担应有的社会责任，疾病负担和风险主要由个人承担。中、日、韩三国健康照顾服务总费用的数量规模、公共支出与私人支出的比例关系，可以说明日本具有较高的健康公平程度；韩国健康照顾服务处于结构转型期，政府准备承担更大责任；中国医疗卫生领域"看病难、看病贵"和健康不公平的问题日趋严重而非逐步缓解。不言而喻，健康照顾服务筹资模式和途径是最能体现政府责任的。

第七，中、日、韩三国政府在健康照顾服务成果、成效与服务质量方面同样存在明显的差距，既反映各国健康照顾服务的现实状况和服务质量，又反映各国健康照顾资源的配置效率、健康照顾制度的运作机制和管理水平上的差距，说明各国健康照顾制度的综合服务能力的差距。按照世界银行统计，1995年，中、日、韩三国在改善孕产妇健康状况方面存在明显差距。模型估计的每十万例分娩中孕产妇的死亡率，中国为10万分之60，日本为10万分之12，韩国为10万分之20，日本孕产妇健康状况最好，韩国次之，中国孕产妇的健康状况最差。与此同时，按照世界银行统计，2000年时，在熟练医护人员护理下的分娩占总数的百分比，中国为70%，1995年时日本已达100%，1995年时韩国为98%，2000年时无相关的数据。这两种指标典型反映中、日、韩三国在生殖健康、安全分娩、改善孕产妇健康状况上的差距。中、日、韩制度差异在儿童健康、体格发育、计划免疫、食品营养和妇幼保健领域同样如此。按照世界银行的统计，2001年时，中国5岁以下儿童死亡率为39‰，日本和韩国都是5‰，说明日本和韩国在儿童健康照顾领域已基本不分上下，但是，中国与日本、韩国的差距巨大。2001年，中国1岁以下儿童免疫接种百分比，麻疹为79%，白喉、百日咳、破伤风(白百破)为79%；日本的麻疹为96%，白百破为85%；韩国的麻疹为97%，白百破为99%，说明韩国在儿童计划免疫方面做得最好，超过日本，位居三国之首，韩国儿童健康状况最佳，同时说明妇幼保健和妇幼健康在韩国健康照顾服务与社会福利制度框架中处于相对最高的地位。

第八，中、日、韩三国在疾病预防，特别是传染病防治和公共卫生领域的差距同样明显。按照世界银行统计，1999年时，中国结核病治愈率占结核病例的百分比为96%，日本为76%，韩国无此数据。单从统计数据看，中国的结核病治愈率远远超过日本，说明中国在结核病防治领域所占的优势地位。总体来说，中、日、韩三国健康照顾与社会福利制度领域衡量制度表现和制度业绩的综合性指标是预期寿命，特别是健康预期寿命，反映三国公民的生活质量与社会福利总体水平的差异。2002年，中国男性健康预期寿命为63岁，日本为72岁，韩国为65岁，日本生活质量最高。

中、日、韩健康照顾的制度框架与健康服务状况比较如表2所示。

**表2　中、日、韩健康照顾的制度框架与健康服务状况比较一览表**

| 比较的层面 | 韩国 | 日本 | 中国 |
| --- | --- | --- | --- |
| 健康照顾制性质 | 社会福利 | 社会福利与社会福祉 | 医疗保障 |
| 健康制度价值基础 | 全民福利社会 | 全民健康平等社会 | 改善人民健康状况 |
| 健康保障制度性质 | 全民健康保险制度 | 全民健康保险制度 | 部分就业者医疗保险 |
| 健康保险服务对象 | 全体国民 | 全体国民 | 极少数人群 |
| 健康照顾服务范围 | 就业、住房、健康、福利 | 健康、福利与劳动 | 医药服务与公共卫生 |
| 每千人拥有医生数 | 1.3人 | 1.9人 | 1.7人 |
| 每千人拥有病床数 | 6.1张 | 16.5张 | 2.4张 |
| 住院率 | 4% | 10% | 6% |
| 可享有卫生设施人数 | 63% | 无数据 | 38% |
| 可获得饮用水的人数 | 75% | 无数据 | 92% |
| 健康公共支出占GDP比重 | 2.6% | 6.0% | 1.9% |
| 健康私人支出占GDP比重 | 3.4% | 1.8% | 3.4% |
| 国家健康照顾总费用占GDP比重 | 6% | 7.8% | 5.3% |
| 每10万孕产妇死亡率 | 10万分之20 | 10万分之12 | 10万分之60 |
| 安全分娩的比例 | 98% | 100% | 70% |
| 5岁以下儿童死亡率 | 5‰ | 5‰ | 39‰ |
| 1岁儿童麻疹免疫接种率 | 97% | 96% | 79% |
| 1岁儿童白、百、破免疫接种率 | 99% | 85% | 79% |
| 结核病治愈率 | 无数据 | 76% | 96% |
| 男性健康预期寿命 | 65岁 | 72岁 | 63岁 |

五、中、日、韩健康照顾与社会福利制度结构现代化比较

中、日、韩健康照顾制度比较研究为全面探讨社会政策与社会福利议题提供极好的案例，引发一系列迫切需要继续深入讨论的基础性、国际性现实、理论、政策问题，值得高度注意。首先，在全球化处境和国际交流合作日益频繁的背景下，进行比较社会

政策研究的必要性、重要性、紧迫性和基础性问题似乎已无需争辩、置疑。在全球性社会福利制度改革和健康部门改革，特别是在管理主义、社会服务交待问责和重视服务结果的取向日益流行的背景下，为什么需要进行比较社会政策研究，其目的可能要提高到更高层次的制度框架设计与政策模式选择上，要提高到国家宏观、整体的制度创新、长远的制度化建设和社会制度学习的层次，要提高到政府如何更为有效地建构社会、治理社会、管理社会、服务社会和运作社会的层次，而非停留在单纯、低级、简单的理论研究、学术交流、比较性描述和满足人们的好奇心。这意味着要提高比较社会政策研究的“政治动机”层次，挖掘利用比较社会政策研究的巨大潜力。

其次，中、日、韩健康照顾制度比较研究的发现，有力验证了福利政治学议题的基础性地位，反映了国家发展的目标体系和国家最高利益的精髓所在，说明政治性因素、权力结构和政府机构在健康照顾制度与其他社会福利制度框架设计和政策模式选择中的决定性地位和影响力。长期以来，人们普遍关注经济发展状况与社会福利制度的关系，普遍认为经济发展水平决定社会福利水平。但是人们对政治制度、国家政治、军事制度、权力结构、国民权利义务观念的变化对社会福利制度的影响却注意不多，低估或忽略了政治承诺、政治意愿、战争状态、民主政治、政治选举等政治性因素对社会福利制度的深刻影响，政治与福利的关系尚未引起人们足够的重视。例如，从日本与韩国的情况看，军事、战争、政治性竞争机制是推动社会福利制度发展的重要动因，政治与政府在社会福利制度发展演变过程中扮演着举足轻重的角色。例如政府健康照顾行政管理体制与组织结构对服务的影响，中国组建“健康福利部”的建议。

第三，中、日、韩健康照顾制度比较研究说明，形成三国健康照顾与社会福利制度差异之处的无形推动力量是人们普遍的价值观念、主流意识形态和社会文化传统、风俗习惯，社会中主流价值观念的构成、结构、层次与功能决定制度框架的构成、结构、层次与功能，这意味有什么样的价值观念、意识形态和文化传统，就会有什么样的制度安排与政策模式。价值观念、意识形态和文化传统是制度框架设计、政策模式选择的灵魂和精髓，是制度建设与制度创新的核心要素，它们就像科学技术中的“核心技术”一样，决定整个制度的框架。需要强调的是，意识形态、价值观念、理论思想、风俗习惯和社会认识并非是“空中楼阁”，而是社会现实的真实反映，是贯穿社会制度安排与社会政策框架的主线，是无形结构化关系。因为思想是一种催化剂，它能够打乱常规，移风易俗，破坏信仰，引发怀疑和理论争论。这意味着主观认识与客观存在、知识活动与社会现实、主流意识形态与制度建构存在着密切关系。

第四，中、日、韩健康照顾制度比较研究再次验证和说明，经济发展水平、产业结构现代化和经济富裕程度只是健康照顾和社会福利制度发展的必要条件，而不是充分条件。总体来说，影响社会政策框架设计与社会福利制度发展因素众多，政治、经济、社会、文化，结构性与体制性，正式与非正式，文化与物质，国际背景与国内环境，主要社会矛盾，都可能影响社会政策框架设计与社会福利制度发展。关键问题是：这些因素是如何组合的，哪个因素是最主要的决定性因素，最主要的决定因素在不同历史时期是如何发展、转变的？更为重要的是，我们应如何正确处理经济发展与社会发展、经济政策与社会政策、经济市场与社会市场的关系？中、日、韩健康照顾制度比较研究再次验证，经济发展只是手段，社会发展才是目的。健康照顾服务和社会福利制度是最能够体现社会发展状况、质量的领域。

第五，中、日、韩健康照顾制度比较研究说明，健康照顾服务与社会福利制度变迁具有某些普遍性、结构性发展演变规律，这些普遍性、结构性发展规律成为普世性衡量标准和国际惯例，成为观察、分析和评价特定国家社会福利制度发展阶段与水平的重要参照标准，成为考察哪些是本国特色，哪些是国际通则，哪些是普遍规律，哪些是特殊性的衡量标准，例如缓解贫困和社会救助制度向社会保障制度的转变，社会保障制度向社会福利制度转型，社会福利制度向社会福祉、主观幸福感转变，社会福利、劳动就业、健康照顾日趋整合一体，社会福利的范围不断扩大，健康照顾与社会福利由社会控制手段转变为社会发展目的本身，“生活问题”由私人领域转变为公共领域，疾病灾难由“个人不幸”转为“公共政策”议题，政府在社会生活中承担越来越大的责任，扮演越来越重要的角色，国家公共财政体制日趋成熟等。最为重要的是，中、日、韩健康照顾成为社会福利制度的基础与核心组成部分，健康照顾服务成为社会政策议程和社会福利制度建设的战略重点，身心健康是最大福利等观点已获广泛认同。综观中、日、韩三国健康照顾制度与整体社会福利制度的诞生、发展、演变和日趋成熟的过程，我们可以清晰看到健康照顾在社会政策框架与社会福利制度发展中扮演越来越重要的角色，三国人民的基本需要结构普遍发生历史性战略转变，身心健康需要普遍成为最重要的需要，如何预防疾病，减轻个人和家庭疾病负担，建立发达、完善、优质的医疗服务和公共卫生体系，已成为各国公共政策、社会政策、社会福利政策和健康政策议程的共同主题，用中国话来说，健康政策成为中、日、韩三国“基本国策”的时代已经来临，这在中国社会中尤应如此。

第六，中、日、韩健康照顾制度比较研究发现，健康照顾体系、社会福利制度和“东亚福利模式”并不是东亚地区特有的社会现象，这意味“福利国家”体制也非欧洲国家特有的现象，“从摇篮到墓地”的福利国家与福利社会是世界各国社会发展与社会现代化建设的必然结果，意味着凡是走上工业化、城市化和现代化的国家，都必然会发展健康照顾与社会福利事业，工业化、现代化与社会福利制度之间存在着内在的、必然的、结构性和制度化的逻辑联系。这意味“东亚福利模式”与欧洲的“福利国家”在结果、范围和发展方向上并无本质的区别，“东亚福利模式”与欧洲“福利国家”的主要区别是在社会福利制度发展的社会背景、过程和初始条件上，即社会政策框架设计与社会福利制度发展的制度起点和发展路径有所不同。条条道路通罗马。“东亚福利模式”最大的现实意义和理论政策意义是指出东西方社会的不同，指出东西方社会政策框架设计、政策模式选择、福利制度发展道路和国家——社会关系的差异。同时明确指出东西方社会“殊途同归”，共同走向“从摇篮到墓地”和全民福利社会的未来。随之而来的问题是，假如凡是工业化与现代化社会，都必然会发展健康照顾与社会福利事业，但是为什么各国的发展背景、发展动机、发展模式、发展过程、发展结果有重大差别呢？

第七，中、日、韩健康照顾制度比较研究发现，虽然“东亚福利模式”与欧洲福利国家体制无本质的区别，东西方国家社会发展未来殊途同归，但是由于中、日、韩和其他东亚国家独特的历史背景、文化传统、发展过程、社会福利实践形式和制度建设基础的不同，其丰富、发展和创造崭新的社会福利理论体系，将对普世性社会发展理论和社会福利理论体系的建构贡献力量。众所周知，欧洲福利国家体制是以国家、市场的二分法理论为基础，经济市场需要国家干预，市场对个人福利与社会福利是无贡献的，国家需通过社会福利制度实施社会管理与再分配，这种状况以“蒂特马斯模式”或“社会政策模式”闻名于世，是宏观的、国家的和单一的福利。但是，中、日、韩健康照顾与社会福利制度多元化、社区性、政治性和家庭化发展状况说明，个人福利与社会福利既来源于国家，又来源于市场、市民社会(社区、NGO)，还来源于家庭。更为重要的是，东亚各国福利实践证明：生活、生活保护是社会福利制度的基本研究对象，照顾(care)、关爱、关怀是社会福利制度的精髓和要义，社会福利的核心就是照顾福利学。简言之，东亚福利实践和东亚福利模式丰富、发展和创造了新型的、普世性的社会福利理论。

第八，中、日、韩健康照顾制度比较研究发现，健康照顾和社会福利制度健康运行需要坚实的社会基础结构设施体系(social infrastructure system)的支撑，需要制度化社会基础设施。从社会体系结构-功能的角度看，社会制度可以区分为两大部分，一是以各类社会资源为主要构成要素的社会基础结构设施体系，它们是静态的、客观存在的、分散的和工具性的社会资源，例如人、财、物、设施、设备、信息、知识等有形的物质财富或无形的价值观念、文化传统；二是将这些社会资源“组合”起来的制度框架、组织结构、政策法规、管理机制和政治文化，在相同的社会资源与社会背景条件下，不同的制度安排和政策模式可以产生截然不同的社会效果。长期以来，由于社会基础结构设施体系是无形的、潜在的、被动的、静态的和物质性的力量，社会基础结构设施体系没有引起人们足够重视。一般来说，社会基础结构设施体系主要由狭义社会性基础结构设施与经济性基础结构设施体系两部分组成，前者质量决定后者质量。在健康照顾领域中，健康基础结构设施体系发展状况是衡量健康照顾现代化与质量的标准。因为经济关系、物化关系、经济交换关系，其深层次社会基础是人类社会关系和结构化社会关系。

第九，中、日、韩健康照顾制度和社会福利制度比较研究发现，国家实施的生活保护和确保公民维持基本生活水平，保持体面和有尊严的生活，这是欧洲福利国家和东亚福利模式的共同主题，是社会政策框架设计、社会福利制度发展和健康照顾服务体系追求的共同目标。这意味着社会制度“性质”无足轻重，最关键的制度精髓是国家、市场、市民社会的组合模式，现代国家共同的基本责任是，改善全体公民的生活质量，为所有公民创造幸福、美好的生活。更为重要的是，东亚社会福利制度和东亚福利模式的重要结构性特征是发展社区福利制度，1990年以来，由于社会结构转型和中、日、韩三国政府“不约而同”共同转向“社区化”和“生活化”社会福利制度建设，以社区服务、社区建设、社区福利、社区教育、社区就业、社区环境、社区治安、社区健康与和谐社区为基础的社区福祉体系基本形成，社区福利制度成为福利国家体制和全民性、综合性福利制度的具体体现，包含浓厚的东亚福利文化元素。简言之，东亚福利模式的基本特征是市场、社区和传统文化在福利发展中扮演重要而积极的角色。

第十，中、日、韩健康照顾制度和社会福利制度比较研究发现，总体来说，日本和韩国之间的差距正在缩小，两国健康照顾与社会福利制度之间的相似性、趋同性正在显著增加，中国与日本、韩国在健康照顾与社会福利制度领域的差异性、国家化特征是比较明显的，中国、韩国和日本之间可以形成一个层次分明、发展阶段不同和制度特征明显的发展链条或发展阶梯，中国处于最低水平与层次，日本处于最高水平和层次上，韩国更接近日本。虽然中、日、韩健康照顾制度和社会福利制度发展的社会背景、历史过程和初始条件不同，但是中、日、韩健康照顾制度和社会福利制度发展状况的趋同性、相似性和一体化趋势明显，这意味中、日、韩健康照顾制度和社会福利制度同中有异，异中有同，相似性与差异性并存。

最后，无论是开展国内研究，还是从事跨国比较研究，我们都迫切需要对核心概念和基础理论问题予以深入、系统的研究，以便为科学研究和国际比较研究奠定坚实的知识基础。众所周知，核心概念的内涵外延和界定角度，核心概念的学术理解与社会理解之间的关系，并不是纯粹的理论问题，而是真实的社会现实问题，真实反映制度框架设计与政策模式选择，因此，如何清晰地对核心概念进行科学的学术性界定和社会共识性理解是比较研究的当务之急。如慈善、公益、保障、福利、福祉、医疗、健康、公共卫生等核心概念的区别、联系和异同，这些概念的内涵外延和范围内容是如何发展演变的，这些概念在不同社会处境中是如何理解的。毫无疑问，对这些问题的理解能够加深我们对社会现实状况和不同国家之间异同之处的理解。这意味着核心概念和基础理论也是比较社会政策研究不可缺少的重要内容，地位十分重要。这说明比较社会政策研究需要一定的社会前提条件和基础理论研究积累。比较研究并非易事。

六、简要讨论与基本结论

目前，我们生活在前所未有地迫切需要、主观条件可以、能够和实际从事“经常性比较”的社会结构转型时代，比较研究、跨国研究、国际比较分析和横向结构比较研究方兴未艾。在全球化处境和国际竞争日趋激烈、综合国力不断提高的背景下，比较社会政策研究的基本动机发生重大变化，由学者兴趣、知识积累、理论创新提高到国家利益、制度创新和社会治理层面，比较政策研究的政治目标更加重要，因为国家制度安排、制度框架设计与制度创新决定未来。这意味着我们应采取更加实用务实、实事求是、心胸开放、灵活多样的姿态从事比较研究，凡是社会发展实践证明是有助于经济社会协调发展，有助于改善人民生活和整体社会福利的，我们都应该真心诚意地学习，积极主动地学习，有的放矢地学习，去政治化和制度化地学习。

中、日、韩三国都是亚洲和世界上有影响的国家，拥有共同的文化传统和历史经验，但是三国的发展背景、发展过程、发展战略、发展道路和发展结果存在明显的不同与差异。日本已成功实现经济现代化，经历过“脱亚入欧”、“回归亚洲”和“东西融合”的痛苦过程；韩国也基本成功实现经济现代化，经过不懈努力和拼搏进取，创造了世界闻名的“经济奇迹”；中国正处于社会结构转型、高风险的现代化发展初期和深层次、全方位体制改革的关键时期，制度框架设计、政策模式选择和制度学习处于前所未有的战略机遇期，具有重要的现实意义。在社会政策框架与社会福利制度之中，健康照顾体系是最基础、最重要和最具挑战性的领域，又处于中、日、韩三国公共政策、社会政策议程的优先领域，是我们观察、分析和解释三国现代化状况的最佳视角，是我们观察、分析和理解三国人民生活质量和社会福利的最佳领域。因为身心健康是最大的福利，是最高层次的福利，是社会、国家、个人梦寐以求的共同目标。

中、日、韩三国的历史发展、基本国情、人口结构、社会制度、政治体制、权力结构、经济市场、产业结构、社会结构、文化传统、价值观念和生活方式，都存在巨大的结构差别，这些结构性与体制性差别构成中、日、韩三国“截然不同”的制度性背景和社会制度安排，这种截然不同的制度背景和社会结构在某种程度上决定和影响着健康照顾体系和社会福利制度的构建，导致中、日、韩三国产生不同的社会需要与社会问题，政府回应社会需要与社会问题的方式有所不同，从而影响预防疾病、疾病治疗、健康风险、身心健康与构建和谐社会等议题在社会政策议程中的位置，影响健康照顾、基础教育、劳动就业、福利服务、住房服务之间的关系。总体来说，日本、韩国的制度背景、制度安排、社会结构和社会运行机制似乎更加灵活务实，社会、国家和个人对社会需要、社会问题的“社会回应能力较强和较为灵敏，制度运行的社会成本相对较低。社会回应能力是指社会，特别是政府回应、处理和解决社会问题的能力。简言之，不同国家制度安排与政策模式选择的优劣、好坏差别主要体现在社会回应能力上。

中、日、韩三国健康照顾体系与社会福利制度正处在不断变化的过程之中，但是三国的制度框架与政策模式基本定型，尤其是日本和韩国，中国正处于体制改革和制度创新过程中。总体来说，日本与韩国在健康照顾制度的价值基础、价值目标、制度性质、服务对象和覆盖范围、健康基础结构设施体系、健康筹资机制、国家健康服务总费用和健康服务效果、结果等诸多方面都日趋接近、相似，两国之间结构性与体制性差异逐渐缩小，制度趋同性增强。与此同时，中国与日本、韩国在健康照顾服务和社会福利制度领域中的差距是比较明显的，这种“制度差距”体现在健康照顾服务、社会福利概念内涵外延、健康照顾的行政管理体制、健康基础设施体系、政府在健康照顾领域承担的责任和健康照顾服务效果、结果等诸多领域。中、日、韩三国健康照顾体系比较研究说明，东亚福利模式与欧洲福利国家体制无本质区别，只有健康照顾与社会福利制度现代化才是真正的现代化。人民身心健康与社会和谐是最佳的衡量指标。

[本文系笔者承担的国家社科基金项目(批准号05BSH040)“社会转型期社会政策框架与卫生政策战略地位”阶段性成果之一，特此说明。]

# 第九章　公共交通管理

交通运输是社会经济发展的先决条件，公共交通作为交通运输系统的重要组成部分，对国民经济发展具有全局性和先导性影响的地位。城市公共交通对城市政治经济、文化教育、科学技术等方面的发展影响极大，也是城市建设的一个重要方面。本章学习城市公共交通管理基本理论，从公共电汽车、轨道交通和出租汽车三个方面介绍国外成功的城市共公共交通管理经验，阐释我国城市公共交通管理相关法规政策，分析国内外城市公共交通管理的实际案例。

## 第一节　公共交通管理概述

### 一、公共交通的概念及分类

1. 公共交通的概念

公共交通，是指为满足城市及其所辖区域公众日常生活出行的需要所提供方便乘用的客运交通工具以及相关配套设施等各种交通方式的总称，主要包括公共汽车、电车、出租汽车、轻轨、地铁、轮渡等交通方式。城市公交作为城市重要的基础设施，影响着城市居民的生活和社会秩序，其正常的运转和所提供的规范服务连接着城市分散在不同角落、不同出行目的的千家万户，为其实现了空间位置上的转移，缩短了生产与生活，甚至是城乡之间的时空距离，其所创造的价值在国民经济发展中占有非常重要的地位。公共交通能否为城市提供便利、舒适、经济的交通方式及服务环境，不仅关系到城市居民的生活质量，而且还维系并保障着城市功能的正常运作和城市社会稳定发展，具有先导性、全局性的深远影响力。

综合的城市公共交通系统，其主要内容如图9-1所示。

- 城市公共交通系统
  - 规划运营系统
    - 公交线网规划与站点选址
    - 公交票制、票价与票务管理
    - 公交服务水平与服务质量监督
    - 公交日常营运调度
    - 公交车辆保养与维护
  - 运输工具和设施系统
    - 常规公共交通方式。公共汽车、公共电车等
    - 快速轨道交通方式。轻轨交通，地下铁道等
    - 市郊铁路。利用铁路干线开通市郊铁路列车
    - 公共交通场站。公共汽电车的首末站、中途站、保养场，地下铁路车站和调车场等

图9-1　城市公共交通系统示意图

根据各种公共交通工具的技术特征，可将公共交通系统分为常规公共交通系统、大运量快速公共交通系统、辅助公共交通系统和特殊公共交通系统(如表9-1所示)。

**表9-1　公共交通系统分类**

| 类　别 | 明　细 |
| --- | --- |
| 常规公共交通系统 | 主要包括公共汽车、公共电车(有轨、无轨)、小型公共汽车(中巴)等 |
| 大运量快速公共交通系统 | 准快速公交系统，主要包括大运量快速公共汽车系统 |
| | 快速公交系统，主要包括轻轨、地下铁道、市郊铁路、单轨跨座式或悬挂式轨道交通系统 |
| 辅助公共交通系统 | 主要指出租车这一类交通运营工具 |
| 特殊公共交通系统 | 主要包括缆车、索道等交通工具 |

(1) 常规公共交通系统(NBT，Normal Bus Transit)。包括公共汽电车和轮渡系统。其主要作用是承担区域内部和相邻区域间的近距离交通。城市公共汽电车是指在城市中按照规定的线路、站点和时间营运，供公众乘坐的客运车辆。根据动力类型，一般可分为公共汽车(包括小公共汽车)、无轨电车和有轨电车等。城市公共汽电车需要客运服务设施配套使用，包括为城市公共汽电车客运服务的停车场、站务用房、候车亭、站台、站牌以及供配电等设施。公共汽电车是城市公共交通的主体，在城市公共交通中占有十分重要的地位。

(2) 轨道交通系统(Rail Transit System)。具有运量大、速度快、安全、准点、保护环境、节约能源和用地等特点。轨道交通作为城市最重要的基础设施之一，通过为城市提供可靠、快速、舒适的高密度运输服务，成为城市特别是大城市赖以实现高效运转的重要载体。

(3) 快速公交系统。主要指城市地铁、轻轨、单轨交通、有轨电车、高速磁浮列车和市郊列车等城市轨道交通的统称，快速轨道交通的统一特点是：运量大、速度快、安全可靠、准点舒适，可以在地面、高架和地下、半地下的轮轨上行驶。以下快速公交方式代表了这个领域的发展趋势。

① 快速大运量公共交通系统(MRT，Mass Transit System)，承担连接主要地区间频繁交通干线上的大部分客流，保证整个交通系统宏观运行的效率和稳定。

② 城市轻轨系统(LRT，Light Rail Transit)，是“MRT”的补充和拓展，主要用于连接枢纽站和换乘总站与主要居住区和商业区，从而实现真正的门对门交通。

③ 城市地铁交通系统(Subway)。城市中的一种速度快、运量大、行车间隔小的电动有轨客运系统，其线路设在地下隧道内。

④ 快速公交系统(BRT，Bus Rapid Transit)，是一种介于快速轨道交通(Rapid Rail Transit)与常规公交之间的新型大运量公共客运系统，通常也被人称做“地面上的地铁系统”。它利用现代化公交技术配合智能交通和运营管理，开辟公交专用道路和建造新式公交车站，实现轨道交通运营服务，达到轻轨服务水准的一种独特的城市客运系统。

(4) 辅助公共交通系统，即出租汽车系统。出租汽车是指充分满足乘客和用户意愿而被雇用的营业汽车，是一种不定线路、不定车站、以计程或计时方式营业、为乘用者提供门到门服务的较高层次的公共交通工具，一般可分为客运服务与车辆租赁服务两大类。出租汽车系统用于填补公共交通与私人交通间的空白，是形成完整的公交系统所不可或缺的部分。出租汽车是城市公共交通业的重要组成部分，和其他城市公共交通一起，为城市人群的流动提供着高效优质的服务。特别是出租汽车方便、快捷的优势，更适合现代城市快节奏运行的特点，其作用将日益突显。

(5) 特殊公共交通系统。如缆车、索道和应急的临时公交系统等。

2. 城市公共交通的特征

(1) 规模经济和一定的自然垄断性。规模经济使得市政公用设施由一家或少数几家企业来经营比多家企业同时经营更符合社会经济效率原则。总体而言，城市公共交通存在规模经济，但不同运输方式的规模经济程度却不同，最显著的规模经济是轨道交通，其次为公共汽电车，再次为出租汽车。而垄断性的市政公用设施的垄断能力大小则取决于沉淀成本大小和规模经济的大小，这两个因素共同决定进入市政公用设施市场的难度。

(2) 公益性。公益性是体现社会交通公平性的重要措施，主要体现在解决无力承担私人交通出行费用的人群的出行，可以作为城市居民出行的主要工具，协调大量的人流与道路通行能力不足之间的矛盾。

(3) 竞争性。在公共交通领域，并非所有的环节都具有自然垄断性，在一些环节具有竞争性，这种竞争性主要表现在不同公共交通工具之间的竞争和不同交通线路之间可以进行竞争经营。但是，在公交行业里实行完全的自由竞争是行不通的。这是因为，首先，完全自由竞争会造成盈利线路经营者多、亏损线路无人经营的现象；其次，由于公交客运量的相对稳定，完全自由竞争会使盈利线路变成亏损线路。自由竞争会使资源得不到有效的配置，在既定线路上投入车辆过多造成浪费，投入过少满足不了需求。因此，公交市场不仅是可竞争的，而且是政府管制下的有效竞争。

(4) 需求弹性较小。公共交通提供的产品和服务已经成为现代生活的必需品，弹性较小。虽然私人交通与公共交通在一定程度上具有互补性，但是在价格、品质、提供服务的普遍程度等方面差距较大，实际上可替代性较小。

(5) 接受公共管制。政府需要对城市公共交通行业的价格、准入、服务质量、安全等方面进行管制，这是因为投资庞大与沉没成本特性使政府必须赋予企业相当的独占经营地位，以保护企业免遭过度竞争。独占经营对效率及消费者利益可能产生不利影响，同时城市公共交通企业又具有公益性与基础设施性，这两者要求政府采取措施，以保证使用者及其他社会大众的利益。

3. 发展公共交通的意义

公共交通是关系国计民生的社会公共事业，与城市经济发展和市民生活紧密相连，是城市重要的基础设施之一。从某种意义上讲，对合理发挥城市功能也可以起到一定的引导和组织作用。因此，对城市公共交通进行科学有效的管理是人们生活正常进行、社会经济正常运转的基本保证。城市公共交通中的公共汽电车、轨道交通、出租汽车等交通方式之间既有相对独立性又有相互依赖性，是一个不可分割的整体。由于城市规模、道路条件、出行方式、经济发展水平等因素影响着这些交通工具的发展，因此政府必须对公共交通实行管理调控，以对城市公共交通资源进行优化配置，最大限度发挥公共交通资源优势。对城市公共交通行业进行管理，有利于实现统一行业政策、管理标准、执法尺度，维护各利益主体合法权益，从而为公共交通行业的健康发展提供良好的环境。其重要性主要表现在以下三个方面。

(1) 城市公共交通是城市基础设施的重要组成部分。作为城市社会经济发展的基础，城市公共交通不仅满足人们日益增长的出行的需求，而且对城市社会经济的全面快速发展起到了十分重要的促进作用。

(2) 城市公共交通是保障社会经济可持续发展的重要公益事业。城市公共交通的公益性决定了其经营的非独立性和票价的受控性，而城市公共交通创造融于各行业、各部门的价值来提高城市的总体效益，公益性特征即为城市公共交通的突出体现。

(3) 城市公共交通在城市交通中具有优先发展的战略地位。世界各国都明确提出了优先发展城市公共交通的发展战略。我国土地资源稀缺，城市人口密集，居民收入水平总体还不高，优先发展公共交通符合城市发展和交通发展的实际，是贯彻落实科学发展观和建设节约型社会的重要举措。

## 二、我国公共交通管理概况

### 1. 我国城市公共交通管理要素

我国城市公共交通管理要素主要包括管理主体、管理对象、市场环境、管理目标和管理体制这五个方面。

(1) 管理主体。管理主体不同，城市公共交通的管理方法和管理效果都不相同。一是主体的政治性质，不同管理主体维护不同生产关系的职能；二是主体的工作性质，政府与企事业单位所具有的责任与权力不同，其管理的行为方式也必然不相同。城市公共交通的管理主体是城市公共交通行政管理机构。我国城市公共交通管理属于“职能部门型”行业管理模式，具有国家行政管理的基本属性。城市公共交通行政管理机构是管理城市公交客运系统的政府职能部门。

(2) 管理对象。管理对象不同，城市公共交通管理主体的管理重点、人员配备、管理手段和管理工具都会作相应调整。我国城市公共交通管理历经部门管理体制、行业管理体制和市场管理体制几个阶段，各个阶段的管理对象都不相同。在市场经济体制条件下，城市公共交通管理处于市场管理体制阶段，其管理对象是城市公共交通市场。

(3) 市场环境。市场环境不同，城市公共交通的发展模式选择不尽相同。从技术环境来看，我国城市公共交通规划、建设和运营方面的技术水平偏低，特别是在应用现代信息网络技术管理城市公共交通方面还是处于初级发展阶段；从经济环境看，我国已经建立社会主义市场经济体制，迫切需要城市公共交通的管理主体按照市场规律办事，而不再是采取行政计划手段，对管理对象实施管理；从环境的可持续发展角度来看，在城市规划过程中对城区和近远郊区的交通发展缺乏统一协调，同时，城市交通作用于城市环境。因此，城市公共交通管理必须要坚持“可持续发展”的基本原则。

(4) 管理目标。管理主体和管理对象相同，其管理目标不同，管理方式也不同。若发展目标是效率，主要采取促使管理手段多、快的发展方式；若发展目标是效益，主要采取促使管理对象好、省的发展方式。我国在传统的城市公共交通管理过程中，主要考虑把城市公共交通看作一种社会公益性事业，将其纳入公共财政体系。在城市公共交通基础设施的规划建设上由政府投资，在城市公共交通企业的运营管理上由政府补贴，在城市公共交通的票价制定和管理上由政府管制。在市场经济条件下，要因地制宜地调整管理目标、引入竞争机制，调动城市公共交通企业的积极性。

(5) 管理体制。不管是管理主体、管理对象，还是管理目标，都是在一定市场环境中围绕着管理体制来发挥作用的，我国也不例外。可以说，管理体制是城市公共交通管理的核心要素。

### 2. 我国城市公共交通管理的原则

(1) 优先发展，方便快捷的原则。具体来说是在规划、投资、建设、运营和服务等环节，为公共交通发展提供优先条件，在政策上、经济上和技术上对城市公共交通的发展和运行给予支持。通过加大科技投入，提高交通管理水平和服务质量，使城市公共交通设施变得舒服、方便、快捷、安全。

(2) 全面规划，统一管理的原则。对城市公共交通实行良好管理工作的重要前提是科学地对城市公共交通编制规划，强化法规建设，妥善安排各类交通方式之间的衔接，使公共交通有机地、系统地连接在一起，努力实现零距离换乘。通过统一管理，有利于建立统一执法尺度和服务标准，进一步提高交通部门的协调管理的能力，便于交通基础设施的统筹布局和交通运输网络的整体规划，优化运输组织与结构，符合精简效能、运转高效对城市公共交通系统实行统一管理的行政管理原则。

(3) 多元投资，有序竞争的原则。鼓励公共交通企业采取盘活现有资产、改制上市等方式筹集资金；鼓励社会资本包括境外资本以合资、合作或委托经营等方式参与公共交通行业的建设和经营；鼓励多种经济成分参与城市公共交通的投资、建设和经营。同时，在政府监管的前提下，开放公共交通市场，鼓励有序竞争。要按照“打破垄断、适度竞争、规范服务、便利于民”原则，来推行公共交通线路经营权的授予。在推行服务质量和社会效益的竞争的基础上再推行经济效益的竞争，才是正确的、有序的竞争方式。

### 3. 我国城市公共交通发展现状及存在的问题

城市公共交通是国家在基本建设领域中重点支持的行业，承担着经济和社会双重责任，不能完全放开市场竞争，只能引入市场竞争，在提高经济效益和社会效益的同时，增强企业活力。我国建设部在1993年制定发布了《全民所有制城市公共交通企业转换经营机制实施办法》和《关于对城市公共汽车、电车实行专营权管理的意见》两个文件，在这两个文件的指导下，各地公交企业和行政主管部门转换经营机制、转变政府职能。在经营上鼓励多种经营，为适应市场经济体制创造条件；在所有制上，发展联营、外资和合资企业、股份制企业。当前我国城市公交行业逐步转向市场经济，重视私人企业在公共交通中发挥的作用，引进市场机制，完善公共交通服务价格体系。城市政府也在不断强化城市公共交通行业的管理，行使规划、协调、检查、监督的行政管理职能，完善法制建设。

目前，我国城市公共交通存在的主要问题有以下几个方面。

(1) 行政管理体制不顺，分工与职责有待明确。目前，我国城市公共交通管理体制不统一，公共汽电车、出租汽车、城间交通运输，基本上是部门分割，多家管理。城市交通部门交叉、职责不明的体制，常导致政出多门，政令之间互相矛盾，既降低了管理的效率，又削弱了宏观调控的功能。

(2) 城市公共交通规划欠缺，公共交通基础设施不足。虽然，我国城市道路面积有了大幅度增加，但仍落后于车辆和交通量的增长速度，致使公交线网整体水平较低。主要是缺乏公交系统的整体运力规划，各运输方式间的运力配置、服务范围没有明确的分工与配合，无法形成功能明确的公交运营网络，公交线网布局和线路设置不科学。与此同时，一些城市公共交通基础设施十分不足，例如首末站不足，公交站场用地严重缺乏，枢纽站点数量少且单一，中途站点布设受到交通管理和城市用地条件的影响，造成换乘设施不便利，不能很好地满足乘客方便乘车的需求。

(3) 相关法律法规滞后。目前，我国城市化进程加快，但是却还没有形成一套完整的法律法规体系，相关依据只有《中华人民共和国城市规划法》和《中华人民共和国道路交通管理条例》。法律法规是管理的主要依据和手段，但由于系统法律法规的缺乏，城市交通规划中难以避免随意性、盲目性和短期性等问题出现。

(4) 缺乏公交优先通行保障措施。公交优先包括两个基本方面的内容，一是对公交的扶持，二是对其他方式的限制。公交扶持的措施包括政策优先、投资优先、规划和设施建设的优先、发展大容量交通方式、道路和交通管理上的优先等。在我国，公交优先的政策还没有形成，道路交通环境也不理想，居民出行的交通方式结构不合理。同时，路面通行率低的私人交通发展迅速，大大增加了对车辆通行路面的需求，加剧了道路交通的紧张状况。总的来看，目前公交优先还没有得到普遍推广和落实。

## 三、我国城市公共交通管理体制

### 1. 我国城市公共交通管理体制的概念

所谓体制，指的是国家机关、企业、事业等单位的组织制度。国家机关属于行政组织范畴，企业、事业单位属于社会组织范畴。所以，体制也是国家行政组织与社会组织之间的一种组织制度。管理体制不同，主要管理对象与管理职能也不同。在市场经济体制下，政府管理对象主要是市场，通过发挥市场机制在资源配置中的基础性作用来推动企业与经营者的生产经营活动。城市公共交通管理体制，是指城市公共交通管理主体与管理对象之间、不同管理主体(不同管理层次与同一管理层次的不同管理机构)之间的责权利关系制度。其内容主要包括以下几个方面。

(1) 城市公共交通行政管理体制。包括城市公共交通规划、建设、管理等机构之间的关系，各行政机构的管理幅度与管理层次。

(2) 城市公共交通管理职能及其协作关系。城市公共交通行政机构的职能由相应的法律法规规定，其权责结构由职能体系所决定。

(3) 城市公共交通政、事、企之间的关系。政企关系、政事关系、企事关系纠结于城市公共交通管理的全过程。重点考虑如何实现政企分离，发挥行业协会的指导作用。

2. 我国城市公共交通管理体制及其现状

通过对我国36个中心城市的交通管理体制进行调研总结，我们将目前我国城市交通管理体制大体分为以下三种模式(见表9-2)。

表9-2 我国城市公共交通管理体制的三种模式比较①

| 模式类别 | 分散式管理 | 公路与公交合一管理 | 综合管理 |
|---|---|---|---|
| 体制模式 | 由交通、市政、城建、公安等部门对交通实施交叉管理 | 由交通部门对城乡道路运输实施一体化的管理模式 | “一城一交”综合管理模式 |
| 代表城市 | 南京、昆明、福州、南宁、杭州 | 沈阳、哈尔滨、西宁、乌鲁木齐 | 北京、广州、重庆、深圳、武汉 |
| 管理职能 | 市交通局负责公路运输、公路和场站规划建设以及水路交通运输的行业管理；市政公用局负责城市公交和城市客运出租汽车的管理；市建设部门负责城区的道路规划与建设；城乡公交分离 | 市交通局除负责公路规划建设和水路运输管理职能外，还对公路运输、城市公交和市域范围内的出租车进行统一管理 | 市交通委员会是市政府组成部门，负责交通运输规划、道路和水路运输、城市公交、出租汽车的行业管理，并负责对城市内的铁路、民航等其他交通方式的综合协调 |
| 典型特征 | 多家管理、行业分割、部门分割、职能分割、职能交叉、政出多门，行政成本高 | 初步整合了道路运输资源，但不具备对城乡交通制定统一战略、规划、政策和进行建设的职能 | 实现了道路运输管理的一体化，但在交通基础设施的建设养护方面尚未形成集中统一管理 |

(1) 多头管理模式。这种模式就是指城市中存在多个政府主管部门，各个部门都对城市的公共交通管理负有管理职责。主要的机构有市政公用事业局、交通局和公安局等。按照我国城区公交和郊区客运系统的传统划分，城市公交营运主管单位为城建部门，而公路客运主管单位为交通部门。在这种模式下公共交通分别由交通、城建、市政、公安等部门对城市交通实施交叉管理，一方面容易形成各个部门之间争抢管理权

① 曹先强，贾玉良，等. 市政公用事业改革与监管研究[M]. 北京：中国财政经济出版社，2009：111.

限、职能交叉、政出多门、行政成本高、管理混乱等问题；另一方面城乡公交分离，城区公交分属城建和交通两个部门，造成典型的二元分割局面。随着城市化的推进和城市郊区的扩展，这种各自为政的局面越来越不利于整合公共交通管理。

(2) 公路和公交合一管理模式。这种模式在一定程度上对管理体制进行了整合，有利于明确分工统一管理，但是不具备对城乡交通制定统一战略、规划、政策和进行建设的职能。如沈阳市公共交通的主管部门是沈阳市交通局，内设客运管理处，不仅负责客运线路的审批以及场站设施的建设、维护、使用和监督，同时承担了多头模式中市政公用事业局的职责，对全市的公共汽车和出租汽车运营进行统一的行业管理。

(3) 综合管理模式。这种模式也称为“一城一交”大交通管理模式，其主要特点是将各个部门的管理职能收归至一个部门，成立交通管理局或交通管理委员会，对公共交通进行统一管理。这种管理机制将城市公共汽车、轨道交通、客运出租汽车、客运汽车租赁、轮渡等从事经营性的各类公共客运交通进行统一管理，完成了由单一性向综合性公交管理形式的转变，实现了对各类公共交通更广泛领域的统筹规划与协调发展。例如，特区深圳市在建立之初，交通问题一度成为制约经济发展的瓶颈。为此，深圳市政府曾于1984年成立了交通办公室，专门负责公路、水路交通工作，暂时缓解了交通问题。到上世纪末，深圳市的交通发展已远跟不上形势发展的需要。公路、铁路、水路、航空、邮政、管道以及城市公交车、出租车、市政道路之间的建设与管理矛盾日益突出。为解决这一问题，深圳市政府于2001年将原市运输局、港务局、公路局三局组建成立深圳市交通局，负责全市公路、水路、城市公交、港口、民航、铁路、邮政以及物流等产业的管理协调工作，形成了“一城一交”的大交通管理体制。“一城一交”的大交通管理体制在深圳市取得成效后，北京市、重庆市等开始效仿这种做法。这种模式在整合交通资源、优化资源配置、降低行政成本、提高管理效率方面显示出巨大优势。

从实施效果来看，这三种模式其管理职能分布不同，在不同城市中的机构设置也不同。模式一由于部门管理分头领导、职能交叉、分工不清，因而政出多门、政令冲突；模式二最为普遍，实现了交通部门对交通的管理；模式三具有更强的宏观调控能力、更好的应变能力、更高的运行效率和经济、社会效益，但目前还仅限于在几个城市试点进行。

从表9-2中可以看出我国城市公共交通管理体制改革的趋势，即建立将各项职能相对集中的大交通管理体制。但是由于各城市的具体情况不同，各个城市可根据自己的情况采取不同方式进行机构调整和资源整合，以实现城市管理机构、交通规划、设施建设、运输管理的相对集中，从而形成决策、执行、管理与监督相协调的中心城市交通行政管理运行机制。

与国外城市公共交通管理体制的对比来看，我国与其差别主要集中在两个方面。

其一是城市公共交通管理机构的差别。在国外，不管是美国的城市公共交通管理体制，还是德国和巴西的城市公共交通管理体制，都设立了职责明确、上下对应的城市公共交通行政管理组织体系。而在国内，一方面，还没有一个统一的城市公共交通管理模式，有的地方归口建设部门管理，有的地方归口交通部门管理，有的地方已经建立了对综合运输实施管理的行政管理机构和行政执法组织。另一方面，还没有形成一个完整的城市公共交通管理体系。相比较而言，单一的管理机构、健全的行政管理和执法体系的建立有利于政令及时的传达和准确的执行，有利于提高城市公共交通管理的效率。

其二是城市公共交通的管理职能的差别。韩国的城市公共交通管理机构与我国现状更接近一些，主要由运输主管部门和建设主管部门构成，主要优势体现在运输主管部门和建设主管部门有明确的职能划分，并且二者之间实施了有效的协调配合。而我国目前的城市公共交通管理涉及的几个机构之间责权利关系还不是十分明确，部门分割、职能交叉、分工不清、政令冲突等一系列矛盾已经暴露出来，出现了部门间“有利益时相互争抢，有责任时相互推诿”的情况。

3. 我国城市公共交通管理体制改革趋势

目前，我国城市公共交通管理体制上的弊端是制约城市公共交通管理水平，乃至国家运输事业发展的关键因素。因此，为保证我国城市公共交通事业健康有序发展，综合国外城市公共交通管理的基本情况和发展趋势，特别是在城市公共交通管理体制方面，再结合我国城市公共交通自身发展详情，可以概括出我国城市公共交通管理体制改革趋势大致为以下几个方面。

(1) 机构管理机构设置由分散走向集中，实行“大部制”的横向部门格局。横向管理便于相近或相关业务部门之间的协调和政府资源合理有效地使用。一方面有利于政府关系的理顺，有利于相近或相关业务部门之间的协调和政府资源合理有效地使用，有利于加强各部门之间的协调沟通和各部门政策的整合；另一方面，政府机构和人员更加精简，促进政府职能不断向社会转移和向地方下放。

(2) 实行决策与执行相分离的纵向机构格局，有利于保证政府行政管理的公平和效率。例如，德国作为联邦制的国家，联邦政府部门主要负责政策制定和政策实施，将行政执行、公共产品和服务的提供交给州政府和地方政府或民间协会来承担。联邦政府和州政府、地方政府之间决策与执行相互分离，充分地利用了各级政府的优势，并发挥了不同级政府在公共行政中的效率。

(3) 中央和地方职责分工明确，有利于各自积极性的充分发挥和国家的稳定。一般涉及国计民生、在整个交通运输体系中发挥重大作用的交通基础设施，通过由中央政府规划、筹资、建设和维护管理，或者由中央委托地方代为管理，对于区域性的交通基础设施则由地方政府负责。

(4) 高新技术的发展，使管理技术和手段同趋先进，政府管理能力不断提高。随着电子通讯、计算机自动控制技术的进步，使得交通信号、标牌的指示可以根据交通状况随时调整，大大提高交通管理的可预见性，这一切必须依赖交通部门的参与才能做到。同时，警察参与交通管理的作用较以前大大减弱。

(5) 交通运输的管理逐步纳入法制化轨道。通过较为完善的交通管理行政法制体系以及不断规范执法程序，逐步提高社会法制化程度，降低政府的管理成本，也有利于政府加强对市场的监管。

## 第二节 城市公共交通管理的政策与法规

为使公共交通系统能够得到更大的发展，并在城市交通中占据主体或基础地位，使有限的交通资源能够得到合理的配置，必须对公共交通实行优惠和优先政策。近年来，我国制定了一系列有利于公共交通优先发展的政策和法规，努力创造公交发展的优良环境，尤其是2007年国务院法制办公开征求意见的《城市公共交通条例(草案)》，为制定出一部公共交通行业的法律迈出了坚实的步伐。《公共交通法》一旦制定和实施，将从公共交通优先政策、市场竞争政策、公交财政支持及补贴政策、公共交通管制体制等方面，确保和落实公交优先发展战略，营造有利于城市公共交通优先发展、健康发展的社会氛围，促进城市公共交通与城市经济社会协调发展，可以确保公交客运健康持续发展。

### 一、公共汽电车管理的政策与法规

2005年，我国建设部出台了《城市公共汽电车客运管理办法》，这是优先发展城市公共交通这一正确战略思想的体现。我国大城市面临交通拥堵、机动车污染严重的形势，出台《城市公共汽电车客运管理办法》作为促进城市公共交通发展的手段之一，有利于疏导城市交通，也有利于城市的环境保护，特别是有利于减少机动车对大气的污染。尽管一些省、市近年来出台了城市公共客运管理条例，但长期以来，我国没有一部全国性的城市公共汽电车客运管理的相关法规，当乘客利益或人身安全受到损害后，无法可依。该办法出台后，为相关部门的管理和执法提供了依据。

《城市公共汽电车客运管理办法》规定，国家层面上，国务院建设主管部门(建设部)负责全国城市公共汽电车客运的管理工作。省级层面上，省、自治区人民政府建设主管部门负责本行政区域内城市公共汽电车客运的管理工作。市(县)层面上，直辖市、市、县人民政府城市公共交通客运主管部门负责本行政区域内城市公共汽电车客运的管理工作。《城市公共汽电车客运管理办法》的主要内容如下。

(1) 乘客伤亡运营单位应赔偿。《城市公共汽电车客运管理办法》(以下简称《办法》)充分体现了法律对人的生命权的尊重。《办法》规定，市公共汽电车客运过程中发生乘客伤亡的，城市公共汽电车经营者应当依法承担相应的损害赔偿责任；能够证明伤亡人员故意或者自身健康原因造成的除外。

(2) 公交改线先征求公众意见。《办法》实施后，如果因市政工程建设、大型公益活动等特殊情况公交车需要改变原来运行路线，必须提前10天通知公众。另外，若需要调整城市公共汽电车客运线路和站点设置的，城市公共交通客运主管部门还应当在调整前将调整方案对社会公布，征求公众意见。

(3) 新建小区要规划公交站点。《办法》中把公交站点的设置作为城市规划的重要部分。建设单位若要营建一个新的住宅小区，必须考虑设置公交站点。

(4) 服务质量将记入信用档案。《办法》规定，城市公共交通客运主管部门应当建立城市公共汽电车经营者的信用档案，并以适当的方式向社会公布。同时在媒体上公开投诉电话号码、通讯地址和电子邮件信箱。《办法》中还规定，城市公共交通客运主管部门应当建立服务质量监管制度，组织有乘客代表参加的对城市公共汽电车经营者服务状况的年度评议，评议结果应当向社会公布。

(5) 公众投诉须在20日内答复。《办法》规定，城市公共交通客运主管部门应当建立投诉受理和处理制度，公开投诉电话号码、通讯地址和电子邮件信箱。任何单位和个人对城市公共汽(电)车客运活动中的违法行为，都有权投诉。城市公共交通客运主管部门收到投诉后，应当及时核实，并在20日内将处理意见答复投诉人。

(6) 到站不停车最高罚5000元。《办法》规定，未按照规定设置线路客运服务标志的；未在客运车辆内设置老、弱、病、残、孕专用座位和禁烟标志的；客运线路或者站点临时变更，未按照规定提前告知公众的；客运车辆在营运中发生故障不能正常行驶时，未按照规定安排乘客换乘或者后续车辆驾驶员、乘务员拒载的；客运车辆到站不停车或者在规定站点范围外停车上下客的；客运车辆无正当理由拒载乘客、中途逐客、滞站揽客的，由城市公共交通客运主管部门责令改正，并处以1000元以上5000元以下罚款。

## 二、城市轨道交通管理的政策与法规

我国建设部于2005年颁布了《城市轨道交通运营管理办法》，其中提到了各方主体责任。首先明确了政府责任。该“办法”第三条提到了三级政府责任。即：国务院建设主管部门负责全国城市轨道交通的监督管理工作；省、自治区人民政府建设主管部门负责本行政区域内城市轨道交通的监督管理工作；城市人民政府城市轨道交通主管部门负责本行政区域内城市轨道交通的监督管理工作。目前，城市轨道交通的建设规模不断扩大，造价较高，且投入运营的成本也高，所以政府监管责任必须加强。其次，城市轨道交通运营单位作为责任主体，它的运营管理活动必须规范。此外，《办法》中对乘客及不特定单位和个人的违反安全运营的行为也做了禁止性规定。《城市轨道交通运营管理办法》的主要内容如下。

(1) 乘客合法权益的保障。《城市轨道交通运营管理办法》规定，城市轨道交通运营单位应当执行价格主管部门依法确定的票价，不得擅自调整；城市轨道交通因故不能正常运行的，乘客有权持有效车票要求城市轨道交通运营单位按照单程票价退还票款。该《办法》规定，城市人民政府城市轨道间交通主管部门和城市轨道交通运营单位应当建立投诉受理制度，接受乘客对违反运营规定和服务规则的行为的投诉。

(2) 运营单位保证乘客安全的措施。《城市轨道交通运营管理办法》中规定城市轨道交通运营单位通过具体措施来保证乘客的安全。例如，城市轨道交通运营单位应当按照反恐、消防管理、事故救援等有关规定，在城市轨道交通设施内，设置报警、灭火、逃生、防汛、防爆、防护监视、紧急疏散照明、救援等器材和设备，定期检查、维护，按期更新，并保持完好。同时，城市轨道交通运营单位应当采取多种形式向乘客宣传安全乘运的知识和要求。

(3) 对应急管理的规定。《城市轨道交通运营管理办法》对于城市轨道交通车辆地面行驶中遇到沙尘、冰雹、雨、雪、雾、结冰等影响运营安全的气象条件时，遇有城市轨道交通客流量激增危及安全运营的紧急情况，遇有自然灾害、恶劣气象条件或者发生突发事件等严重影响城市轨道交通安全的情形，城市轨道交通运营中发生安全事故，以及城市轨道交通运营中发生人员伤亡事故等情况发生时如何进行应对，作出了相应的规定。

## 三、出租汽车管理的政策与法规

1999年，我国建设部、交通部等部门联合出台了《关于清理整顿城市出租汽车等公共客运交通意见的通知》，明确指出了对出租汽车管理的政策与法规。

(1) 清理整顿的指导思想。以规范城市公共客运交通市场为中心，坚持“统筹考虑、远近结合、标本兼治、综合治理”的原则；实行公共交通优先发展的战略，发挥国有公共客运交通骨干企业主导作用，形成以公共汽车、电车为主体，小公共汽车、出租汽车为补充的城市公共客运交通格局；正确处理城市公共客运交通改革、发展和稳定的关系，建立适应社会主义市场经济体制、规范运作的城市公共客运交通市场体系。

(2) 清理整顿的总体目标。提高城市公共客运交通的服务质量和管理水平；清理收费项目，减轻经营者的负担；规范营运秩序，改善经营环境，确保行业稳定；积极营造统一管理、多家经营、开放市场、有序竞争的城市公共客运交通市场；为城市人民提供方便、快捷、安全的公共交通客运服务。

(3) 清理整顿的主要内容。包括打击非法营运，维护客运秩序；清理收费项目，减轻企业和从业人员经营负担；规范经营行为，稳定职工队伍；进一步规范经营权的有偿出让和转让；加强宏观调控，统一市场监管；整顿城市道路交通秩序等。

## 四、城市道路交通规划设计规范①

道路交通体系是城市机能运转不可缺少的重要组成部分，它的建设和发展离不开相关规划理论和方法的支撑。《城市道路交通规划设计规范》(GB50220-95)是我国的城市规划法律规范之一，它适用于全国各类城市的城市道路交通规划设计。

### 1. 城市道路交通规划设计规范的基本要求

城市道路交通规划应以市区内的交通规划为主，处理好市际交通与市内交通的衔接、市域范围的城镇与中心城市的交通联系。城市道路交通规划必须以城市总体规划为基础，满足交通运输对土地使用的需求，发挥城市道路交通对土地开发强度的促进和制约作用。其中城市道路交通发展战略规划包括：城市交通发展目标和水平，交通方式和交通结构，城市道路交通综合网络布局，城市对外交通和市内的客货运设施的选址和用地规模，提出实施城市道路交通规划过程中的重要技术经济对策，提出有关交通发展政策和交通需求管理政策的建议。

### 2. 城市公共交通

城市公共汽车和电车的规划拥有量，大城市应每800～1000人一辆标准车，中、小

① 中华人民共和国建设部. 城市道路交通规划设计规范(GB50220-95)，1995-9-1.

城市应每1200～1500人一辆标准车。人口超过200万人的城市，应控制预留设置快速轨道交通的用地。在市中心区规划的公共交通路网的密度，应达到3～4km/km$^2$；在城市边缘地区应达到2～2.5km/km$^2$。市区公共汽车与电车主要线路的长度宜为8～12km；快速轨道交通的线路长度不宜大于40分钟的行程。公共交通车站服务面积以300m半径计算，不得小于城市用地面积的50%，以500m半径计算不得小于90%。在路段上，同向换乘距离不应大于50m，异向换乘距离不应大于100m。

3. 自行车交通和步行交通

计算自行车交通出行时耗时，自行车行驶速度宜按11～14km/h计算。交通拥挤地区和路况较差地区，其行驶速度宜取低限值。自行车最远的出行距离，在大、中城市应按6km计算，小城市应按10km计算。人行道最小宽度不得小于1.5m。在城市干路和次干路的路段上，人行横道或过街通道的间距宜为250～300m。

4. 城市道路系统

城市道路应分为快速路、主干路、次干路和支路四类。城市主要出入口每个方向应有两条对外放射的道路。城市道路交叉口，应根据相交道路的等级、分向流量等情况确定交叉口的形成及其用地范围。道路交叉口的通行能力应与路段的通行能力相协调，平面交叉口的进出口应设展宽段，并增加车道条数。当规划交通量超过2700辆/小时，道路上的交叉口不宜采用环形交叉口。全市车站、码头的交通集散广场用地总面积可按规划城市人口每人0.07～0.10m$^2$计算。车站、码头前的交通集散广场的规模由集散人流量决定，集散广场的人流密度宜为1.0～1.4人/m$^2$。

5. 城市道路交通设施

城市公共停车场应分为外来机动车公共停车场、市内机动车公共停车场和自行车公共停车场三类，其用地总面积可按规划城市人口每人0.8～1.0m$^2$计算。机动车公共停车场的服务半径在市中心地区不应大于200m，一般地区不应大于300m；自行车公共停车场的服务半径宜为50～100m，不得大于200m。机动车公共停车场出入口应距离道路交叉口、桥梁坡道起止线50m以上；少于50个停车位的停车场可设一个出入口；50～300个停车位的停车场应设两个出入口；大于300个停车位的，出口与入口应分开设置，且两者距离应大于20m。500个车位以上的自行车停车场出入口数不得少于两个；1500个以上停车位的，应分组设置，每500个为一组，并应各设一对出入口。城市公共加油站应大、中、小相结合，以小型站为主，其服务半径宜为0.9～1.2km。

## 第三节　城市公共交通规划管理

城市公共交通规划是解决城市交通问题和指导未来交通发展的纲领，其产生和发展已经历了5个世纪，从16世纪公共马车开始发展到目前以轨道交通为主的综合城市公共交通系统。随着科学技术的进步，公共交通逐步向快速化、舒适化、多样化、环保化方向发展。

公共交通技术的发展不断地为乘客提供了越来越舒适、方便的出行条件，不断满足市民出行多样化的交通需求，并且在此过程中公共交通的地位也随着城市的发展不断得到增强。同时，公共交通规划在世界各城市发挥了重要作用，它常常被看成城市规划的重要组成部分，并且力求两者保持一致。城市公共交通规划要动态和均衡地考虑城市发展规模、用地布局和道路网规划等各方面的因素，其重要作用随着城市规模的扩大而明显加强。

## 一、城市公共交通规划的原则与内容

城市公共交通应当遵循统筹规划、政府主导、积极扶持、有序竞争、方便群众的原则。交通规划是城市总体规划的重要组成部分。城市人民政府要在对交通现状、需求和发展前景进行充分调查研究的基础上，以公共交通为核心，通过编制实施城市综合交通体系规划、公共交通专项规划和轨道交通建设规划，科学配置和利用交通资源，建立以公共交通为导向的城市发展和土地配置模式。城市交通规划要与城市总体布局和人口产业分布相协调，确定发展战略目标、任务、有关技术和经济政策；综合考虑各种交通方式、换乘枢纽配置，以及与对外交通的衔接，重点确定公共交通结构、线网分布、场站布局、用地规模、建设计划等。

## 二、城市公共交通规划的编制与实施

### (一) 城市公共交通规划的编制

城市人民政府要大力支持公共交通规划编制工作，将规划编制所需经费纳入财政预算，确保编制任务的完成。城市公共交通规划的编制和管理程序如图9-2所示。

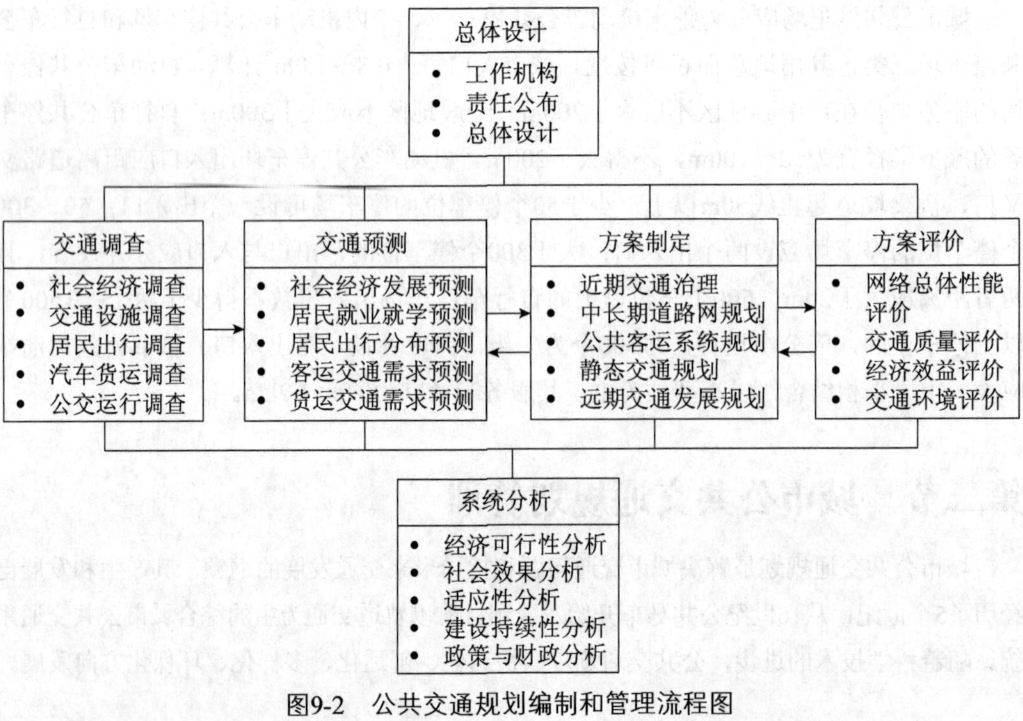


图9-2 公共交通规划编制和管理流程图

### (二) 城市公共交通规划的实施

要保持规划的严肃性和稳定性，保障规划的组织实施。采取有力措施，切实防止和纠正违反规划、侵占公共交通基础设施及其建设用地的行为，保证优先发展公共交通的需要。要健全场站建设、车辆配备与更新、设施装备、服务质量等方面的技术标准体系。进一步强化法律法规和标准的指导作用，促进城市公共交通健康有序发展。

1. 完善公共交通基础设施

(1) 合理规划设置场站和配套设施。市人民政府要按照城市公共交通规划要求，将公共交通场站和配套设施纳入城市旧城改造和新城建设计划；将公共交通场站作为新建居住小区、开发区、大型公共活动场所等工程项目配套建设的一项内容，实行同步设计、同步建设、同步竣工、同步交付使用。已投入使用的公共交通场站设施，不得随意改变用途。对符合公共交通车辆通行条件的居住区，应设置公共交通线路及相应的站点。在城市主要交通干道上，建设港湾式停靠站，配套完善站台、候车亭等设施。按照“满足群众需求，不干扰正常通行”的原则，合理规划、科学设置小公共汽车和出租汽车停靠点。对未按规定配套建设公共交通场站等公共交通设施的建设项目一律不予审批、验收。

(2) 加强城市交通换乘枢纽建设。交通换乘枢纽是一体化交通系统的关键环节。符合条件的地区要建立换乘枢纽中心，引入各种交通方式，实现公共汽(电)车、大容量快速公共汽车、轨道交通之间的方便快捷换乘，以及城市交通与铁路、公路、民航等对外交通之间的有效衔接。换乘枢纽中心要配套建设机动车、非机动车停车场，配备相应的指向标识、线路图、时刻表、换乘指南等服务设施，方便群众使用。

(3) 推动智能公共交通系统发展。要积极利用高新技术，改造传统的公共交通系统，以信息化为基础，促进乘客、车辆、场站设施以及交通环境等要素之间的良性互动，推动智能公共交通系统建设。建设公共交通线路运行显示系统、多媒体综合查询系统、乘客服务信息系统，使广大乘客能够方便了解公共交通信息，合理安排出行。充分运用信息技术，建立电脑营运管理系统和连接各停车场站的智能终端信息网络，加强对运营车辆的指挥调度，提高运营效率。

2. 优化公共交通运营结构

(1) 大力发展公共汽(电)车。公共汽(电)车承担着城市公共客运的主要任务，要在稳步增加线路、延长营运里程、扩大站点覆盖面的基础上，优化线网结构和运力配置，满足人民群众日益增长的出行需要和多样化交通需求。公共汽(电)车线路和停靠站点要尽量向居住小区、商业区、学校聚集区等城市功能区延伸，方便人民群众生产生活。要采取有效措施积极扶持城乡之间的公共交通发展，引导城市公共交通向农村延伸服务，方便农村客运与城市公共交通的接驳换乘，解决农民出行难问题。小公共汽车作为公共汽(电)车的补充，是中小城市公共交通的主要形式，要充分发挥其优势，合理引导，规范发展。

(2) 适度发展大运量快速公共汽车系统。大运量快速公共汽车系统是利用现代化大容量专用公共交通车辆，在专用的道路空间快速运行的公共交通方式，具有与轨道交通相近的运量大、快捷、安全等特性，并且建设周期短，造价和运营成本相对低廉。具备条件的城市应结合城市道路网络改造，因地制宜发展大运量快速公共汽车系统。要在做好建设规划的基础上，处理好与其他公共交通方式的衔接和配合。

# 第四节　城市公共交通管理的实践经验

## 一、西方城市公共交通管理经验

欧洲许多国家同中国一样具有悠久的历史，城市街道一般都比较狭窄。但是，它们通过实施公交优先政策，如设立公交专用道，为公交车提供优先通行信号，设置智能公交监控与调度系统等措施，提高公交车辆运行速度和公交服务质量以吸引公众乘坐公交车出行，从而有效地缓解了城市交通压力，解决了城市交通问题，并取得了明显的社会经济效益，这些经验值得中国许多大、中城市借鉴。下面我们分别从公共汽(电)车、轨道交通和出租汽车这三个方面来学习和参考国外的一些城市公共交通管理的基本做法和成功经验。

### (一) 公共汽电车管理

美国的城市公共交通经历了一个兴旺、衰退、复苏的历史过程。20世纪的前30年，公共交通在美国的客运交通中占有主导地位。二战后，小汽车迅速发展，大量美国人放弃了公共交通。1950年以前，公交企业有相当的盈利，到60年代中期首次出现经营性亏损。也从此时起，美国政府开始注意到公共交通的重要性，此后历届政府更是重视通过立法来扶持公共交通，总的形势是好的，取得的效果也是明显的。

在管理机构方面，美国城市公共汽车交通最高管理机构是美国联邦政府交通部，下设公路总署、公共汽车交通总署、民航总署、铁道总署、海运总署等。各州政府有交通委员会，下设州政府交通厅和航运委员会、公共汽车交通事业委员会。区域性政府设交通委员会、公共汽车交通委员会和铁道管理委员会。地方政府(县/市)设交通局、公共工程局、公共汽车交通局、民航港务局。城市公共汽车交通的管理机构是各市公共汽车交通局，负责城市公共汽车交通管理、规划、建设及停车场管理等。

美国城市公共交通管理格外重视通过政策法规来发展其城市公共交通，半个多世纪以来，美国公共交通政策在不断修正，联邦政府、州政府和地方政府各自发挥其作用，通过立法来保证政策的实施，其在城市公共汽车方面的措施主要包括三个方面：投资政策、税收政策和法律法规。

(1) 投资政策。美国公共汽车交通的投资体制是由各级政府分担，不管公交企业亏损如何，都依据既定的议案给予优厚的政策补贴。全国公共汽车交通资金来源的37%是客票收入，5%由联邦政府补贴，21%由州政府补贴，34%由市政府补贴，3%来自财团或个人通过慈善机构捐赠。城市公共汽车交通的基础设施，包括先进的高度系统、厂房、场站、各种设备车辆的投入全部由各级政府承担。

(2) 税收政策。公共汽车交通企业除向社会购买原燃材料等物资交纳的税费外，其营业税全免，几乎没有纳税的义务，其理由是城市公共汽车交通为社会提供了有效的而几乎无偿的服务。

(3) 法律法规。20世纪60年代，美国公交企业开始亏损，为此，1964年通过了《城市公共汽车交通法》，其目的是维护已有的公共汽车交通系统，改善并扩大其服务；1970年通过《城市公共汽车交通扶持法》，明确规定公共汽车交通获得道路权，开辟公共汽车专用道或优先通行道；1973年发生能源危机，1974年国会首次批准对公共汽车交通实行公式拨款和经营性补贴；1982年首次建立联邦公共汽车交通账户，通过征收汽油税为公共汽车交通形成了一个固定的资助来源；1991年通过了《综合地面交通效率法》，提供了限制小汽车使用和鼓励公共汽车交通的必要框架，批准对公路和公共汽车交通给予联邦资助；1992年《国家能源政策法》还规定，雇主可以对职工提供每月60美元的免税福利，用于支付公共汽车交通的费用；1990年《清洁空气法》修正案允许交通部对那些不符合美国环境保护署制定的大气质量标准的城市，不给联邦公路基金；1998年通过《二十一世纪交通衡平法》，增加了公共汽车交通基金的数额，明确指出联邦政府只照顾小城市和农村的公交系统，但公交企业可以将联邦投资基金用于维修方面的需要，联邦投资基金也可以根据美国残疾人法用于开辟非定线交通服务，并批准为公共汽车交通的研究机构和大学交通中心提供经费开展研究项目。《二十一世纪交通衡平法》批准的创新项目，包括每年有2亿美元为公交系统购买使用清洁技术的公共汽车或改进现有的公共汽车。全国已有相当数量的公共汽车使用压缩天然气、液化石油气或其他代用燃料，还有降低废气排放的清洁柴油车。

在企业经营机制上，美国的做法是把城市公交企业大多列入政府序列，按政府一个职能部门进行管理，除享受公职人员待遇，还享受高退休金、低医疗保险费用。

### (二) 轨道及快速交通管理

#### 1. 新加坡地铁的经营和管理体制

新加坡政府的主要职责是为轨道交通的发展营造必要的市场环境，并建立相应的政策法规予以支持和约束，企业的生存和发展等决策问题由企业自身负责。但为了确保政府巨额投资和公众的利益能够得到保障，新加坡国会还专门通过了一项新法案，授予陆路交通管理局更大的权力去管制地铁和轻轨列车的经营者。法案规定，地铁和轻轨列车经营者的服务若达不到标准要求，将被重罚，在严重的情况下，当局也有权力吊销经营者的执照。新加坡轨道交通系统是国有民营的经营管理模式，将建设和运营管理分开。轨道交通由政府负责出资建设并归政府所有，建成运营时通过竞争招标的方式由私人企业进行经营管理。国土运输局(LTA)是新加坡轨道交通系统的建设者和所有者，同时还是运输规则的制定者，它制定规则确保系统的正常运营和养护维修等工作。国土运输局通过特许经营协议的方式将经营权交给新加坡地铁总公司(SMRT Corp)，并对地铁总公司的运输行为进行约束。新加坡地铁总公司是一家在新加坡证券交易所上市的股份公司，拥有6家下属的全资公司，包括地铁、轻轨、巴士、巴士服务、公交IC卡、投资、工程等领域。新加坡地铁总公司依据公司法成立及运作，完全围绕经济目标经营与发展，它既受政府的控制和制约，同时又拥有灵活的自主权。新加坡采用环状加卫星新城的总体规划，并通过建设大容量快速交通与控制土地开发的手段促进土地与交通的协同发展，通过公交导向的土地开发为轨道交通带来了大量的客流，每天运送客流达100万人次以上。充足客流量加上地铁公司的专业化与多元化经营，例如广告、投资等，经过几年的运转发展和利润积累，新加坡地铁公司已经具备了足够的经济能力，而不断延伸的地铁交通网络成为新加坡经济稳步发展的可靠保障。

2. 韩国首尔轨道交通的投资管理体制

韩国轨道交通的投资管理体制是由政府负责出资建设，建成运营时通过招标的方式交由两家或两家以上的国有企业进行经营管理。首尔地铁四通八达，目前共有9条线，全长约250多公里，260多个车站。首尔的轨道交通采用了“政府投资建设，政府竞争运营”的模式。具体来说，首尔的轨道交通系统由政府出资修建，并委托国有企业运营；在同一个城市内两家以上的轨道交通运输企业，他们通过招投标的方式获得新线路的建设及经营权。首尔的轨道交通网络包括首尔地铁和首尔铁路系统两部分，分别由首尔地下铁公司(SMSC)、首尔快速轨道交通公司(SMART)和韩国国家铁路公司(KNR)三家国有公司运营。地铁从运输税务系统得到补助金，但每年仍有亏损。燃料税是运输税务系统资金的主要来源。为弥补亏损，市政府不得不为注入额外的资金而发行债券。地铁获得不动产是免税的，也不用公司交所得税、城市建设税和营业税。

3. 巴西库里蒂巴市BRT运营系统的成功经验

巴西库里蒂巴作为世界上最早建成快速交通系统(BRT——Bus Rapid Transit)的城市，实现了快捷、舒适、低廉的城市客运，选择使用公共汽车出行的市民占全市出行量的75%。库里蒂巴城市快速公交系统在公共交通的发展上取得了巨大的成功。联合国、世界银行、国际能源机构(IEA)以及公共交通国际联合会(UITP)等国际组织与机构都把“BRT”作为解决城市公共交通问题的革命性方案。库里蒂巴公交系统的2600多辆车，每天承担260万人次客流量，其中快速公交车承担190万人次的日客运量，运行效率甚高。库里蒂巴城市快速公交系统的5条轴线主干道中央设置2条公交专用车道，行驶红色的VOLVO双绞接的特快车，总长30米，额定载客量为270人，车厢前后四个车门，但转弯半径小，灵活性强，整个车体采用悬挂系统，乘坐舒适安全。同时还可以保持在专用道上高速行驶，行车间隔密，运送大量乘客，相当于一条轨道交通线。库里蒂巴“BRT”系统运营系统的成功经验主要在于以下几点。

(1) 制定了土地与交通协同发展的规划战略。库里蒂巴的规划综合考虑了城市快速公共交通、道路网络和城市土地利用之间的关系。1964年，由圣保罗建筑师Jorge

Wilhelm制定的库里蒂巴总体规划经公众讨论，于1965年开始实施。库里蒂巴市建立了成功的一体化公交网(RIT)，“RIT”包括快速线、直达线、小区间连线和输送线(把各小站的乘客集中输送到网内)，以及枢纽站。这种公交发展模式是建立完整的公交网络覆盖大部分的城市，公交网一方面努力建立以公共交通干线为骨架的道路系统，另一方面利用传统的交通工具作为支线，覆盖低密度居住区。为了规划的实施，1965年，成立了库里蒂巴研究和城市规划院(IPPUC)，其任务是发展和结合规划，为规划的实施创造条件，为一体化的发展进行新的研究。

(2) 拥有一套成功的公共交通运营管理机制。世界各国的公共交通系统通常都处于亏损的状况，难以保证收支的平衡，这除了因为规划的公交线网难以较好地适应城市公共交通需求之外，也与公交系统运营管理不良有很大的关系。而库里蒂巴的公共交通系统之所以能发展得如此顺利，也是与其成功的运营管理机制密切相关的。首先在于其公共交通管理机构的自治权利。IPPUC和URBS(城市公交公司)是库里蒂巴公共交通管理机构的核心，与城市其他机构最大的不同在于公共管理机构有法定的自治权，可以独立规划设计城市公交线路，并且有充分的权力和能力去执行他们作出的决定，这样就可以很快地将计划付诸实施，而不会因为过长的审查讨论过程导致实施的延误。其次，库里蒂巴采取管理与运营相分离、运营实施适度竞争的模式。公共交通系统由一家属于政府管理的城市公交公司(URBS)管理，URBS公司受政府委托对整个城市的公交线路、场站、车辆和道路交通(包括交通信号控制)和出租车进行管理，市政府占有URBS公司99%的股份，私人占1%股份，公司总裁由市政府任命。URBS公司管理28家运营企业，这些企业都是通过线路招投标的方式获得公交运营资格。此外，运营与票制系统分离。巴西库里蒂巴的票价总体来说比较低廉，实行的是灵活多样的票制和一票换乘的系统。在库里蒂巴，只要花1.65雷亚尔(约合人民币4元)就可以在整个公共交通网络中任意、方便地换乘。票制系统则由一个整合公交系统基金会负责。这个基金会专门设有一个机构来研究制定票制体系，采用市政府控制运营里程、私人公司完成运营里程、由基金会发售车票的管理体制。

(3) 采取了灵活的建设措施。由于库里蒂巴的公共交通系统采用可在普通路面行驶的公交车辆，因此可以分批分阶段地建设实施公交网络。在技术和资金能够提供支持的情况下，也可以根据需求升级系统中的不同部分。分批分阶段的建设实施过程，也便于在使用过程中通过不断的监测，确定公交网络规划中的问题，从而在以后的规划建设过程中不断地对原有方案进行修正，形成完善的反馈过程，避免了大型公共设施一次性决策失误而可能造成的巨大损失。

(4) 相关交通措施的采用。①自行车和步行的优先。自行车和步行区是公路网和公共交通系统这个整体中不可分割的一部分。库里蒂巴市大力兴建自行车道，同时，市中心商业区还设有大面积的步行区。②停车措施。停车在库里蒂巴市受到了明确的管制措施的制约，而且被严格地监控和强制执行。此外，鼓励公共交通的经济政策。为了鼓励市民采用公共交通系统完成出行，库里蒂巴市政府规定：65岁以上的老人和5岁以下的小孩乘坐公共交通工具可以不购车票；对有工资收入的库里蒂巴市民，如果花费在公共交通上的费用超过工资的6%，其超过部分由政府补贴；对于住在穷人区的穷人，可以用清扫垃圾来换取公共汽车车票。通过30余年的发展与完善，目前库里蒂巴市的公交系统已成为高效、方便、舒适、先进的公交系统，被誉为“路面地铁”。尽管该市有50万辆私人小汽车，但约有1/3的人外出时不用自己的私人小汽车，而是选择公共交通。

### (三) 出租汽车管理

1. 美国出租汽车行业管理经验借鉴

美国运用先进的技术手段和系统的法规，出租汽车实行个体化经营管理，纽约、波士顿等城市，黄色的出租汽车大多是雪佛兰、克莱斯勒等，也有凯迪拉克、林肯等。

美国出租车行业实行严格的个体化管理。美国的出租车全是私人的，不属于公用事业范畴，而被当作个体服务业对待，只要有车向政府申请，就会获得批准，但对出租车管理较严格。美国的出租车叫计程车，统统是黄色的，以便于辨认，车顶上装有的士标志，上边还将车号标上，以便乘客监督投诉，也有不少车顶上将的士标志和广告结合起来，以增加收入。同时有电话预约业务，用户打一个电话，车子即时到达。另外，设有监督委员会，委员会的电话号码也在车上标明，出租车有违章行为，可以电话投诉，也可以书信投诉，委员会接到投诉后，即要调查处理，并将处理结果向社会公布。

纽约出租车和轿车委员会是纽约出租车行业的管理部门，它负责制定纽约出租车行业的行业规范，指定允许使用的车型，制定服务标准、对保险和申请牌照的要求等。

纽约的出租车运营者分为独立车主和出租车公司两种，独立车主只拥有一辆出租车，车主既可以自己经营，也可以将出租车租给其他人开。出租车公司拥有至少两辆出租车，拥有至少25辆车的公司被称为“车队”，车队的车辆必须每周运营7天，每天运营24小时。

绝大多数出租车司机受雇于出租车公司，通过专门学习和考试获得出租车执照，向公司每天缴纳一定量的“份子钱”，此外还要负担汽油费。公司承担车辆保险、维修等费用。遇到交通事故，由出租车公司提供的保险埋单，司机停止工作期间不用缴纳“份子钱”。

2. 澳大利亚出租车管理情况

澳大利亚出租车牌照由政府限额发放，由个人投资购买。牌照所有人的出租车必须加盟一家政府注册的出租车公司，但出租车公司可以由牌照所有人自己选定。出租司机的驾驶许可证要通过指定的考试单位(多是大出租公司)的严格考试，许可证一般3年有效，到期必须审验更新。

出租车公司根据加盟协议合同执行车辆的所有管理工作，出租车产生的各项费用，如养路费、维修费、通信费、燃料费、保险费等，也全部由出租车公司负担。出租车公司每月扣除管理维护费用后，向车主缴纳利润分红。如果出租车司机违章多次或不能完成工作任务，公司可以给予警告、罚款甚至开除处理。

作为出租司机，每日上班时领取钥匙，开车上路。下班时，司机将本次上班收入总额按照协议分成两份，一份留给自己，一份留给公司，留下钥匙回家。这样，出租司机就像工厂工人，利用公司提供的生产资料进行生产，然后领取自己应得收入，不必为此付出其他费用。

### (四) 国外城市公共交通管理的经验

国外城市公共交通管理经过了长期的实践，积累了丰富的管理经验，大体上看，可以总结为以下几个方面。

#### 1. 制定公交优先政策法规

政府对公共交通发展的充分重视，是城市公共交通发展的首要条件。政府对公共交通的重视使得各有关部门能够积极制定有利于公交优先发展的政策法规，出台一系列利于公共交通发展的政策并大力推行，为公共交通优先发展提供良好政策环境和财政支持。

#### 2. 实施现实的公共交通管理体制

完善的城市公共交通管理体制和经营模式，是实现可持续公共交通发展的保障。目前国外公共交通持续发展良好的城市和地区，无不有一套符合当地经济、社会情况的公共交通管理体制和经营模式。目前，我国在城市公共交通管理中行业色彩还比较浓，没有一个部门能够对所有公共交通进行统一管理，这就需要加强公共交通的集中统一管理，建立长远规划。

#### 3. 发挥市场机制调节作用

打破垄断引入竞争，发挥市场机制调节作用，是整合资源发展公共交通的有效途径。国外的经验证明，公共交通行业并非自然垄断行业，由众多的私营公司进行公开竞争可以降低价格，减少政府补贴。公交领域应当实行招投标制，允许符合条件的法人参加公共交通的运营，在降低价格的同时，也能够为政府确定补贴数量提供依据。

#### 4. 完善公共交通基础设施

完善的公共交通基础设施，是实现公交发展的基础。完善的基础设施是保证公共交通具有较强吸引力的基础。欧洲各国综合交通枢纽站比较普遍，在综合交通枢纽站，各种交通方式集于一站，换乘方便，乘客可以根据自己的出行需求选择出行方式，要外出可以乘坐便捷的火车或豪华舒适的旅游汽车，去市内可在枢纽站里换乘地铁、公共汽车。因此，政府在以后的公共交通发展中，还是要想办法在公交基础设施建设中投入较大资金。

#### 5. 实施优惠的票制票价方案

优惠的票制票价方案，是体现公交发展公益性质和倡导公交出行的有力工具。运用经济手段来把更多的乘客吸引到乘坐公共交通上来也是目前国内外城市的普遍做法。如巴西库里蒂巴市和我国的北京市等，因此公交实行低票价是一个应当长期实施的政策。

6. 建设智能公共交通系统

智能公共交通系统的发展，是可持续公共交通发展的趋势。运用智能信息手段来为公交乘客提供相应的现代化服务，也成为国外发达国家保证公交优先的重要手段，国内的大城市也在积极地开展智能公共交通系统的建设。因此，适时开发一些智能系统也是国内公共交通发展的大趋势。

## 二、我国城市公共交通管理体制的改革与实践

1. 深圳市城市公共交通管理体制改革

深圳市的前身是广东省宝安县，1979年3月国务院批准把宝安县改为深圳市，1980年8月全国人大常委会批准在深圳市划出327.5平方公里试办经济特区，1981年7月深圳市升格为副省级，1988年10月国务院批准深圳市计划单列。深圳拥有现代化的立体交通网络，是地区性的客货运输中心，是一个拥有海、陆、空口岸的中心城市。深圳市交通局(市港务管理局)，是主管全市海、陆、空、铁及城市公共交通、邮政事业的政府组成部门。

深圳市的交通行政管理体制改革随着城市的快速发展和行政管理体制改革的深化，也经历了多次重大调整：从1979年原宝安县的交通局，到1982年的工业交通工作处，1983年的交通指挥部，1984年的交通办，1989年的运输局，直到2001年底市委、市政府根据机构改革需要，新设置深圳市交通局(加挂深圳市港务管理局牌子)，市运输局和港务管理局相应撤销，并明确深圳市公路局为市交通局的直属二级局。当前，深圳市交通局(市港务管理局)的主要职能包括：制定全市交通运输并参与制定全市邮政行业的发展战略、中长期发展规划、基础设施建设的行业规划、年度重点基本建设和基础设施改造计划，经批准后组织实施；统筹研究，拟定全市整体运输政策，组织、协调研究交通与土地利用规划、交通与环保、交通与道路网络、交通与道路使用需求之间的关系；管理本市港区内岸线、水域的分配使用和辖区内通航水域、岸线的使用，依法审核港口工程项目和港区范围内配套工程建设项目；负责全市交通运输(含道路、水路客货运输、客货运场站、城市公交、出租小汽车、汽车租赁、轨道交通、国际货贷、机动车维修业及综合性能检测、机动车驾驶学校和驾驶员培训)方面的行业管理；组织、协调深圳地区综合运输、重点物资运输和重大节假日期间的旅客运输等。目前，在交通系统内部部门设置方面，深圳市实行了“决策—执行—服务”三个层次分设的行政管理体制。深圳市交通局(深圳市港务管理局)内设财务审计处、法制处、规划建设处、运输处、港口处、空港处、物流发展处、安全技术处等九个处室，这在整个深圳交通系统中属于决策层次；市交通局还主管属于副局级单位的深圳市公路局；下设客运管理分局、货运管理分局、港航管理分局、机动车服务市场管理分局、出租小汽车管理分局、运政监督分局、市交通运输应急指挥中心、规费征稽办公室八个执行机构，作为服务层次，设立五个办事处。

从深圳市综合交通改革所取得的实际效果来看，其成效也是非常明显的。特别是有以下几个方面值得其他城市的借鉴：一是大交通管理体制，交通管理“一家化”，便于集中管理；二是交通管理立法、执法分开，避免管理混乱；三是部门专一化，不再按地区分级设置，减少了机构设置；四是把市场经济体制引入交通行业的建设管理中，增加了竞争，注入了活力；五是改革审批制度，提高了办事效率。

2. 香港的公共交通管理经验①

香港是世界上人口密度最大的城市之一，作为一个人口约703万，GDP总量为2107.30亿美元，人均GDP达30 088美元的经济体，香港由经济活动所引起的交通需求也必然非常巨大。截至2009年底，香港城市道路总长为2050公里，每千人道路总长度仅为0.292公里，大多数车道不到20米宽。依照常理，在人口密度如此之高，经济活动密度如此之大的地方，交通必然出现拥挤不堪的现象。但是，令人惊讶的是，香港的城市交通畅通无阻，人们出行非常方便，即使在交通高峰期，主要道路的车辆平均时速一直保持在大约22公里的水平。香港交通之所以如此畅通，除了采取有效措施控制车辆总量之外，还实行了大量的其他措施，如单向行车、电脑路口灯号调控、局部限制沿线停车等。因此，研究香港的城市交通管理模式，对于其他城市目前的交通管理乃至未来的交通发展规划都有着非常明显的借鉴意义。

(1) 公交系统的高效有序运行。香港公交服务由私营或公营机构经营，政府既不直接介入，也不提供直接资助。香港狭小的土地面积，密集的人口和经济活动，要求香港必须在有限的道路上使用占用道路面积最少、运载量最大的交通工具。因此，公共交通就成为香港的唯一选择。香港的主要公共交通工具包括铁路、公共汽车、小巴、出租车和轮渡。

① 作为交通主动脉的地铁。在香港的铁路系统中，地铁是最具特色，最为普及的交通工具。2007年12月2日，地铁与九铁的车务运作正式合并，香港地铁公司因此改名为“港铁公司”。合并后的综合铁路系统全长168.1公里，由9条市区线共80个车站组成。香港地铁在全年大部分时间里提供每日19小时的列车服务，大约从清晨6时运行至午夜1时。在香港，铁路被定性为“高容量的主干交通工具”，它既环保，又有很高的运输效率，因此处于最优先发展的地位，也是香港交通的未来发展方向。到2016年香港将有12条新铁路建成，预计届时70%的香港市民出行都不必搭乘其他车辆。截至2009年底，铁路日均客运量超过232.9万人次，全年载客量超过8.5亿人次。若以每公里地铁线路的年均载客量计算，香港超过5万人次，而东京是3.7万多人次，首尔是2.7万多人次，新加坡0.91万多人次，伦敦只有0.64万人次。从这个意义上说，香港地铁是世界上最繁忙的铁路系统之一，也是世界上运行效率最高的地铁。香港地铁之所以效率高，主要有两方面的原因：一是实行两权分离自主经营的模式，香港所有地铁均由香港政府全资拥

---

① 苏剑，杜丽群. 香港城市交通管理模式及其对内地城市的启示[J]. 重庆理工大学学报：社科版，2010, 24(8): 39-45.

有的一家公用事业企业地铁公司运营，而不是由政府直接经营。二是加强企业文化建设，不断提高公交系统的科学技术水平和管理水平，提供优质服务，满足顾客需要，保证提供优质服务。具体来讲，香港地铁公司在以下四个方面的做法值得参考。首先，设立了完善的导向标志系统，乘客可以依据明确的导向标志快速地进出车站。其次，建立了方便、高效的票务管理系统。再次，制定了明确严格的客运法规。香港政府为了保证地铁经营的正常开展，一是制定了相当于地铁管理条例的“地下铁路公司条例”，二是公布了相当于运营管理细则的“地下铁路附件”。最后，确立了科学合理的服务质量指标。与国内地铁服务质量指标相比，香港地铁的指标更具体明确，而且更注重乘客的直观感受程度和客观评价。香港地铁由于注重服务意识的不断增强，其服务质量指标多年来一直保持在相当高的一个水平上，其运营管理和设备维修系统因此通过了ISO9000资格认证。

② 为铁路提供接驳服务的公共汽车。公共汽车被定性为“中容量交通工具”。在铁路优先的框架下，巴士主要为铁路提供接驳服务，并为没有铁路的地点提供服务。在香港，公共汽车主要由港府授予专营权的巴士公司营运，由政府颁发专营权。这种公司被称为专营巴士公司。根据有关公共巴士的法律，专营巴士公司按照商业原则经营，政府不予补贴，并在票价、路线网和行车班次、经营计划等方面受到政府的高度控制。作为回报，政府按照《公共汽车服务条例》(Public Bus Services Ordinance)中的利润控制计划，允许公司在每一会计年度内获得公司平均净固定资产价值的15%左右的毛利润，如超过这一合法利润，则须将超出部分转入发展基金。发展基金用于改善今后服务或者为将来亏损年度发放利润。为了鼓励公共汽车公司的股东和金融家们给予必要的投资，政府注意使强制性扣除(如一些基本税费等)减少，使公司能顺利发展，以满足公众的需要和期望。同时，从1984年起，政府要求专营公共汽车提供五年计划，政府通过对五年计划的层层审批以了解公司的财务状况、票价、路线等微观问题，并检查公共汽车公司扩大资金的建议是否合理，是否足以满足乘客的需要，防止不必要的扩大资金和为了提高利润而有意过分扩大投资。可见，政府从政策、法律的角度规范、引导和监督专营巴士公司的运作，对其经营并没有任何直接的干涉和参与。目前，香港共有5家专营巴士公司，其服务范围互不重叠。截至2007年3月，专营巴士公司共有专营巴士线路629条，拥有巴士5862辆，平均日载客量400.3万人次，在香港公交1152万人次的日流量中占34.7%。香港的巴士已成为许多市民出行的首选交通工具，香港人平时大都乘巴士上下班。然而，2008年由于受到美国次贷危机所引发的全球金融危机的影响，香港专营巴士公司的业务量有所下降，截至2008年12月31日，这五家巴士公司经营巴士路线622条，拥有已领牌照巴士5769辆，每日平均载客量也减至387.7万人次。除专营巴士外，还有公共小巴提供特殊的线路服务，这是巴士的必要补充。上述各种巴士服务共占香港公交流量的52%以上。尽管占有绝对高的比重，但香港政府并不优先发展巴士，相反采取了限制巴士的数目增长，不鼓励巴士提供长程服务，减少行走在繁忙市区道路的巴士班次等措施；鼓励巴士为铁路提供接驳服务，鼓励发展巴士(铁路)转乘计划。因此，巴士在

香港不是优先发展，也不是大力发展，而是适度发展。

③ 提供个性化公交服务的出租车。出租车被定性为“个人化公共交通服务”。截止到2010年6月，香港登记出租车总数18 138辆，领牌总数18 129辆，出租车提供了全港公交日流量的8.8%。出租车虽然能提供直达目的地的个人服务，但对路面的利用率不高，政府只会在有充分的乘客需求和道路空间时，签发新牌照。除大屿山1997年签发出租车牌照外，市区、新界已10年未发过牌照了。全港出租车总数量一直维持在1.8万辆，在全港车辆总数中所占的比重呈下降趋势，1993年底占4%，2007年3月降到3.3%，而2010年6月降至3.0%。在公交系统中，政府政策十分鲜明，对铁路和巴士给予一定鼓励政策，如：对巴士公司免柴油税；减少铁路公司土地费用。同时，大力鼓励铁路使用，如：在地铁处不设或少设巴士站，避免巴士和地铁的竞争。

(2) 对私人交通的严格限制。截至2010年6月，香港703万人口仅有43.8万辆私家车，比1993年底的26万辆仅增加了17万辆，比2005年底仅增加了5万辆。从1981—2002年的数据，可以看出香港私家车数量虽有所增长，但使用私家车的比例却略有下降(见表9-3)。

**表9-3　私家车拥有及使用比例**

| 年份 | 私家车数量 | 拥有车辆住户比例/% | 使用私家车辆出行所占比例/% | 市区行车速度/(km/h) |
|---|---|---|---|---|
| 1981 | 19万 | 12.9 | 11.5 | 20.6 |
| 1992 | 24万 | 13.0 | 11.5 | 24.4 |
| 2002 | 34万 | 13.5 | 11.1 | 25.6 |

数据来源：香港运输署网站

为了保证交通畅通，香港对私家车进行严格控制，即采取高燃油税、高轮胎税和高车辆首次购买税三个方式来控制车辆的拥有和使用。香港政府严格控制私家车的做法主要是用昂贵的首次登记税控制买车，用昂贵的车牌年照费和燃油税控制养车。此外，香港政府还通过提高停车费用的办法来限制私人汽车的发展。香港全境车辆与停车车位的比率不到3∶1，市区比率则更低，停车费用一般为每小时20～30元港币。

(3) 其他重要交通管理方法的运用。

① 交通运输与城市规划有机结合。早在20世纪60年代初，政府就对香港未来的交通进行了系统的规划。香港政府确定了以铁路交通为主，改善道路系统，提高道路系统经济性的指导方针。

② 优化道路系统。香港繁华地段主要街道上每隔两三百米就有一座人行天桥，有的人行立交桥跨越几个街区，完全不与机动车道平面交叉。科学设计道路系统，保证交通标志全面覆盖，严格执行城市建设规划，限制路边活动和控制停车。

③ 大力推广和运用最新科技手段。为了不断提高交通工具的运行效率，香港积极推广使用“智能运输系统”、“运输资讯系统”、“交通管理架构”等先进科技手段。市民可以随时从互联网上获取最新的交通消息，巴士司机通过“智能运输系统”能即时获知主要路况，乘客可以通过公交站点的显示屏随时了解下班车的到达时间。此外，路

口信号灯化和区域交通控制计算机化的实现，以及无需停车的自动收费系统的启用，大大减少了人为造成的车辆拥堵现象。

(4) 几点启示。

① 高度重视公共交通中市场机制的作用。在公交企业的安排方面，香港既重视公共交通的社会职能的实现，保证市民的出行方便和安全，又保证公交企业的经济效益。经济效益的不断提高减少了政府的负担，而且为公共交通事业的可持续发展创造了良好条件。一方面，重视并鼓励私营企业参与公共交通服务。无论是专营巴士公司，还是停车场都采用私营模式，地铁公司虽然是一家政府全资企业，也按照市场经济方式独立经营自负盈亏。另一方面，政府只从宏观层面制定法律、政策和监管。私营企业、政府法规、公众压力三者共同相处，互相影响，互相制约，使香港的公共交通运输系统成为令人振奋的范例。

② 把公共交通放到城市规划的大框架中考虑和安排。城市开发和城市化是很庞大、很复杂的系统工程，而交通系统则是城市这个经济系统的动脉，对于维持城市的活力和提高城市系统的运行效率起着至关重要的作用。因此，交通系统的规划和设计就必须考虑到城市的发展目标，而城市规划也必须考虑交通系统的承载能力。

③ 运用高新技术手段。最新的科技手段从多方面促进了交通的畅通。首先，交通信息的迅速传播有助于人们选择最优的交通方式、交通路线和出行时间安排。其次，管理部门通过即时获取的交通信息对各种交通状况作出及时、最佳的反应。此外，监控技术的发展有助于减少各种等待和办事时间。

④ 不断优化道路系统。主次道路的合理组织，人流与车流的合理分离，信号灯体系和交通标识体系的良好设计，收费系统的不断改进，都有助于提高公交系统的运行效率。

⑤ 政府运用各种政策手段调节对公交运输的相对需求。这些政策手段主要是通过减少居民对私家车的需求来产生作用的。在总的交通需求给定的前提下，对私家车需求的减少就意味着对公交需求的增加。在这些政策手段中，主要采用经济手段，并采取间接调控方式。这些手段包括高额征收小汽车登记税和年牌费、高燃油税、高停车费等，提高私家车的拥有和使用成本，使得只有少数人有私家车，而大多数人乘坐公共交通工具，因此减少交通堵塞。增加公交需求一方面可以减少交通拥挤现象，另一方面也能提高公交企业的经济效益，从而保证公交系统的可持续发展。

## 复习思考题

1. 什么是城市公共交通管理？有哪些基本特征？
2. 什么是城市公共交通管理体制？具体体现在哪些方面？
3. 简述我国城市交通管理体制的主要模式。
4. 简述我国城市公共交通管理体制的发展趋势。
5. 简述国外城市公共交通管理实践中应用措施的主要特点。

## 扩展阅读

### 城市公共交通条例(2010年征求意见稿，节选)

第一章　总　则

第一条 为了保障城市公共交通安全有序运营，保护城市公共交通活动当事人合法权益，促进城市公共交通发展，发挥城市公共交通对经济社会协调和可持续发展的作用，制定本条例。

第二条 城市公共交通的规划、建设、运营及相关管理活动适用本条例。

第三条 国家应当加大资金投入，保障城市公共交通在城市交通中优先发展，确保城市公共交通在城市交通中的主导地位。

县级以上人民政府应当在财政政策、城市规划、用地保障、设施建设、交通管理等方面支持城市公共交通发展。

第四条 国家鼓励城市公共交通企业实行规模化、集约化经营，推广应用新技术、新设备，为社会公众提供安全舒适、方便快捷、经济环保的城市公共交通服务。

第五条 县级以上人民政府应当根据国民经济和社会发展的需要，优化配置城乡公共交通资源，统筹协调城乡公共交通发展。

第六条 国务院交通运输主管部门负责指导全国城市公共交通的监督管理工作。

省、自治区人民政府交通运输主管部门负责指导本行政区域城市公共交通的监督管理工作。

城市人民政府及其指定的城市公共交通管理部门(以下简称城市公共交通管理部门)具体负责本行政区域城市公共交通的监督管理工作。

第七条 城市公共交通管理部门应当会同有关部门针对自然灾害、事故灾难、公共卫生事件等影响城市公共交通正常运营的突发事件制定城市公共交通应急预案，报城市人民政府批准后实施。

城市公共交通企业应当根据城市人民政府批准的城市公共交通应急预案，制定本企业的城市公共交通应急预案，并定期进行演练。

第八条 设区的市级以上人民政府应当建立城市公共交通考核制度，定期对本级人民政府有关部门及下级人民政府落实有关城市公共交通法律法规、政策措施的情况进行考核评议。

第二章　规划和建设

第九条 城市人民政府应当组织交通运输、城乡建设、规划、公安等部门根据城市总体规划编制城市公共交通规划。

城市公共交通规划应当包括城市公共交通发展目标、城市公共交通方式的构成比例和规模、城市公共交通设施和线路布局、城市公共交通车辆配置、信息化建设以及城市公共交通设施用地保障等内容。

编制城市公共交通规划应当征求社会公众意见。

第十条 城市人民政府规划主管部门在组织编制控制性详细规划时，应当与城市公共交通规划相衔接，并优先保障城市公共交通设施用地。

第十一条 城市公共交通规划确定的城市公共交通设施用地符合划拨用地目录的，应当以划拨方式供地。

城市人民政府可以在确保城市公共交通设施用地功能及规模的基础上对城市公共交通设施用地依法实行综合利用，提高土地利用效率。

任何单位和个人不得非法占用城市公共交通设施用地。

第十二条 城市人民政府应当加大对城市公共交通设施建设的投资力度，并充分考虑老年人、残疾人出行需求，完善城市公共交通无障碍设施。

第十三条 规划、建设航空港、铁路客运站、水路客运码头、公路客运站、居住区、商务区等建设项目的，应当按照国家有关标准规划、建设配套的城市公共交通设施；配套的城市公共交通设施应当与主体工程同步设计、同步建设、同步竣工、同步交付使用。

第十四条 新建、改建、扩建城市道路应当根据城市公共交通规划设置首末站、中途停靠站、换乘接驳站等城市公共交通设施。

城市人民政府可以根据城市道路的技术条件、交通流量、出行结构等因素，开设公共汽(电)车专用道，设置公共汽(电)车优先通行信号系统。

第十五条 城市轨道交通建设工程设计单位在编制设计文件时，应当征求城市公共交通管理部门、公安机关交通管理部门以及城市轨道交通运营单位的意见。

第十六条 城市轨道交通建设工程应当依照国家有关规定进行，竣工验收后，方可交付正式运营。

第十七条 城市公共交通设施的管理人应当加强对城市公共交通设施的管理和维护，确保城市公共交通设施完好。①

① 资料来源：城市公共交通条例(2010年征求意见稿，节选). 腾迅网，http：//news.qq.com/a/20101022/002163.htm.

# 第十章　公共环境管理

随着工业化的飞速发展，环境问题日益引起人们的关注，进而兴起了全球范围的环境保护运动。环境问题的解决，一方面要通过改善人类对自然的利用方式，即通过提高环境资源利用的技术效率和经济效率，或者说通过技术创新来实现，另一方面更需要通过调整人和人之间的利益关系，即进行制度创新以适应变化的形势要求，以确保环境保护工作能够满足全社会福利改善的需求。社会经济条件和制度环境的变化、环境管理制度内在矛盾以及环境问题的特征，决定了必须实行环境资源的公共管理。本章介绍公共环境管理基本理论，探讨我国环境管理体制的历史演变、环境管理制度及立法系统，阐释国际环境管理体系的相关概念，分析环境非政府组织(NGO)的发展与作用。

## 第一节　公共环境管理概述

### 一、公共环境管理的产生

环境问题自古有之，它是随着社会生产力的发展而发展变化的。在人类社会不同历史时期，环境问题经历了三个阶段。首先是原始狩猎阶段。在这一阶段，人类只是自然食物的采集者和捕食者，是以生产活动和生理代谢过程与环境进行物质交换和能量流动，主要是盲目利用环境，很少有意识改造环境。这一阶段的环境问题，主要是由于人口的自然增长以及人的无知而乱采滥捕，或因用火不慎，使大片草地森林被毁，破坏了生物资源引起饥荒。其次是农业社会阶段。随着农业和畜牧业的产生和发展，人类利用和改造自然的能力愈来愈大，这一时期发生的环境问题主要表现为因大量砍伐森林和破坏草原引起的水土流失和土地沙漠化、盐碱化；因不适当兴建水利而引起土壤沼泽化、血吸虫病流行等。第三是现代工业社会阶段。第一次工业革命以后，随着大工业的出现和城市化，除了上述自然资源破坏加重外还伴随工业产品的生产和消费过程出现了“三废”污染。第二次世界大战以后，工业不断集中和扩大，都市化速度加快，世界人口膨胀，能源和资源的消费量急速增加。除了烧煤污染之外，随着石油的消费在能源中所占比例的加大，又增加了新的污染源。同时相继出现农药污染和放射性污染。此外，噪声、振动、恶臭、地面沉降等其他公害陆续出现。当前环境的污染和破坏，已经成为威胁人类生存和发展的世界性重大社会问题之一。以亚洲为例，亚洲的经济发展引人注目，但是环境问题也日益突出，尤其是城市的环境状况令人担忧。人口膨胀、垃圾增多、交通拥挤、大气和河流污染，使城市的环境日趋恶化。由于农村人口的大量涌入，加之居高不下的出生率，1990年亚洲的城市人口已达10亿。相关研究认为，到2020年，亚洲的城市人口将增至24亿。城市人口的增加，使贫民窟的面积也随之扩大，城市公害又导致市民中呼吸管道疾病患者的大量增加。目前公害问题比较突出的城市有泰国的曼谷、菲律宾的马尼拉、印度的孟买和加尔各答等。这些城市二氧化硫和悬浮灰尘造成的大气污染程度，比美国和加拿大的城市高出10多倍。其中，因汽车排放尾气严重，曼谷市民血液中铅的浓度是美国城市市民的4倍。

环境问题的严重性首先引起了发达国家的重视。1962年美国生物学家蕾切尔·卡逊出版了一本书，名为《寂静的春天》，书中阐释了农药杀虫剂“DDT”对环境的污染和破坏作用，由于该书的警示，美国政府开始对剧毒杀虫剂进行调查，并于1970年成立了环境保护局，各州也相继通过禁止生产和使用剧毒杀虫剂的法律。由于此事，该书被认为是20世纪环境生态学的标志性起点。1972年6月5日至16日由联合国发起，在瑞典斯德哥尔摩召开“第一届联合国人类环境会议”，提出了著名的《人类环境宣言》，是环境保护事业正式引起世界各国政府重视的开端，中国政府也参加了这个会议。中国的环境保护事业也是从1972年开始起步的，北京市成立了官厅水库保护办公室，河北省成立了三废处理办公室，共同研究处理位于官厅水库畔，属于河北省的沙城农药厂污染官厅水库问题，导致中国颁布法律正式规定在全国范围内禁止生产和使用“DDT”。1973年成立国家建委下设的环境保护办公室，后来改为由国务院直属的部级国家环境保护总局。在2008年，环保总局升格为“环保部”，并对全国的环境保护实施统一的监督管理。于是，在全球范围内，由发达国家到发展中国家逐渐兴起了一场生态环境保卫和管理的运动。

我们之所以称环境为公共环境，是因为环境具有典型的公共物品特征。首先，环境资源问题影响巨大。环境资源的保存或者破坏，具有行为者众、受影响者众的特征，环境保护和管理与民众福利关系密切，涉及人民的根本利益。环境保护与人们的生产、生活息息相关，每个国民，不论高低贫富，享受的公共环境服务都是相同的。即使与其他政府部门相比，环境保护部门也是少数几个可以代表全体人民群众利益的部门。从这个意义上说，环境保护工作真正体现代表广大人民群众的最根本利益这一要求。其次，环境问题的外部性巨大。环境经济学的研究成果表明，环境问题的实质是外部性，人们对公共环境存在过度的需求和消费，进而产生“公地悲剧”现象，使得环境问题的外部性不断增大。第三，环境问题还与产权界定不清所引致的社会利益冲突有关。环境权益的冲突，是竞争性环境功能在环境资源稀缺性条件下发生冲突的外在表现形式。这种利益冲突的本质是生存性环境权益和生产性环境权益之间的冲突。我们可以发现这种冲突广泛存在于我们的日常生活中，并且随着经济发展中社会各阶层的分化具有愈演愈烈的趋势。对于环境问题，任何一个消费主体都没有动力去解决他人所产生的外部性，从而使环境保护成为现代政府实施公共管理的基本职责之一。任何忽视环境保护基础作用和把环境保护等同于部门管理的做法都可能导致国家利益无可挽回的损失，所以需要建立国家统一、强有力、超越于任何部门、局部、短期利益的管理体制。

综上所述，公共环境管理就是以政府、社会公众和企业为主体，通过对可持续发展思想的传播，运用行政、法律、经济、教育和科学技术手段，协调社会经济发展同环境保护之间的关系，处理国民经济各部门、各社会集团和个人有关环境的问题，使人类社会的组织形式、运行机制符合人与自然和谐共处的要求，实现社会经济发展与生态环境相协调的各种活动。由于环境管理的内容涉及土壤、水、大气、生物等各种环境因素，环境管理的领域涉及经济、社会、政治、自然、科学技术等方面，环境管理的范围涉及国家的各个部门，环境管理的主体涉及政府、社会和企业，因此，公共环境管理是一项具有高度综合性的管理活动。

## 二、公共环境管理的目的和任务

公共环境问题的产生并且日益严重的根源在于人们自然观和发展观上的错误，以及在此基础上形成的基本观念上的扭曲，进而导致人类社会行为的失当，最终使自然环境受到干扰和破坏。也就是说，环境问题的产生有两个层次上的原因：一是思想观念层次上的；二是社会行为层次上的。基于这种思考，人们认识到必须改变自身一系列的基本思想观念，必须从宏观到微观对人类自身的行为进行管理，以尽可能快的速度逐步恢复被损害了的环境，并减少甚至消除新的发展活动对环境的结构、状态、功能造成新的损害，保证人类与环境能够持久地、和谐地协同发展下去。这就是环境管理的根本目的。具体说来，环境管理的目的就是通过对可持续发展理念的传播，使人类社会的组织形式、运行机制以及管理部门和生产部门的决策、计划和个人的日常生活等各种活动，符合人与自然和谐共处的要求，并以规章制度、法律法规、社会体制和思想观念的形式体现出来。具体说来就是创建一种新的生产方式、新的消费方式、新的社会行为规则和新的经济社会发展方式。

根据公共环境管理的目的，公共环境管理的基本任务应该是转变人类社会的一系列基本观念和调整人类社会的行为。转变人类社会观念的关键在于指导和培养以人与自然和谐为核心和信念的环境文化。这种环境文化的形成，最终渗透到人们的思想意识中，使人们在日常的生活和工作中能够自觉地调整自身的行为，以达到与自然环境和谐的境界。而调整人类社会的行为相对于思想观念的调整而言，是较低层次上的调整，是更具体、更直接的调整。人类社会行为可以分为行为主体、行为对象和行为本身三大组成部分。这三种行为相辅相成，它们在对环境的影响中分别具有不同的特点。其中，政府行为起着主导的作用，因为政府可以通过法令、规章等在一定程度上约束市场行为和公众行为。所以环境管理的主体和对象都是由政府行为、市场行为、公众行为所构成的整体或系统。

我国的具体国情决定了政府在较长时间内，不可能像西方国家那样靠高投资、高技术来解决环境问题。但在经济承受能力和技术条件许可的前提下，我国应大力加强对环境的管理。要加强环境管理，首要的措施就是要制定一系列完善的环境保护法规。环境法规是实现环境管理的依据，政府工作的重点是制定出更适合本国国情的、完善的环境法规。其次，建立环境管理机构是加强环境管理的组织保障。环境问题本身的复杂性，使得破坏环境相当容易，而要使其返回良性循环却异常艰难。这就要求我们必须建立起强有力的环境管理机构。实践证明，没有强有力的管理机构，没有训练有素的管理队伍，即使制定出再好的方针、政策、法规，也不能切实执行，也就没有任何实际意义。此外，广泛开展环境保护宣传，提高全民族的环境意识，也是强化环境管理的有效措施。展开强大的宣传教育攻势，让环保观念深入人心，让每个公民都牢固地树立起环境保护意识，这对于环境工作的开展十分有益。环境教育的对象不仅限于成人，它还应贯穿于小学、中学、大学和继续教育中，让全体人员都加入到环保大军中来。

## 三、公共环境管理的内容

### (一) 公共环境管理的主体

在现实生活中，人类社会的行为主体可以分为政府、企业和公众三大类。在公共环境管理中，政府、企业和公众都是环境管理的主体，它们同时在管理自身和另外两类主体中的参与者或官方的行为。

1. 政府

政府作为社会公共事务的管理主体，包括中央和地方各级的行政机关，在理论上它还包括立法、司法等机关。政府作为环境管理主体的具体工作包括制定适当的环境发展战略、设置必要的专门环境保护机构、制定环境管理的法律法规和标准，制定具体的环境目标、环境规划、环境政策制度，提供公共环境信息和服务，开展环境教育等。另外，在全球性环境问题管理方面，政府作为环境管理主体，其管理内容是对以国家为基本单位的国际社会作用于地球环境的行为进行管理。

2. 企业

企业在社会经济活动中是以追求利润为中心的独立的经济单位。企业是各种产品的主要生产者和供应者，是各种自然资源的主要消耗者，同时也是社会物质财富积累的主要贡献者。因此，企业作为环境管理的主体，其行为对一个区域、一个国家乃至全人类的环境保护和管理有着重大的影响。企业对自身的环境管理的内容包括企业制定自身的环境目标、规划、开展清洁生产和循环经济、通过和执行IS014000环境管理体系标准、实行绿色营销、发展企业绿色安全和健康文化等。

3. 公众和非政府组织

公众包括个人与各种社会群体。他们是环境管理的最终推动者和直接受益者。公众在人类社会活动的各个领域和方面发挥着最终的决定作用。公众能否有效地约束自己的行为，推动和监督政府和企业的行为，是公众主体作用体现与否的关键。公众作为环境管理的主体作用并不是以一个整体的形式出现在环境事务中，而主要是以散布在社会各行各业、各种岗位上的公众个体以及某个具体目标组织起来的社会群体的行为来体现的。

非政府组织，还可称为非营利组织、第三部门、第三种类型组织等，指处于政府部门和营利性部门之间，依靠会员缴纳的会费、民间捐款或政府财政拨款等非营利收入从事前两者无力、无法或无意作为的社会公益事业，从而实现服务社会公众、促进社会稳定与发展的宗旨的社会公共部门，其组织特征是经济性、民间性、非营利性、自治性和志愿性。如中国青少年发展基金会、中国预防性病艾滋病基金会、中国教育协会等。

### (二) 公共环境管理的对象

公共环境管理的对象是人类作用于环境的行为，具体可分为政府行为、企业行为和公众行为。

#### 1. 作为环境管理对象的政府行为

政府行为是人类社会最重要的行为之一，其内容和方式包容极广。无论是提供公共事业，在重要行业实行国家垄断，还是对市场进行调控，政府行为对环境所产生的影响都具有极大的特殊性，它涉及面广、影响深远又不易察觉，既有直接的一面，也有间接的一面，既可以有重大的正面影响，又可能有巨大的难以估计的负面影响。要防止和减轻政府行为造成和引发环境问题，主要应考虑以下三个方面：①政府决策的科学化；②政府决策的民主化；③政府施政的法制化。

#### 2. 作为环境管理对象的企业行为

企业是人类社会经济活动的主体，是创造物质财富的基本单位，因此企业行为是环境管理关注的重要对象。企业行为对资源环境问题有非常重要的影响，主要表现在：①企业是资源、能源的主要消耗者；②企业特别是工业企业是污染物的主要生产者、排放者，也是主要的治理者；③企业是经济活动的主体，因此也是保护环境工作的具体承担者，绝大多数的环境保护行动都需要企业的参与才能落实。

#### 3. 作为环境管理对象的公众行为

公众是社会最基础的组成因子，因此公众行为是和政府行为、企业行为并列的重要行为。公众行为对资源问题有着非常重要的影响，主要表现在：①公众中的每个个体为了满足自身生存发展，需要消费物品和服务，这是造成资源消耗和废物产生的根源；②公众的生活方式对环境问题的影响重大，如农民和城市居民的生活和消费方式所产生的废弃物就有很大区别，造成的环境问题也大不相同；③公众通过各种途径影响政府和企业行为，对环境保护产生间接的影响，由于认识的差异和看法的离散，这种间接的影响虽然非常难以把握，但往往具有根本性和决定性。

### (三) 公共环境管理的手段

环境管理的手段是指为实现环境管理目标，管理主体针对管理对象所采取的必须、有效的手段。

#### 1. 行政手段

公共环境管理的行政手段是指，在国家法律监督下，各级环保行政管理机构运用国家和地方政府授予的行政权限开展环境管理的手段。在我国的环境管理工作中，行政手段通常包括：①制定和实施环境标准；②颁布和实施环境政策。

2. 法律手段

公共环境管理的法律手段是指管理者代表国家和政府，依据国家环境法律、法规，对人们行为进行管理以保护环境的手段。与其他形式的社会行为规范相比，法律规范最显著的特征是强制性，即通过国家机器的保障，强制执行。目前，在我国已初步形成了由国家宪法、环境保护法、环境保护相关法、环境保护单行法和环保法规等组成的环境保护法律体系，这是强化环境监督管理的根本保证。

3. 经济手段

公共环境管理的经济手段是指运用价格、税收、押金、补偿费以及有关的金融手段，引导和激励社会经济活动的主体主动采取有利于保护环境的措施。在我国，政府环境管理的现行经济手段主要包括：①排污收费制度。根据我国有关政策和法律的规定，排污单位或个人应根据排放的污染物种类、数量和浓度，缴纳排污费。②减免税制度。国家规定，对自然资源综合利用产品实行五年内免征产品税、对污染搬迁另建的项目实行免征建筑税等。③补贴政策。财政部门掌握的排污费，可以通过环境保护部门定期拨给缴纳排污费的企事业单位，用于补助企事业单位的污染治理。④贷款优惠政策。对于自然资源综合利用项目、节能项目等，可按规定向银行申请优惠贷款。

4. 宣传教育手段

公共环境管理的宣传教育是指，运用各种形式开展环境保护的宣传教育，以增强人们的环境意识和环境保护专业知识。环境宣传教育可以提高人们的环境保护意识。通过环境宣传教育，不但要使全社会充分认识到环境保护的重要性，而且应当使全社会懂得环境保护需要每一个社会成员的参与。只有全社会成员共同参与，才能从根本上保证环境得到保护。

5. 科学技术手段

公共环境管理中的科学技术手段是指，管理者为实现环境保护目标，所采取的环境工程、环境监测、环境预测、环境评价、决策分析等技术，以达到强化环境执法监督的目的。具体地讲，主要指提高促进人与自然和谐、环境与经济协调的决策科学水平；提高保障代内和代际的人与人之间公平的管理科学水平；提高发展既能高度满足人类消费需要又与环境友好的新材料、新工艺的科学技术水平；提高整治生态环境、治理环境污染、提高环境承载力的科学技术水平等。

## 第二节　公共环境的行政管理

所谓公共环境行政管理，是指政府运用现代环境科学和公共管理科学的理论和方法，以经济活动中的环境行为为管理对象，采用行政和立法等手段，调整和控制经济活动中的各种影响环境行为的总称。在公共环境行政管理过程中，政府主要通过制定和实施环境法、制定和实施宏观的经济社会发展规划、制定和实施行业环境技术政策、制定和实施能源资源政策、发展环保产业等途径和方法来对环境进行管理。政府环境管理具有强制性和引导性等特点，其管理的具体内容与形式则与经济活动的性质密切相关。

## 一、我国环境管理体制的历史演变

新中国成立以来，我国的环境管理体制经历了多次调整，现已形成了以国家、省、市、县、镇五级环境保护管理机构为主体，以各有关行业和部门的环境管理机构为辅的环境管理组织体系。目前，我国政府环境管理的机构包括全国人大环境与资源保护委员会、国家环境保护总局、国务院、中国环境与发展国际合作委员会、地方环境管理机构等。

我国环境管理体制的形成大致经历了以下几个阶段(见表10-1)。

**表10-1　我国环境管理体制的演变阶段**

| 阶　段 | 时　间 | 主 要 事 项 |
|---|---|---|
| 第一阶段(1976年以前) | 1971年 | 国家计委成立了“三废”利用领导小组 |
| | 1972年 | 中国环境代表团参加了在瑞典斯德哥尔摩召开的联合国人类环境会议 |
| | 1974年 | 国务院环境保护领导小组正式成立 |
| 第二阶段(1977—1981) | 1978年 | 国家颁布了新宪法，规定“国家保护环境和自然环境，防治污染和其他公害” |
| | 1979年 | 国家颁布了《中华人民共和国环境保护法(试行)》 |
| | 1980年 | 地方县以上各级政府中相继成立了局建制的环境保护局，并进入了政府组成序列 |
| 第三阶段(1982—1987) | 1982年 | 国务院成立了城乡建设环境保护部，同时撤销了国务院环境保护领导小组及其办公室，改在城乡建设环境保护部内部设立环境保护局 |
| | 1984年5月 | 国务院作出了关于环境保护工作的决定 |
| | 1984年年底 | 城乡建设环境保护部升格为相对独立的国家环境保护局，地方政府同时也作出适当调整，把环境保护从城建系统分离出来，设置独立的环境管理职能机构 |
| 第四阶段(1988年至今) | 1988年 | 国务院正式批准成立国家环境保护局 |
| | 1998年 | 国家环境保护局升级为国家环境保护总局 |

## 二、我国现行环境管理制度

我国在30年的环境管理实践中，根据国情先后总结了“老三项”制度和“新五项”制度共八项环境管理制度。“老三项”制度是指环境影响评价制度、“三同时”制度和排污收费制度。这三项制度产生于中国环保事业的开创时期。“新五项”制度是指环境保护目标责任制、限期治理制度、城市综合整治定量考核制度、污染集中控制制度和排污许可证制度。在环境管理工作中推行这些制度起到了有效控制环境污染、阻止破坏生态环境的作用。同时，这八项制度也成为环境保护部门依法行使环境管理职能的主要方法和手段，对我国环境保护事业发展起着重要的作用。

1. 环境影响评价制度

环境影响评价是指对可能影响环境的重大工程建设、区域开发活动和各种规划，预先进行调查、预测和评价，提出环境影响及防治方案的报告，经主管当局批准才能进行建设，从而为防止和减少这种影响制定最佳行动方案。2002年颁布的《中华人民共和国环境影响评价法》将环境影响评价制度法制化。

2. “三同时”制度

这是由我国首先创立、为中国法律所确认的旨在控制新污染的法律制度。它是指一切新建、改建、扩建项目以及区域开发建设项目的防治污染和其他公害的设施以及综合利用设施必须与主体工程同时设计、同时施工、同时投产使用的制度。

3. 排污收费制度

这是世界各国通行的做法。它又叫做征收排污费制度，是对向环境排放污染或超过国家排放标准排放污染物的排污者，按照污染物的种类、数量和浓度，根据规定征收一定的费用。这项制度是运用经济手段有效地促进污染治理和新技术的发展，使污染者承担一定污染防治费用的法律制度。它既是环境管理中的一种经济手段，又是无“污染者负担原则”的具体执行方式之一，也是环境经济学中“外部成本内在化”的具体应用。

4. 环境保护目标责任制

环境保护目标责任制就是规定各级政府的行政首长对当地的环境质量负责，企业的领导人对本单位的污染防治负责，规定他们的任务目标，列为政绩进行考核的一项环境管理制度。近年来，环境保护目标责任制已经在全国广泛地推开，取得了良好的效果，一些地区的环境质量状况得到不同程度的改善。实践证明环境保护目标责任制的推出，是我国环境管理体制的重大改革，标志着我国环境管理进入一个新的阶段。

5. 限期治理制度

限期治理是指以污染源调查、评价为基础，以环境保护规划为依据，突出重点，分期分批地对污染危害严重、群众反映强烈的污染物、污染源、污染区域采取限期治理时间、治理内容及治理效果的强制性措施，是人民政府为了保护人民的利益对排污单位采取的法律手段，被限期治理的企业、事业单位必须依法完成限期治理。限期治理制度是我国环境管理中的一项行之有效的措施，它带有一定的直接强制性，要求排污单位在特定的“期限”对污染物进行治理，并且达到规定的指标，否则排污单位就要承担更严重的责任。它是减轻或消除现有污染源的污染，改善环境质量状况的一项环境法律制度，也是我国环境管理中所普遍采用的一项管理制度。

6. 城市环境综合整治定量考核制度

我国于1984年开始了城市环境综合整治工作。城市环境综合整治是指把城市环境作为一个系统、一个整体、运用系统工程的理论和方法，采取多功能、多目标、多层次的综合战略、手段和措施，对城市环境进行综合规划、综合管理、综合控制，以最小的投入，换取城市环境质量优化，做到“经济建设、城乡建设、环境建设同步规划、同步实施、同步发展”。城市环境综合治理定量考核的结果作为各城市政府进行城市发展决策，制定环境保护规划的重要依据，对不断改善城市的投资环境，促进城市的可持续发展，具有重要的意义。

7. 污染集中控制制度

污染物集中控制是从我国环境管理实践中总结出来的。污染物集中控制是创造一定的条件，形成一定的规模，实行集中生产或处理以使分散污染源得到集中控制的一项环境管理制度。多年的实践证明，我国的污染治理必须以改善环境质量为目的，以提高经济效益为原则。就是说，治理污染的根本目的不是去追求单个污染源的处理率和达标率，而应当是谋求整个环境质量的改善，同时讲求经济效益，以尽可能小的投入获取尽可能大的效益。但是，以往的污染治理常常过分强调单个污染源的治理，零打碎敲，尽管花了不少钱，费了不少劲，搞了不少污染治理设施，可是区域总的环境质量并没有大的改善，环境污染并没有得到有效的控制。正是基于上述原因，与单个点源的分散治理相对，提出了污染物集中控制。

8. 排污许可证制度

它是以改善环境质量为目标，以污染物总量控制为基础，规定排污单位可排放什么污染物，许可污染物排放量，许可污染物排放去向等，是一项具有法律效力的行政管理制度。排污许可证制度是国际上较为通行的一种环境治理政策。确定污染物排放总量指标，分配污染物总量消减指标是发放和管理排污许可证最核心的工作。实行这一制度，既要有科学性，也要有严肃性和公开性。作为由政府控制的一项特权，如果它被随便地出售，就构成了腐败。

## 三、我国环境立法的发展

我国的环境立法，自1949年中华人民共和国建立以来，经历大致四个阶段的发展变化。

1. 1949—1971年，我国环境立法的孕育时期

中华人民共和国成立后，中国共产党面对战争留下的满目疮痍、百废待兴的局面，开始领导中国人民大规模地进行经济生产，以使国民经济迅速地得以恢复正常。在建国初期至二十世纪五十年代中期，由于当时的工业、农业正处于初建或恢复阶段，工业污染尚不严重，因而这时对环境的保护问题并不突出。因而，可以说，此时并没有真正的环境立法，除了《中国人民政治协商纲领》和1954年的宪法中以根本法的形式确定了水

流、矿藏、森林、土地等自然资源属于全民所有，并对这些自然资源应予以保护外，其余的与环境保护有关的规定只是散见于政府颁布的一些法规中，这些法规对环境问题的规定，大多也局限在对自然资源的保护方面，且多以行政法规的形式出现。我们可以从三个时间段上对这一过程作一简要分析。

(1) 1950—1958年，9年努力，环境立法初见端倪。这一时期颁布的与环境保护有关的法规主要有：1950年颁布的《政务院关于全国林业工作的指示》(4月)、《稀有生物保护办法》(5月)、《中央人民政府关于工厂卫生暂行条例(草案)》(5月)；1951年颁布的《中华人民共和国矿业暂行条例》(4月)；1953年颁布的《国家建设征用土地办法》(12月)；1956年颁布的《国务院关于保护和发展竹林的通知》(6月)、《天然森林禁伐区(自然保护区)划定草案》(10月)；1957年颁布的《关于注意处理工矿企业排出有毒废水、废气问题的通知》(6月)、《国内植物检疫试行办法》(10月)、《中华人民共和国水土保持暂行纲要》等。这一时期的环境立法，基本上没有上升到国家法律的高度，只能说是对《中国人民政治协商纲领》和1954年宪法中关于环境问题的纲领性规定初步作出行政法规或规章层次上的阐述，但它毕竟已经涉及了当时国家经济活动的主要领域，因而其意义是不容低估的。

(2) 1959—1964年，5年坎坷，环境立法伴随经济发展展现趋进态势。从五十年代末至七十年代初，国家颁布了一些有关环境保护的法规，这些法规的颁布大多集中在六十年代初期，这与国家的政治、经济政策是分不开的。因为五十年代末期的“大跃进”，浮夸风的盛行，对自然资源造成了极大的破坏，因而，在国家“调整、巩固、充实、提高”战略决策的影响下，颁布了一些旨在对自然资源和生态环境进行保护的法规。

这一时期颁布的有关环境保护的法规主要有：1958年颁布的《关于在全国大规模造林的指示》(4月)、《国务院关于加强对废弃物品收购和利用工作的指示》(6月)；1959年颁布的《生活饮用水卫生规程》；1960年颁布的《放射性工作卫生防护暂行规定》(1月)、《电离辐射的最大容许量标准》、《放射性同位素工作的卫生防护细则》、《关于工业废水危害情况和加强处理利用的报告》(3月)；1961年颁布的《污水灌溉农田卫生管理试行办法》；1962年颁布的《工业企业设计卫生标准》(4月)、《渤海区对虾资源繁殖保护试行办法》(7月)、《国务院关于积极保护和合理利用野生动物资源的指示》(9月)；1963年颁布的《国务院关于黄河中游地区水土保持工作的决定》(4月)、《森林保护条例》(5月)、《防止矽尘危害工作管理办法(草案)》(9月)；1964年颁布的《城市工业废水、生活污水管理暂行规定(草案)》、《放射性同位素工作卫生防护管理办法(试行)》等。这一时期，环境立法尽管较前一时期还没有出现质的飞跃，但不论是在数量上，还是在涉及社会、经济范围的广度和规范的深度上，都有了一定的进步和发展，应当说，为现当代中国环境立法工作作出了有益的探索。

(3) 1965—1971年，6年沉闷，环境立法与时代一同跌陷于法制的谷底。60年代中期的“文化大革命”，导致了我国政治、经济和社会生活秩序极大的混乱，因而在60年代中期至70年代初，几乎没有颁布保护环境的法规。从1965年起至1971年间，由于处于“文化大革命”的准备和发动阶段，全国的工、农业生产秩序陷入混乱状态，环境保护就更受不到重视，在这6年间，除了于1967年发布了《关于加强山林保护管理，制止破坏山林、树木的通知》外，基本上没有关于环境保护的法律法规的制定和颁布，即使于1967年发布的《保护山林的通知》，也无法实施，流于具文。这一时期，在环境立法史上可谓教训深刻。

2. 1972—1978年，我国环境立法的初创时期

1972年6月5—16日，联合国人类环境会议在瑞典首都斯德哥尔摩召开，这是世界各国政府共同讨论当代环境问题、探讨保护全球环境战略的第一次国际会议，也是人类环境保护史上的里程碑。在这次会议上，我国派出了代表团出席，并对会议中提出的环境问题以及各国列举的环境污染造成的危害引起了关注，并促成了全国第一次环境保护会议于1973年8月5日至13日在北京的召开，这次会议标志着环境保护工作正式被提到我国的工作议程上来，会议制定并通过的《关于保护和改善环境的若干规定(试行草案)》，这是新中国成立以来的第一个针对环境问题制定的专门行政性法规，由此，引发了我国环境保护行动和环境保护立法的正式开端。

根据第一次全国环境保护会议确定的“全面规划，合理布局，综合利用，化害为利，依靠群众，大家动手，保护环境，造福人民”的环境保护工作方针和《关于保护和改善环境的若干规定(试行草案)》所做的有关环境保护的具体规定，国务院及其有关部门制定并颁布了关于保护环境的一些行政法规。

这一期间颁布的环境保护行政性法规主要有：1973年的《工业“三废”排放试行标准》、《关于进一步开展烟囱除尘工作的意见》(4月)、《森林采伐更新规定》(10月)、《关于停止珍贵野生动物收购和出口的通知》(12月)；1974年的《防止沿海水域污染暂行规定》、《放射防护规定》；1975年的《关于水源保护工作和今后工作意见的报告》；1976年的《生活饮用水卫生标准(试行)》；1977年的《关于治理工业“三废”开展综合利用的几项规定》、《防治渤海、黄海污染会议纪要》等。

1978年3月5日，第五届全国人民代表大会第一次会议通过了《中华人民共和国宪法》，明确规定：“国家保护环境和自然资源，防治污染和其他公害。”以根本大法的形式，对环境保护作出规定，这在我国尚属首次，为以后的环境保护立法提供了法律依据。

3. 1979—1990年，我国环境立法的发展时期

1978年宪法第一次以根本大法的形式，对环境问题作出了规定。同年召开的十一届三中全会作出了将工作重点转移到经济建设上来的决定，与经济发展密不可分的环境问题开始成为越来越突出的热点和焦点问题，环境保护法的制定也被提到了国家立法的日程。1979年9月13日，《中华人民共和国环境保护法(试行)》颁布，该法于1989年12月26日正式实施。这是我国有关环境保护的第一部基本法，为以后的环境保护工作提供

了法律依据和法律保障。从1979年《环境保护法(试行)》颁布后至1990年，我国制定并颁布的环境保护法律和行政法规主要有：1981年：国务院《关于在国民经济调整时期加强环境保护工作的决定》，国务院批转国家城建总局、国务院环境保护领导小组、国家文物局、旅游总局《关于加强风景名胜保护管理工作的报告》；1982年：《征收排污费暂行办法》，《中华人民共和国海洋环境保护法》，国务院批转城乡建设环境保护部、文化部和国家旅游局《关于审定第一批国家重点风景名胜区的请示》；1983年：《中华人民共和国环境保护标准管理办法》，《中华人民共和国海洋石油勘探开发环境保护管理条例》，《中华人民共和国防止船舶污染海域管理条例》；1984年：《中华人民共和国森林法》，《国务院关于环境保护工作的决定》，《中华人民共和国水污染防治法》；1985年：《中华人民共和国海洋倾废管理条例》，《风景名胜区管理暂行条例》；1986年：《中华人民共和国渔业法》，《中华人民共和国矿产资源法》，《对外经济开放地区环境管理暂行规定》，《中华人民共和国土地管理法》；1987年：城乡建设环境保护部发布《风景名胜区管理暂行条例实施办法》，《城市放射性废物管理办法》，《全国海洋环境污染监测网组织办法》；1988年：《中华人民共和国水法》，《防止拆船污染环境管理条例》，《污染源治理专项基金有偿使用暂行办法》，《中华人民共和国野生动物保护法》，修订《土地管理法》；1989年：《中华人民共和国水污染防治法实施细则》，《中华人民共和国环境噪声污染防治条例》，《放射性同位素与射线装置放射防护条例》；1990年：《中华人民共和国防治陆源污染物污染损害海洋环境管理条例》，《中华人民共和国防治海岸工程建设项目污染损害海洋环境管理条例》，《放射环境管理办法》，《中华人民共和国海洋石油勘探开发环境保护管理条例实施办法》，《国务院关于进一步加强环境保护工作的决定》。

4. 1991年至今，我国环境立法的完善时期

随着我国社会主义经济建设的高速发展和社会主义市场经济的建立，生产力水平的提高，伴随着工业污染和其他公害问题的加剧，环境恶化的状况日益严重，环境保护成为我国可持续发展的一个重要任务，特别是在1992年6月举行的联合国环境与发展大会后，我国的环境立法又有了十分明显的发展。这一时期制定了大量的有关环境保护的法律法规，并对以前颁布的一些环境法律或行政法规进行了修订，这些环境立法涉及了社会生活的许多方面，对当今已经出现或即将出现的环境问题做了多层次、多方位的规定。这一时期制定的与环境保护有关的法律法规主要有：1991年：《中华人民共和国水土保持法》，《中华人民共和国大气污染防治法实施细则》；1992年：国务院批转建设部等部门《关于解决我国城市生活垃圾问题的几点意见》，中共中央办公厅、国务院办公厅转发外交部、国家环境保护总局《关于出席联合国环境与发展大会的情况与有关对策的报告》；1993年：《中华人民共和国农业法》，国务院《关于开展加强环境保护执法检查严厉打击违法活动的通知》；1994年：《中华人民共和国自然保护区条例》；1995年：《淮河流域水污染防治暂行条例》，《中华人民共和国固体废物污染环境防治

法》；1996年：《中华人民共和国农业法》，《中华人民共和国煤炭法》，《中华人民共和国植物新品种保护条例》，修订《中华人民共和国水污染防治法》，国务院《关于环境保护若干问题的决定》，修订《中华人民共和国矿产资源法》，《中华人民共和国野生植物保护条例》，《中华人民共和国环境噪声污染防治法》；1997年：《电磁辐射环境保护管理办法》，刑法第六章第六节规定“破坏环境资源保护罪”，《中华人民共和国动物防疫法》，《中华人民共和国水生动植物自然保护区管理办法》，《中华人民共和国节约能源法》，国家环境保护局、国家计划委员会关于印发《中国自然保护区发展规划纲要(1996—2010年)》的通知(11月)，《中华人民共和国防震减灾法》；1998年：修订《中华人民共和国森林法》，《中华人民共和国专属经济区和大陆架法》，修订《中华人民共和国土地管理法》，《建设项目环境保护管理条例》；1999年：宪法修正案第九、十、二十二、二十六条，修订《中华人民共和国海洋环境保护法》；2000年：《中华人民共和国森林法实施条例》，《中华人民共和国水污染防治法实施细则》，《中华人民共和国大气污染防治法》，国务院《关于禁止采集和销售发菜制止滥挖甘草和麻黄草有关问题的通知》，国务院《关于进一步做好退耕还林还草试点工作的若干意见》，财政部、国家环境保护总局《关于加强排污费征收使用管理的通知》，国家经济贸易委员会、水利部、建设部、科学技术部、国家环境保护总局、国家税务总局印发《关于加强工业节水工作的意见》的通知，国务院《关于印发全国生态环境保护纲要的通知》，国家经济贸易委员会、国家发展计划委员会、公安部、国家环境保护总局《关于调整汽车报废标准若干规定的意见》；2001年：国家环境保护总局、对外经济贸易合作部、海关总署关于发布《中国进出口受控消耗臭氧层物质名录》，国家出入境检验检疫局、农业部、海关总署、对外经济贸易合作部、国家环境保护总局《关于处理欧盟已到港动物性饲料产品有关问题的通知》，国家经济贸易委员会、国家工商行政管理局、国家质量监督检验检疫局、国家环境保护总局《关于加强利用废塑料生产汽油、柴油管理有关规定的通知》，国家环境保护总局、国家经济贸易委员会、公安部、国家工商行政管理局《关于限期停止生产销售化油器类轿车及5座客车的通知》，《中华人民共和国防沙治沙法》。此外，还制定和颁布了大量的环境保护或与环境有关的行政规章，各省、自治区、直辖市也分别制定和颁布了环境保护的地方性行政法规或行政规章。

## 四、我国环境立法的现状与问题

近年来，我国的环境立法工作进展较快。在立法导向上，注重体现科学发展观。比如，可再生能源法和循环经济法，都强调法律对社会的导向作用、激励作用，强调清洁发展和持续发展。在条文规范上，尽量写准写实。又如，2006年最高人民法院出台了一个司法解释：《关于审理环境污染刑事案件具体应用法律若干问题的解释》，对《刑法》中的规定进行了细化，提出了具体的定罪量刑标准。但我国环境立法还存在一些问题，如一些重要领域缺乏专门立法，法律条款的针对性和操作性仍有欠缺、立法理念滞后、法律责任偏“软”等。针对上述问题，近几年，我国环境立法工作主要做了以下努力。

1. 努力完善环境法律体系

一是制定了《可再生能源法》，提交审议了《循环经济法和海岛保护法》，起草了《自然保护区域法》，修改了《固体废物污染环境防治法》、《节约能源法》，审议了《水污染防治法》修订草案。这几部法律修改都不是细枝末节的修补，而是重新确定了立法指导思想，增加了很多新制度，可以说是根本性的修改。二是开展了立法论证。近年来，由全国人大代表提出了多项关于修改《环境保护法》或者制定《环境基本法》的议案。另外，土壤污染防治法的立法论证工作也有所进展。三是制定了配套法规，重视督促配套法规的研究起草工作。比如，在起草《可再生能源法》时，同时列出12项配套法规的具体名录，对这些法规出台的时间提出建议，并积极督促有关部门尽快开展研究起草工作，帮助协调起草时的难题。在《可再生能源法》实施时，11项配套法规和100多项相关标准同步实施。

2. 努力提高环境违法成本

有这样一个例子：广东东莞福安纺织印染有限公司，这家企业曾经声誉很好，频频获奖，曾被评为“国内企业500强”、“中国漂染工业第一名”、“中国纺织工业针织行业销售收入第一名”。2006年时，该公司被发现日偷排高浓度废水2万多吨，排污许可证过期两年。根据计算，如果该公司排放的污水全部处理后达标排放，一吨的成本约为1元钱，每天排放2万多吨，就是两万多元，一年1000多万元。这个数字与该厂35亿元的年产值相比并不算多。但是，由于现行《水污染防治法》的相关规定处罚过低，企业受到的经济罚款最高额是10万元。这样，企业就不免要打“如意算盘”：与其花钱买设备治污，不如装暗管偷排，被环保部门查到，就主动交罚款。我国修改水污染防治法时，提出的一条主要建议就是要解决“违法成本低、守法成本高”的问题。比如，针对连续性违法行为，要设立按违法实际后果的倍数计罚的制度；对触犯刑法的犯罪责任人，要依法追究其刑事责任；对恶意排污的企业，要对其直接责任人实施拘留等处罚。

3. 努力强化政府环境保护责任

强化政府环境保护责任包括两个方面，一是加大地方政府的责任。地方政府应当对地方环境质量负责。这既是环境保护法的明确规定，又是解决环境问题的有效措施。水污染防治法修改稿中，建议要建立地方政府对所辖区域环境保护负主要责任的明确规定：上级人民政府对下级人民政府实现水环境保护目标的情况进行考核，并将考核结果作为评价地方人民政府行政领导政绩的重要依据。二是强化环保部门的责任。比如，原来法律规定的限期治理的决定权在地方政府，而不在环保部门。在修订《固体废物污染环境防治法》时，就明确了将限期治理决定权转移给地方环保部门。这次修改水污染防治法，对限期治理制度提出了更明确的立法建议：限期治理期间，环境保护主管部门应当根据具体情况责令被限期治理的单位限产、限排或者停产整治。

4. 努力增加污染受害者的法律支持

修改《固体废物污染环境防治法》时，提出为更好地保护污染受害者的权利，要明确规定举证责任倒置制度，写清楚加害人应就“免责事由及其行为与结果之间不存在因果关系”进行举证，如果加害人不能证明上述两点，就要承担不利的法律后果。这次修改《水污染防治法》，提出要增加对污染受害者的法律救济途径，建议规定：“因水污染引起的损害赔偿纠纷，可以根据当事人的委托，由具有法定资格的社会团体向人民法院提起损害赔偿诉讼。国家鼓励法律服务机构对水污染事故中的受害人提供法律援助。”此外，保护污染受害者权利的一个重要方面是信息公开。这方面的努力主要包括在相关立法中完善信息披露制度、建立名录制度、要求监测机构接受委托如实提供有关监测数据等。

5. 努力扩大环境保护激励机制

过去的环境法中也规定了一些激励和奖励性的措施，但是应当说，激励机制还没有发挥足够的作用。近年来的环境立法，较大扩充了激励机制在法律中所占的地位。比如，《可再生能源法》中，设专章规定激励措施，包括强制上网、全额收购、电价和费用分摊、税收优惠、财政贴息贷款等。《循环经济法》也是如此，提出了设立循环经济发展专项资金、确定重点投资领域、政府优先采购、金融机构给予优先贷款等信贷支持等。

6. 努力建立环境保护新制度

每一部立法中，都有新创设的环境保护制度。比如规划制度、生产者责任延伸制度等。生产者责任延伸制度代表了环境保护理念的转变。在修订《中华人民共和国固体废物污染环境防治法》时，首次建立了生产者责任延伸制度，但当时的表述还有些过于原则性。该法第五条规定：国家对固体废物污染环境防治实行污染者依法负责的原则。产品的生产者、销售者、进口者、使用者对其产生的固体废物依法承担污染防治责任。在制定《循环经济法》时，这个制度得到进一步明确和具体化。草案第十五条规定：生产被列入强制回收名录的产品或者包装物的企业，必须对废弃的产品或者包装物负责回收；对其中可以利用的，由该企业负责利用；对目前技术经济条件下不适合利用的，由该企业负责无害化处置。

7. 各地努力完善地方性立法

近几年，各省结合本地实际情况，针对环境问题共修改或制定了地方性法规400余部。有的地方提出了新的立法思路，有的地方取得了制度上的突破。比如，湖南省提出了“一湖一法”的思路，因地制宜，对每一个重点治理的湖泊制定一部立法。再如，深圳市的环保条例将罚款额度提高到了100万元。(条例规定：建设单位未编制环评文件或未经审批，擅自开工建设或投产的，最高可处以100万元罚款。)而重庆市的环保条例则率先规定了按日计罚制度。(条例规定：对违法排污拒不改正的，可按规定的罚款额度按日累加处罚。即如果企业一个月没有改掉违法行为，有关部门可以按每天10万元处罚30天。)

# 第三节 国际环境管理体系认证

## 一、环境管理体系

环境管理体系(Environmental Management System，简写为EMS)是一个组织内全面管理体系的组成部分，它包括为制定、实施、实现、评审和保持环境方针所需的组织机构、规划活动、机构职责、惯例、程序、过程和资源，还包括组织的环境方针、目标和指标等管理方面的内容。环境管理体系是一个组织有计划，而且协调动作的管理活动，其中有规范的动作程序，文件化的控制机制。它通过有明确职责、义务的组织结构来贯彻落实，目的在于防止对环境的不利影响。环境管理体系是一项内部管理工具，旨在帮助组织实现自身设定的环境表现水平，并不断地改进环境行为，不断达到更新更佳的高度。

环境管理体系来源于环境审计和全面质量管理这两个独立的管理手段。迫于遵守环境义务费用的不断升级，北美和欧洲发达国家的公司不得不在上世纪70年代研制了环境审计这一管理手段以发现其环境问题。其初期目标是保证公司遵守环境法规，其工作范围随后扩展到相对容易出现环境问题的部位实行的最佳管理实践的监督。全面质量管理起初用于减少和最终消除生产过程中导致不能达到生产规范要求的种种缺陷，以及提高生产效率等，但这一手段已经更多地用于环境问题上。

环境管理体系主要遵循以下五个原则：①承诺的原则。一个组织应制定环境方针并确保对环境管理体系的承诺。②规划的原则。组织应为实现其环境方针进行规划。③实施的原则。组织应提供为实现其环境方针、目标和指标所需的能力和保障机制。④测量和评价的原则。组织应测量、监测和评价其环境绩效。⑤评审和改进的原则。组织应以改进总体环境绩效为目标，评审并不断改进其环境管理体系。根据以上原则，最好将环境管理体系视为一个组织框架，它需要不断监测和定期评审，以适应变化着的内外部因素，有效引导组织的环境活动。组织的每一个成员都应承担环境改进的职责。

促使组织建立环境管理体系的主要原因有以下几个方面：①国家或地方法律法规、环境管理政策与制度，以及某些环境保护的强制性要求对组织的驱动，迫使组织通过建立环境管理体系达到法律法规及标准的要求，并减少由污染事故或违规造成的环境风险。②来自银行、保险、信贷等部门的压力，促使组织必须树立环境管理的良好形象以增加市场竞争能力。③来自环保组织、消费者和消费者组织以及公众的关注使组织分外重视环保形象和声誉。④商界日益增加环保责任的意识。⑤产品和生产过程中的环境因素在国际竞争中已成为重要竞争因素，由此产生了国际贸易壁垒。⑥从组织内部来看，可以取得节能降耗、减少污染、降低成本的经济效益。

## 二、ISO14000国际环境管理体系

### (一) ISO14000标准产生的背景

随着社会、经济的不断发展，人口的不断增加，越来越多的环境问题摆在了我们面前：温室效应加剧、酸雨不断蔓延、臭氧空洞的出现、水体不断遭到严重污染、土地大量荒漠化、草原退化、森林锐减、许多珍稀野生动植物濒临灭绝等。这一系列的环境问题中，绝大部分是由于人对自然的破坏造成的。这些问题已经危及我们人类社会的健康生存和可持续发展，面对如此严重的形势，人类开始考虑采取一种行之有效的办法来约束自己的行为，使各种各样的组织重视自己的环境行为和环境形象；并希望以一套比较系统、完善的管理方法来规范人类自身的环境活动，以求达到改善生存环境的目的。首先开始酝酿制定这样一套比较系统、完善的管理方法的是国际标准化组织(International Organization for Standardization，简写为ISO)。ISO是世界上最大的非政府性国际标准化机构，它成立于1947年2月，主要从事各行业国际标准的制定，从而促进世界范围内各国贸易的友好往来以及文化、科学、技术和经济领域内的合作。ISO自成立以来，已经制定并颁发了许多国际标准，其下设若干个技术委员会，其中第176技术委员会(TC176)在1987年成功地制定和颁布了ISO9000质量管理体系系列标准，对改善企业的质量管理模式起到了很大的作用，在世界范围内引起了很大的反响。进入90年代以后，环境问题变得越来越严峻，ISO对此做了非常积极的反应。1993年6月，ISO成立了第207技术委员会(TC207)，专门负责环境管理工作，主要工作目的就是要支持环境保护工作，改善并维持生态环境的质量，减少人类各项活动所造成的环境污染，使之与社会经济发展达到平衡，促进经济的持续发展。其职责是在理解和制定管理工具和体系方面的国际标准和服务上为全球提供一个先导，主要工作范围就是环境管理体系(EMS)的标准化。为此，ISO中央秘书处为TC207预留了100个标准号，标准标号为ISO14001-14100，统称为ISO14000系列标准。ISO14000是一个系列的环境管理标准，它包括了环境管理体系、环境审核、环境标志、生命周期分析等国际环境管理领域内的许多焦点问题，旨在指导各类组织(企业、公司)取得和表现正确的环境行为。

ISO于1996年9月出台了两个国际标准——ISO14001和ISO14004标准，这是环境管理体系标准化发展史上的一个非常重要的里程碑。ISO14000目前已经颁布了将近10个独立的标准，其影响要远大于ISO9000，ISO14000的应用前景值得期待。

### (二) ISO14000系列标准的分类

ISO14000作为一个多标准组合系统，按标准的性质可以将其分为三类。

(1) 基础标准(术语标准)。

(2) 基本标准(环境管理体系、规范、原理、应用指南)。

(3) 支持技术类标准(即工具，包括：①环境审核；②环境标志；③环境行为评价；④生命周期评估)。

如按标准的功能，可以分为两类。

(1) 评价组织(①环境管理体系；②环境行为评价；③环境审核)。

(2) 评价产品(①生命周期评估；②环境标志；③产品标准中的环境指标)。

### (三) ISO14000系列标准的原则

经充分协商，ISO/TC207对制定ISO14000系列标准规定了7条关键的原则：

(1) ISO14000系列标准应具有真实性和非欺骗性；

(2) 产品和服务的环境影响的评价方法和信息应意义准确，并且是可检验的；

(3) 评价、实验方法不能采用非标准方法，而必须采用ISO标准、地区标准、国家标准或其他技术上能保证再现性的标准试验方法；

(4) 应具有公正性和透明度，但不应损害机密的商业信息；

(5) 非歧视性；

(6) 能进行特殊的有效的信息传递和教育培训；

(7) 应不产生贸易壁垒，保证国内、国外的一致性。

## 三、环境管理体系的审核与管理评审

### (一) 环境管理体系的审核

1. 环境管理体系审核的概念

根据ISO14010定义，环境审核是客观地获取审核证据并予以评价，以判断特定的环境活动、事件、状况、管理体系，或有关上述事项的信息是否符合审核准则的一个系统化、文件化并形成的验证过程，包括将这一过程的结果呈报委托方。其核心是验证和帮助一个组织改进环境行为的重要手段。环境管理体系审核是指组织内部对环境管理体系的审核，是组织的自我检查与评判。内审的过程应有程序控制，定期开展。内审应判断环境管理体系是否符合预定安排，是否符合ISO14001标准要求，环境管理体系是否得到了正确实施和保持，并将审核结果向管理者汇报。

2. 环境管理体系审核的对象

环境管理体系审核对象是环境管理体系，一次完整的内审应全面完整地覆盖组织的所有现场及活动，覆盖ISO14001环境管理体系标准所有要素，并包括组织的重要环境因素受控情况，环境目标和环境指标的实现程度等内容。环境管理体系审核应保证其客观性、系统性和文件化的要求，应按审核程序执行。环境管理体系审核的核心内容是衡量一个组织的环境管理体系是否符合环境管理体系审核准则。它包括以下四个方面：①衡量环境管理体系是否完善；②环境管理体系的活动是否正确；③实施情况是否良好；④体系是否充分适合于组织的环境方针和目标。

3. 环境管理体系审核的内容

环境管理体系是否完善主要应检查组织体系是否包括环境方针、环境方案、组织结构、任务、职责和职权、环境审核和管理评审步骤等ISO14001中规定的必要内容。环境管理体系的活动是否正确，主要检查组织在废气、废水的排放，土壤污染，原材料、化学品和有害物质的管理和贮藏，环境技术规定，生产过程行为和管理，废物的收集和处置等方面是否符合ISO14001和ISO14004规定的运行模式。看环境管理体系实施情况是否良好，应检查体系是否全方位得到了实施保障以及管理体系是否在组织内正常运作，应抽样检查程序的有效性及其实施，培训记录，测量报告记录，环境方针是否公布等。最后，组织的环境管理体系仍可能存在与组织环境方针、目标不相符合的地方，因此应包括对照目标检查排放的测量结果，检查对执照及法律、规章的专门条款的符合情况等。

4. 环境管理体系审核的依据

环境管理体系审核的依据可以归纳为以下三条：①ISO14001是环境管理体系的规范性标准，作为审核的依据之一是必须的。因此要建立环境管理体系，必须以ISO14001作为审核依据。②环境管理手册、程序文件及其他相关环境管理体系文件：环境管理手册和程序文件是组织根据ISO14001的要求编制的。它对组织的环境管理体系的实施提供强制性指令和具体操作运行指导。一旦发布就是组织的内部环境管理法规。③适用于组织的环境法律、法规和其他要求：ISO14001强调对环境法律、法规遵守的承诺，因此适用于组织的法律、法规和其他要求也必须作为审核依据之一，因为它在环境管理上占有十分重要的地位。这里的其他要求可以是相关的各种标准，排污许可证上的要求或相关方提出的要求等。

5. 环境管理体系审核的程序

为了保证环境管理体系内部审核的客观性、系统性和文件化的要求，应按照审核程序执行。内审的程序应规定(或满足)以下内容：①审核的范围，可包括审核的地理区域、部门或体系要素；②审核的频次，应根据组织自身的管理状况和外部机构要求确定；③审核的方法，一般可包括检查文件及记录，观察现场及操作，与相关人员面谈等；④审核组的要求和职责，如审核组长及组员的能力与职责等；⑤审核报告及结果的要求和报送办法等。在每次开展审核前应制订审核计划(方案)，包括人员与时间的安排。审核的内容应立足于所涉及活动的环境重要性和以前审核的结果。

## (二) 环境管理体系的管理评审

1. 管理评审的概念

环境管理体系的管理评审要求组织的最高管理者应按程序设定的时间间隔，对环境管理体系进行评审，评审的对象是环境管理体系，而且是由最高管理者组织相关的管理层来实施的。其目的在于确保环境管理体系的持续适用性、充分性和有效性，并提出新的要求，以实现环境管理体系的持续改进，从而取得良好的环境表现。评审的内容和范围较为广泛，这就要求评审之前收集足够的信息。管理评审中应对下列内容进行评审：

①审核的结果；②方针的适宜性，目标指标的实现程度；③变化的信息：如法律法规的变化、组织机构、活动、产品或服务的变化；④相关方关注的问题：如市场的要求等。

2. 管理评审的基本要求

管理评审也是内部环境管理体系审核的一种形式，是一种高层次的对EMS的全面审查，是一种重要的内审管理工具。因此，管理评审完成后，应对环境方针、目标指标的适宜性作出判断，是否需要进行调整、修改或提高，是否需对其他体系要素加以修正等。管理评审工作形成的结果、结论或决定都应在评审后予以落实，加以实施。评审工作应形成文件或记录。环境管理评审通常在一次全面内审结束后进行，标准条款中规定："组织的最高管理者应按其规定的时间间隔，对环境管理体系进行评审。"所谓"时间间隔"，可以半年一次，也可以每年或更长时间一次，也可以随着内、外部环境的变化而及时地进行管理评审。

3. 管理评审的程序

(1) 制定评审计划。根据最高管理者的决定和要求，由管理者代表或指定主管部门(工作小组)拟制管理评审计划，并报最高管理者批准后由主管部门于评审前分发、通知参加评审人员。

(2) 准备评审信息。由管理者代表组织主管部门及有关部门汇集、准备以下信息：①本部门执行EMS的有关文件；②对有关文件的执行计划、措施及执行记录或报告；③内审提出的不符合项及改进措施的执行、验证记录或报告；④本部门对执行环境计划、环境目标、指标情况的自我评价：成绩、问题、拟改进措施、目标；⑤本部门实施环境改进的关键环节、风险和范围，资源方面有何困难、所需帮助等；⑥相关要求的信息及反馈单、环境记录。

(3) 召开评审会议。最高管理者主持召开环境管理评审会议，由环境管理主管部门记录评审会议结果并编制评审报告书。评审报告中应明确阐明进行环境评审的原因，如日常的组织变化、对环境事务认识的提高、环境观念的变化以及环境管理体系中发现的问题等。

(4) 批发评审报告。环境管理评审报告报环境管理者代表审核，报最高管理层批准，分发参加评审的人员和相关部门。

(5) 报告留存。环境管理评审过程的记录和评审报告，由环境管理主管部门保存并归档。保存期限至少三年。

(6) 评审后工作。通过管理评审发现的问题，由环境管理者代表签发"纠正(预防)措施通知单"，由环境管理主管部门发至责任单位或部门。责任部门组织调查分析不符合项产生的原因，指定改进和纠正措施并组织实施，填写过程和结果记录。环境管理主管部门组织环境改进和纠正措施结果验证，填写验证报告。改进和纠正措施涉及的文件更改由原编制、审批部门按文件控制程序进行更改。

4. 管理评审的要点

管理评审是环境管理体系运行模式的重要一环，也是环境管理体系内部审核的一种形式，是决策层对EMS的全面审查。所以外部审核时应强调以下要点。

(1) 在EMS中组织对管理评审有无书面规定；

(2) 有关管理评审的频次、组织形式、参加人员等做何种规定；

(3) 评审计划报告、实施有无记录并形成文件；

(4) 评审结果是否用来对环境管理体系及方针、目标进行修正；

(5) 评审的范围和内容是否足够全面和合理；

(6) 如果需要更改目标指标，其纠正措施有无指定责任人；

(7) 管理评审会议记录是否保存；

(8) 对环境管理体系的持续适用性、充分性和有效性是否作出结论。

# 第四节　公共环境的社会管理

## 一、环境NGO的含义

“NGO”(Non-Government Organization)概念始见于20世纪40年代联合国文件，指获得联合国承认的国际性非政府组织，20世纪80年代以来引起西方广泛关注。在不同的国家NGO有不同的称谓，如“第三部门”、“非营利组织”、“民间组织”、“草根组织”等，甚至在同一国家这些称谓都被交替使用，因而对NGO的定义根据各国研究者的侧重点不同有很多种。综合而言，可以将NGO定义为不以营利为目的、主要开展公益性或互益性社会服务活动的独立的民间组织。NGO具有三个基本属性：非营利性、非政府性和志愿公益性。[①]相对于企业来说，NGO不具有营利性；相对于政府来说，NGO不是政府机构或附属部分；相对于以上两者来说，NGO不是以利润动机、权利原则来驱动，而是为了公共利益、以志愿精神为背景的利他主义和互助主义为动力来运作的民间团体。环境NGO的特殊属性是必须以环境保护为主要活动范围。在我国，环境NGO是以环境保护为主旨，不以营利为目的，不具有行政权力并为社会提供环境公益性服务的民间组织。

## 二、环境NGO的发展与作用

### (一) 环境NGO的发展

20世纪60年代到70年代，环境NGO只是在北美和西欧等国家发展，90年代初，环境NGO在世界范围内发展起来。1992年，美国就大约有1万多个各种各样的非政府环保

① 王名，佟磊. NGO在环保领域内的发展及作用[J]. 环境保护，2003(5)：35-38.

组织，其中10个最大组织的成员达720多万人；[①]1994年，日本全国的环保NGO数量在1.5万个左右，平均0.8万人口就有一个环保NGO。[②]下面从两个方面来看中国环境NGO的成长历程。

1. 基于数量规模考察

在2005年以前我国环境NGO组织的数量规模一直是一个模糊的问题，在很多的文献资料中，都出现了“我国民间环保组织大约2000个左右”的话语(如2001年11月在京召开的中美民间环境组织合作论坛发布消息：中国环境NGO已超过2000个，参与者数百万人)。这个数据的准确性备受怀疑，产生疑问的根源如下：其一是有记者曾经就中国目前环境NGO的数量规模专门咨询了国家民政管理局登记处的相关人员，该登记处给予的答案大致是这样的，他们目前并没有掌握具体的统计数字，而在他们那里登记过的全国性的民间环保组织约为4～5家；其二是中华环保联合会于2005年展开了“中国环境NGO现状调研”的活动，该次调研其中一个重要的目的就是摸清中国环境NGO的数量规模以及组织建设情况，而国家环保总局专门为此发函给各级政府环保部门，要求这些部门协助中华环保联合会完成“中国环境NGO”现状调查问卷。伴随“中国环境NGO现状调研”的展开，中国环境NGO的规模逐渐清晰，截至2005年底，我国共有各类环保民间组织2768家，其中政府部门发起成立的有1382家，占49.9%；民间自发组成的有202家，占7.3%；学生环保社团及其联合体共1116家，占40.3%；国际环保民间组织驻内地机构68家，占2.5%。环境NGO主要集中在北京、天津、上海及东部沿海地区。据统计，我国环境NGO现有从业人员总数为22.4万人，其中全职人员6.9万，兼职人员15.5万。组织规模普遍较小，而且工作条件较差，6成环境NGO没有专用办公室。

2. 基于活动空间的考察

中国环境NGO的起步时间较晚(20世纪90年代中后期)，中国在1993年北京首次申办奥运会时，当国际奥委会官员询问中国有无民间环保组织时，我方代表团不知如何作答。1994年3月31日，中国首家环境NGO——“中国文化书院·绿色文化分院”经民政部注册获准成立，简称“自然之友”。现任全国政协常委梁从诚先生出任会长。1996年前后，“北京地球村”、“绿家园”先后成立，与“自然之友”一并成为中国环境NGO的三面旗帜。上述NGO早期主要参与垦荒、护鸟、种树、保护濒危动物、建造绿色社区等活动。进入21世纪，中国环境NGO的活动空间开始向维权行动拓展。很多环境NGO都把维护公众的环境权益纳入了自己的行动纲领，如2005年4月由中央财政资助129万元人民币建立的中华环保联合会在成立宣言中就表示，他们的宗旨是促进中国和人类环境保护事业的发展；为贯彻可持续发展战略、实现国家环境与发展的目标，为维护公众和社会环境权益，脚踏实地努力推进各项环境保护工作。中国环境NGO的维权

① 侯文蕙. 20世纪90年代的美国环境保护主义和环境保护主义运动[J]. 自然之友通讯，2001(2)：11-19.

② 林家彬. 环境NGO在推进可持续发展中的作用——对日本环境NGO的案例分析[P]. 中国人口、资源与环境，2002(2).

行动在很大程度上反映了国内部分地区高速经济增长背后所隐藏的问题，如在唯经济利润增长的目标刺激下，往往采取先污染后治理的经济发展模式。在这个经济增长的过程中，公众的环境权益是不被重视的。根据互联网上的消息报道：我国每年发生的环境侵权案件约2000多件，其中重大环境侵权案件约占3%，特大环境侵权案件占约1%。换句话说，我们很多地区的经济增长是以侵害公民的环境权益为代价的。如果我们能够将这些被侵害的环境权益折算为经济指标，那么在剔除了该项指标后的经济增长指数也许就不再令人欣慰了。从这个角度看，我国环境NGO的维权运动将有助于人们反省“有增长而无发展”的经济增长模式。

### (二) 环境NGO在全球环保领域里的作用

在解决全球环境问题方面，尽管主权国家和国家间组织仍然发挥着重大作用，但由于传统的国际秩序和政治制度的影响，其作用相对弱化。相反，在一些环境问题领域，“政府要么力不从心，要么不愿涉足，而非政府组织往往比政府更能有所作为，同时借助全球网络力量，它们能够给国家施加更大的压力，从而获得比以往更大的发言权和参与决策权”。事实表明，环境NGO正在成为国际生态环境保护的重要力量。在全球生态环境问题上，传统的政府——国家管理体制存在着一定的局限性，国家主权和国家利益与全球环境的公益性之间的矛盾难以很好地解决。在解决环境问题的过程中，环境NGO由于自身的灵活性，因而能够起到承上启下、沟通各方、促进协调与合作的独特作用。

人们有理由相信，环境NGO是全球公共环境资源的理想的保护者和治理者。最能实现环境管理目标的方法是改变国民核算制度，使它反映真正的环境成本和利益，从而迈向“绿色”核算制度，而这一重担主要就落在民间社会组织的肩上，几乎在各处的公开辩论中都要靠它们为环境说话。这是因为，与国家和政府间组织相比，NGO有其明显的特点和优势：NGO更具有公众性，比国家、政府组织少官僚主义而多活力，往往在市场失灵的领域以及国家和政府组织不愿意或不便干预的领域工作。NGO行使的是相对于国家权力的社会权力，社会权力是公民和社会团体等所拥有的社会资源对社会和国家的支配力；社会权力的载体主要是国家、政府组织以外的各种社会组织；在民主化国家和多元化社会，NGO能量很大，拥有很强的社会权力，有巨大的影响力和支配力，能够左右社会的经济、政治、文化和社会生活的许多方面。NGO依据自身特点在环境保护领域内开展了丰富多彩的活动，在它们的努力下，国家开始重视环境，公众开始关注环境、保护环境。

#### 1. 提供咨询和信息，引导并参与环保项目

许多政府间国际组织，如经济合作与发展组织(OECD)、国际劳工组织、世界银行都聘请NGO专家为本组织的活动和工作提供经常性咨询。环境NGO的专家、学者一般会收集资料、研究起草文件，向有关国家政府、政府间组织提供环境领域的技术、法律和其他信息的帮助。另外，环境NGO支持国家或政府间组织投资有利于环境保护的项目；如果项目威胁到环境，它们将以各种方式施加压力阻止项目的投资。鉴于国际国内

金融组织的项目投资方向对环境的重要影响，目前有些环境NGO致力于积极倡导国际金融组织建立环境评估程序，以期从源头制止世界环境问题的发生。如成立于1967年的美国环境保卫组织(Environment Defend Organization)正致力于金融机构环境影响评价程序的制定。这样，金融机构在同意拨付项目投资前必须经过一系列环境评估审议程序，将各种影响环境的投资项目按A、B、C三个等级的环境影响分类，以便决策者作出正确的投资决策。不按该程序行事的金融机构和国家政府将面临三种风险：环境风险、政治风险、名誉风险。在风险的压力下，这些组织能成功地影响国际、国内金融组织及其政府的投资决策，从而达到保护环境的目的。

2. 影响国家和政府间组织有关环境的决策

尽管迄今为止尚缺乏NGO直接参与国际决策的机制，但NGO通过咨询、建议、游说等方式在国际会议的准备阶段和会议当中，能对各国政府及政府间组织施加重要影响，力图使自己的理念和要求反映在官方决策过程和法律文件中，从而间接地参与国际决策。1992年里约环境与发展高峰会议上，来自170多个国家的大约2000个NGO的代表3万多人云集里约热内卢，除多方游说政府代表外，还在官方会议期间召开了NGO全球论坛(也称影子会议，Shadow Conference)，在14天的论坛期间共举行了350次正式会议和1000多次非正式讨论会，向高峰会议提出了自己起草的30多个模拟条约文本。这些文本中相当多的内容被官方会议所吸纳，促成高峰会议通过了反映NGO主张的《里约环境与发展宣言》和《21世纪议程》。这次会议被视为联合国与NGO关系史上的一个里程碑，也是环境NGO在全球环境事务中初显身手。

3. 促进公众参与环境保护的制度建设

在公众参与全球性的环境保护事务中，以国际绿色和平组织、世界自然保护联盟、世界自然基金会等为代表的国际性环境保护NGO起着重要的作用，参与了《濒危物种贸易国际公约》、《世界继承公约》、《生物多样性公约》等条约的准备工作，还在《荒漠化公约》的谈判工作中起到了重要的作用。有些国际NGO还介入有关环境的司法诉讼，如1985年1月和1986年9月，由于世界野生生物基金会的介入，促使奥地利最高法院作出判决，要求放弃在流经奥地利的多瑙河上建筑水电大坝的工程，因为这个工程可能导致欧洲唯一的生长在冲积层上的森林被毁灭。由此看到，环境NGO以多种形式参与全球性环境保护事务，一定程度上代表了环境保护中的公众参与。

## 三、环境管理的公众参与机制

### (一) 环境管理的公众参与机制概述

1. 公众参与

公众参与(Public Participation)的涵义是指具有共同利益和兴趣的社会群体对政府涉及公共利益事务的决策的介入，或者提出意见和建议的活动。在理解它的内涵上，有广义与狭义之分，从狭义上讲公众参与即公众在政治中参与投票选举活动，即由公民参与活动并选出代议制机构及其人员的过程，这是现代社会公民的一项重要责任也是现代民主政治的一项重要指标。而广义上的公众参与除了政治上的公众参与之外，还必须包括所有关于公民的公共利益、公共事务管理等方面的参与。公众参与的实质是作为主权者的社会公众通过政治参与体现主权者的地位，实现在环境问题上的利益表达，监督环境立法和环境政策在制定和执行的过程中不会损害社会公众的环境利益。它是民主社会的本质要求，对于我国这样一个社会主义民主国家而言，公众参与日趋显得重要。

2. 公众参与机制

机制是保证制度实施的规定性，在环境保护领域，环境NGO的公众参与机制是指公民有权通过一定的程序或途径参与一切与环境利益相关的决策活动，使得该项决策符合广大公民的切身利益。公众参与环境保护制度的机制主要体现在对预案参与、过程参与、末端参与和行为参与的联系及各自的过程和方式作出明确规定性上。

(1) 预案参与。预案参与是公众参与环保的前提，是深、高层次的参与。综合决策部门或环保主管部门在制定环境政策、法规、规划或进行开发项目可行性论证时要征询公众意见。

(2) 过程参与。过程参与是公众参与环境保护的关键，是监督性参与。在各项环境政策、法律、法规、规划及建设项目、区域开发的决策实施过程中，要随时听从公众意见，接受舆论监督。

(3) 末端参与。末端参与是公众参与环保的保障，是把关性参与。一是对“三同时”和限期治理项目验收，要请公众参加；二是对有关环境污染和生态破坏的信访者的权利，要保护信访者利益，对信访者要有明确的答复；三是环境纠纷处理，要充分听取群众的意见，公众不认可的不能做。

(4) 行为参与。行为参与是公众参与环保的根本，是自卫性参与。一是面向社会、面向公众进行环境宣传教育，提高公民的环保意识、法制观念，提高公众自我环境保护的自觉性；二是街道、居委会、乡村要制定环保乡规民约，明确公众自身的环保责任和自我约束的有机结合。

我国公众参与机制的完善对我国环境法制的建设具有重要的意义。只有让公众参与到环境管理的过程中，使之了解到自己享有的环境权利和义务是相伴而生的，这样逐渐提高其环境意识和法制观念，使公众自觉、主动地关注环境问题，并对环境法的实施进行监督，运用法律武器与损害环境权益的行为斗争，真正实现有法可依，违法必究，做到发现问题及时解决问题，进而推动环境法的正常有效实现，增强了环保执法的力度，有利于环境监督管理体系的完善，促进环境法的逐步完善。

### (二) 环境管理公众参与机制的理论基础

环境权是公众依法享有的健康、在适宜的环境中生存和合理利用资源的权利，它奠定了公众广泛参与环境保护的理论依据，而环境资源稀缺性是环境权产生的根本原因。

传统的法学理论认为，作为法律上的物应以人力所能支配为条件和特点，因此空气、阳光不能支配的环境要素就不属于法律上的物，从而排除了法律的保护。随着生产力的发展，人口的膨胀，清洁的水、空气、安宁、阳光等环境要素作为稀缺性资源的特性逐渐显露出来，人类的生存利益和生产利益在环境需求上构成矛盾。为此社会就有必要对人类利益作出制度性安排，赋予主体一定的权利，平衡和制约各微观主体之间因利用稀缺性环境资源而发生的关系，这个权利是一种公用资源的共有支配权，也就是环境权。

环境权的研究和提出始于20世纪60年代，当时美国学者萨克斯提出了“环境公共财产论”和“公共委托论”。这两种理论将环境作为人类的共有财产，并将公民和国家置于委托人和被委托人的位置上。环境权理论被世界所普遍接受，体现在1972年联合国人类环境会议上通过《人类环境宣言》中。宣言提出“人类有权在能够过尊严和福利生活的环境中，享有自由、平等和良好生活条件的基本权利”。许多国家的宪法和环境法都明确规定了“公民环境权”。环境权的涵义随着环境权理论的变迁和社会实践的发展而变化，其内容包括环境权的主体、客体和内容。

1. 环境权的主体

关于环境权主体，存在不同的观点。从环境权理论的产生的背景来看，环境权的主张是因为对政治权力不信任，其目的之一就是以环境权来保障公民权，限制国家权力。因此，从环境权理论起源和各国法制实践情况来看，环境权的主体应是公民、法人和其他组织，如果对公民作扩大解释则环境权就是公民环境权。

2. 环境权的客体

环境权的客体是对人类的生存和发展有直接和间接影响的各种环境要素，以及由这些要素构成的各圈层。

3. 环境权的具体内容

环境权是一种概括性权利，是与环境资源有关的公民权利的集合体。环境权既是一种实体性权利，又是一种程序性权利。作为实体性权利的环境权，其具体内容包括两个方面，一是与公民个人生存和健康直接相关并与个人生活密切相关的阳光权、通风权、安静权等。二是既与公民个人和健康直接相关又与公益性或公共性相关的清洁空气、清洁水权、风景权、环境美学权等。作为程序性的环境权，其要义便是公众参与环境保护，参与国家决策，而参与国家决策权是其根本所在。

### (三) 我国环境管理公众参与机制现状

我国从1972年派代表参加联合国人类环境会议到现在为止的三十多年中，经济进入了前所未有的快速发展时期，但同时环境问题也越来越严重。我国政府虽然采取了一系列的法律措施和制度，但环境治理成效并未与经济的发展速度成正比例发展，也正是在与环境问题的艰难斗争中，我国环境保护事业及其立法从无到有、从小到大，到目前为止已经形成比较完善的体系和结构。但我国的环境保护公众参与机制的建设比较晚，还存在很多发展上的不足。

1. 公众参与环境保护的权利主要靠政府倡导实现

在我国，大多数公众参与并非公众的自觉行为，而是在政府的引导下进行的，那么“权利”的意义何在，岂不成了政府的权利。这种公众参与一般是先由各级政府及其环保部门通过媒体对政府的某一环保决策进行公布和报道，使公众对此有个初步认识，然后由政府带头，组织公众进行一些宣传教育活动和倡议性的签名活动等。这种实现公众参与环境保护权利的方法缺乏系统性和持续性，且公众很难全面了解决策的可行性，也很难有自己独立的立场。实际上公众参与权利的核心，即对政府的监督意义已经被抽离，根本无法实现公众对政府的有效监督，剩下的只是形式而已。

2. 缺乏知情权保障，使环境公众参与权难以实现

环境行政公开具有浓厚的政策性，过于原则性，缺乏可操作性；公开的环境信息内容过于狭窄，由于环境信息有公共和个别之分，而我国只是公开公共信息，且没有企业环境信息披露制度，这就使得公众对单个企业的环境行为的信息理解不足；我国环境行政公开的方式主要是行政主体主动公开，这种方式过于简单，使知情权的享有者处于相对弱势的地位，无法全面地行使公众参与环境决策和管理的权利；对于政府和环保部门对环境信息的不予公开，没有在法律条文中规定具体的救济措施，通常只追究不予公开主体的内部责任。根据有权利就有救济的法律原理，行政公开制度应该有救济程序的保障。而我国现行大多数的关于行政公开制度的规定中没有规定权利主体获得救济的权利。

3. 公众环境保护意识欠缺，参与程度低

尽管由于教育和宣传力度的加大，人们的环境保护意识逐渐增强，但这只是局部好转。在经济发展和环境保护关系的认识上，公众更倾向于在当地发展过程中，经济建设重于环境保护。以上的认识绝大部分是受中国几千年传统文化的影响，一直以来我国公众的环境权利意识和法律意识都比较淡薄，具有很强的“依赖政府”的意识，认为环境问题属于国家机关的管辖范围，与己无关。当环境权益受损时，也秉持着“以和为贵”的思想处理问题。从整体来看，公众对于所享有的参与环境保护的权利认识普遍偏低，并直接导致公众参与环境保护活动的程度不高。

4. 公众环境权和环境参与权的法律规定不明确

首先在宪法中，只在第二条对公民的参与权做了原则性的规定。实践中，由于我国公众的知法和守法的意识相对淡薄，因此不可能像西方国家一样，仅做原则性规定，公民就会遵守，所以做原则性规定远远不够；其次，尽管在《中华人民共和国环境保护法》第6条中规定“一切单位和个人都有权对污染和破坏环境的单位和个人进行检举和控告”，但这主要是针对已经发生或正在发生的污染、破坏环境的行为，其实施效果并不理想。我们应在宪法、环境法以及其他法律法规中明确公民环境权和公众参与权，从法律上来保障公民的环境权利。《环境影响评价法》、《环境影响评价公众参与暂行办

法》中仅就公众参与环境影响评价活动做了法律规定，而对于公众参与其他方面环境保护规定甚少。

5. 民间环境保护组织数量和影响有限

我国拥有13亿多人口，但国内却只有不过2000个左右的环境保护社团组织，这些组织大部分是自上而下由政府扶持的官办型民间组织，真正的草根型民间组织寥寥无几，且每个组织的会员人数也很少，最多也不过几千人；环境保护民间组织的资金数量更是有限，与发达国家的民间环境保护组织的差距极大。受以上因素的影响，非政府的民间环境保护组织在环境保护中的作用也就显得十分有限，主要表现在公众对其的认同度不够、对政府的环境管理和决策影响不大，以及对企业等对环境有较大影响的主体起不到太多的制约作用。

6. 经济、政治与环境利益间的矛盾突出

由于公众参与制度的设计未能摆脱行政管制的框架，使现有的环境法中的公众参与规定覆盖领域不全，虽然公众参与增强了政治合法性，但实际上却是吞噬了公众参与的活力。在某些项目的环境影响评价审批和宏观决策中，政府施加经济利益压力，便是因为缺少了公众监督的压力所致。

### (四) 我国环境管理公众参与制度的完善

现代社会是法制的社会，一切社会现象要想获得持久的生命力和拥有广泛的影响力，就得依靠法律制度的建设和完善。而我们知道环境保护事业是关乎全人类生死存亡的事业，需要公众全面的参与，因此公众参与已经发展成为衡量一个国家或地区环保事业发达程度，环境管理水平高低的重要标志之一。公众参与的这种重要性仅仅靠加强环境教育、普及环境保护意识是远远不够的，要想解决我国公众参与环境保护方面所面临的问题，必须切实采取相关措施，通过建设和完善法律制度来保障公众环保参与能够深入人心。为了充分发挥公众在环境影响评价工作中的作用，只有在针对我国环境保护中公众参与存在的问题上，借鉴发达国家的成功经验，加大法律对公众参与的支持保护力度，不断完善公众参与机制，使公众真正参与到环境保护中去。

1. 增强公众参与环境保护的意识和能力

公众的环境保护意识是环境NGO存在和发展的社会基础之一，只有大力增强公众参与环境保护的意识和能力，让公众知道环境的保护在日常生活中与自己息息相关，人们才会知道如何依法保护自己的环境权益，才会主动地去保护自己的环境，从而奠定环境NGO生存和发展的社会基础。要提高公众的环境保护认识水平，最根本、最重要的手段是环境教育，它是增强公众环保素质的关键之一，它和法治教育均是提高公众参与的最有效途径。我们要提倡大力推进全民环保教育，这里包括学校环境教育、职业环境教育和社会环境教育三个层面在内的环境教育。当然，环境教育不能只是空洞的说教，相信只有建立在法制和道德具备的基础上，才能起到实际的效用，而法制和道德又必须凭借宣传教育的手段才能达到提高公众参与水平的目的，这就需要充分利用大众传媒的强大影响力，发挥各种媒体的舆论宣传作用，利用报刊、杂志、广播、电视等媒体普及法律知识，培养公众的法治观念，进而使公众参与环境保护的环保意识和能力得到提高，有效地监督政府决策和企业的环保行为。

2. 加强环境信息的公开程度

实践中，世界各国纷纷制定了情报公开法或与之有关的法律，其中最具有代表性的要数美国的公开制度，非常完善且影响巨大，它的优点也被各国所借鉴、效仿。在环境管理领域，美国率先建立了污染情报公开制度，以污染情报公开制度的设立为序幕，美国在世界上率先开始了环境信息公开化。随着美国《联邦行政程序法》、《情报自由法》、《阳光下的政府》等一系列法律的颁布和实施，他们给环保信息注入新血液，给行政公开打下了良好的基础。

尽管我国已经实施环境状况公报、空气质量周报等公共信息发布制度，但是这些信息还相当粗略，缺乏和企业直接相关的具体监测数据，致使我国环境NGO对政府实施环境保护工作的过程知之甚少。如政府进行环境管理的行政成本，这些成本支出的合理性，政府对工矿企业污染的处理结果，政府对重大环境问题的决策以及项目的出台都严重缺乏公开性。在这种政府倡导型的参与机制下，政府垄断了环境信息，并且在环境诉讼中，法律还规定了只有环境监测部门才有权利提供具有权威性的污染监测数据。所有这些都使环保NGO的行动产生了很大的困难和障碍。

我国公众知情与参与的这种滞后性，深究其原因就在于有关这方面的信息立法落后。不得不承认信息立法是中国公众参与法律机制中最薄弱的一个环节。虽然从1999年的世界环境日开始，我国的环境信息公开经历了一个从无到有，逐渐发展的过程，从这个意义上也进一步体现了我国对知情权确实是很重视的，可事实是到目前为止，我国还没有建立一部统一的政府信息公开法。近几年，各地方省市开始集中关注公民的知情权，相继出台了政府信息公开规定，国家环境保护总局也通过《环境信息公开办法(试行)》，对环境信息公开的范围、方式以及不履行信息公开所产生的，即对环保主管部门的法律责任作出了明确规定，但较之其他国家，我国的信息公开目前还属于一种小范围、低层次的公开，还存在着法律体系不健全、上下位阶法律法规相冲突的情况，直接导致了信息的不公开。更重要的是在环境信息公开方式的选择上，应以保证知识层次较低的人也能获取信息为标准，进而保证听证代表层的广泛性。

3. 加强公众参与的组织保障和法律制度保障

长期以来，中国民间自发成立的环保社团不管是从成立还是到后来的实践总是受到各种限制，以至于难以成为公众自觉参与环境保护的重要力量。我们知道个人力量十分有限，环境保护事业更要依靠一定的组织才能更好地发挥公众参与的作用。环境NGO是公众参与环境保护最为活跃、最为有效的组织形式，它不但是公民表达自己意愿的重要的社会性利益集团，还是一种有力的公众参与模式。我们应该借鉴西方成功的经验，他们开放民间环保组织资源的做法凝聚了公众力量、创造了公众参与机会、促进了公众参与环保的积极性。环境NGO在环境保护中的参与程度和积极作用的发挥离不开政府的重视和支持，但是中国的环境NGO尚处于起步阶段，社会对其地位和作用的认识并不深。好在政府方面已经意识到它是环境保护中一支不可或缺的重要队伍，在培育环境NGO组织环境保护宣传、开展舆论监督、维护公民环境权益、动员公众开展社区卫生、绿化环境以及倡导绿色消费等方面给了很大的鼓励和支持，这也是近年来公众参与环境保护的发展趋势。但是，公众参与的组织保障要想得到完善，还得做到以下两点：一方面，环境NGO作为一个社会团体，理应赋予其独立的法人资格、独立的法律主体地位以及独立开展活动的权利，并在保持自身独立性的同时，还得积极争取并加强与政府部门的合作，有效地参与到环境监督、治理和评价的管理活动中去，以达到充分发挥政府联系公众的纽带作用，提高环保NGO对政府环境保护工作的影响力；另一方面，政府应加强对环保NGO的管理、监督和引导，从可持续发展的目标出发，依据法律承认和保障环保NGO的法律地位，在宪法中确立环境权，在制度上保障公众参与的环境权，从根本上保证公众参与环境保护的权力；制定有关环境NGO的政策和法律法规，在各项单行法中配备相应的公众参与制度，使公众在参与环境管理中能够直接援引相关法律法规，不管是公众还是相关部门均有法可依；加强对执法部门的控制和约束，加大打击违法和犯罪行为的力度；制定非政府组织涉外的相关政策，为与国际环保NGO的接轨而努力，逐步完成与国际接轨的策略，为他们开展活动创造有利的条件，保护其自主权力和创新能力，保证其组织行为的规范化和制度化，保障其合法权益不受侵犯，促进我国环境NGO的健康成长和壮大。

4. 明确环境诉讼的发展方向

随着我国环境保护形势的日趋严峻，当务之急是引导全民参与环保，环境诉讼是运用法律手段进行公众参与的有效形式，但我国的公众在参与环境保护这方面，陷入了一种无助的尴尬局面，这是由于公众参与的渠道不畅通所造成的制约现象。在我国的《民事诉讼法》第108条中规定：“原告必须是与本案有直接利害关系的公民、法人和其他组织。”可是，众所周知，有些环境破坏的存在，并不产生具体的人身、财产损害，公众不是专家，并不能有先见地发现问题。而《行政诉讼法》在第2条中也规定：“公民、法人或其他组织认为行政机关或行政机关工作人员的具体行政行为侵犯其合法权益，有权依据行政诉讼法向人民法院提起诉讼。”从这两条规定可以看出，即使公众发现了危害环境行为的发生，但如果这种行为并不威胁到自身的实际利益，其就不具备原告的资格。这种严格的诉权限制对我们中国环境法的执行是不利的，既不利于公民维护自己的环境权益，也不利于公民对环境管理的监督；另外我国法院实行不告不理原则，当公民的环境权益受到侵害时，如果公民没有主动提起诉讼，法院是很难介入，并为公民的合法权益作出判决的。也就是说对抗危害环境行为缺乏相关机制来支持，这往往就转化为一种实际达不到参与的效果。在这个前提下，公众要追求一种可以争取更多的环境实际利益的机制来改变这种困境，就得完善环境诉讼的参与机制。

环境诉讼是公众参与环境管理的重要形式，它的建立有助于补充国家在环境行政管理上的漏洞和不足。环境诉讼也是监督环境行政机关能否依法行政的手段，也有利于维护公众的合法环境权益不受侵犯，这种个人主义权利本位观向团体主义社会本位观的转变，在某种意义上体现了现代法制的发展方向。在这方面，我们还是相当有必要引入美国的公民诉讼制度。美国公民诉讼制度规定在环境诉讼中原告资格可扩大到与案件有利害关系的公民、法人和其他组织，并从中赋予他们私人权利，积极鼓励公众在环境诉中的“集体诉讼”，而且在追究责任方面，对违法排污的企业或者没有履行法律规定的环保义务的主管机关，公众有权向法院起诉并要求排污者停止其不法行为。就是因为任何个人或单位一旦发现行政机关在执法方面不严格或徇私，都可以对这些机关，甚至美国政府提起司法审查的诉讼，美国的环境法在执行方面才取得如此成功。作为发展中的中国，可以借鉴发达国家的经验，例如一方面可以增加公众鼓励机制，建立一系列物质和精神的奖励措施，激励公众积极参与环境保护，每个人都可以在合理合法有意义的情况下，愿意为了维护公众环境利益而去牺牲自己的个人利益；另一方面完善公众参与的责任追究制度，让违规的企业或者不严格执法的行政机关承担相应的法律责任。

## 复习思考题

1. 如何理解公共环境管理的定义？
2. 公共环境管理的内容有哪些？
3. 如何进行环境管理体系审核及管理评审？
4. 我国的环境管理制度有哪些？
5. 试论述中国环境管理的公众参与机制。

## 扩展阅读

### 中国环境NGO在推进可持续发展中的作用

“自然之友”成立于1994年，以开展群众性环境教育、倡导绿色文明，建立和传播具有中国特色的绿色文化，促进中国的环保事业发展为宗旨。主要通过各种专题活动、出版物、大众传媒向社会，特别是广大青少年进行环境教育，传播绿色理念。此处以“自然之友”为研究案例，表1根据“自然之友”网站信息和网络公开信息统计所得，每年选择1～3个主要活动，以期简单总结其20年来的发展历程，透视我国环境NGO在推进可持续发展中的作用。

作为第一个在民政部注册成立的草根NGO，20年来“自然之友”累计发展会员8000多人，其中活跃会员3000余人，团体会员近30家。会员积极参加各种活动，不断创新环境教育模式，活动形式及关注领域逐渐多样化，不仅普及了环保知识和理念，传播了“绿色文明”，也促成了很多地方环境NGO的兴起。“自然之友”积极参与大型公共事件与国际会议，介入和推动保障公众参与环境治理的法律法规的制定和完善，与国内外其他环境NGO联合行动，形成一个集调研、倡导和行动为一体的公共平台，已成为我国具备良好公信力和影响力的环境NGO，对推进我国可持续发展作出了重要贡献。

表1 “自然之友”创立至今活动简单总结

| 年份 | 主要活动 | 活动说明 | 组织发展 |
|---|---|---|---|
| 1994 | 小型环境摄影展 | 会员内进行 | 3月注册成立，11月获得第一笔国际赞助 |
| 1995 | “支持奚志农，保护滇西北原始林”呼吁书 | | 第一次成功介入具体社会事件 |
| 1996 | 发布首次《中国报纸环境意识调查》；参与保护滇金丝猴和可可西里藏羚羊的首次动员会 | 记录了90年代后半期中国的报纸对环境问题关注度深化的趋势 | 引入参与式、互动式的新型环境教育 |
| 1997 | 就首钢部分迁出北京可能性问题的研讨 | | |
| 1998 | “美境行动” | “美境行动”支持中小学生环保方案，鼓励环保实践 | |
| 1999 | 梁从诫与联合国开发计划署署长会面 | | 探讨国际合作可能性 |
| 2000 | 绿色希望行动；“羚羊车”项目 | 绿色希望行动主要对农村少年儿童进行环境教育；“羚羊车”项目为流动环境教育 | 引入流动环境教学模式 |
| 2001 | 台湾民间环保团到访 | | |
| 2002 | 中国乡村教师环境教育技能培训项目 | 针对西部边远贫困生物多样性丰富地区的基层教师进行培训 | |
| 2003 | “蒲公英”小额资助项目 | 旨在支持中国本土民间环保组织行动起来保护本地生态环境 | |
| 2004 | “26度空调节能行动”；质疑水坝建设 | | 26度空调节能行动是国内第一次有影响的NGO联合行动 |
| 2005 | “骑行北京”；“人与水”摄影大赛；介入应对圆明园防渗工程无环境影响事件，积极推动听证会的召开 | 为促进圆明园事件最后进入环评程序起到了积极作用 | 独立的声音对政府的决策产生了一定影响 |
| 2006 | “绿地图”；中韩保护现存草原联合项目；“中国金融、环境与和谐社会”研讨会 | 保护草原联合项目，通过各种形式对原住牧民进行普法和环境保护教育，提升牧民自发保护草原的能力 | |
| 2007 | “自然大学”项目；发起“中国公民社会应对气候变化：共识与策略”项目，联合发布《变暖的中国：公民社会的思与行》，倡导个人“减碳抗暖”行为 | 关注全球变暖，表明应对气候变化的立场，项目成果在巴厘岛气候大会之际完成 | |
| 2008 | 人事变更与组织的战略规划 | | 组织自身的重新审视与定位 |

资料来源：作者根据相关资料整理编写。

# 第十一章　公共资源管理

公共资源是人类赖以生存和发展的要素，是一个国家、地区或一个部门保持竞争力和可持续发展的基础。管理公共资源就是要在科学规划的基础上，采取有效的方法和手段对公共资源的分配、开发、利用、调度和保护进行管理，以使公共资源能够可持续地满足社会经济发展的需要。本章阐释公共资源管理的内容，总结国内外公共资源管理的体制和经验，分析水资源、土地资源和矿产资源等公共资源管理的一般原理和方法，分析了我国公共资源管理存在的主要问题和今后改革的方向。

## 第一节　公共资源管理概述

### 一、公共资源的概念和分类

1. 公共资源的概念

公共资源是指具有公共物品属性的可作为生产投入的未经人类劳动加工而自然存在的物质及其可利用的条件。包括空气资源、水资源、土地资源、森林资源、草地资源、湿地资源、矿产资源、海洋资源等。这些资源的所有权由全体社会成员共同享有，是人类社会经济发展共同的基础条件。也有文献、报刊杂和志将包括市政设施、道路、航线、无线电频率等公共设施以及公共权力都统称为公共资源。实际上公共设施以及公共权力等虽然属于公共产品的范畴，但在我国的惯用语境下，公共资源一般是指具有公共产品性质的自然资源。在经济学上，公共资源满足以下两个条件：一是这些资源不为哪一个个人或企业组织所拥有；二是社会成员可以自由地利用这些资源。这两个条件决定公共资源具备了“竞争性”的特点，但同时却不具备“排他性”的特征，结果就不可避免地导致公共资源的过度开发。如何克服和解决“公地悲剧”这样的公共资源问题也就成为世界性的难题。

2. 公共资源的分类

(1) 可再生资源和非可再生资源。这是按照资源是否可再生进行的分类。可再生的资源供给稳定、数量丰富，几乎不受人类活动的影响，一般不因利用而枯竭。如太阳能、风能、潮汐能、全球性水资源、大气和气候等。非可再生性资源是指在地球演化过程的不同时期形成的，数量有限，其中有的将会枯竭，如化石燃料；而有些则在不合理利用时才会枯竭，如能适当利用就可不断更新，例如生物资源。这类资源又可根据其是否能够自我更新分为两类。一类是可更新资源。主要包括土地资源、地区性水资源和生物资源等。另一类是非更新资源。这类资源基本上没有更新的能力。其中有些可借助于再循环而被回收，得到重新利用，包括金属矿物和多数非金属矿物。

(2) 能源性资源和原料性资源。按照资源的用途分类可将其分为能源性资源和原料性资源。能源性资源包括矿产燃料、生物燃料、太阳能、风能、水能、地热能、海洋潮汐能、核能等。除此以外均为原料性资源，通过加工，实现物质转化。

(3) 环境资源、矿产资源以及生物资源。按照公共资源存在的形态可将其分为环境资源、矿产资源以及生物资源。环境资源即现成可以利用的资源，如水资源、土地资源等。矿产资源分布于地表或地下，通过采掘才能得到。又可以分为：①金属矿(如有色金属、黑色金属等)；②化工矿(如硼矿、硫磺矿等)；③天然建材及非金属矿(如水晶、宝石、大理石以及矿质燃料等)。

(4) 潜在资源和现实资源。按照资源可被利用的情况可分为潜在资源和现实资源。潜在资源是指客观上存在的、当前不能被利用，而未来可以被利用的资源。主要是自然资源，如未采掘的地下矿藏。潜在资源有三种类型：一是已经探明查实，在短期内即可开采利用的自然资源；二是客观存在，但是由于某些条件的限制，近期内不能开采利用的资源，但一旦具备条件就可投入使用；三是估计相当长的时期内难以利用的资源，它将随着生产力的发展与科学技术的进步，逐步创造条件，可望能够被利用。现实资源是指已经勘探清楚，而且已经做好了开采的前期准备，即可投入生产以满足人们需要的资源。

## 二、公共资源的性质

公共资源具有三方面的属性，即自然属性、经济属性和法律属性。基于不同的属性，公共资源管理的出发点和着力点不同，管理机制与管理目标也不同，因此认识公共资源的各种属性十分必要。

### 1. 自然属性

如前所述，我们将公共资源定义为属于公共物品或准公共物品的自然生成或自然存在的资源，从而具有如下性质。

(1) 系统性。自然资源虽然种类繁多，但在生物圈中却是一个互相联系、相互影响、相互依存、相互制约的整体，构成了一个完整的生态系统。每一种资源的开发与变迁，都会对相关资源产生影响，系统的每一部分遭到破坏，都会影响整个系统的生态平衡。如人类对森林资源的过度砍伐，不仅导致了森林资源数量的减少，同时还破坏了与此相关的生态系统，导致水土流失加剧，生物多样化锐减。

(2) 分布的不均衡性。受地球本身几十亿年的物理和化学变化的影响，自然资源在全球各地的分布是极不均衡的，即不同地区之间在自然资源的数量和质量方面存在明显的差异。

(3) 稀缺性。绝大部分资源都不是取之不尽、用之不竭的，资源的稀缺性既体现在不可再生资源的存量逐渐减少方面，又体现在可再生资源的再生能力下降方面。特别是矿产资源，用一点少一点，其他如土地、淡水、森林资源等，虽然有可再生能力，但这种能力也是有限的，如果超限度地利用，也会导致资源的枯竭。

2. 经济属性

除了自然属性外，公共资源还具有供需特点、市场失灵、外部性、公共产品、产权结构等重要经济属性，如不加以重视，就会导致“公地悲剧”的发生。

(1) 公共资源的供需特性与市场失灵。公共资源可以通过市场提供给消费者，但也有一部分以非市场的方式供人类消费与享受，如阳光、空气、空间、水源、土地等的供给，也包括满足人类生态享受需求的生物多样性和自然景观等的供给。以渔民捕鱼或牧民放牧为例，他们使用的就是江湖河流或草原这些公共资源，这类资源既在技术上难以划分归属，又在使用中不宜明晰归属。正因为这样，生产者受市场机制追求最大化利润的驱使，往往会对这些公共资源进行掠夺式使用，而不能让资源休养生息。有时尽管使用者明白长远利益的保障需要公共资源的合理使用，但因市场机制自身不能提供制度规范，又担心其他使用者的过度使用，于是出现消费上的盲目竞争。

随着公共资源的稀缺性日益严峻，非市场供给的数量和质量都在下降，尤其是满足人类基本生存需求的供给问题引起了人类的高度重视，如阳光中的有害成分增加、空气质量下降、生活空间拥挤、饮用水不洁与短缺等。因此，公共资源配置效率的判定必须依赖于人类对公共资源价值的认识，必须同时考虑公共资源的直接效用和间接效用(例如生态效用)，并且要在可持续发展的视野下考察资源配置的代际效率。要基于价格决定机制来探求供给和需求的局部平衡。

(2) 外部性。由于公共资源具有系统整体性特征，因此，公共资源一旦遭到破坏，将影响到公共资源的整体价值，对其他使用者来说都会产生负面影响。例如，工厂排放的污水污染了江河，使渔业受到损失，对于受害者而言，这是一种负的效果。公共资源供给需求特性及其市场失灵的主要原因之一就在于外部性的存在，这也是公共资源政策工具实施的重要理论基础。环境问题的起因之一就在于其“外部不经济性”，即产品的生产或消费会使生产者或消费者以外的社会成员遭受损失，却没有为之承担应有的成本费用的现象。当负的外部效应存在时，市场主体通常根据自身的微观经济成本，而不包括环境成本和代价在内的外部成本，安排生产经营活动，导致产量远远超出有效产出水平，此时通过市场配置社会资源或生产要素是低效或无效的。环境污染具有很强的负外部效应，因此，环境污染的外部不经济性客观上要求政府对此予以干预或规制。政府通过经济手段规制私人的各类不利于环境的行为，其实质就是将外部效应的边际成本进行定价，使外部效应内在于个人或厂商的私人成本，从而调整私人的生产或消费数量。

(3) 公共物品属性。公共物品是指能满足效用的不可分割性、消费的非竞争性与受益的非排他性三个条件中任何一个(或一个以上)的物品。公共资源一般能够满足其中的部分条件，在一定程度上体现公共物品的特性。由于外部性，公共产品的提供无法由直接市场提供，市场面临失灵的问题，因此，公共物品必须有政府的干预才可能提高效率，这也表明政府在土地、矿产、水等自然资源产权招、拍、挂等制度中的重要作用。但政府干预是一把双刃剑，一方面可以解决市场失灵的问题，另一方面也面临着政府失灵的困扰。寻租现象就是在不发达市场经济中，政府干预带来的一个显著问题。正因为政府失灵的问题，在公共产品管理中，需要处理好政府与市场的关系。在那些可以发挥市场功能的经济领域，或者是通过一些办法能够促进市场运行的地方，政府应该尽量减少干预。同时，在那些不能依靠市场的领域，应该发挥更大的作用。政府的作用是补充市场，而不是替代市场。

(4) 法律属性。由于空间资源、能源资源以及物质资源中的非生物资源完全是自然的产物，在政治上又涉及国家主权，所以理论上应当属于全社会公有。当然，在法律上，国外存在土地私有制，中国的土地也有农村集体所有制，但是严格说来，公共资源所有者享有的并非是其完整的所有权，同其他类型的财产所有权比较起来，所有者权能的行使要受到国家法律的更多限制，因此，所谓私有毋宁说是一种“永久占有使用权”。对于物质资源中的生物资源而言，马克思在《资本论》中指出，动物和植物通常被看做自然的产物，实际上它们不仅可能是上年度劳动的产品，而且它们现在的形式也是经过许多世代、在人的控制下、借助人的劳动不断发生变化的产物。因此，生物资源可能是自然的产物，也可能是人类生产活动的产品，准确地说，它们应当是自然过程和社会生产过程相统一的产物，故其所有权设置应当是多种权利的集合。我国《森林法》关于林木所有权的规定，就体现了这一原则。作为生活载体的空间资源是自然的产物，依附于其上的生物资源是人类生产活动的产品，政府的公共资源管理职能和产业管理职能也许就应当在这里划分和衔接。

公共资源的法律属性体现在其财产权利关系上，利用物权法原理，研究公共资源的产权关系，建立明晰的资源产权制度，有利于公共资源的保护和管理。根据公共物品属性，可以将公共资源的部分权益从所有权中剥离出来，如公共资源的使用权或承包经营权等。我国的土地、矿产、水、森林、环境等自然资源基本上都属于国家所有，也有部分属于集体所有，但都是名副其实的公共产权资源。现实中存在资源管理效率低下原因就在于此类资源的使用权和收益权不明，资源的开发利用者难以得到预期的、稳定的投资回报。在缺乏资源使用权和收益权制度规范的情况下，经常发生对这类资源的掠夺性利用。实际上，资源能否有效利用的关键所在是其使用权和收益权是否真正归经济主体所有，这也就是起源于中国农村、进而推广到城市和商业中去的层层承包制的精髓所在。

## 三、公共资源管理的内容

### 1. 土地资源管理

我国是多山地的国家。据估计山地、高原、丘陵面积约有662.4万$km^2$，约占土地总面积的69%，平地和盆地约为297.6万$km^2$，约占31%。山地多、平地少是我国土地构成的一个显著特点。加强土地资源管理首先要建立起全国上下一致的、权威的国土管理机构，消除现行各部分散管理国土的严重弊病。其次要加强国土法制管理，进一步制定、贯彻、落实《土地法》中的“国土管理条例”与“实施细则”，完善法规，强化法制管理。最后还要建立国土调查、勘测、规划、设计、研究、教学等一系列事业机构，培养人才，为科学化管理打好基础。

2. 森林资源管理

森林具有调节气候、促进水热循环、防风固沙、改良土壤、涵养水源、保持水土、消除污染、美化环境、休息疗养以及观赏旅游等多功能作用，故有“生命的源泉”之称。我国是一个山多林少、覆盖率低、森林分布不均，而且森林类型和树种繁多的国家。在960万$km^2$国土上，森林覆盖率仅为12%，急切需要做好管理保护工作。

3. 草原资源管理

我国现有草原43亿亩，其中可利用的为33亿亩。主要分布在内蒙古、新疆、青海、四川、西藏、宁夏、黑龙江、吉林、辽宁等省的227个牧业和半牧业县(旗)。温带草原占国土总面积的3/10，是我国牧业的主要基地。解决农村能源短缺问题，是搞好草原管理与建设的需要。由于牧区、农牧区、农区的农牧民缺生活能源，用草做烧柴而引起草原退化问题占有相当比重。因此要积极采取措施解决农、牧民的生活能源问题。具体的措施有推广省柴灶、大力发展薪炭林以及发展沼气等。只要切实解决了农牧区能源短缺问题，不用草做烧柴，就能够在很大程度上促进草原的良性生态循环。

4. 水资源管理

我国地表水径流总量约28 000亿$m^3$，地下水资源约8000亿$m^3$，冰川年平均融水量约500亿$m^3$，近海海水约500万$km^3$。从人均水量来看，我国平均每人占有地表水资源约2700$m^3$，居世界第88位。从水资源总量和人均占有量来看，我国水资源并不丰富，处于缺水状态，全国许多地方用水告急。我国幅员辽阔，地处欧亚大陆东侧，地势西高东低，东南濒临大海，西北深居内地，南北跨越寒、温、热三大气候带，地形、地貌、地质、气候复杂多变，使我国水资源具有许多特点。实行水资源税及节约用水是保护水资源的有效措施。

5. 矿产资源管理

我国幅员广阔，地质条件多样，矿产资源丰富，已发现140多种有用矿产，其中探明储量的已达132种。我国是世界上矿种比较齐全、矿产资源丰富的少数几个国家之一。矿产资源开发利用中的问题有：乱采乱挖，矿产资源损失严重和采富弃贫，矿产资源浪费严重。只有加强管理，禁止私自非法开采，才能更好地利用丰富的矿产资源。

6. 自然保护区管理

我国自然保护区目前仍存在各种问题，如我国自然保护区数量少、面积小、类型单一、分布不均。已建的自然保护区，管理机构不健全，甚至无人管理，又没有一套行之有效的管理法规，破坏自然保护区的事件屡有发生。已经开放的自然保护区遭人为破坏十分严重，缺乏全国统一的规划和布局。为了解决这些问题，必须提高对自然保护区战略意义的认识；搞好管理体制的改革，以解决分工不明、责任不清、不利自然保护的问题；搞好自然保护区的总体规划；加强自然保护区的基础研究；加强自然保护区的法制管理。

## 四、国内外公共资源管理体制

资源管理体制是政府在资源开发利用过程中对管理机构、管理职能权限划分的体系结构和制度安排。公共资源的开发和利用在国民经济中起着十分重要的作用，各国对于本国公共资源的管理都给予了相当高的重视，都设有专门部门、机构对公共资源进行管理。由于各国在制度选择、经济社会发展、公共资源基础方面有所不同，故其管理体制和模式也有所不同。

1. 国外公共资源管理体制①

(1) 集中管理。集中管理是将土地、矿产、海洋、森林等主要资源由中央政府的一个部门统一综合、协调管理，如美国，其土地、矿产、森林由内政部集中统一管理；加拿大则是由自然资源部集中统一管理。实行集中管理的国家一般其公共资源都较为充足，市场化水平较高和社会组织较为健全，由于公共资源的开发和利用在国民经济中的重要作用，政府对资源管理部门特别重视，要求集中多方面的力量协调各种关系。

(2) 相对集中管理。相对集中的管理模式是指中央政府部委以下的二级机构管理或少数专门的中央政府部委对土地、矿产、海洋、森林、水等主要资源的管理，英国、法国、日本等国都采用这样的管理模式。如法国的能源和其他矿产由经济、财政和工业部统一管理，地产由税务管理局统一管理，海洋资源由法国海洋国务秘书处集中管理。使用相对集中的管理模式的国家多为其资源较为缺乏，对进口资源依赖程度高，而本国经济对各种资源需求强度又较大。部门间的沟通与交流对于相对集中的管理模式的实施十分重要。

(3) 分散管理。分散的管理模式是指将土地、矿产、海洋、森林、水等主要资源分别由中央政府的多个部门管理。巴西、智利、墨西哥和印度使用的就是这样的模式。印度的土地、矿产、海洋、森林、水均有专门的部门管理。土地资源分别由农村发展部、城市发展部、海洋发展局负责；海洋资源主要由海洋开发局管理，还涉及石油天然气部(对海洋石油资源进行管理)、环境和森林部(对海洋环境的管理)、国防部(对水下航道、水下建筑等的管理)和沿海各邦地质局等；水资源的管理也涉及多个部门。使用分散管理模式的国家多为发展中国家，资源丰富且资源开发在本国经济中占有较为重要的地位，公共资源的管理方面，政府居于主导地位。

2. 我国资源管理体制

我国公共资源体制是按资源的类别设置相应的产业经济管理部门来履行资源管理职

① 宋国明. 法国国土资源管理与产业管理的方式[J]. 国土资源情报，2004，(2)：35-39.

能。我国曾经进行了8次整体机构改革，对公共资源管理职能也作出了相应的调整和变动，表11-1反映了现行的资源管理体制下政府管理职能的设置情况。

**表11-1　中国公共资源管理体制表**

| 序号 | 中央资源部门 | 管理职能 | 资源种类 |
|---|---|---|---|
| 1 | 国土资源部 | (1) 制定土地资源、矿产资源、海洋资源管理的技术标准、规程、规范和办法；<br>(2) 实施农地用途管制，指导农村集体非农土地使用权的流转管理；<br>(3) 指导基准地价，确认土地使用权价格；<br>(4) 管理矿产资源探矿权、采矿权的审批登记发证和转让审批登记；<br>(5) 审定评估机构从事土地评估、探矿权和采矿权评估的资格，确认评估结果等 | 土地<br>矿产<br>行业<br>地质遗迹<br>矿泉水<br>地热<br>湿地<br>…… |
| 2 | 农业部 | (1) 研究拟定农业和农村经济发展战略、中长期发展规划，经批准后组织实施；拟定农业开发规划并监督实施；<br>(2) 研究拟定农业的产业政策，引导农业产业结构的合理调整、农业资源的合理配置和产品品质的改善；<br>(3) 组织起草种植业、畜牧业、渔业、乡镇企业等农业各产业的法律、法规草案；<br>(4) 指导农用地、渔业水域、草原、宜农滩涂、宜农湿地、农村可再生能源的开发利用以及农业生物物种资源的保护和管理；<br>(5) 负责保护渔业水域生态环境和水生野生动植物工作；<br>(6) 维护国家渔业权益，代表国家行使渔船检验和渔政、渔港监督管理权 | 植被<br>生物<br>渔业资源<br>畜牧<br>湿地<br>…… |
| 3 | 建设部 | (1) 制定工程建设实施阶段的国家标准；<br>(2) 指导全国城市和村镇建设；<br>(3) 指导城市地下空间的开发和利用；<br>(4) 管理国家级自然保护区 | 土地<br>景观资源<br>…… |
| 4 | 水利部 | (1) 拟定水供求计划、水量分配方案并监督实施，颁布管理取水许可证；<br>(2) 得出有关水利的价格；<br>(3) 得出限制排污总量等 | 水资源 |
| 5 | 规划林业局 | (1) 审核并监督水利资源的使用和编制森林采伐限额；<br>(2) 审批重点林业建设项目；<br>(3) 指导各类商品林和风景林的培育；<br>(4) 组织、指导陆生野生动植物资源的保护和合理开发利用以及林地、林权管理；<br>(5) 审查林地征用、占用等 | 森林<br>动物<br>植物<br>…… |
| 6 | 国家旅游局 | (1) 拟定旅游行业管理的行政法规、规章并监督实施；<br>(2) 拟定行业标准；<br>(3) 管理国家级风景名胜区 | 旅游资源 |
| 7 | 国家环保总局 | 监督自然资源开发利用 | 涉及所有自然资源环保问题 |

资料来源：刘小兵. 政府管理制的经济分析. 上海：上海财经大学出版社，2004.

# 第二节 水资源管理

水资源是基础性的自然资源和战略性的经济资源，目前，各国已经将水资源列为与粮食、石油并列的三大战略资源之一。在世界许多地方，对水的需求已经超过水资源所能负荷的程度，同时有许多地区也濒临水资源利用之不平衡。尤其是最近50年，随着经济的迅速发展，世界各国的需水量越来越大。随着水资源利用量的急剧上升，越来越多的国家出现了水危机，不仅严重制约着经济的发展，而且威胁着人类的生存。有关资料表明，最近20年世界总用水量的年增长率大大高于经济增长率。如不采取有效措施，到2100年，地球上所有的河水都将耗尽或因污染而不能使用，人类将面临水荒。面对严峻的形势，必须加强水资源的管理工作。

## 一、水资源管理概述

### 1. 水资源的概念

目前，关于水资源普遍认可的概念可以理解为人类长期生存、生活和生产活动中所需要的具有数量要求和质量前提的水量，包括使用价值和经济价值。一般认为水资源概念具有广义和狭义之分。广义上的水资源是指能够直接或间接使用的各种水和水中物质，对人类活动具有使用价值和经济价值的水均可称为水资源。狭义上的水资源是指在一定经济技术条件下，人类可以直接利用的淡水。本书中所论述的水资源限于狭义的范畴，即与人类生活和生产活动以及社会进步息息相关的淡水资源。水资源是发展国民经济不可缺少的重要自然资源。

### 2. 我国水资源概况

我国是一个干旱缺水严重的国家。我国的淡水资源总量为28 000亿立方米，占全球水资源的6%，仅次于巴西、俄罗斯和加拿大，名列世界第四位。但是，我国的人均水资源量只有2300立方米，仅为世界平均水平的1/4，是全球人均水资源最贫乏的国家之一。然而，中国又是世界上用水量最多的国家。仅2002年，全国淡水取用量达到5497亿立方米，大约占世界年取用量的13%，是美国1995年淡水供应量4700亿立方米的约1.2倍。当前我国面临众多突出问题：北方持续干旱，缺水形势加剧，地下水严重超采；南方洪涝灾害频繁，河流开发与保护的矛盾凸显；西北地区水土资源过量开发，荒漠化蔓延，出现了严重的生态型缺水。以水资源紧张、洪涝灾害和水污染为特征的水危机，已成为制约我国可持续发展的关键因素。①

### 3. 国内外水资源管理体制

(1) 国外水资源管理体制。目前，世界各国主要采用三种水资源管理体制。一是按行政分区管理为主的水资源管理体制，二是按流域管理为主的水资源管理体制，三是流域管理与行政分区管理相结合的水资源管理体制。粗略地看，大国多采用按行政分区

① 夏军，左其亭. 国际水文科学研究的新进展[J]. 地球科学进展，2006，21(3)：256-261.

管理为主的水资源管理体制，小国则多为按流域管理为主的水资源管理体制。在现实当中，机构设置主要有流域管理局、流域协调委员会和综合性流域机构三种形式。①流域管理局模式。这一模式兼具政府机关的特权和私人企业的灵活性和主动性。这种模式最早出现于美国，美国于1933年建立的田纳西流域管理局(TVA)就属于这种模式。它由国家通过立法赋予其统一规划、开发、利用和保护流域内各种自然资源等权限，以河流的综合开发为先导，通过控制洪水、开发航运、生产电力、完善基础设施、合理利用土地资源等措施，促进流域的经济发展。第二次世界大战以后，许多发展中国家相继采用了类似的模式，但至今为止尚未出现明显成功的案例。②流域协调委员会模式。它是由国家立法或由河流流经地区的政府和有关部门，通过协议建立的河流协调组织，遵循协调一致或多数同意的原则。它的主要职责是根据协议对流域内的水资源开发利用进行规划和协调。这类机构的权力差别很大，有的作用仅限于协调地方矛盾、制定流域规划并提出规划实施建议、促进流域水资源资料的搜集和研究，以及向政府和用户提供咨询；有的还有权制订计划和管理政策、修建和管理水工程、负责用水调配等。③综合性流域机构模式。综合性流域机构模式的职权介于前两者之间。1974年英国成立的泰晤士河水务局是这一模式的典型。其负责流域统一治理和水资源统一管理，包括水文站网建设、水文水情监测预报系统的管理、城市生活和工业供水、下水道、污水处理、农田排水、防洪、水产、水上娱乐等，并有权确定流域水质标准，颁发取水和排水(污)许可证，制定流域管理规章制度，是一个拥有部分行政职能的非营利性的经济实体。

(2) 我国的水资源管理体制。我国水资源管理涉及水利电力部、地质矿产部、农牧渔业部、城乡建设环境保护部、交通部等部门，各省、直辖市、自治区也都设有相应的机构，基本上属于分散型管理体制。1980年代以后，中国北方水资源供需关系出现紧张情况，有的省市成立了水资源管理委员会，统管本地区的地表水和地下水；1984年中华人民共和国国务院指定由水利电力部归口管理全国水资源的统一规划、立法、调配和科研，并负责协调各用水部门的矛盾，开始向集中管理的方向发展。

(3) 水资源管理措施。世界各国的政治体制、经济结构、自然条件和水资源开发利用程度不尽相同，但各国政府都比较强调水资源的公共性，并在共享水资源的同时，共同保护水资源，并采取了一系列措施。比如实行统一管理。世界各国大多都强调水资源的统一管理。据联合国亚太经社理事会第13次自然资源委员会资料，在22个成员国中，已有13个国家设立了水资源统一管理和综合管理机构，另有6个国家正在筹建这种机构。再如采用水权登记和用水许可制度。世界各国大多采用这一方法，规定水资源开发利用的方向并对用水量进行管理。各国实施的水权登记和用水许可制度，通常包括下列内容：确定合理的许可用水的条件、期限；明确实施水权登记和用水许可的程序、范围；制定用水权的等级及水资源使用权的丧失、废止或转让的规定，以及有关的奖罚原则等。此外，世界各国都在加强水的立法工作，以立法形式确定水资源管理机构的设立和职能的授予。立法内容涉及水资源开发、保护、水污染防治、水资源规划、水灾防治、水质保护、水纠纷调处等各个方面。

## 二、水资源法律化管理

依法行政是依法治国的具体体现。水资源是十分重要的公共资源，水行政管理是政府工作的重要内容，坚持依法治水，推进水利依法行政是摆在我们面前的重要任务。要依法行政，立法是前提和基础。随着经济的快速发展，水利对国民经济的作用表现得越来越突出。无论是从依法治国的需要看，还是从依法治水的状况看，都要求我们坚决、全面地推进依法行政，加强水利法制化建设和管理。

1. 水法的分类

从立法体制和效力不同分类，水法可分为以下五种：①水法律(全国人大常委会制定)；②水行政法规(国务院制定)；③地方性水法规(省、自治区、直辖市及省级人民政府所在地的市、经国务院批准的较大市的人大及其常委会制定)；④部门水行政规章(水利部及水利部与国务院有关部门联合制定)；⑤政府水行政规章(省、自治区、直辖市及省级人民政府所在地的市、经国务院批准的较大的市人民政府制定)。

从水法的内容和功能不同，可将水法分为综合性水事法律和单项水事法律两大类。综合性水事法律是有关水的基本法，是从全局出发，对水资源规划、开发、利用、保护、管理中有关重大问题的原则性规定。单项水事法律、法规则是为解决与水资源有关的某一方面的问题，而进行的比较具体的法律规定。目前，我国单项水事法律、法规的立法，主要依据以下两个方面进行：一是与水资源开发、利用有关的法律、法规；二是与水污染防治、水环境保护有关的法律、法规。

除以上两种分类方法外，水法规体系还可以分为实体法和程序法；专门性的水资源法律法规和有关的民事、刑事、行政法律法规；奖励性的法律法规和制裁性的水法律法规等。对一些单项法律和法规，还可以根据所属关系或调整范围的大小，分为一级法(基干法)、二级法、三级法、四级法等。

2. 我国水资源法律体系

我国水资源法律体系是由水资源民事法律制度、水资源环境法律制度和水资源行政法律制度构成的统一整体，这三部分中有一项缺乏就会造成体系上的残缺不全。

(1) 水资源民事法律制度。水资源民事法律制度调整平等主体的水资源占有使用和交易关系，规定民事主体对水资源的民事权利及权利的交易(转让)，在实现个人利益最大化的同时，使短缺的水资源得到合理配置，实现水资源利用的最大效率。若没有民法进行调整，平等主体的水资源权属就无法确定，因为效率要求财产权是可以转让的，但如果每一件财产都有许多人主张权利，那么转让就难以商定。水资源交易(转让)前置障碍使水资源无法纳入市场配置的轨道，无法最大限度地发挥水资源的经济效益。

(2) 水资源环境法律制度。水资源环境法律制度调整国家对水资源使用的宏观干预关系，确保水资源的使用和交易符合环境公益为首的社会公共利益。如果没有水资源环境(规划)法律制度，即使实行了水资源的市场配置，也是难以从根本上解决水资源方面的三大问题，因为在资源短缺的情况下，高的价格既可以导致较低的消费或寻求替代品，也可能导致更多的开发，可见，没有水资源的宏观规划制度，就会造成水资源的极大浪费，损害人民群众的基本用水需求，破坏水生态环境，影响可持续发展战略实施。

(3) 水资源行政法律制度。水资源行政法律制度调整政府对水资源的行政管理职责。换而言之，平等主体之间的水权使用和水权贸易是否符合水资源规划法律制度，就需要政府及其主管机关进行监督。如果没有水资源行政法律制度，就无法保证水权及贸易符合水资源规划，社会公益就会受到损害。从另一方面看，若没有环境资源法调整，没有水资源的规划制度，行政机关的管理监督就失去了法律依据，反之，水资源规划制度就成了一纸空文。因此，调整水资源的法律关系应是民法、环境资源法和行政法的共同任务。

## 三、水资源行政管理

水资源行政管理是指与水资源相关的各类行政管理部门及其派出机构，在宪法和其他相关法律、法规的规定范围之内，对与水资源有关的各种社会公共事务进行的管理活动，不包括水资源行政组织对其内部事务的管理。其中管理机构的权力包括审查批准水资源开发方案，办理水资源的使用证，检查政策法规的执行情况，监督水资源的合理利用等。管理法规分综合性法规和专门性法规两类，水法或水资源法属综合性法规；水土保持法、洪水保险法、水污染防治法和水利工程管理条例等属专门性法规。各种法规按照立法程序由国家颁布执行。

水资源行政管理的组织结构是指与水资源管理有关的政府机构设置及其相互关系，包括纵向、横向各种机构的职能、地位、权责、领导关系和运行机制。新中国成立以来，我国对水资源行政管理体制进行了不断的改革和调整。目前，我国已形成了集中管理与分散管理、行政区域管理与流域管理、命令—控制手段与经济手段相结合，多目标、多层次的水资源行政管理体制[①]。在中央政府，水利部作为国务院水行政主管部门，集中了大部分水资源行政管理职权，其他相关部委(如国家环境保护总局、国土资源部、建设部、农业部、国家林业局)则在各自职责范围内协助管理。在地方，流域组织和省(自治区、直辖市)人民政府水行政主管部门共同管理辖区内水资源，地方其他行政管理部门同样在各自职责范围内协助管理。流域组织属于事业单位性质，是水利部的派出单位，其下设的水资源保护局接受水利部和国家环境保护局双重领导。市、县水资源行政管理组织结构与中央政府类似。中华人民共和国水利部管辖的与水资源行政管理有关的部门主要有：规划计划司、政策法规司、水资源管理司、建设与管理司、水土保持司、农村水利司、国家防汛抗旱总指挥部办公室、农村水电及电气化发展局。

## 四、水资源规划管理

水资源规划是以水资源利用、调配为对象，在一定区域内为开发水资源、防治水

① 夏军，左其亭，邵民诚. 博斯腾湖水资源可持续利用——理论·方法·实践[M]. 北京：科学出版社，2003：1-4.

患、保护生态环境、提高水资源综合利用效益而制定的总体措施计划与安排。水资源规划是我国水利规划的重要组成部分，它对水资源进行合理评价、合理分配和有效保护有十分重要的指导意义。水资源规划要结合区域内或区域间水资源条件和特点，选定规划目标，拟定开发治理方案，提出工程规模和开发次序方案，并对生态环境保护、社会发展规模、经济发展速度与经济结构调整提出建议。这些规划成果是区域内各项水利工程设计的基础和编制国家水利建设长远计划的依据。水资源规划的内容主要包括水资源量与质的计算与评估、水资源功能的划分与协调、水资源的供需平衡分析与水量科学分配、水资源保护与灾害防止规划以及相应的水利工程规划方案设计及论证等。水资源规划的类型根据水资源规划的不同范围和要求，大致分成以下几种类型。

1. 江河流域水资源规划

江河流域水资源规划是以整个河流流域为对象的水资源规划，也称流域规划。一个江河流域规划常涉及国计民生的广阔领域，如国民经济发展、地区开发、自然环境、社会福利和国防等各个方面，而且开发治理项目众多，如防洪、除涝、灌溉、水力发电、工业和城市供水、航运、养殖、水质控制、环境改善等。规划的重点是：制定河流综合开发综合治理的总体方案，确定诸如防洪、灌溉、发电、航运等综合利用工程的初步轮廓以及一些关键性工程的位置和工程规模，通过方案比较选定实施方案和开发程序。各江河由于流域面积大小不一，开发价值高低不同，研究内容往往有很大差别。大江大河规划或有特殊开发价值的中小河流规划大都关系到国土资源的合理开发利用和国家经济计划，因此这类规划一般与国土整治规划和国民经济计划密切结合。

2. 地区水资源规划

地区水资源规划是以行政区或经济区为对象的水资源规划。依据地区范围的大小、特点，经济发展方向和对水资源开发治理要求，它的规划重点，或是服务于农业生产的防洪、灌溉、排水工程；或是服务于工业能源发展的水力发电；或是工业和城市供水和航运等工程；或是以上几个方面兼而有之。其规划工作内容，根据不同情况，大致与流域规划相似。

3. 跨流域调水规划

跨流域调水规划是指修建跨越两个或两个以上流域的引水(调水)工程，以达到在地区间调剂水量盈亏为目的的水资源规划。跨流域引水，关系到相邻地区工农业的发展，涉及有关流域的水资源重新分配和可能引起的社会生活条件和生态变化。因此，必须全面考虑跨流域的水量平衡关系，综合协调地区间、经济部门间可能产生的矛盾和环境质量可能变坏而引起的影响。引水工程方案的选择和水资源的开发利用，与流域规划或地区规划相似。

4. 专业水资源规划

专业水资源规划是以解决流域或地区内某一单项工程为目的的水资源规划。例如，流域或地区的防洪规划、水力发电规划、灌溉规划、航运规划和综合利用水利枢纽或单项工程的规划等。专业水资源规划，一般是在流域或地区规划的基础上进行的，并成为相应规划的组成部分。

## 五、水资源经济管理

水资源的经济管理主要包括审定水价和征收水费，明确谁投资谁受益的原则，对保护水源、节约用水、防治污染有功者给予资金援助和奖励，对违反法规者实行经济赔偿和罚款以及集中使用水利资金和征收水资源税等。

1. 水权交易

水权交易是政府对水资源经济管理的重要手段之一。水权交易不仅可以激励用户节约使用资源，还可以使人们通过将多余的水权转让出去而获得经济利益，从而通过水权交易提高水资源的利用效率和配置效率。科斯定理认为，只要允许市场自由交易，无论零交易成本还是正交易成本，只要进行清晰的产权初始界定，资源的配置总是可以达到有效的配置。将科斯定理运用到水资源管理中，就形成了水权交易。水权交易包含两层涵义，即水权初始分配和再分配。初始分配是指国家作为水资源的所有者在扣除基本生活用水和生态用水后将水资源的使用权部分或全部转让，这是国家对水资源进行宏观调控政策的重要工具。但初始分配不能保证完全满足需求，可能出现分配不均的现象，这时就需要进行再分配，即通过引入市场机制，运用经济原理对水权的初始分配进行调整。

2. 水资源交易市场

水权市场是指利用市场机制对水资源这种稀缺经济资源进行配置的活动，包括在流域上下游之间、不同区域之间、不同部门之间的水交易，这种交易实质上就是市场经济活动。政府通过对水市场的干预，可以保证水资源的合理配置。通过市场机制，总用水量得到强有力的约束，各区域之间用水得到优化。

3. 水价的制定

我国通过一系列法律、法规等明确水价制定的准则，来确保水价的合理性。依据《中华人民共和国价格法》、《中华人民共和国水法》，国家发展和改革委员会与水利部共同制定了《水利工程供水价格管理办法》，并以国家发展和改革委员会第4号令发布，自2004年1月1日起施行。2003年5月，国务院下发了《关于废止水利工程水费核订、计收和管理办法的批复》，明确《水利工程水费核订、计收和管理办法》自《水价办法》施行之日起废止。《水价办法》体现了水法规定的水价确定原则，突出了水的商品属性，维护了供求双方的合法权益，规定了水利工程供水价格管理权限，注意了与相关政策法规的衔接。《水价办法》的发布施行标志着我国水价改革进一步深化，对理顺供水价格体系、健全水价形成机制、规范供水价格管理、建立水利工程的良性运行机制、促进社会节水将发挥极其重要的作用。

# 第三节　土地资源管理

## 一、土地资源管理概述

### 1. 土地资源及其管理

土地资源指目前或可预见到的，将来可供农、林、牧业或其他各业利用的土地，是人类生存的基本资料和劳动对象。土地资源有以下特性。首先，土地资源是有限的。土地资源是在自然力作用下形成和存在的，一般来说，土地资源的总量是不变的、有限的，且人类一般不能生产土地，只能利用土地，影响土地的质量和发展方向。其次，土地资源具有不可替代性。土地资源作为人类生产、生活的物质基础，基本生产资源和环境条件，其基本用途和功能不能用其他任何自然资源来替代。再次，土地资源具有明显的地域性。土地存在于特定的地域，并与其周围的其他环境要素紧密联系。最后，土地资源状态和价值的动态性。土地资源在人类开发利用过程中，其状态和价值有可能被提升，也可能下降。

土地资源管理，是指为实现国家经济、社会可持续发展的战略目标，为提高土地利用生态、经济、社会效益，对土地资源的开发、利用、治理与保护等进行计划、组织、指挥、协调和监督等活动的总称。土地资源管理有教育、协调和监督三方面的作用。目前土地资源管理的主要由五部分组成，即地籍管理、土地利用管理、建设用地管理、土地市场管理以及土地法制管理。

### 2. 我国土地资源现状

我国国土辽阔，土地资源总量丰富，而且土地利用类型齐全，这为我国因地制宜全面发展农、林、牧、副、渔业生产提供了有利条件，但是我国人均土地资源占有量小，而且各类土地所占的比例不尽合理，主要是耕地、林地少，难利用土地多，后备土地资源不足，特别是人与耕地的矛盾尤为突出。

(1) 总量大但人均占有量少。中国土地面积144亿亩。其中，耕地约占全国总面积的13.9%，林地占12.98%，草地占29.9%，城市、工矿、交通用地占8.3%，内陆水域占2.9%，宜农宜林荒地约占13.4%。我国耕地面积居世界第4位，林地居第8位，草地居第2位，但人均占有量很低。世界人均耕地0.37公顷，我国人均仅0.1公顷，世界人均草地为0.76公顷，我国为0.35公顷，均低于世界人均量。

(2) 种类繁多且区域差异显著。我国地跨赤道带、热带、亚热带、暖温带、温带和寒温带，其中亚热带、暖温带、温带合计约占全国土地面积的71.7%，温度条件比较优越。山地、高原、丘陵、盆地、平原等各类地形交错分布，形成了复杂多样的土地资源类型，区域差异明显，为综合发展农、林、牧、副、渔业生产提供了有利的条件。

(3) 易于开发利用的优质土地比例较低。在全国土地总面积中，沙漠占7.4%，戈壁占5.9%，石质裸岩占4.8%，冰川与永久积雪占0.5%，加上居民点、道路占用的8.3%，全国不能供农林牧业利用的土地占全国土地面积的26.9%。此外，还有一部分土地质量较差。在现有耕地中，涝洼地、盐碱地、水土流失地、红壤低产地、次生潜育性水稻土等各类低产地合计5.4亿亩，优质农田比例较低。

3. 土地资源分类

土地资源的分类有多种方法，在我国较普遍的是采用土地利用的难易程度分类和土地利用类型分类。

(1) 按土地利用的难易程度分类。土地资源可分为已利用土地，包括耕地、林地、草地、工矿交通居民点用地等；宜开发利用土地，包括宜垦荒地、宜林荒地、宜牧荒地、沼泽滩涂水域等；暂时难利用土地，包括戈壁、沙漠、高寒山地等。这种分类着眼于土地的开发、利用，着重研究土地利用所带来的社会效益、经济效益和生态环境效益。评价已利用土地资源的方式、生产潜力，调查分析宜利用土地资源的数量、质量、分布以及进一步开发利用的方向途径，查明目前暂不能利用土地资源的数量、分布，探讨今后改造利用的可能性，对深入挖掘土地资源的生产潜力，合理安排生产布局，提供基本的科学依据。

(2) 按土地资源利用类型分类。由于我国自然条件复杂，土地资源类型多样，经过几千年的开发利用，逐步形成了现今的各种多样的土地利用类型。土地资源利用类型一般分为耕地、林地、牧地、水域、城镇居民用地、交通用地、其他用地(渠道、工矿、盐场等)以及冰川和永久积雪、石山、高寒荒漠、戈壁沙漠等。

## 二、土地资源法律管理

1. 土地资源法律管理的概念

土地资源法律管理就是国家在土地资源的管理过程中对法的调整机制的运用，亦即国家通过法律手段来调整以土地为客体的各种社会关系。这些被用来调整以土地为客体的各种社会关系的法律规范的总和，称为土地资源法律。

土地资源法律管理包括制定土地法律、法规及其他管理制度。依法严格实施土地管理法律，并依照法定职权和程序具体应用法律处理具体案件，即土地管理法律的“立法”、“执法”、“司法”过程。其主要任务是运用土地法制手段调整土地关系，创造并保持能够对土地资源进行合理开发、利用、治理和保护的社会环境条件。

土地资源法律，具体来讲，是国家制定或认可的，由国家强制力保证实施的，以行政或民事调整方法调整确认土地所有权、取得和转让土地使用权、开发利用土地、与土地相关的其他权利以及因规划管理土地而产生的各种社会关系的法律规范。土地资源管理法律与其他法律的根本区别在于，土地资源法律的调整对象是土地关系，即以土地为客体的各种社会关系，如土地所有权关系、土地使用权关系、土地利用关系、土地保护关系、土地管理关系等。

2. 土地权籍管理

土地权籍管理是土地权属管理和地籍管理的合称。它是国家为有效地管理和利用土地，保护土地所有者和使用者的合法权益及维持正常的土地市场秩序而进行的土地调查、土地确权、土地登记、土地统计和地籍档案管理等一系列土地管理工作的总称。

土地权籍管理主要包括以下内容。

(1) 土地调查。土地调查目的在于确定土地的位置、数量、质量、价格、利用情况以及其权属状况，以便为获得土地信息打下基础。其内容包括地籍测量、土地权属调查、土地条件调查、土地价格调查、存量土地利用现状调查等多种类型。

(2) 土地分等定级。土地分等定级是在特定的目的下，对土地的自然和经济属性进行综合鉴定，并使鉴定结果等级化的过程。分等级的主要理论是级差地租和区位理论。

(3) 土地登记。土地登记是国家用来确认土地所有权、使用权和他项权利，依法规定由土地权利人或变更当事人向国家主管机关提交登记申请书、产权证书等权源文件，经审核无误后将土地权利或权利变更事项记载于国家土地登记薄的法律过程①。土地登记是地籍管理的核心。

(4) 土地统计。土地统计是指利用数据和图件等形式对土地的数量、分布、权属、利用状况及其动态变化进行系统的调查、整理、分析和预测，是国家为了及时掌握土地数量、质量、分布和利用状况及其动态变化规律而制定的一项制度。土地统计资料为各级人民政府制订国民经济和社会发展计划，编制土地利用总体规划、城市规划、国土规划，进行土地供给和市场宏观调控提供依据。

(5) 地籍档案管理。地籍档案管理是对地籍管理工作中直接形成的具有保存价值的历史记录，包括文件、图册、音像资料等，进行搜集、鉴定、整理、保管、统计、编码和提供利用等多项工作的总称。地籍档案是地籍管理各项工作成果的归宿，并为地籍管理各项工作提供参考依据，同时也是向社会提供权威的地籍信息服务的物质基础。

3. 耕地资源管理

耕地是农业生产中最基本的生产资料，但我国人口众多，人均耕地面积少，这就要求我们要合理利用现有耕地资源。

我国已制定了许多耕地资源利用与保护的专门和相关法律法规制度，专门的法律法规制度如《中华人民共和国土地管理法》、《中华人民共和国农业法》、《中华人民共和国耕地保护条例》、《中华人民共和国基本农田保护条例》、《中华人民共和国耕地占用税暂行条例》、《中华人民共和国水土保持法》(含《中华人民共和国水土保持法实施条例》)、《土地复垦规定》、《城镇国有土地使用权出让转让条例》、《城市规划法》、《村庄和集镇规划建设管理条例》；相关的法律法规制度如《中华人民共和国森林法》、《中华人民共和国草原法》、《中华人民共和国水法》、《中华人民共和国渔业法》、《中华人民共和国环境保护法》、《中华人民共和国矿产资源法》、《中华人民共和国铁路法》、《中华人民共和国公路法》、《中华人民共和国乡镇企业法》以及众多的土壤、水体污染防治方面的法律法规。

---

① 刘卫东，彭俊. 土地资源管理学[M]. 上海：复旦大学出版社，2005：120.

我国制定了很多制度来对耕地资源进行管理和保护，这些制度包括：土地承包经营制度、土地用途管制制度、耕地保护制度以及土地开发、整理和复垦制度等。

4. 建设用地管理

建设用地通常是指通过工程措施和资源开发，为人类的生产、生活等方面和物质建设所提供的土地。它利用的是土地的承载力、操作场地和建筑空间及其地下资源，它是把土地作为生产基地、生活场所，而不是以取得生物产品为主要目的的用地。①

建设用地管理是对所管辖行政区域范围内城乡建设用地的征用、划拨和出让实施统一管理，承办由同级政府审批的建设用地的审查、报批工作，指导、监督、协调各部门的建设用地，会同有关部门制定有关建设用地管理的行政法规、技术政策和经济管理办法，负责国有土地使用权转让、出租、抵押的监督。

建设用地按其利用方式不同分为农业建设用地和非农业建设用地。按照土地权属性质、投入资金来源和土地利用类型的不同，非农业建设用地又可分为国家建设用地、乡(镇)村建设用地和外商投资企业用地。此外，还有基本农田保护管理、土地整理开发复垦管理、土地市场和土地储备管理等。

建设用地管理制度包括建设用地的管理、定额、审批和许可等几方面的规定。政府职能部门运用行政的、法律的、经济的和技术的综合手段，来配置协调各部门、各单位、各用地单元的用地关系。严格控制农业用地向非农业用地转变而采取的各项管理措施，是土地管理工作中的重要组成部分。

其中建设用地管理的主要工作是：①研究编制各类建设用地的中长期用地规划和年度用地计划指标，并监督实施；②依法办理土地的征用、划拨，城镇国有土地的出让工作和土地使用权转让的监督管理；③清查处理违法用地和违章用地；④制定、完善建设用地管理的法律、法规和各类规章制度；⑤组织制定国家建设项目和乡镇用地定额指标的编制和实施。建设用地的审批权限一般由县级以上人民政府的土地管理部门来执行。

5. 土地执法监察

(1) 土地执法监察概念和内容。土地监察是指县级以上人民政府土地资源部门按照法定程序和方式，依法对本行政区域内土地法律、法规的执行情况进行监督检查，并对土地违法者实施法律制裁的行政执法活动。土地监察是各级人民政府土地资源部门的重要职责。土地执法监察的内容是对土地管理法律、法规的执行情况进行监督监察，并对违法者实施法律制裁。

(2) 土地执法监察形式。土地执法监察的形式按照监察的时间不同分为事前监察、事中监察与事后监察。事前监察是在监察对象进行某一行为之前所做的监察，目的是为了预防土地违法行为的发生；事中监察又称日常监察，是在监察对象实施某一行为的过程中所做的监察；事后监察指土地违法行为发生后依法对违法者进行惩处的活动。按照活动范围不同分为普遍监察和专门监察，普遍监察又称为一般监察，是监察主体对其工

① 李凌. 建设用地管理[M]. 北京：化学工业出版社，2008.

作管辖范围内的各机关、团体、单位和个人遵守土地管理法律法规的情况和土地使用、保护、权属变更的情况实行普遍的监督监察，并不针对特定的对象。专门监察又可称为重点监察或特定监察，这是监察主体对特定的监察对象进行的监察。

(3) 土地执法监察方法。由于对象的性质和发展规律不同，土地监察的方法有以下几种：一是超前控制法。其指通过实行政务公开的制度，对可能出现的各种土地违法现象，超前控制，预防其发生。二是跟踪检查法。其指通过各种途径，对各项建设用地实行全过程的跟踪检查，及时发现和制止违法行为的方法。三是目标管理法。其将依法管理土地和干部目标管理挂钩，防止和杜绝管理者违法行使土地管理权。这是对管理者实施监察的有效方法。

## 三、土地资源行政管理

土地行政管理是指行政机关在一定时期内，根据国家和社会发展的需要依法对国家土地配置领域所进行的管理活动。一定的行政管理总是与一定的行政管理体制相对应。土地资源管理体制是指土地管理机构的设置、管理权限划分及运行等各种制度的总称，它是中央和地方各级土地管理机构设置体系及其管理权限、范围的体现。其中，土地管理机构设置是土地管理体制的核心。土地管理体制的建立，既受到国家基本政治制度和经济制度影响，又受到基本国情及由国情决定的土地管理在整个国家管理中的地位影响，也受到政府机构改革的影响。我国现行土地管理体制是指在《中华人民共和国土地管理法》颁布，1986年国家土地管理局成立之后，由党中央、全国人大常委会、国务院所确定实行的全国土地统一管理的体制。根据1998年国务院机构改革，国土资源部代表国务院负责全国土地管理工作，其中有6个职能司(厅、局)与土地管理直接相关，承担着相应的土地管理职责：①政策法规司；②规划司；③耕地保护司；④地籍管理司；⑤土地利用管理司；⑥执法监察局。

例如当发生土地权属争议时，争议解决的方式主要包括协商、政府处理和诉讼。协商是当事人自行解决争议的最基本的方式。我国法律鼓励当事人通过平等协商、互谅互让解决纠纷。当事人发生土地权属争议，经协商不能解决的，可以依法向县级以上人民政府或者乡级人民政府提出处理申请，也可以依照《土地权属争议调查处理办法》规定的管辖权限，向有关的国土资源行政主管部门提出调查处理申请。对有关权属争议的行政处理决定不服的，当事人可以向人民法院起诉。诉讼时效为收到行政处理决定之日起30日。但需要注意的是，土地权属争议的解决，应先采用行政处理的方式；当事人未经行政处理而直接向人民法院起诉的，人民法院不予受理。

## 四、土地资源利用管理

### 1. 土地资源评价

土地资源评价又称土地评价，是指为了一定的目的，在一定的用途条件下，对土地质量的高低或土地生产力的大小进行评定的过程。土地资源评价的目的在于为土地利用现状分析、土地生产潜力分析、土地利用结构和布局调整、土地利用规划分区、土地整理和保护提供科学依据。土地资源评价按照土地的使用功能一般分为：农用土地资源评价、城市土地资源评价和风景旅游用地评价。各类评价主要是从土地利用的自然适宜性评价、土地生产潜力评价和土地利用经济评价三方面进行。其中，土地自然适宜性评价是指某作物或土地利用方式对一定地区土地的自然条件(如气候、土壤、地貌、水文等)的适宜程度，或者对具体土地用途的适应性程度差异进行评价。土地资源生产潜力评价是指在一定自然条件或社会经济条件下，土地生产对人类有用的生物产品或经济产品的潜在能力。土地经济评价是采用一定的经济可比指标，对土地的投入、产出的经济效果进行评定的过程。

2. 土地利用生态环境影响评价

土地利用生态环境影响评价是对土地开发利用可能引发的自然环境生态平衡破坏和生态环境变化效应及其对社会经济发展的反应作用进行分析和评价。[①]其目的是维护土地生态环境平衡，协调好人口、资源、环境和经济发展的关系，保证土地资源的可持续利用。就其内容而言，一是对土地开发利用的环境影响评价。其主要是分析土地开发利用对环境的影响，包括开发可能产生的环境污染状况、诱发资源环境灾害的可能性及其危害程度、可能形成的生态经济损失、必须采取的环境变化措施和管理手段，环境污染治理的经济成本和投资效益。二是土地资源人口承载力评价。土地资源人口承载力评价是预测土地资源能够持续供养的人口数量。土地资源人口承载力的计算涉及区域粮食生产能力和人均粮食消费水平两个条件，计算公式为：土地资源人口承载力=土地粮食生产能力/人均粮食消费水平。三是土地利用可持续性评价。其是从土地利用的安全性、生产性、可行性和可接受性等目标出发，来评价土地利用的可持续性。若在未来一定时期内，以特定土地利用方式，区域土地利用能保证上述可持续利用目标的实现，则认为土地开发利用具有可持续性，反之，则不具有可持续性。

3. 土地用途管制

我国《土地管理法》第四条规定：“国家实行土地用途管制制度。国家编制土地利用总体规划，规定土地用途，将土地分为农用地、建设用地和未利用地。严格限制农用地转为建设用地，控制建设用地总量，对耕地实行特殊保护。”“使用土地的单位和个人必须严格按照土地利用总体规划确定的用途使用土地。”土地用途管制制度是指国家为保证土地资源的合理利用，促进经济、社会和环境的协调发展，通过编制土地利用总体规划划定选定区域的土地用途，确定土地使用限制条件，土地的所有者、使用者要按照国家确定的用途利用土地的制度。土地用途管制有利于合理利用土地资源，特别是保护耕地。其主要内容为：土地按用途进行合理分类，通过土地利用总体规划规定土地用途和土地使用条件，土地登记注明土地用途，对用途变更实施审批制，实行土地利用监

① 刘卫东，彭俊. 土地资源管理学[M]. 上海：复旦大学出版社，2005：120.

督管理，对违反土地利用总体规划的行为进行查处等。

4. 土地开发和保护

土地开发是通过一定的手段，扩大土地利用空间和利用深度，以满足对土地不断增加的需求的过程。土地资源开发的类型包括宜农荒地的开发、闲散地开发、农业低利用率土地开发、沿海滩涂开发、城市新区的开发以及城市土地的再开发。

土地保护是依据国家有关法律、法规、规则，运用行政的、经济的、法律的等手段对土地加以保护和管理，以确保土地利用总体规划所确定的各类土地的用途、范围和布局等得以落实，使土地资源得到合理的永续利用。土地保护主要包括以下内容：一是土地退化防治。二是土地保护调查、评价、监测与规划。三是制定土地保护的政策和法律法规。

## 五、土地资源规划管理

土地利用规划是实施土地用途管制的依据和基础，用途管制则是落实土地利用规划的手段。凡是实施土地用途管制的发达国家，都具有完善的土地利用规划制度。土地利用规划按规划的内容不同，可分为土地利用总体规划和土地利用专项规划。

土地利用总体规划是指在一定区域内，根据经济社会可持续发展的要求和当地自然、经济、社会条件，对土地的开发、利用、治理、保护在空间上、时间上所做的总体安排和布局，是实行土地管理制度的纲领性文件，是落实土地宏观调控和土地用途管制，规划城乡建设和统筹各项土地利用活动的重要依据。土地利用总体规划的规划期限一般为15年，其中前5年为近期规划，后10年为中长期规划。

土地利用总体规划是一个多层次的规划体系。由于我国实行分级管理体制，土地利用总体规划也按行政区域分为国家(全国)、省(自治区、直辖市)、市(地、州)、县(市)和乡(镇)五级，即五个层次。国家(全国)、省级土地利用总体规划为宏观控制性规划；县(市)、乡(镇)土地利用总体规划为实施性规划；市(地、州)级土地利用总体规划是介于控制规划和实施性规划之间的过渡性规划。根据需要可编制跨行政区域的土地利用总体规划，上下级规划必须紧密衔接，上一级规划指导下一级规划，是下级规划的依据，下级规划服从上级规划，是上级规划的基础和落实。

土地利用总体规划涉及范围广，内容丰富，不同级别不同区域的土地利用总体规划由于区域差异和级别不同，侧重点和内容深度也不同。但一般来讲，土地利用总体规划主要包括以下几个方面的内容，即：土地利用现状分析、土地供给量预测、土地需求量预测、确定规划目标和任务、土地利用结构与布局调整、土地利用分区以及制定实施规划的措施。

土地利用专项规划是单项用地的利用规划或为解决土地的开发、利用、整治、保护中某一单项问题而进行的规划。土地利用专项规划是土地利用总体规划的补充和细化，是同级土地利用规划的组成部分。从广义讲，可根据不同目的进行不同的专项规划，一般有四种类型，即基本农田保护规划、土地整理规划、土地复垦规划以及土地整治规划。

## 六、土地资源经济管理

国土资源管理的经济方法是指管理者按照客观经济规律的要求，运用经济手段，调节和引导国土资源的开发利用活动，以实现管理职能的方法，是一种社会主义市场经济条件下的间接控制方法。经济利益原则是经济方法的核心，管理者用经济利益鼓励、引导、推动被管理者，使其行为和利益与管理者所要实现的目标相统一。

### 1. 土地市场管理

土地资源市场有广义和狭义之分。广义的土地资源市场指因土地交易所产生的一切商品交易关系的总和，包括土地交易的主体、客体和交易媒介等要素。狭义的土地资源市场是指进行土地交易的专门场所，如土地交易所、不动产交易所等。因土地有不可移动性，因此此处所说的交易是指土地权益和价值交易。我国土地市场中交易的是国有土地使用权而非土地所有权。按照我国《宪法》和《土地管理法》及其他有关法律法规的规定，城市土地属于国家所有，其所有权不能出让，只能出让其使用权，所以在我国土地市场交易的只是国有土地使用权。这种使用权不同于一般的使用权，它包含了一定时期内对土地处置、收益、使用的权利。按照《城镇国有土地使用权出让和转让暂行条例》和《城市房地产管理法》的规定，国有土地使用权出让是有期限的，最高期限按用途分为：居住用地70年，工业用地50年，教育、科技、文化、卫生、体育用地50年，商业、旅游、娱乐用地40年，综合或者其他用地50年。我国的土地价格分为期限价格和用途价格。因为出让的土地使用权具有期限性，所以，同地块由于使用期限不同，造成出让价格也不相同。另外，由于我国对不同用途的土地在地价上给予了不同的标准，所以，同一块土地因为用途不同，其地价也不同。

### 2. 土地价格管理

土地价格管理主要是指政府通过监督土地交易价格、公布土地基准地价等方式，对土地的供需双方进行有效管理的方式。我国1995年出台了《城市国有土地使用权价格管理暂行办法》，其中明确规定：国务院价格主管部门负责全国土地使用权价格管理工作；县级以上地方人民政府价格主管部门负责本行政区域内土地使用权价格管理工作。各级人民政府价格主管部门应当会同有关部门加强土地使用权价格的管理与监督。政府对土地使用权价格实行直接管理与间接管理相结合的原则，建立以基准价、标定地价为主调控和引导土地使用权价格形成的土地机制。土地使用权价格的调控与形成，应当有利于合理配置土地资源，有利于国有土地资产保值增值，正确处理各种间接利益关系，保持房地产市场价格的基本稳定。我国的土地价格管理制度主要包括土地估价制度、基准地价和标定地价定期公布制度、地价监测体系、土地供应计划制度和土地储备制度、土地交易最低限价制度以及土地增值税制度。

3. 土地税收管理

我国现行土地税主要有城镇土地使用税、土地增值税、耕地占用税、契税和印花税等。在“费改税”之前，我国曾长期征收土地使用费。土地费是指国家依法对土地所有者、土地使用者、违反土地法者征收的有偿使用费、补偿性费用、处罚性费用等。如国有土地使用权出让金、国有土地使用权租金、新菜地开发建设基金、耕地开垦费、土地复垦费、土地闲置费等都属于土地使用费之列。我国现行征收的土地使用税是指土地使用税，是指在城市、县城、建制镇、工矿区范围内使用土地的单位和个人，以实际占用的土地面积为计税依据，依照规定由土地所在地的税务机关征收的一种税赋。由于土地使用税只在县城以上城市征收，因此也称城镇土地使用税。土地增值税是指转让国有土地使用权、地上的建筑物及其附着物并取得收入的单位和个人，以转让所取得的收入，包括货币收入、实物收入和其他收入为计税依据向国家缴纳的一种税负，不包括以继承、赠与方式无偿转让房地产的行为。耕地占用税是指纳税人有下列情形之一的，按照房地产评估价格计算征收：隐瞒、虚报房地产成交价格的、提供扣除项目金额不实的、转让房地产的成交价格低于房地产评估价格，又无正当理由的。其他税费还有契税、印花税、新菜地开发建设基金、转让土地使用权营业税、国有土地有偿使用费、耕地开垦费、土地复垦费、土地闲置费以及土地罚没金。

4. 土地资源生态补偿

土地生态价值指土地及地上的生物构成的生态系统所具有的调节气候、净化环境、维持生物多样性等方面的价值。土地资源生态补偿是国家通过征收矿产资源补偿费，引导合理开采矿产资源，使国土资源与社会经济协调发展。为确保土地资源生态补偿的顺利实施，土地资源生态补偿制度应主要包括两个相互联系而不可分割的方面：其一是国家通过征收环境资源税以建立相应的生态补偿基金，既通过制度创新实行生态保护外部性的内部化，让生态保护成果的受益者支付相应的费用；同时也能够弥补国家在生态建设方面资金的不足，保证政府有足够资金通过相应生态保护和恢复等行为承担其提供土地资源或以土地资源为载体的生态产品公共服务职能。其二是对因生态保护而利益受到损失或者付出经济代价的人给予公正的公益征收性质的生态补偿。

## 第四节　矿产资源管理

### 一、矿产资源管理概述

1. 矿产资源及其分类

矿产资源是指在地质作用过程中形成并赋存于地壳内(地表或地下)的有用的矿物或物质集合体，其质和量符合工业要求，并在现有的社会经济和技术条件下能够被开采和利用的自然资源。矿产资源是最基本的生产资源之一。矿产资源的开发和利用与人类社会发展紧密联系、相互促进，世界上许多国家把矿产资源作为国力的体现和社会发展的支柱。矿产资源种类很多，根据不同标准和依据对矿产资源可划分为多种不同的分类体系：①按矿产资源工业用途，可将矿产资源分为燃料资源、金属矿产资源和非金属矿产资源。目前世界矿业生产的总值中，燃料约占70%，非金属原料约占17%，金属原料约占13%。②按矿产资源开采利用的情况，可将矿产资源归纳为提供燃料的能源资源和提供原料的物质资源。

2. 我国矿产资源的特点

(1) 大宗矿的贫矿多，富矿少。我国80%的铁矿、50%以上的锰矿、70%以上的铝矿、90%以上的磷矿以及80%以上的铝土矿，都属于贫矿类矿床。

(2) 共生、伴生矿多，单一矿少。我国矿产资源通常都是多种有用组分、多种元素相互共生、伴生的。四分之一的铁矿中含稀土、钒、铣、锡、铂等金属。四分之一的铜矿储量、五分之二的金矿储量都是伴生矿的储量。按现在的生产技术指标进行的抽样估算表明、各类矿山伴生组分的潜在资源价值占总潜在资源价值的35%～40%。多组分共生、伴生矿床的综合利用价值很高，但是也增加了采矿和选矿的难度，增加了生产成本。

(3) 中小型矿床占绝大多数，大型、超大型矿床为数甚少。据统计，我国大型矿床约占8%，中型矿床约占20%，小型矿床比例大于70%。

(4) 矿产资源分布面广，同时又呈区域性集中。我国70%的煤矿集中在山西、内蒙古、陕西一带；石油主要分布在东部和西北地区；金属和非金属矿床也具有明显的地域集中的特点，例如，50%以上的铁矿集中在鞍山—本溪、冀东、攀西三大矿区，而50%以上的锡矿集中在云南、广西地区，30%的铜矿集中在长江中下游地区，特别是占世界稀土储量80%以上的重稀土矿集中在我国南岭地区。

(5) 区域分布不均匀。从经济地带上来看，我国东部沿海目前资源优势并不显著，但与技术经济、交通等条件相结合，开发程度较高，从资源潜力转化为经济实力的可能性较大。中部地区拥有全国50%以上的石油、铁、锰、铅、锌、锡等，60%～80%的铜、锡、金、银、锑、铝土矿、煤、天然气、磷、石墨，90%以上的芒硝、铂和稀土等重要矿床，这一地区矿产资源成为决定建设布局的关键。西部地区已探明储量有限，但地域广阔，未知因素显然比东、中部地区多，矿产资源潜力很大，新的“大庆”可望在西部塔里木地区建立。整个资源的区域展布，使我国矿产开发乃至整个工业建设布局显得相当复杂。

3. 国外矿产资源管理发展趋势

为了在激烈的国际竞争中赢得先机，赢得有利位置，降低成本，增强发展后劲，增强决策的科学性、有效性和及时性，各国都力求改进和完善管理制度，力求采用创新的管理模式和新的管理理念，力求采用最新的技术方法和手段，以增强竞争获胜的信心和机会。国外矿产资源管理的趋势如下。

(1) 综合化管理。世界各国在制定矿产资源管理决策时更加注重从经济、社会、环境、政治、文化、法律、社区，特别是经济、社会和环境的三者关系等角度进行综合考虑。从管理过程上看，也趋于从勘查、开发、运输、复垦、环保的全过程实施监督和管理。在资源开发利用上趋向资源开发与保护生态环境的综合管理。近30年来，世界各国在矿产资源管理中，特别是在矿产资源的勘查和开发中，都十分强调对环境和生态的保护，强调资源开发与生态环境的同步发展。

(2) 信息化管理。在近20年中，矿产资源管理的信息化发展迅速，世界各国无论是发达国家还是发展中国家，无论是矿业大国还是矿业小国，都大力开展矿产资源管理的信息化建设，一个以建立各种矿产资源和与矿业管理有关的数据库和应用系统的工作在世界各地，特别是在主要工业化国家全面展开。

(3) 模型化、定量化和数字化管理。现代科学技术，尤其是地理信息系统(GIS)、计算机技术、计算机制图技术、网路技术以及现代管理技术的发展，极大促进了矿产资源管理趋向模型化、定量化、数字化。

(4) 着眼全球化管理。随着世界经济全球化的不断发展，矿产资源管理和矿产经济发展日趋全球化。在网络技术和信息技术支持下，世界各国，特别是发达国家，都试图用全球的视野和眼光来分析、处理矿产经济问题。

## 二、矿产资源法律管理

### 1. 我国矿产资源法律法规及管理制度

(1) 矿产资源法律体系。根据我国宪法确定的原则，经过几十年的发展，我国矿产资源管理已形成比较完备的法律体系，包括矿产资源法、行政法规、地方性法规、部门规章、地方政府规章、国家规范性文件和地方规范性文件等。

① 《矿产资源法》。按照宪法的原则规定，1986年全国人大常委会通过了《中华人民共和国矿产资源法》，1996年通过修正案。现在执行的是1996年经过修正的《矿产资源法》，这是矿产资源管理工作的基本法。《矿产资源法》确立了我国矿产资源管理的基本法律制度，主要有矿产资源国家所有、矿产资源集中统一管理和分级管理、矿产资源规划、矿产资源勘查开采审批登记管理、探矿权采矿权有偿取得、矿产资源有偿开采、矿产资源储量管理、矿产资源勘查开采监督管理等制度。

② 国务院行政法规和地方性法规。为了实施好矿产资源法，国务院相继出台了一系列配套的行政法规，如《中华人民共和国矿产资源法实施细则》、《矿产资源勘查区块登记管理办法》、《矿产资源开采登记管理办法》、《探矿权采矿权转让管理办法》、《矿产资源补偿费征收管理规定》、《矿产资源监督管理暂行办法》、《地质灾害防治条例》、《地质资料汇交管理条例》等。

③ 部门规章和地方政府规章。国土资源部颁布的矿产资源管理部门规章主要包括：《违反矿产资源法规行政处罚办法》、《地质资料管理条例实施办法》、《矿产资

源登记统计管理办法》等。

④ 规范性文件。作为法律法规的细化，国家的矿产资源政策常常是以规范性文件，也就是我们常说的红头文件的形式来规定的。国务院出台的规范性文件包括：《国务院关于全面整顿和规范矿产资源开发秩序的通知》(国发[2005]28号)；《国务院关于加强地质工作的决定》(国发[2006]4号)；《国务院办公厅转发国土资源部等部门关于对矿产资源开发进行整合意见的通知》(国办发[2006]108号)。

⑤ 部门出台的规范性文件包括：《探矿权采矿权招标拍卖挂牌管理办法(试行)》(国土资发[2003]197号)；《关于规范勘查许可证采矿许可证权限有关问题的通知》(国土资发[2005]200号)；《关于进一步规范矿业权出让管理的通知》(国土资发[2006]12号)；《关于进一步加强煤炭资源勘查开采管理的通知》(国土资发[2006]13号)；《关于探矿权采矿权价款收入管理有关事项的通知》(财建[2006]394号)(财政部、国土资源部、中国人民银行)；《关于深化探矿权采矿权有偿取得制度改革有关问题的通知》(财建[2006]694号)(财政部、国土资源部)；《关于全面开展矿山储量动态监督管理的通知》(国土资发[2006]87号)；《关于印发〈矿产资源补偿费勘查项目管理暂行办法〉的通知》(国土资发[2003]71号)；为加强和规范矿产资源节约与综合利用专项资金管理，提高资金使用效益，根据国家有关法律法规的规定，制定了《矿产资源节约与综合利用专项资金管理办法》(财建[2013]81号)。

(2) 矿产资源管理制度。我国从计划经济到社会主义市场经济体制的转变过程中，矿产资源管理发生了深刻变化，矿产资源管理制度的建立与不断完善，形成了以下具体制度。

① 矿产资源国家所有制度。依据矿产资源的自然属性，我国法律规定矿产资源属于国家所有。《中华人民共和国宪法》、《中华人民共和国民法通则》、《中华人民共和国矿产资源法》等法律都明确规定，矿产资源(矿藏)属于国家所有。《矿产资源法》规定："由国务院行使矿产资源的国家所有权。地表或地下的矿产资源的国家所有权，不因其所依附的土地的所有权或者使用权的不同而改变。"

② 矿产资源行政许可制度。矿产资源行政许可制度包括探矿权采矿权审批登记制度和探矿权采矿权转让制度。其中，探矿权是指在依法取得的勘查许可证规定的范围内，勘查矿产资源的权利。取得勘查许可证的单位或个人称为探矿权人。采矿权是指在依法取得的采矿许可证规定范围内，开采矿产资源和获得所采出的矿产品的权利。取得采矿许可证的单位或者个人称为采矿权人。矿产资源法规定，勘查、开采矿产资源，必须依法分别申请，经批准取得探矿权、采矿权，并办理登记。国土资源部和省级国土资源管理部门负责探矿权审批登记。国土资源部、省级国土资源管理部门、市、县国土资源管理部门，依照权限规定，负责采矿权审批登记。探矿权采矿权转让是市场经济条件下矿业经济发展的必然要求。通过探矿权采矿权转让，有效保护矿业权人的合法权益，实现生产要素的优化配置。国务院发布的《探矿权采矿权转让管理办法》规定：探矿权人在完成规定的最低勘查投入并具备其他相应条件后，经依法批准，可以将探矿权转让

他人。已经取得采矿权的矿山企业，因企业合并、分立，与他人合资、合作经营，或者因企业资产出售以及有其他变更企业资产产权的情形，需要变更采矿权主体的，经依法批准，可以将采矿权转让他人采矿。

③ 矿产资源规划制度。矿产资源规划是国家依法管理和保护矿产资源，加强矿产资源勘查开发宏观调控的重要手段，是开采矿产资源活动的重要依据。它是按照一定时期的矿产资源管理目标，依据全国或地区矿产资源的特点，对矿产资源的调查评价、勘查、开采和保护等，在时间和空间上所做的总体安排和布局。矿产资源规划由全国性矿产资源规划、地区性矿产资源规划和行业性矿产资源规划构成。全国矿产资源规划，必须依照一定的程序编制报批，由国务院批准的规划才是执行的依据。规划中的禁采区不能设置采矿权，限制区必须符合一定条件才能设置矿业权。

④ 矿产资源经济政策。矿产资源的经济政策主要针对探矿权采矿权有偿取得和矿产资源有偿开采来制定。我国《矿产资源法》规定，国家实行探矿权、采矿权有偿取得制度。获得国家出资查明矿产地的探矿权、采矿权，矿业权人应缴纳探矿权、采矿权价款。探矿权采矿权有偿取得的不同情况，按照国土资源部文件规定，取得低风险类矿产探矿权和无风险类矿产资源采矿权，一律实行有偿出让。按照矿产资源法规定，开采矿产资源，由采矿权人缴纳矿产资源补偿费。我国矿产资源补偿费是按照矿产品销售收入的一定比例计征。矿产资源补偿费费率按照矿种不同，从0.5%到4%不等，平均费率为1.18%。矿产资源补偿费由国土资源管理部门负责征收。中央与省、直辖市矿产资源补偿费的分成比例为5∶5，中央与自治区矿产资源补偿费的分成比例为4∶6。

⑤ 技术管理制度。技术管理制度包括地质勘查资质管理和矿产资源储量管理制度。为了加强对地质勘查活动的管理，维护地质勘查市场秩序，保证地质勘查质量，促进地质勘查业的发展，从事地质勘查活动的单位，应进行注册登记，取得地质勘查资质证书。地质勘查资质申请人，应当是直接从事地质勘查工作的企业或事业单位，除应具有法人资格外，还应符合地质勘查资质的条件要求。国土资源部和省级人民政府国土资源管理部门是地质勘查资质的注册登记机关。矿产资源储量管理的主要目的是掌握矿产资源家底，为管理决策提供依据。其管理主要内容有：矿产资源储量登记、矿产资源储量统计、地质资料管理和矿山储量动态监督管理等。

⑥ 矿产资源监督管理制度。矿产资源法规规定：各级人民政府必须加强矿产资源保护工作。国土资源部负责全国矿产资源勘查开采的监督管理工作。省级人民政府国土资源管理部门负责本行政区内矿产资源勘查开采的监督管理工作。地方各级人民政府应当采取措施，维护本行政区域内的矿产资源开发秩序。目前，矿产资源四级监督管理体系已经形成，开展了一系列年检、矿山督察等工作。矿产资源监督管理制度主要包括勘查监督和开采监督。勘查监督的内容包括勘查投入、勘查范围、勘查施工、违法勘查等。开采监督内容包括开采范围、资源利用、矿山储量监督、矿山环境、依法缴费、违法开采等。

⑦ 其他相关法律制度。除了矿产资源法以外，矿产勘查和开采活动还必须遵守矿

山生态环境保护、矿山安全生产、土地复垦等一系列的相关法律法规。此外，国家还规定了禁止开采矿产资源的区域范围。

## 三、矿产资源行政管理

矿产资源行政管理是国家行政管理的重要组成部分，是国家矿产行政管理机关及公务员依据宪法等法律法规的规定，在国家授权的职责范围内管理地质矿产勘查、开发和地质环境保护活动中的社会公共事务的行为，是国家行政管理的一种特殊形式。矿产资源管理的主要内容有：矿业权管理、矿产资源管理、矿产资源补偿费征收管理、矿产资源勘探开发监督管理以及地质环境行政管理。

### 1. 矿产资源行政管理的主要内容

(1) 矿业权管理。矿业权是探矿权与采矿权的总称。矿业权管理是矿产资源行政管理的核心内容，是指国土资源行政管理机关为实现国家矿产资源所有权益、保护矿业权人合法权益的基本要求，对探矿权、采矿权从有偿设立到注销全过程的行政管理活动。其主要管理内容有：矿业权的审批与授予、矿业权人的权利与义务及矿业权保护、征收矿业权使用费以及矿业权市场管理。

(2) 矿产资源管理。是指国土资源主管部门以矿产资源所有权管理者的身份，在矿产资源积累、储备、消耗全过程中，对矿产资源进行的行政管理活动。其主要内容有：矿产资源的储量管理与价值核算、矿产资源形势分析与政策制定、矿产资源的规划管理、地质资料汇交管理。

(3) 矿产资源补偿费征收管理。是指国土资源主管部门以国家的身份依法向矿业权人行使矿产资源国家所有权的行政管理活动。其主要内容有：矿产资源补偿费的征收管理、矿产资源补偿费的使用管理。

(4) 矿产资源勘查开发监督管理。是指国土资源行政管理机关作为矿产资源勘查、开发行政监督的主体，依法对矿产资源勘查开发进行监督、检查的行政管理。其主要内容有：矿产资源合理利用的监督管理、矿山环境的监督管理。

(5) 地质环境行政管理。是指国土资源行政机关依法在地质环境保护管理职能范围内对地质环境保护、治理活动中的社会公共事务进行的行政管理活动。其主要内容有：地下水资源环境管理、地质环境资源保护管理、地质灾害防治管理。

### 2. 我国矿产资源行政管理的机构与职能设置

我国矿产资源行政管理的机构为：政策法规司、矿产开发管理司、矿产资源储量司、地质勘查司、地质环境司和执法监察局。

(1) 政策法规司。组织起草有关矿产资源的法律法规草案、调研和起草综合性矿产资源政策，并办理有关行政复议事宜。

(2) 矿产开发管理司。依法进行采矿审批登记和采矿权转让审批登记，依法调处重大采矿争议、纠纷，依法进行矿产资源开发、利用与保护的监督管理，依法征收矿产资源补偿费。

(3) 矿产资源储量司。组织拟定矿产资源储量管理的办法、标准、规程、规范，组织建立健全矿产资源储量评审的专家系统，承担矿产资源储量管理和地质资料的汇交管理工作，组织矿产资源供需形势分析，研究制定矿产资源政策。

(4) 地质勘查司。组织拟定地质勘查工作标准、规程、规范，组织矿产资源调查评价，依法进行勘查审批登记和探矿权转让审批登记，依法调处重大地质勘查争议纠纷。

(5) 地质环境司。拟定地质遗迹等地质资源和地质灾害管理办法，组织保护地质遗迹，进行地质灾害防治。

(6) 执法监察局。组织对执行和遵守国家矿产资源法律法规等情况进行监督检查。

## 四、矿产资源规划管理

### 1. 矿产资源规划管理及其分类

矿产资源的规划管理是国家或地区以保障当前及今后一段时期内社会经济发展对矿产资源的需求，有效地保护和合理开发利用矿产资源、保护生态环境为目标，根据国家或地区矿产资源的土地和开发利用现状，对矿产资源的勘查、开发利用和保护及矿山生态环境保护在世界和空间上所做的总体安排和布局。按照矿产资源规划层次的不同，可以分为全国矿产资源总体规划、矿产资源行业规划、专项规划以及地方矿产资源规划等几种。

(1) 矿产总体规划。矿产总体规划主要是本着保障国家战略安全、满足经济及社会发展和提高人民生活水平的目的，对矿产资源合理开发利用和保护提出总的战略目标和布局，并提出宏观调控和总量控制、结构调整的原则要求。而这一总体规划要建立在对国内外政治经济以及矿产资源开发、利用和供应形势、供应关系详细分析的基础之上。

(2) 矿产资源行业规划。矿产资源行业规划是从国际国内整个市场出发，针对矿产行业的开发、加工、消费特点，进行具体的行业布局和调度，根据国民经济与社会发展规划和矿产资源总体规划提出的各项指标和要求，提出相关的政策和措施。

(3) 矿产资源专项规划。矿产资源专项规划是将某一区域或矿产的某个方面作为对象，制定有针对性的规划，提出相关政策和措施，从而具体落实矿产总体规划提出的各项指标和要求。主要类型有矿产勘查规划、地质调查规划、矿产资源综合利用规划、矿产开发规划、矿产资源储备规划等。行业规划以纵向为特色，专项规划则以横向为特色。

(4) 省级矿产资源规划。省级矿产资源规划是以省(区、市)为范围的矿产资源开发利用和保护规划。根据以上三种规划提出的各项指标和要求，针对本地经济社会发展的特点，制定具体实施方案。按照国家和行业部门要求，也要制定相应的省级总体规划、行业和专项规划。

(5) 地县级地方矿产资源规划。制定和落实地县级地方矿产资源规划是保障国家的方针政策得到贯彻落实，充分发挥规划的作用的关键。其将保障矿产资源各类规划落实到基层、实处，严格按照国家和上级政府制定的规划要求，在实际中予以贯彻。

2. 我国矿产资源规划的内容与实施

编制矿产资源规划，首先要根据国民经济和社会发展对矿产资源的需要，依据我国矿产资源现状、潜力依据矿业发展和国内外矿产品市场的变化，提出矿产资源勘查、开发发展战略以及相应的方针政策，规划出需要由国家储备的矿种(或矿区)、一定时期鼓励开发的矿种、限制开发的矿种以及禁止开发的矿种。

全国矿产资源规划编制完成之后，一是监督指导矿产资源行业开发规划和地区开发规划的编制与实施；二是给纳入全国矿产资源规划的矿产资源或主管矿区制定《矿产资源规划意见书》，并通过监督落实《矿产资源规划意见书》的要求来确保全国规划目标的实现。《矿产资源规划意见书》的主要内容有：矿区资源的开发利用方向、开发规模、资源回收、综合利用和资源保护、环境保护等方面的具体要求。

## 五、矿产资源管理信息系统

1. 矿产资源管理信息系统的含义与内容

矿产资源管理信息系统包括矿产资源管理信息系统的概念、建设原则、开发现状、开发的可行性与方法，以及地理信息系统(GIS)在矿产资源管理中的应用、矿产资源管理中专家系统(ES)的开发。

矿产资源管理信息系统主要包括输入、贮存、处理、分析和信息显示与输出数据几个部分。数据输入是对数据进行采集、核实、编码及数据转换。数据的贮存与处理是将表示位置、地理要素属性及网络关系的数据结构化和有序化，使得计算机能够进行分析处理，并且使用户能够理解这些管理信息。数据分析是根据矿产资源评价与规划的目的，通过数学建模，分析与矿产资源合理利用相关的自然、社会、经济要素指标，根据用户的意图对数据进行综合、分析、匹配，建立矿产资源管理信息系统中的模型库，并在数据结构分析与转换过程中发展知识库。信息显示与输出是以图和表等形式将分析结果报告给用户。

2. 矿产资源管理信息系统的功能

(1) 信息贮存和处理。这是矿产资源管理信息系统的基本功能，主要包括数据的自动化和半自动采集、数据的预处理、存贮矿产资源的基本要素三个方面。

(2) 信息检索和更新。即满足管理机构、科研部门、学校及宣传单位等的信息共享，使各类数据可被多种应用程序所调用。

(3) 信息的统计分析与综合分析。按照不同要求对矿产资源信息系统的各类信息数据进行统计分析，是矿产资源规划和开发的基础。

(4) 矿产资源评价。对矿产资源综合的研究和管理，都是基于对各种矿产资源要素进行综合评价分析，为保证分析研究的全面和可靠，应能应用多种评价方法快速地产生评价结果，从中选择最佳者。

## 复习思考题

1. 简述公共资源的特性。
2. 公共资源管理有哪些方法？各自有什么特点？
3. 简述国外公共资源管理的模式。
4. 水资源规划有哪些内容？
5. 土地资源评价的内容是什么？
6. 怎样进行土地适宜性评价、土地经济评价和土地利用潜力评价？
7. 出让合同和转让合同的主要条款包括哪些内容？
8. 简述矿产资源规划管理的分类。

## 扩展阅读

### 北京实施最严格的水资源管理　积极推进水价改革[①]

2014年4月17日，北京市召开居民用水价格调整听证会。本次听证会参加人应到25人，实到24人(1人因故不能参会，向听证会提交书面意见)。25位听证会参加人中全部同意实施居民用水价格调整。在同意实施的25位中有6位同意方案一，有17位同意方案二，有两位提出了新的方案(1个建议细化分档；另一个建议按人口计算)。

北京市发展和改革委员会副主任刘印春说，听证会过程中，各位听证参加人着眼城市可持续发展的大局，表达了对北京市水资源价格改革势在必行的认同，形成了利用价格杠杆引导全社会节约用水的共识。刘印春说："参加人提出的宝贵意见和建议对我们进一步完善方案、提高城市水资源管理利用水平以及城市精细化管理水平都具有重要意义。"市发改委相关负责人介绍："北京市方案与国家《指导意见》在改革方向和总体思路上是一致的，方案遵循了'保基本、建机制、促节约'的原则。"北京市发改委有关负责人表示："听证会后，我们还将全面整理会议的详细记录，认真汇总梳理分析每位听证参加人以及社会公众提出的意见和建议，进一步修改完善居民水价调整政策，报市政府批准后实施。"

据介绍，听证会的参加人共提出了五个方面的建议：一是希望阶梯水价可以充分发挥价格机制的作用；二是实施严格的水资源管理，建设和健全再生水设施；三是要制定阶梯水价的实施操作细则，包括妥善处理好多人口家庭用水和低收入市民的生活保障等问题；四是希望提高服务保障水平，进一步改善水质，加强水质监测管理；五是加强节水宣传，尤其是需要从幼儿抓起，让下一代从小就建立起保护水资源的意识，营造全社会共同参与节水的良好氛围。据了解，此次北京市水价改革是一次整体改革。在居民水

① 北京实施最严格的水资源管理，积极推进水价改革. 根据中国新闻网资料编写. http://news.xinhuanet.com/yzyd/energy/20140421/c_1110334835.htm，2014-4-21.

价调整的同时，非居民水价也将按照价格能够覆盖供排水成本、保障供排水适度投资回报、反映水资源稀缺程度的思路进行同步调整，并严格执行超定额累进加价政策，特别是特殊行业用水价格也将同步大幅度上调，坚决抑制高耗水行业发展，大力促进水资源节约和管理。

北京市发改委表示，此次居民水价调整的主要目的，就是要落实最严格的水资源管理，在保基本的同时，建立多用水多付费的阶梯水价机制，进一步促进全社会节约用水。预期本轮调整后，北京市水价将与国内同类地区的水价水平基本相当。调价后增加的收入，将主要用于供水企业实施户表改造、弥补供排水成本、增强供排水保障能力等，以促进城市可持续发展。配套价格政策调整，有关部门也将进一步落实最严格的水资源管理制度。

# 第十二章　公共安全管理

公共安全管理是政府的重要职能，也是政府经常面临的一项具有挑战性的工作。我国在社会转型发展时期各种矛盾因素不断出现，公共安全管理在取得明显成效的同时，还存在管理技术水平偏低和社会参与不足等问题。因此，加强公共安全管理理论研究，提高应对危机水平显得十分必要。本章介绍公共安全管理基本理论，阐释突发性公共安全危机事件及其处理机制，分析公共安全管理的决策与沟通，探讨自然灾害的救助与管理体制等问题。

## 第一节　公共安全管理概述

### 一、公共安全及其重要性

人类从来就离不开生产和安全这两大基本需要。人类通过生产活动创造物质财富和精神财富，满足衣食住行和娱乐等方面需要的同时，还必须预防灾害的发生。在当今社会文明高度发达的时代里，人们有了豪华富丽的高层建筑和居家，享受着方便实用的家用电器和燃气；有了现代化的交通和商场，还有供休闲的娱乐场所和公园等。在这种充满现代气息的环境里，无论你是在工业企业还是国家机关工作，无论是在居家生活还是在公共娱乐场所，无论是在室内活动还是在户外游乐，无论是行走在街道还是社区，时时处处都存在着来自于人为或自然的、不同形式和规模的、随着现代城市发展而变化的各种危险及危害。公共安全是指社会在经济、社会、文化、人身健康、生态环境、资源供给等诸方面所保持的一种动态稳定与协调状态，其安全程度取决于人类对自然灾害、社会经济异常以及突发性危机事件的抵御能力。公共安全包含的内容十分广泛，从大的领域来看，有生态环境安全、经济安全、社会安全；从具体方面来看，有生产安全、设备安全、交通安全、治安安全、居住安全、医疗药品安全、食品安全、家电安全等。

公共安全是政府和百姓都非常关注的十分重要的社会问题，是人类社会发展和进步的必要条件。任何一个社会的存在和发展，都需要公共安全，没有良好的公共安全保障体系与措施，社会的存在与发展，人们的生存与生活就不可想象。因而维护公共安全，是关系国计民生、社会安定和发展的大事；是国家实施法律、治国安邦的重要职能；是加强公共治理、建设强大国家的一项系统工程。在我国社会转型发展过程中，还需要不断明确政府公共安全职能，理顺权责关系，充分利用社会力量，实行多元治理，大力推行公共安全管理的标准化建设，提高管理技术水平，最终构筑起严密高效的公共安全防控体系。

## 二、公共安全危机的特点与分类

1. 公共安全危机的概念

“危机”一般是指危险的祸根、严重的困难关头、非常危险或者困难的时刻。从个人的生存状态角度定义危机，危机是当人们面对重要生活目标的阻碍时产生的一种状态。危机是生活目标的阻碍所导致的，当人们相信用常规的选择和行为无法克制这种阻碍，危机便产生了。因此，从这个意义上说，危机是人因某种破坏所产生的害怕、震惊、悲伤的感觉，而不是破坏本身。相对于组织或社会而言，公共安全危机是指因自然环境、社会变迁或人为原因引起的，对公共领域的安全和社会成员的生存具有立即且严重威胁性，需要以政府为领导的公共部门在时间压力和不确定性极高情况下进行动态决策的、具有高度危险性和广泛破坏作用的紧急情境。诸如火灾、爆炸、有毒物质泄漏、矿难、集体中毒、恐怖袭击事件、建筑物坍塌、空难、海难、放射性物质泄漏、铁路、公路与内河航运交通事故和群体性挤踏事件等都属于公共安全危机事件。我们或许都听说过国内外发生过的这样一些事故和灾害：韩国首尔三丰百货大楼的塌跨致使400余人丧生；日本东京发生的地铁“沙林”毒气事件和“0—175”病毒大流行，使数千人受害；纽约国贸大厦和马尼拉中央银行的大火损失惨重；上海的毛蚶病毒大流行造成数万人受害；深圳清水江仓库火灾大爆炸事故损失数亿元；克拉玛依友谊宫大火死亡320余人；三鹿毒奶粉事件造成极大的社会不良影响等。其实现代社会每年约有350万人死于人为事故造成的损伤，每死亡1个人还伴随着4个人的伤残。公共安全危机一旦爆发，其破坏性的能量就会被迅速释放，并呈快速蔓延之势，如果不能及时控制，会急剧恶化，使个体或组织遭受巨大损失。由于危机的出现和爆发会严重影响社会的正常运作，对生命、财产、环境等造成威胁和损害，并往往超出政府和社会常态的管理能力，所以要求政府和社会采取特殊的管理措施应对公共安全危机。因此对公共安全危机的应对管理也成为公共安全管理的核心内容。

2. 公共安全危机的特点

公共安全危机是危机的一种类型，它除了具有危机的意外性、聚焦性、破坏性和紧迫性等一般特征外，还具有不同于个人危机或组织危机的特点。公共安全危机主要有以下特点。

(1) 危机涉及人数众多。公共安全危机发生时受到影响的不是个人而是社会大众，至少是一个特定组织或地域中的一群人，其危害的客体是公共组织或社会群体。

(2) 危机破坏性广泛且严重。公共安全危机严重影响着人们的生存与发展，往往使重要的生活目标不能实现，公共设施等物质体系遭受损失，社会进程受到或将要受到较大破坏，社会机器不能正常运转或偏离正常轨道。

(3) 危机的管理主体是政府或社会公共组织。公共危机管理往往也称政府危机管理，是针对政府对外交往和对内管理中处于危险和困难境地的应对与管理过程。

(4) 政治性及扩散性较强。有些公共危机事件的发生和发展受到某些政治团体的背后操纵，体现了国际国内某些政治势力的政治图谋。危机由单纯一个地区或国家扩展为国家或国际性问题。

3. 公共安全危机的类型

(1) 按不同角度进行分类。公共安全危机根据发生地域范围不同可划分为全球性危机、区域性危机、国家级危机和地方危机。从原因上可划分为自然力形成危机、人为原因引起的危机以及人与自然共同作用引发的危机。从危机内容角度可划分为政治危机事件、经济危机事件、生产性危机事件和社会群体性危机事件等。

(2) 按不同利益主体进行分类。按利益主体不同，公共安全危机可分为冲突性危机和一致性危机，也可以分为政府危机、企业危机和社会危机三大类。其中的冲突性危机是指危机中存在两个或两个以上不同利益要求的主体；一致性危机是指相关利益主体具有同质的利益诉求。

(3) 其他分类。按公共安全危机发生的方式不同，可分为渗透性危机、周期性危机、突发性危机。按公共安全危机产生的后果，可分为有形损害的危机、无形损害的危机。按公共安全危机的活动周期可分为以下三个时期。①潜伏期：量变到质变的时期，是危机管理的重点过程，对应危机管理的预防监控阶段；②爆发期：是各种矛盾积累和因素相互作用达到质变临界状态，质变的过程，对应于危机管理的应对处置阶段；③新平衡期：通过矛盾的相互激烈作用，各种因素又在新条件下达到一个新平衡。这种新平衡可以是自然力自身的作用，也可以是人为力量作用的结果。

## 三、公共安全危机管理的要素

1. 公共安全危机管理的主体

公共安全危机管理的主体是公共管理机构，这里的公共管理机构，包括政府，但不限于政府，可能有社会团体，可能有公民组织。政府作为社会权威性的管理机关，承担着维护社会稳定和发展的重要使命，加强公共安全危机管理成为和谐社会背景下各级政府必须面对的一项重要课题。因此人们常将公共安全危机管理定义为政府危机管理。在突发公共事件管理中由于政府具有其他任何正式组织或非正式社会组织所不具有的优势、权威和强制力，所以政府必然居于核心地位，成为中枢灵魂，发挥着主导作用。但政府在资源、人员结构、组织体系等方面的也存在局限性，如果单纯依靠政府，由政府包揽一切，势必会影响到突发公共事件管理的最终质量。因此，在公共安全危机的管理中，应当积极吸纳非政府组织的加入，协助政府广泛调动社会力量，快速有效地共同应对危机，弥补政府行为的不足，发挥“政府搭档”的重要作用。

2. 公共安全危机管理的客体

危机管理的客体是引发公共安全危机的突发性事件以及危机影响的对象。公共安全危机的产生是与突发公共事件密切相关的，公共安全危机形成的条件之一是突发公共事件。突发公共事件是指突然发生造成或者可能造成重大人员伤亡、财产损失、生态环境破坏和严重社会危害，危及公共安全的紧急事件。从基本动因的角度来看，引发公共安全危机的突发事件可以分为两大类。一是由自然灾害和人为因素引起的突发性事件，前者如水灾、地震、台风、干旱，后者如核泄漏、火灾、质量事故等。二是由于社会对抗引发的社会冲突行为而导致的社会失衡和混乱，一般由一定的社会问题诱发，诸如战争、暴力对抗、恐怖主义事件等。

3. 公共安全危机管理的原则

(1) 以人为本、生命至上的原则。一是以维护人的生命安全与健康作为预防灾害的基本出发点，二是对所有人的生命与健康都应当备加珍惜。三是灾害发生后应当救人优先。它是以人为本的具体体现，是人类社会对自身安全需求的真切反映。

(2) 快速反应、效率优先的原则。时间性原则是指危机事件发生时要采取紧急处置手段，及时控制危机事态的发展，是危机处理的要则。公共安全危机蔓延速度很快，效率性原则要求政府快速反应，有效动员社会资源。

(3) 预防为主、平战结合原则。要贯彻预防为主的思想，树立常常不懈的观念，经常性地做好应对突发公共事件的思想准备、预案准备、机制准备和工作准备。要重点建立健全信息报告体系、科学决策体系、防灾救灾体系和修复重建体系。

(4) 信息共享、沟通协调、协同的原则。参与危机应对的人员和力量来自各个方面，比如交通、医疗、通信、消防、食品等，协同一致行动特别重要。5.12抗震救灾开始有个阶段出现混乱，之后在绵阳设立了一个统一指挥领导小组，指挥调配各方力量和物资，有效解决了这个问题。

(5) 政府为主、分级负责、分类分级管理的原则。在党中央、国务院的统一领导下，建立健全分级负责，分类管理、条块结合、属地管理为主的应急管理体制，属地、行业、综合监管、政府等部门在安全生产工作中各负其责。

(6) 科学决策和权威决策相结合的原则。科学性原则主要针对因工业技术而引起的灾害以及由自然灾害而造成的危机事件。应对各类大型事故、地震、海啸、飓风等不可盲目蛮干，必须注重科学性、技术性，多征求专家的意见。如我国唐家山堰塞湖的处置就是充分发挥了水利专家的作用，而前苏联切尔诺贝利核电站泄漏事故，因为隐瞒真相，造成重大人员伤亡。

(7) 特事特办和法治的原则。由于危机管理机构往往是针对特定突发公共事件而成立的，其编制、人员不具有固定性和连续性，因此需要特事特办如通过立军令状或全民动员的方式来处理，以期短期内能够起到立竿见影的效果。在危机时期，政府必须采取各种有效的紧急措施来对抗危机，而法治行政的原则又要求政府在宪法规定的范围内行使危机管理的各项权力，即政府危机管理的法治化。我国《突发事件应对法》法律草案涉及的突发事件包括自然灾害、事故灾难、公共卫生和社会安全四类，没有考虑紧急状态。紧急状态是一种极端的社会危机状态，它的法律标志是宪法规定的国家民主决策体制的运行发生严重障碍，公民的基本宪法权利受到严重限制和剥夺。

4. 公共安全危机管理的模式及手段

公共安全危机管理的基本模式主要有以下几种。

(1) 监测预警。对危机、事故、事件的征兆线索进行监测预测，提前进行警示预告，以减少危害。

(2) 预控预防。危机发生的初期，及时采取措施将危机的影响控制在一定范围内，减轻危害后果。

(3) 应急处置。按照危机管理制度和预案，积极应对危机，减少危害的过程。应急处置是危机管理的基本功能。

(4) 善后处理。防止类似危机事件再次发生，帮助重建正常生产生活秩序，分析事件的原因和带来的后果。

(5) 研究评估。对整个危机管理制度(体制、机制、法制、预案)在危机应对中的表现进行优劣评判和研究。

(6) 教育培训。是危机管理中常规日常性的工作。对于提高人们的危机意识，增强抵御风险的技能具有重要作用，是提高危机管理效率的重要环节。

公共安全危机管理的手段有计划手段、行政手段、法律手段、经济手段、军事手段、教育手段等。

## 第二节 公共安全危机应急预案

### 一、公共安全危机应急预案的概念与意义[①]

应急一般是指针对突发、具有破坏事件所采取预防、响应和恢复的活动和计划。应急工作的主要目标是：对突发事故作出预警；控制事故灾害发生与扩大；开展有效救援，减少损失和迅速组织恢复正常状态。应急救援对象是突发性的和后果与影响严重的公共安全事故、灾害与实践。公共安全危机应急预案是指为应对社会突发事件如自然灾害、重特大事故、环境公害及人为破坏而预先作出的应急管理、指挥和救援方案。

公共安全危机应急预案的本质是以政府为主供应的公共产品，其作用对象，是控制产生公共安全危机和突发事件的危险源。公共产品前已述及，危险源则是引起事故和不安全的因素，一般有三种类型。第一类危险源一般指纯粹的危险物质，是事故发生的物质性前提和根源，它影响事故发生后果的严重程度；第二类危险源包括物的故障、物理性的环境因素和人的失误，这类危险源是事故发生的初始条件和必要条件；第三类危险源指不符合安全的组织因素，包括组织程序、组织文化、规则和制度等，它不同于个体的人，是第一类、尤其是第二类危险源的深层原因，是事故发生的组织性前提，是危险的充分条件。例如，高速行驶的汽车本身是一个危险源。它里面的汽油等物质是第一类

① 王雅莉. 城市经济学[M]. 北京：首都经济贸易大学出版社，2008：295-296.

危险源；司机违章、汽车部件失灵、天气不好、能见度比较差等，属于第二类危险源；而安全文化理念缺失、交通规则和安全培训缺失、交通安全管理松懈、司机单位的汽车维护管理和司机配备方面的问题，都是第三类危险源。我们过去比较重视第一类和第二类危险源，而往往忽视第三类危险源。而预防事故必须要靠两个方面，一个是硬件，即技术手段，另外一个还必须依靠软的支撑，也就是安全文化、安全管理、规则和制度方面的东西。安全的硬件支撑出问题，我们容易想到，但是安全的软支撑方面出问题，或者说第三类危险源方面出问题，我们往往认识不够，所以要提出管理风险的概念。管理风险和其他风险一样，也需要辨识和控制。重视第三类危险源，可以督促和激发组织领导层对安全保障的重视和关心，使人们认识到危险源的物源与非物源的界限，有利于把握危机或事故的本质和基础原因，从而做到关口前移，消灭事故于萌芽状态，以预防为主，科学安排有关制度和加强安全的科学管理。

“凡事预则立，不预则废”，危机预案制定是所有危机管理的一项基础性工作，是危机预防体系的重要组成部分，危机预案意在应对各种突发事件，为应急决策与应急指挥提供依据，是危机处理的指导方针和行动纲领。根据潜在危机的特点制定的预案，在实际工作中具有很强的指挥、协调作用。具体而言，制定科学的应急预案的意义就在于：首先，应急预案确定了应急救援的范围和体系，使应急准备和应急管理不再无据可依、无章可循；其次，制订应急预案有利于作出及时的应急反应，降低事故后果；最后，应急预案成为社会应对各种突发事件的响应基础，便于多部门协调形成风险防范系统。

## 二、公共安全危机应急预案的内容与工作机制

1. 预案体系

应急预案一般应建立在综合防灾规划之上，并应当包括以下子系统：完善的应急组织管理指挥系统；强有力的应急工程救援保障体系；综合协调、应对自如的相互支持系统；充分救灾的保障供应体系；体现综合救援的应急队伍等。

我国为了提高政府保障公共安全和处置突发事件的能力，最大程度预防和减少突发公共事件及其造成的损害，保障公众的生命和社会稳定，促进经济社会全面、协调、可持续发展，于2006年1月发布了《国家突发公共事件总体应急预案》，预案分总则、组织体系、运行机制、应急保障、监督管理及附则六大部分。国家应急预案框架体系初步形成，包括面对突发公共事件时的国家总体应急预案、专项应急预案、部门和地方预案、企事业单位应急预案等，基本涵盖了现代社会随时都有可能发生的各类突发公共事件。我国突发公共事件应急预案体系包括：①突发公共事件总体应急预案；②突发公共事件专项应急预案；③突发公共事件部门应急预案；④突发公共事件地方应急预案；⑤企事业单位根据有关法律法规制定的应急预案；⑥举办大型会展和文化体育等重大活动的主办单位应当制定的应急预案。

2. 预案分级

自然灾害、事故灾难、公共卫生事件和社会安全事件等各类突发公共危机事件往往是相互交叉和关联的，某类突发公共事件可能和其他类别的事件同时发生，或引发次生、衍生事件，应当具体分析，统筹应对。各类突发公共事件按照其性质、严重程度、可控性和影响范围等因素，一般分为四级：Ⅰ级(特大)、Ⅱ级(重大)、Ⅲ级(较大)和Ⅳ级(一般)。我国《国家总体应急预案》附件包括特别重大、重大突发公共事件分级标准，较大和一般突发公共事件按照国务院主管部门制定的分级标准，作为突发公共事件信息报送和分级处置的依据。为适应城市突发公共事件的特点和处置要求，多将一次死亡三人以上列为报告和应急处置的重大事项。对一些特殊突发公共事件则需要加强情况报告并提高响应等级。

3. 组织体系

(1) 领导机构。突发公共危机事件应急管理工作由各级政府统一领导。一般地方政府是本地突发公共事件应急管理工作的行政领导机构。地方政府要成立突发公共事件应急管理委员会，决定和部署当地突发公共事件应急管理工作。

(2) 办事机构。各级应急管理委员会办公室是应急管理的日常办事机构，负责综合协调突发公共危机事件应急管理工作，对“测、报、防、抗、救、援”六个环节进行指导、检查、监督。具体承担值守应急、信息汇总、办理和督促落实应急委的决定事项；组织编制、修订总体应急预案，组织审核专项和部门应急预案；综合协调应急管理体系建设及应急演练、保障和宣传培训等工作。

(3) 工作机构。地方政府具有处置突发公共危机事件职责的协调机构、相关职能部门和单位，作为应急管理的工作机构，承担相关类别的应急管理工作。负责制定专项及部门应急预案；在突发公共危机事件发生时，按照“谁分管，谁负责”的原则，承担相应工作；指导和协助下一级政府做好突发公共危机事件的预防、处置和恢复重建工作。

(4) 专家机构。各应急管理工作机构根据实际需要建立各类专业人才库，组织聘请有关专家成立专家组，为应急管理提供决策建议，必要时参加突发公共事件的应急处置工作。

4. 工作机制

各级政府要建立应对突发公共事件的预测预警、信息报告、应急处置、恢复重建及调查评估等机制，提高应急处置能力和水平。各级应急管理委员会办公室要会同有关部门，整合各方面资源，充分发挥工作机构作用，建立健全快速反应机制，形成统一指挥、分类分级处置的应急平台，提高基层应对突发公共事件能力。

## 三、公共安全危机应急预案的运行

为了防范公共安全危机，必须制定和运行公共安全危机应急预案，应急预案一旦启动则按如下程序运行。

1. 预测与预警

根据预测分析结果，对可能发生和可以预警的公共危机事件进行预警。预警级别依据突发公共危机事件可能造成的危害程度、紧急程度和发展势态，可划分为四级紧急程度，依次用红色、橙色、黄色和蓝色表示。预警信息包括突发公共危机事件的类别、预警级别、起始时间、可能影响范围、警示事项、应采取的措施和发布机关等。预警信息的发布、调整和解除可通过广播、电视、报刊、通信、信息网络、警报器、宣传车或组织人员逐户通知等方式进行，对老、幼、病、残、孕等特殊人群以及学校等特殊场所和警报盲区应当采取有针对性的公告方式。针对各种可能发生的突发性公共危机事件，要不断完善预测预警机制，建立预测预警系统，开展风险分析，做到早发现、早报告、早处置。

2. 应急处置

首先是信息报告，突发公共危机事件发生后，要立即报告，最迟不得超过4小时，同时通报有关地区和部门。应急处置过程中，要及时续报有关情况；其次是先期处置，发生突发公共危机事件，在紧急向有关部门报告信息的同时，要根据职责和规定的权限启动相关应急预案，要及时有效地进行处置和控制事态发展；再次是应急响应，对于先期处置未能有效控制的特别重大突发性公共危机事件，应急指挥机构要及时启动相关预案，负责现场的应急处置工作；最后是应急结束阶段，即突发公共事件应急处置工作结束，或相关危险因素消除后，现场应急指挥机构予以撤销。

3. 恢复与重建

具体的内容包括：①善后处置。即积极稳妥、深入细致地做好善后处置工作。对突发公共危机事件中的伤亡人员、应急处置工作人员以及紧急调集、征用有关单位及个人的物资，要按照规定给予抚恤、补助或补偿，并提供心理及司法援助。有关部门要做好疫病防治和环境污染消除工作。保险监管机构督促有关保险机构及时做好有关单位和个人损失的理赔工作。②调查与评估。对特别重大突发性公共危机事件的起因、性质、影响、责任、经验教训和恢复重建等问题进行调查评估。③恢复重建。根据受灾地区恢复重建计划组织实施恢复重建工作。④信息发布。要在突发性公共危机事件发生的第一时间向社会发布简要信息，随后发布初步核实情况、政府应对措施和公众防范措施等，并根据事件处置情况做好后续发布工作。信息发布应当及时、准确、客观、全面。信息发布形式主要包括授权发布、散发新闻稿、组织报道、接受记者采访、举行新闻发布会等。

4. 信息发布

突发公共危机事件的信息发布应当及时、准确、客观、全面。事件发生的第一时间要向社会发布信息，并根据事件处置情况做好后续发布工作。发生重特大突发公共危机事件时，各级政府新闻办人员要配合有关部门做好信息发布工作，并做好现场媒体活动管理工作。

## 第三节　公共安全危机应急决策

### 一、公共安全危机应急决策概述

1. 公共安全危机应急决策的内涵

公共安全危机应急决策由危机决策发展而来。危机决策是指决策者在有限的时间、资源等约束条件下，制定应对危机的具体行动方案的过程。危机决策作为危机管理的核心，通常具有决策目标动态权变、决策环境复杂多变、决策信息不对称、决策步骤非程序化等特点。公共安全危机应急决策是在政府主导下，政府、社会团体和公众共同参与的为解决社会中突然发生的、严重危害社会秩序、对社会的健康与公众的生命、财产安全以及正常生活造成重大损害的紧急事件或紧急状态，制定并选择行动方案的过程。公共安全危机应急决策的主体不仅仅是政府，而是以政府为核心，包括非政府组织、媒体与公众在内的决策群。政府及其领导干部作为决策的中枢系统，是危机应急决策的核心和灵魂。政府危机决策能力是政府在面临危机时能够迅速地收集信息、研究对策并果敢地作出重要决策的能力，它取决于其对于危机的认识能力、信息收集能力、对策研究能力以及果敢决断能力等要素。由于公共安全危机的影响是综合性的，所以公共安全危机对决策者构成了一种巨大的考验，对决策者的应变能力、心理承受能力、决断能力、沟通能力、学习能力等都提出了较高的要求。领导者面对公共安全危机的决策能力是衡量一个领导者行政能力高低的重要标志，公共安全危机应急决策也成为衡量政府快速反应能力的核心指标。

2. 公共安全危机应急决策的特征

(1) 高时效性。公共安全危机的突发性、严重性、高时效性、信息有限以及技术支持稀缺等使决策者不可能有充分的时间和条件按照常规程序进行决策，必然要求决策者在不损害决策合理性的前提下适当简化决策程序。决策者难以对公共安全危机发展状态进行精确估量，需要在非常有限的时间内作出决策和反应，应急决策的首要目标是控制事态的蔓延，把公共安全危机控制在一定的范围内，最大可能地保护民众的生命和财产安全。对于决策者来说，必须具备快速判断、快速反应、快速决策、快速行动及快速修正等能力，必须避免优柔寡断、犹豫不决、过度分析的倾向，迅速作出决策，及时控制和解决危机，否则就可能失去宝贵的解决危机的机会和造成更大的生命和财产损失。

(2) 高风险性。公共安全危机应急决策的时间紧迫，反应时间有限，迫使决策者必须迅速决断。而在公共安全危机事件中存在信息不完全、信息不及时、信息不准确及传递滞后或扭曲失真等问题。同时，决策者为控制危机必须快速运用大量的应急资源。这些都对公共安全危机应急决策工作提出了很大的挑战，决定了公共安全危机决策必然是一种高风险的组织行为。

(3) 非常规性。由于公共安全危机状态的严重性亟需采取及时有效的具体措施进行控制，所以公共安全危机决策属于典型的非程序性决策，不可能按照常规性的程序进行，很多在平时必须遵守的“繁文缛节”都应该省略和尽可能简化。

(4) 非预期性。由于公共安全危机事态及其发展具有不确定性，加上决策者难以在短时间内掌握充分和准确的信息，使得决策者个人往往要依靠自己的经验、洞察力和对现实态势的体察甚至直觉来进行决策。有时决策者的判断对决策方案的选择可能起到决定性的作用。整个决策过程易受决策者个人情感因素的影响，其结果也很难预料。这种情况下的决策是一种模糊决策和非预期决策。

(5) 创新性。公共安全危机状态的危害性、信息的不对称和决策的高风险性使决策者不可能有充分的时间进行深思熟虑的推断，其决策的理性分析受到极大限制。这时创新和冒险精神对决策者就显得非常重要。危急情况下决策者的人格常常会通过组织与非组织渠道转化为组织人格，影响甚至决定着组织行为的特征与后果，所以，提高决策者的人格素质是成功决策的关键。

3. 公共安全危机应急决策的原则

公共安全危机应急决策应遵循的原则可以分为两类：基本原则和特殊原则。基本原则是指任何决策都应普遍遵循的原则；特殊原则是指因具体决策的特点和要求不同而应遵循的具有个性、非普遍性的原则。作为一种行政决策，公共安全危机应急决策应遵循的基本原则有以下几点。

(1) 以人为本原则。公共安全危机应急决策应坚持生命第一，把人民群众的生命安全放在第一位，在应急管理中要大限度地减少人员伤亡。

(2) 切实可行原则。由于公共安全危机应急决策是化解公共安全危机的关键步骤，因而其方案必须在危机状态下能迅速解决问题、化解矛盾、切实可行。不具有可行性的公共安全危机应急决策只会恶化危机，是决策失当的突出表现。

(3) 动态可调原则。在公共安全危机情况下，可变因素很多，危机应急决策面对的是一个充满复杂性的不确定状态，而且公共安全危机状态是不断变化的。所以，公共安全危机应急决策也是一个随着危机状态不断变化的动态过程，应该根据信息的变化及时调整公共安全危机应急决策，不断适应公共安全危机状态的演变，保持可调节的弹性和随机适应性。

公共安全危机管理决策应遵循的特殊原则有以下几点。

(1) 快速有效原则。公共安全危机应急决策是一种临场决策，面对公共安全危机状态，决策者只有做到快速发现、快速报告、快速到位、快速介入，才能抓住先机，控制危机局势。

(2) 经济合理原则。从公共安全危机管理成本角度考虑，公共安全危机应急决策及其措施所费不能大于公共安全危机所造成的损失，否则就会造成反应过度的情况。所以，应当避免在公共安全危机发生时全社会“不惜一切代价”来应对的局面。

(3) 依法决策原则。公共安全危机应急决策是政府在高度压力下的政策制定过程，对缺乏公共安全危机应对经验的决策者来说，容易出现草率“拍板”而导致决策失误。所以，即使在公共安全危机的状态下，仍然要坚持依法决策和科学决策，尽可能避免决策失误。

(4) 责任追究原则。公共安全危机应急决策可能存在敷衍、推诿、扯皮和拖延现象。应完善相关法律法规，建立和完善责任追究制度，按照“谁主管谁负责”、“谁管辖谁处理”的原则，从制度上防止和杜绝决策的随意性，提高决策水平。

4. 公共安全危机应急决策的内容

(1) 危机事前决策。危机事前决策应该多方参与，在时间允许、信息充分的情况下，通过集体决策、评估已作出的最优决策，这种决策包括以下几个内容。①确认决策面临的问题。因为预期情境与实践情况之间总有差距，决策者在决策之初都会遇到一些问题，所以他们必须清醒地认识到所发生的问题是什么。②确认决策标准。对决策的主张及约束的明确分析，能够清楚地知道决策的内容及标准。所以决策者不仅要选取各种可能的标准，还要对其相应的结果进行评估。③决定评估标准、方式、权重。为保持系统性和连贯性，每一标准的权重和含义应通用于计划决策方案及其备选方案之中。④制定和评估备选方案。完成某一任务有许多方法，因此决策者可以通过集思广益的头脑风暴法以及正式、非正式的专业咨询，形成所有可能的备选方案，以寻求更多的选择方法，努力使“预料之外”变为“意料之中”；一旦大多数完整的替代方案形成，决策者就需要评估他们各自对解决问题的贡献。⑤选择和执行备选方案。累计决策模式产生的最高分数便是最好的选择，因此这一步决策者的工作就是从替代方案的选择中挑选出最优备选方案，同时检验并评估决策制定程序以及决策的影响。⑥评估决策程序以及决策结果的影响。决策者需要重温产生决策结果的过程和决策的影响，以提高决策水平。

(2) 危机事中决策。在真实的决策环境中，纷繁复杂的方案、层出不穷的问题和头绪杂乱的决策往往交织在一起。在理性有限的前提下，决策者更倾向于构建简单而不是复杂模式，会制定“满意的”或是“次优”的决策。

(3) 快速决策分析。针对那些需要在很短的时间内，凭借优先信息和有限资源作出决策的境况，需要采取快速、初步的决策分析方法，其内容一般包括：①认定及细化问题。②建立评估标准。③确认备选政策。④评估备选政策。⑤展示和区分备选政策。⑥监督和评估政策实施。

(4) 危机专家紧急咨询决策。危机情境下某些特殊的环境组合会使决策团体的内在群体压力升高，以致出现“群体盲思”，严重影响公共安全危机决策的质量。这时，公共安全危机决策者必须充分利用各种类型的“外脑”，充分发挥智囊机构的作用。现代公共安全危机决策的智囊机构必须在平时就做好各项研究工作，模拟危机情境，理清对策思路。政府及其他决策组织必须在危机事发前做好专家库和智囊团的建设，做好“思想库”的储备工作，使危机爆发时能有的放矢，忙而不乱。

## 二、政府公共安全危机管理系统

公共安全危机决策中枢系统、信息系统、咨询系统和制度系统相互交融，共同构成了政府公共安全危机管理的完整体系，其中中枢系统是核心，信息系统和咨询系统是辅助，制度系统是保证。

1. 中枢系统

按照一个国家或地区的有关法律，在出现危机的状态下，拥有作出最终决定权力并承担相应责任的决策者和决策机构，是公共决策系统运转的核心部门，也是一切公共安全危机决策活动的中心。决策者是公共安全危机决策系统的核心，在公共安全危机决策中处于决定和支配地位，决策者的思想、意图和素质决定了决策的效率。公共安全危机决策机构分为常设机构和非常设的临时机构。常设机构是公共安全危机决策中枢所倚重的基本机构，是应对公共安全危机的专门机构；非常设的临时机构，是在现行法定体制之外的临时性机构，通常在常设机构难以有效应对即将或已经发生的重大危机时临时设立，与常设机构相比，其规模相对较小、层次高、反应快、保密性高。常设机构和非常设的临时机构都是决策中枢运转的基本机构，其主要职责是预测危机，为决策中枢提供决策所需信息和专业咨询，执行决策方案并在执行中向决策中枢反馈执行信息。

2. 信息系统

(1) 信息收集与处理。信息的收集是公共安全危机决策的第一步。公共安全危机决策者应当着重收集以下信息：一是反映危机事件的性质和状况的信息；二是反映危机事件的后果和影响的信息；三是危机事件涉及的公众对象的相关信息。公共安全危机信息事关人们的生命财产甚至国家安全，因此，收集信息不仅要及时，更要真实。信息的获得与传递应当严格遵守以下原则："报忧不报喜"原则，"宁快毋慢"原则，"允许越级"原则，"核实"原则。在当今信息社会，缺乏的不是信息，而是信息处理能力。过量的、相互矛盾的、未经去粗取精的信息经常会起到负面作用。因此，公共安全危机信息处理与分析中心的设立必不可少。只有经过处理的信息，才能传递给公共安全危机管理最高指挥机构。

(2) 信息传播。当危机发生时，在情况不明朗、信息不完整的情形下，极易导致人们主观猜测与种种传闻。及时发布信息首先可以保障公民的知情权，以免造成恐慌；其次有利于树立权威的信息源形象和设立权威的信息传播途径，减少流言和谣言传播及其负面影响，避免出现不利的舆论导向。信息发布的组织保障一般是建立媒体中心，设立发言人，向公众公开权威准确的信息，以安定社会、稳定人心。

3. 咨询系统

公共安全危机决策咨询系统又称智囊团、脑库、思想库、思想工厂或公共安全危机决策智囊系统，其主体是专家学者、社会组织或特设的机构。公共安全危机决策咨询系统是独立于决策中枢系统，并为决策中枢系统服务的辅助工作机构，是广泛开发智力，集思广益，协助决策中枢系统进行决策的组织形式，处于相对独立的地位。按照咨询机构与决策中枢系统的关系划分，公共安全危机决策咨询系统可以分为内部咨询和外部咨询。内部咨询又叫官方机构，是指通过立法或者惯例存在于政府体系内部或政府下属的，为政府决策服务的机构；外部咨询机构是指“具有法人资格、接受任何委托者的咨询”的机构。咨询系统的作用主要表现为：在公共安全危机发生前，通过对社会环境和自然环境进行综合分析和研究，发挥危机预警作用；公共安全危机发生后，根据广泛的调查研究和各种信息情报，经过分析研究，进行科学预测，为科学决策提供依据，使危机决策和管理建立在科学基础之上。公共安全危机决策咨询系统在成员构成上既要考虑专业需要，又要打破部门界限；既要考虑德高望重的老专家，也要考虑一些作出卓越贡献的中青年人才；还要吸收有关部门和地方的代表，以及有关各类不同意见的代表，使智囊团成员具有广泛的代表性。

4. 制度系统

公共安全危机突发性强、影响面广，处理不及时或不妥善会造成极大的社会危害，因此，处理公共安全危机事件必须具有高度的权威性。实践证明，这样的权威只能来自法制。公共安全危机决策制度系统是用来保障公共安全危机决策机制平稳高效运行的法律、政策、原则、规定、程序等要素的总和，是公共安全危机决策机制运行的基本依据。缺乏公共安全危机决策制度系统或制度系统不完备，公共安全危机决策机制就会缺乏动力、活力与强制力，就会发生系统混乱和偏转。公共安全危机决策制度系统主要包括以下几个方面。

(1) 公共安全危机决策运行制度。公共安全危机决策运行制度是保障决策正确制定的法律、法规的总称，是公共安全危机决策的基础。面对各种危机的挑战，西方发达国家十分重视紧急状态的立法，早在20世纪初就相继建立了紧急状态法律制度，通过立法的方式来规范危机事件的处理。美国国会甚至早在1803年就通过了第一个与危机事件处理有关的法律——《火灾法案》。我国从1954年首次规定戒严制度以后，陆续颁布了一系列与公共安全危机管理有关的法律法规，各地方也颁布了适用于本地区的地方法规，从而初步建立了一个从中央到地方的公共安全危机管理法律规范体系。2007年颁布实施的《中华人民共和国突发事件应对法》进一步完善了公共安全危机管理法律规范体系。

(2) 公共安全危机决策绩效管理制度。危机决策同样也需要进行“成本—收益”的分析考量，在危机处理中，不仅要以经济指标来衡量其绩效，更要考虑一些社会指标(如公众对危机决策的满意度等)进行综合评估。因此，建立科学的危机决策绩效管理制度，使政府明晰权责，协调合作，以作出“满意的”危机决策。与此同时，还需要建立适当的奖惩制度，以激励能够避免危机、解决危机的地方政府，惩罚引起危机或对危机处理不当的部门或个人。

(3) 公共安全危机决策监督制度。任何没有监督的决策都伴随着危险和风险，世界各国都十分重视决策监督制度的建立和健全。适时、适当的决策过程监控对于保持政府与社会公众之间关于危机的良性沟通，保证危机事件中政府采取的行动既合法又符合人民利益，控制危机事件向着政策目标方向发展等都起着至关重要的作用。强化公共安全危机决策的监督制度，应该以法律制度的形式为公共安全危机决策监督扫清路障。通过制度化的监督，为决策者提供发现并解决问题的能力，从而提高政府危机决策的水平。

(4) 公共安全危机决策问责制。我国已于2009年颁布《关于实行党政领导干部问责的暂行规定》，行政问责已贯穿于行政管理过程的始终。公共安全危机决策问责主要从道德责任、政治责任、法律责任三个方面追究公共安全危机决策者的责任。所谓公共安全危机决策者的道德责任，是指决策者在一定的行政道德信念、行政良心支配下，出于实现公共安全危机管理价值目标的需要，依法行使国家公共行政权力从事公共安全危机管理所应承担的道德责任，以及在道义上对自己行为的过失及不良后果所应当担负的责任。其主要内容有保障公民生命财产安全、保障国家安全、增进公民幸福指数、维持经济社会秩序。所谓公共安全危机决策者的法律责任，是指决策者在公共安全危机决策中由于违法或决策不当而应承担的不利法律后果。根据现行法律、法规的规定，公共安全危机决策者的法律责任可以分为纪律性责任、执法性责任和刑事法律责任。所谓公共安全危机决策者的政治责任，是指决策者在公共安全危机决策中因违法、违规、违章、违纪行为直接导致人民生命财产或国家利益、公共利益损失而应该承担的资任。责任追究形式包括记过、记大过、降职、撤职、开除等行政处分和有期徒刑、无期期徒刑、死刑等刑罚处罚。

## 第四节　公共安全危机的社会管理

在公共安全危机管理领域，政府并不是万能的，政府在资源、人员结构、组织体系等方面存在局限性。因此，积极吸纳非政府组织及社区公民的加入，能快速有效地共同应对危机，弥补政府行为的不足。

### 一、在公共安全危机管理中非政府组织的角色

*1. 危机隐患的发现者和预防者*

对于公共安全危机，最好是将其扼杀在萌芽状态，在危机爆发之前及时消除产生危机的根源，可以节省大量的社会资源，避免社会资源的破坏，所以公共安全危机的预防以及危机升级的防控极为重要。从危机预警的角度看，非政府组织及社区公民对于特定突发公共事件的发生有着更加敏锐、前瞻的洞察力，可以运用技术优势为社会提供公共安全危机的风险预测，向政府提出政策建议和应对措施。非政府组织及社区公民搜集和反映的信息对于危机的预警具有十分重要的参考价值。

*2. 应急保障资源的补充者*

抵御危机侵害的过程就是一个大规模消耗资源的过程，能否拥有充足的资源是决定

危机应对效力的关键因素。应急资源的筹措是多元的：一是政府财政拨款；二是灾害商业性保险；三是社会援助和自我积累，包括民间捐赠。在危机管理中，非政府组织及社区公民常常扮演了组织筹集民间善款善物的角色。

3. *危机处理的专业服务者*

多数非政府组织在成立之初就有其明确的宗旨和目标，并根据自己的目标设定标准来吸纳组织成员，如：中国红十字会致力于医疗救援，自然之友致力于环境保护等。非政府组织的专业性使它们在应对公共安全危机时可以提供更科学有效的公共服务，这些专业性的服务包括受伤人员的医疗救护、受灾群众的安全转移与安置、伤亡人员及其家属的心理救援、学校重建、孤儿抚养、个案关怀、家庭回归、社区建设、志愿者和社会工作开展等。

4. *危机信息的传递者*

一方面，非政府组织及社区公民可以利用自身的优势，把应对危机的重要措施和防治知识传送到公众，稳定民心，正确引导公众在危机事态中保持理性，帮助公众消除恐慌心理，避免流言的产生和传播，提高公众应对公共安全危机的能力。另一方面，非政府组织及社区公民由于其植根于社会基层，从而能将方方面面的需求信息反馈给政府，帮助政府及时、准确了解民情民意、掌握有关危机管理方面的信息，发现危机管理过程中遗漏的问题，预防危机的扩大化，有效地防治公共安全危机。

## 二、非政府组织参与公共安全危机管理的途径

公共安全危机的发展过程包括潜伏期、发展期、爆发期以及恢复期等，非政府组织在危机的不同阶段以不同的方式参与，有效地发挥着相应的作用。

1. *危机潜伏期*

在这一时期，非政府组织参与危机管理的主要途径具体表现在：①增强危机意识、危机协防能力和危机应对能力。通过学校、报刊、杂志、网络、影视等媒体，广泛宣传防灾减灾、应对危机的知识和技能，让民众了解相关应急预案，定期开展各种演练，协助政府建立危机管理预防体系，开展危机管理素质教育，培训各类专业人员，增强社会应对能力。不断提高全社会危机意识和应急防范能力。②非政府组织制定自身的应急管理预案，成立相应的应急行动组织，以便在紧急状态下迅速投入战斗。③向政府及社会提供预警。非政府组织的专业性、群众性有助于在潜伏阶段大量地收集信息，提供预警，防患于未然，呼吁并引起整个社会的注意和重视，这是政府作为宏观治理机构所不具有的优势。

2. *危机发展期及爆发期*

危机发生后，非政府组织参与危机管理一般通过以下途径：①自救。经验表明，一场大型灾难发生后，社区居民的互相帮助是满足救生瞬时需要的最重要途径之一。非政

府组织可在第一时间根据预案进行应对，实施救助。②提供资源支持或接受社会捐赠。非政府组织也可作为中央与地方各级政府之间的中介，并充分发挥其专业对口的优势，寻求国际支持，积极吸收更多的国际资源用于国内危机管理。③组织志愿人员，开展志愿服务活动，关心和帮助因危机产生的、需要救助的受灾群体。④协助支持政府应对危机。它可以发挥其专业性和深入基层的优势，执行政府危机管理相关政策，协助并监督各级政府贯彻执行有关危机管理的法律法规、方针政策。

#### 3. 危机恢复期

危机结束后，非政府组织主要作用表现：①进行危机善后处理，辅助政府部门进行危机后的恢复重建工作，包括及时提供民众生活的日常和急需物品，保障公众的日常生活，强化相关的社会福利政策的执行力度等，从而协助政府重新恢复和建立各种秩序。②充分收集和整合各种信息，全面分析危机产生的原因，掌握危机的一定规律性，以采取有效的预防措施，避免类似危机的再次发生并向政府提供相关对策建议等。③参与政府危机管理的评估工作。非政府组织的性质使其在评估中更具有客观性、公正性。评估的内容包括评估危机影响，协助政府确认哪些人的利益受到损害，受损程度如何，以确定危机后重建的优先次序；评估政府已用的和现有的各种资源、政府在危机管理中的资源运用绩效；评估政府在危机管理中采取的措施及经验教训，为政府回归常态管理提供建议。还包括评估非政府组织自身在协助政府应对危机管理中的举措、经验和教训，不断加强自身能力建设，提高危机管理的应变能力和专业水平。

### 三、我国非政府组织参与公共安全危机管理的现实困境

尽管非政府组织参与公共安全危机治理具有独特的优势、重要的价值和现实意义，但是由于受多种因素的制约和影响，目前在我国还存在一定的现实困境，直接制约着其治理功能的发挥和社会价值的体现。

#### 1. 组织基础薄弱

目前，我国公民参与公共安全危机治理的组织基础依然薄弱，非政府组织如各类志愿者组织、慈善组织、社会团体、各类行业协会等在数量和能力水平上与国际水平相比差距还很大。我国一些非政府组织还存在官办性质，行政色彩浓重，缺乏社会团体的灵活性与创新性，非政府组织不仅沿袭了政府管理的工作作风，有些变相地成为政府职能部门的附属品或创收实体，甚至为滋生腐败提供了土壤，成为腐败“寻租”的场地，完全与非政府组织的独立性、自治性特点相违背。加之非政府组织参与公共安全危机治理尚未纳入法律和制度化的轨道，因此非政府组织有序参与公共安全危机治理过程中必不可少的步骤和必要的组成部分难以得到保障。

#### 2. 法律地位不明

目前关于非政府组织参与社会治理的合法地位问题依然悬而未决。虽然国家提出“鼓励公民的有序政治参与”，但公民有序参与和公民有组织地参与并不等同。公民有

序参与是指公民按照一定的程度和渠道参与还是公民通过组织化的形式参与仍是比较模糊的问题。同时，由于受传统体制“官本位”意识的影响，当公共安全危机发生时，各级政府首先考虑到的是自己如何有效应对危机，主观上会忽视公民及非政府组织的参与。

3. 法律体系不规范

目前，我国已出台了《突发事件应对法》，这是我国非常态法律秩序的一部基本法，对危机应对与管理作出了详细的规定。但是，对各类非政府组织在公共安全危机治理中的地位和作用没有给予足够的重视，没有对各类非政府组织参与公共安全危机治理的权利与义务作出明确的安排。有关支持和肯定非政府组织参与公共安全危机治理方面的责权尚不明确，法律角度上的权力认可、权利救济、纠纷平息等大量的工作以及参与的职责、途径方面的规定尚待逐步推进。虽然在更多的公共安全危机治理中非政府组织已经成为一支重要的力量，但总体来说，各类非政府组织在行动上各自为政，力量没有得到很好的整合，造成公共安全危机治理中出现许多空白地带，甚至导致混乱。因此，急需完善危机立法，明确非政府组织参与公共安全危机治理主体的地位，有效促进公共安全危机治理的多元主体依法、有序参与。

## 四、我国非政府组织参与公共安全危机管理的对策

1. 建立和完善公共安全危机管理的法律体系和责任机制

如果将危机状态分为两种类型，那么一种是一般危机状态，另一种则是战争状态。当一般危机状态出现时，可依据《危机管理法》的规定，采取相应的紧急措施，并通过《危机管理法》规范公共安全危机处理的程序和办法，运用法律体系明晰双方在公共安全危机治理领域的权利、责任与义务，确立各自的治理边限。国家应以立法的形式确保危机状态下权责各方的正常运行，明确各治理主体在危机中的权力与职责，及时化解不同主体之间的矛盾，为非政府组织介入公共安全危机治理提供法律上的保障。与此同时，也要依法对非政府组织进行规范、监督和管理，加紧制定与完善《社会团体管理法》、《结社法》、《行业协会法》、《基金会法》、《民办事业单位管理法》等一系列法规，进一步整合《戒严法》、《防震减灾法》、《消防法》和《防洪法》等相关法律、法规，将公共安全危机管理法制化、制度化和常态化。

2. 赋予各类非政府组织参与公共安全危机治理的权力

权力与责任是相互对等的，各类非政府组织作为参与公共安全危机治理的主体必须得到依法授权，以保证它们能够顺利地使用自身资源和其他社会公共资源有效参与公共安全危机治理。而这种授权是有效应对危机的基础和前提。如何赋予各类非政府组织参与公共安全危机治理的权力，并辅以相应的责任，建立科学的监督和制约机制，形成危机状态下长效的权责调适机制，是有效应对危机的必要前提。在危机治理过程中，政府与非政府组织既是监督的主体，同时也是被监督的对象。

3. 建立健全政府与非政府组织合作的协调机制

建立健全政府与非政府组织合作管理的协调机制，保证政府及各类非政府组织密切配合、运转协调、优势互补、功能聚合是公共安全危机管理取得成功的关键所在。与西方发达国家相比，我国非政府组织尚处于发展的初级阶段，自我发展能力还显得很脆弱，在公共安全危机管理中，必将要求政府加大对非政府组织的支持力度，制定并兑现对非政府组织的各项扶持政策，在财务制度、税收减免、票据管理、社会保险等方面给非政府组织提供优惠和便利，增强非政府组织自我发展能力。[①]

4. 拓展非政府组织参与公共安全危机治理的领域

当危机事件发生时，非政府组织可以充当有效的社会控制中介，在国家与社会之间、国家与公民之间起到一种缓冲的作用，具体来说，非政府组织参与公共安全危机治理的主要领域有两个。一是参与救助。当公共安全危机事件发生时可以配合当地的群众、政府机构对受灾区进行救助工作，在救助过程中，非政府组织可以将其与社会公众长期建立的信任与友好关系的优势充分发挥出来，能将公共服务职能更好地深入社会，产生与行政体系相对接的良好的社会机制。二是提供援助。在公共安全危机事件发生后，各类非政府组织，如行业协会、基金会、企业组织等提供及时援助，既解燃眉之急，又凝聚人心。

# 第五节　公共安全危机管理沟通

## 一、公共安全危机沟通的涵义与特点

1. 公共安全危机沟通的涵义

所谓沟通，是指在社会系统中一定的主体基于特定的情境，为了达到相互理解、彼此合作、协调统一的目标，通过一定的媒介而进行的信息、思想、情感以及价值观念的传递、交流、理解、反馈的活动。发生危机时，危机内外部的受众最需要获取各种信息。需要构想、创建和传播信息给这些内外部受众，同时对他们的回答作出反馈。所以，危机沟通存在于个人、企业以及公共组织之中，我们重点探讨公共组织尤其是政府在公共安全危机管理中所进行的危机沟通。所谓公共沟通是指以政府为主体的公共部门，通过一定的媒介，向公众传播某些思想、与公众进行信息沟通以及影响工作的过程。其内涵主要有两点：其一，拥有公共安全危机管理资源的危机管理主体获得公共安全危机相关信息，进行信息处理，以特定的符号形式(如发布决议、命令、指示等)发送信息。其二，沟通的受众接受相关信息并向信息的发送者反馈信息，以帮助形成新的决策。

2. 公共安全危机沟通的特点

在公共安全危机管理过程中，由于危机所具有的突发性、紧急性、高度的不确定

---

① 张勤，钱洁. 促进公共组织参与公共危机治理的路径探析[J]. 中国行政管理，2010，(6)：88-92.

性、复杂性等特点，使公共沟通具有以下特点。

(1) 目的的明确性。在危机管理过程中，公共沟通的目的在于通过传达思想、信息、价值取向，使处于危机中的部门和个人团结一致，从而维护公共利益，保护人民的生命财产安全。所以，公共沟通具有非常明确直接的目的，即预防危机、控制危机、化解危机、修复危机。

(2) 性质的公共性。这种公共性主要体现在沟通的主体、手段及内容上。从主体上看，公共安全危机沟通的主体是政府、公共事业部门、非政府组织等公共组织，这些公共组织在本质上是为公共利益服务的。从手段上看，公共沟通所依据的公共权力、法律法规等都具有公共性。公共沟通的基本内容也具有公共性。

(3) 方式的直接性。为了有效地控制、化解危机，必须及时准确地获得相关的信息，迅速作出决断。这样就要求危机管理者亲临危机现场，与危机的相关各方和人员进行面对面的直接沟通，才能获得全方位的真实可靠的信息。

(4) 过程的互动性。由于危机具有破坏性大、影响广泛以及高度敏感性等特点，危机一旦发生会备受社会各界关注。因此，在公共沟通过程中，沟通主体和受体之间存在着强烈的互动性，沟通主体所传递的信息、思想、情感和价值取向等都会直接迅速地对沟通的受体产生明显的影响，并且这种影响的后果会立即表现出来。与此同时，沟通受体的反应、情绪、要求、建议等也会对沟通主体产生直接的作用。

(5) 手段的非常规性。危机往往出乎人们的意料突然爆发，使人们无法用原有的知识和经验进行判断，并且危机常常是一种前所未有的新出现的特殊情境，使原有的方法手段对危机的解决失去有效性，一些程序化的方式方法也不可能在非常有限的时间内发生效果。为了迅速控制、化解危机，稳定人心，就必须采用非常规性的措施和手段，采取具有独创性或强制性的措施。

(6) 情境的不确定性。危机中的公共沟通是在不确定性和复杂性的环境中进行的。危机发生时，信息和资源稀缺，多元且复杂的事物间关系会对内部及外部产生不可预知的影响，从而难以把握事态发展的方向和趋势。因而，公共安全危机是组织命运“转机与恶化的分水岭”，同样也是危机管理者个人命运的转折点。

## 二、公共安全危机沟通的运作

在危机管理的沟通机制中，各种沟通渠道因主体的差异和特征，以及在沟通机制中所承担的主要职能不同，可分为以下几大系统：信息管理系统、决策系统、执行系统、信息发布系统。这四个系统，分别以信息处理、政策制定、政策执行和信息发布为主要沟通职能，它们之间协调配合，围绕实现危机中的有效沟通这一目标而运行。由于社会发展程度、经济发展水平等客观条件的区域性差异，沟通机制在危害程度不同的危机中，及在危机的不同阶段中所选取的具体渠道会有所不同，危机管理沟通系统也需要随着经济社会的发展和公共安全危机管理机制的变化而不断调整和创新。危机管理沟通机制的运行原理如图12-1所示。

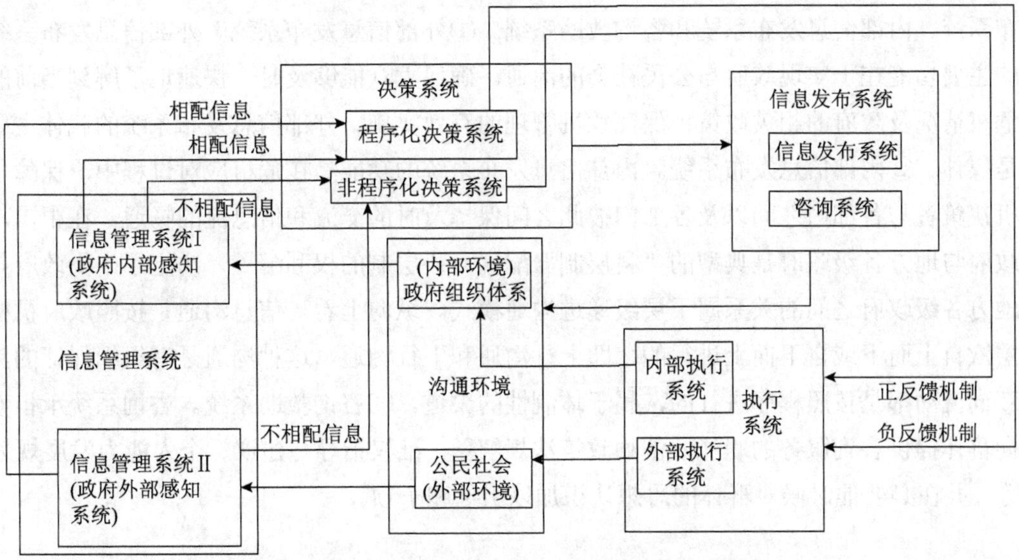


图12-1　公共安全危机沟通机制运行原理

(1) 沟通环境。公共安全危机中的沟通环境分为内部环境和外部环境。内部环境指的是政府组织体系，包括政府的纵向和横向的机构设置和权力配置等。外部环境指与政府组织相并立的公民社会，公民社会包含各类非政府组织。

(2) 信息管理系统。主要负责上情下达、下情上达及信息的横向流动。通过该系统，危机信息得以真实表达、问题得以及时反映，社会政策信息也能及时传递出去。从接收信息的来源上看可此系统划分为两个：信息管理系统Ⅰ和信息管理系统Ⅱ。信息管理系统Ⅰ是内部信息管理系统，指政府接收、搜集与处理内部信息的组织系统。其代表性部门是最先接收信息的政府办公机构，以及主动考察信息的编制机构和人事部门。信息管理系统Ⅱ是外部信息处理系统，指消极感知与主动搜集并处理公民社会中相关信息的政府组织。其代表性部门是各级信访部门和政策研究机构。在沟通机制中，该系统还要承担过滤的职能，即对那些没有价值的信息进行舍弃。

(3) 决策系统。被信息管理系统接收整合的信息分作两股流向政府组织的决策系统。其中，与政府既有规范相匹配的信息流向决策系统Ⅰ，即程序化决策系统；而在现有程序化决策系统中找不到处理依据的非常规信息则流向决策系统Ⅱ，即非程序化决策系统。程序化决策系统的功能是对那些有法律依据的事务进行规范化管理，非程序化决策系统则是对尚无章可循的“例外事务”进行决策。

(4) 执行系统。经过决策系统处理之后，相配信息流通过负反馈机制、不相配信息流通过正反馈机制传递到政府组织的执行系统。其中，负反馈是指反馈信息与控制信息的作用方向相反，因而可以纠正控制信息的效应。正反馈是指反馈信息不是制约控制部分的活动，而是促进与加强控制部分的活动。

(5) 信息发布系统。该子系统的功能是进行危机信息的传递。信息的传递包括政府内部上下级之间部门与部门之间的信息传递、向民众传达适当的信息、在不损害国家安全利益的前提下向国际社会通报突发事件的信息。信息发布系统主要包括：外部信息发布系统、内部信息发布系统和咨询救助系统。①外部信息发布系统。外部信息发布系统的主要功能在于实现政府与公民社会的沟通，确保大众能够及时、快速地了解到当前的危机情况及政府的相关政策，保证危机管理的有效实施。外部信息发布系统的载体主要是媒体。②内部信息发布系统。内部信息发布系统的功能是在危机应对过程中，保障危机决策者与各部门之间以及各部门彼此之间保持及时的交流和信息流的畅通。在中国，政府与地方各级政府是典型的“科层制”配置。科层制的权利配置，决定了中央政府与地方各级政府之间的关系属于层级递进沟通模式。纵向上看，信息沟通是按照政府机构层次自上而下或自下而上进行的，即上行沟通和下行沟通。这种沟通是有组织保证的，双向流动都是按照程序进行的，属于体制性的渠道。③咨询救助系统。咨询系统承担着向群体提供咨询服务的职能，例如政策法规解释、维权指导与建议、个人能力发展规划等，并在必要的时候对群体的思想认识加以引导和干预。

## 三、公共安全危机沟通中的媒体作用

媒体是政府与公众交流、沟通的桥梁。媒体的积极介入是公共安全危机管理的关键。媒体主要包括报纸、电视、广播、杂志、互联网、通讯社等。在当今社会，信息传媒的结构和功能正日益发生巨大变化，呈现出覆盖率高、传播信息量大、影响面广、冲击力强等特点。在公共安全危机管理中，媒体及时、客观、真实、全面地报道事件，发挥其与政府、民众等的沟通优势，能够充分满足公众的新闻知情权。就政府与媒体之间的关系而言，世界上各个国家大众传播媒介通常情况下都是作为公共部门存在，信息沟通权力也是公共权力的一部分。西方国家的媒体作为政府危机管理主体的一个组成部分，扮演着政府危机信息代言人的重要角色，被誉为“政府危机管理形象的塑造者”。例如，德国政府重视在公共突发事件中与媒体的互动，要求政府公务员自觉遵守“回答记者和传媒提出的每一项问题”的法则，形成了为记者服务、为传媒服务、为公众服务的传统。媒体所具有的强烈的社会公共色彩，使得它承担着舆论导向和稳定社会的职责，成为社会心理状态的指示器。然而，在危机中，媒体并不是都能对政府的管理起积极作用，相反，有时它甚至会对危机产生推波助澜的负面影响，例如当媒体报道过分渲染事态的负面影响，就会造成人心惶惶等负面效应。因此，在危机事件的处理和应对中，政府应积极与媒体做深入的沟通、协调和合作，使媒体在政府的正确引导下对危机事件进行介入。具体而言应做到以下几点。

### 1. 加强政府与媒体的合作

政府要转变思维定势，给新闻媒体充分发挥作用的空间。要把过去报喜不报忧、将媒体排斥于危机管理之外的不明智之举彻底改变过来。政府要做媒体的盟友和合作者，利用新闻媒体宣传、阐释组织的危机管理政策，掌握新闻媒体的舆论导向，同时，要正确处理与敌对媒体的关系，防止谣言的误导，保持权威和主流的声音。

2. 强化新闻媒体的权利和责任意识

在危机发生时，新闻媒体必须拒绝商业化运作，将人民的利益作为其工作的出发点和归宿，充分行使自己的职责，把真实客观的消息及时传达给民众，消除他们的疑虑和恐惧，增强他们战胜危机的信心，从而使整个社会在危机面前形成合力。

3. 规范新闻媒体的行为

新闻自由作为一种政治权利，是公民的一项最基本的权利自由，是公民行使其他权利自由的重要前提和保障。危机的应对需要新闻自由，必须通过立法予以保障。确保能够依法保障新闻媒体工作者的权益，使其对社会热点问题、危机问题、民众关注的社会问题进行广泛的报道和深度的分析，完善社会信息的传播机制和民意的直接表达机制，沟通民众和政府之间的各种信息。同时，新闻立法还有限制滥用新闻自由的功能。要通过法律对新闻媒体的自由和责任进行界定，对新闻报道中违法违规行为依法追究责任，从而使新闻媒体的干预能够发挥更大的作用。

4. 创造媒体公正介入的秩序

现实中我们会看到新闻自由的缺乏和言论自由的不足。政府有关部门之所以没有把真实情况告诉公众是怕引起社会恐慌，有害社会稳定。这是值得研究的现象。政府应该推进新闻自由，在处理危机事件中更应该公开透明，创造一种让媒体公正介入危机事件的秩序，让公众了解事实的真相。如果媒体的报道失实，可以通过法律和行政方式加以纠正，内容要尽可能地公开，尊重公民的知情权，从而使谣言无机可乘，使整个社会形成合力，共度危机。

5. 建立危机事务发言人制度

危机形势的发展进程是动态的和变化的，管理主体不可能掌握和控制所有的事态发展信息。因此，应建立危机事务发言人制度，设置新闻发言人，不断向社会公众和新闻媒体说明危机发展的状况，唤起社会对危机管理行为的支持。同时，由于危机管理中的媒体政策涉及很强的信息传递功能，为确保信息的连续性和准确性，在向公众媒体沟通信息时，应及时向本组织内部和有关各方及时报道信息，以便对外界社会和媒体保持危机信息的一致和连续。

6. 规范互联网的信息发布和传播

建立有效的沟通机制要求政府要建立多元化信息系统。因为只有多元的信息系统，才能使原始资料以更真实和完整的形式，不断地呈现给社会的不同层面。如果是一个单渠道的信息系统，只要原始信息被人加工过以后，所有上层或其他部门和地区的人们，接触的便只能是那一个被扭曲的信息。错误的信息只能导致错误的决策，这正是应付突发事态的机制中最可怕的问题。在这方面，政府除了要注重电视、报纸、杂志等传统媒体之外，还要借助和规范网络媒体的作用。由于互联网传播速度很快，虚假消息会在第一时间出现，而且信息在网上的传播呈指数增长，其所带来的危害不可低估。虽然一些网站采取了控制谣言扩散的措施，但当人们所亟需的消息无法证伪时，网络传播具有对抗控制的巨大反制力，网络流言便会像雪崩一样愈演愈烈。网络谣言仅仅依靠网络自身是难以消除的，“对网络谣言的最好控制，就是尽可能早地在事件前期，在理应具有强大公信力的传统媒体上，始终力求信息的及时化、真实化和公开化。如此，任何不实的地下流言才可能会失去滋生的土壤和传播的市场。”

# 第六节　自然灾害救助

## 一、自然灾害概述

1. 自然灾害的概念

自然灾害是指危及人类生命财产与生存条件的事件或现象和过程。自然灾害是人类依赖的自然界中所发生的异常现象，它对人类社会所造成的危害往往是触目惊心的，是公共安全危机发生的诱因之一。它们之中既有地震、火山爆发、泥石流、海啸、台风、洪水等突发性灾害；也有地面沉降、土地沙漠化、干旱、海岸线变化等在较长时间中才能逐渐显现的渐变性灾害；还有臭氧层变化、水体污染、水土流失、酸雨等人类活动导致的环境灾害。这些自然灾害和环境破坏之间又有着复杂的相互联系。科学认识自然灾害的发生、发展以及尽可能减小它们所造成的危害，已是国际社会的一个共同课题。

2. 自然灾害的特征与分类

自然灾害具有潜在性和突发性，周期性和群发性，复杂性和多因性等特征。根据不同的视角，自然灾害可以有许多不同的分类方法。较为多见的分类是按时间、成因和现象进行的分类。

(1) 按灾害事件的延续时间可将自然灾害分为：爆发型、迁延型和过渡型。

(2) 按灾害发生的成因机制可将自然灾害分为：天文灾害、地球灾害和生物灾害。

(3) 按灾害发生的现象特征可将自然灾害分为：洪涝、干旱、地震、台风等。

(4) 根据灾害管理及减灾系统可将自然灾害分为七大类：气象灾害、海洋灾害、洪水灾害、地质灾害、地震灾害、农作物灾害、森林灾害。

我国通常将自然灾害划分为干旱、洪涝、地震、地质灾害、气象灾害、农业灾害和林业灾害七种类型，这是综合考虑了灾害的成因和其危害对象的一种分类。我国自然灾害种类繁多，防灾减灾要针对所在地常见、危害程度大的自然灾害类型进行重点的防范。

3. 自然灾害的影响

自然灾害特别是重大灾害不仅造成人员伤亡和直接经济损失，还会进一步导致生产和社会结构的破坏，引发民众的心理创伤，衍生出各类间接损失。自然灾害危害面广、破坏性大，其主要威胁表现在以下几个方面。

(1) 对人身的危害。一是直接危害：自然灾害特别是重大或突发性的灾害，可以造成人员大批伤亡。二是间接危害：疾病是自然灾害的主要衍生灾害；灾害对人的心理造成危害。

(2) 对城市的危害。对城市影响最大的自然灾害是地震、洪水、风暴潮等。另外龙卷风、滑坡、泥石流、地裂缝、塌陷、冰雪等对城市也构成严重的威胁。随着城市的发展，许多缓变自然灾害如地面沉降、海水入侵、水质污染、热岛效应、土地沙漠化等，也对城市显示出愈来愈大的危害。我国西北一些古代城市已经被沙漠吞没，现在一些城市也已"沙临城下"。

(3) 对工业和矿业的危害。地震、洪水、大风、风暴潮、滑坡、泥石流等高强度灾害对工矿企业的危害最大，可以使整个企业或其中一部分顷刻毁灭，造成巨大损失。

(4) 对农、林、牧、渔业的危害。农业主要受水、旱、雹、风、冻、雪、霜等气象灾害的危害。滑坡、泥石流、水土流失、土地盐碱化、土地沙化及地震，也经常对农业生产造成破坏。自然灾害对森林也有破坏作用，其中尤以森林火害与病虫鼠危害最大。另外，滑坡、泥石流、洪水、大风等自然灾害也能破坏森林。草原沙化、恶性杂草传播、干旱、雪灾、冻害则是牧区的主要威胁。由于连年干旱，水资源趋势性减少，致使许多河、湖干涸，妨碍了淡水渔业的发展。特别是水质污染，对渔业构成了灭绝性的灾害。海洋渔业受到赤潮的危害，危害程度不断加强。

(5) 对交通的危害。滑坡、泥石流、洪水、雪灾、风沙是对陆路交通最大的危害；台风、巨浪是海上交通的最大威胁，江河航运除了受到洪水和因干旱造成的河水浅枯的影响外，滑坡、泥石流也有很大威胁；恶劣的气象易引发航空事故。

(6) 对环境的危害。当人类的生存环境受到破坏时就会导致灾害；而灾害一旦发生，往往又进一步破坏人类生存的环境。

(7) 对心理和社会的影响大。自然灾害特别是突发性强的自然灾害，如大地震发生后，往往引起人们恐惧、慌乱、悲哀、绝望甚至心理疾病，加上灾害对经济的破坏，往往引起社会动荡不安。

据不完全统计，仅亚洲太平洋地区，最近800年来发生的约30次大地震就造成了近300万人死亡，超过1500亿美元直接经济损失。而20世纪下半叶以来，由于地震、海啸、火山喷发、洪水、台风、龙卷风、滑坡、泥石流和森林大火等重大的自然灾害，在世界范围内更是造成了300余万人死亡，近1000亿美元的直接损失。据经济之声《财经早报》报道，世界知名再保险公司德国慕尼黑再保险公司表示，2010年全球一共发生各类自然灾害950起，经济损失达到1300亿美元。我国是世界上自然灾害最严重的少数国家之一，我国的自然灾害种类多、分布地域广、发生频率高，平均每年因各种自然灾害导致3亿人次受灾，平均每年造成近2万人死亡，直接经济损失达2000多亿元，高达国家财政收入的1/4至1/6。

## 二、我国自然灾害管理体制

### 1. 我国减灾救灾管理体制

(1) 中央层面的管理体制。我国现阶段减灾救灾管理的基本领导体制是：党中央、国务院统一领导，部门分工负责，灾害分级管理，属地管理为主。在重大灾害管理过程中，党中央、国务院统揽全局、总体指挥，注重发挥人民解放军、武警官兵、公安干警、民兵预备役人员和专业救援队伍的重要作用，注重发挥人民团体、社会组织及志愿者的作用。我国政府的救灾工作方针为"政府主导、分级管理、社会互助、生产自救"，强调了政府在救灾工作中的主导地位。我国在中央层面设有国家减灾委员会、国家防汛抗旱总指挥部、国务院抗震救灾指挥部、国家森林防火指挥部、全国抗灾救灾综合协调办公室和国务院应急办公室6个机构。国家减灾委员会为国家自然灾害救助应急综合协调机构，由34个涉灾成员单位构成，下设专家委员会，是为国家灾害管理提供意见和建议的专家咨询机构，负责研究制定国家减灾工作的方针、政策和规划，协调开展重大减灾活动，指导地方开展减灾工作，推进减灾国际交流与合作，组织、协调全国抗灾救灾工作。国家减灾委员会办公室设在民政部。其各成员单位按各自的职责分工承担相应任务。国家防汛抗旱总指挥部负责指导、组织全国的防汛抗旱工作，有17个部委局和武警部队领导作为成员，办事机构设在水利部。国务院抗震救灾指挥部负责领导、指挥和协调地震灾害应急工作，共有28个部委及武警部队领导作为成员，办公室设在地震局。国家森林防火指挥部负责全国森林防火工作和重特大森林火灾扑救工作，有16个部委和武警部队领导作为成员，办公室设在国家林业局。全国抗灾救灾综合协调办公室设在民政部，负责抗灾救灾的组织协调工作。国务院应急办公室设在国务院办公厅。我国的灾害管理体系如图12-2所示。

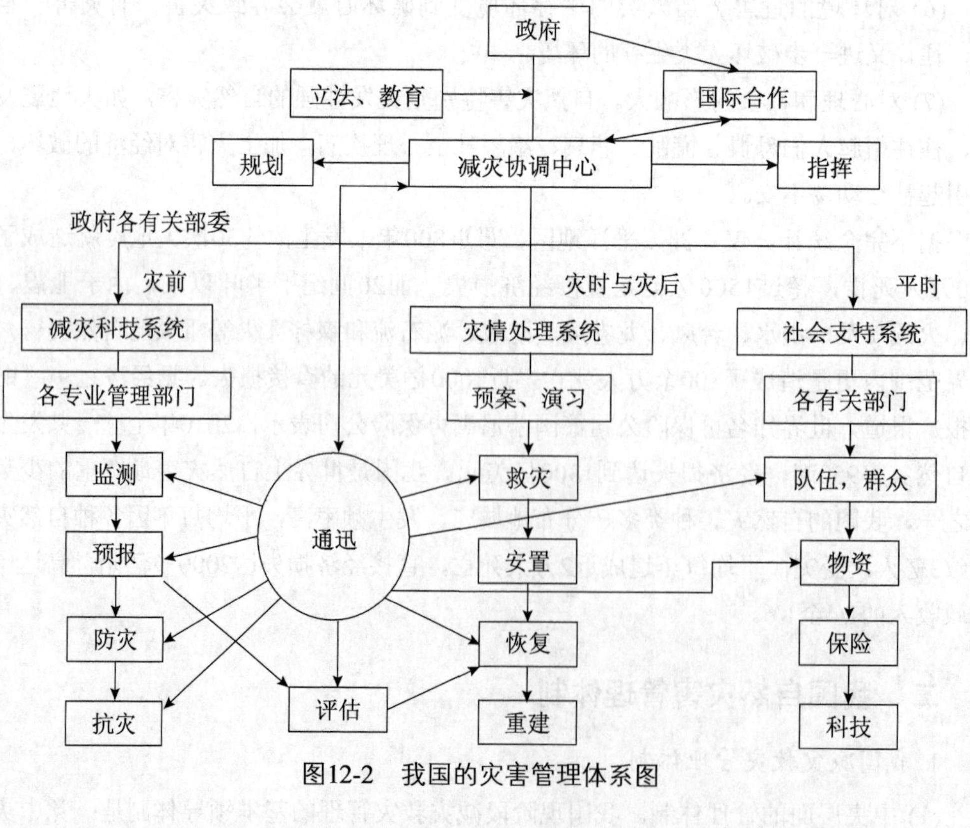


图12-2　我国的灾害管理体系图

(2) 地方层面的管理体制。我国地方各级政府都有特定的部门承担灾害管理工作，这些部门各司其职，密切配合，形成了灾害管理的工作网络，相关部门的人员、资金和物资为开展灾害管理工作提供了坚实的保障。某城市减灾组织机构如图12-3所示。

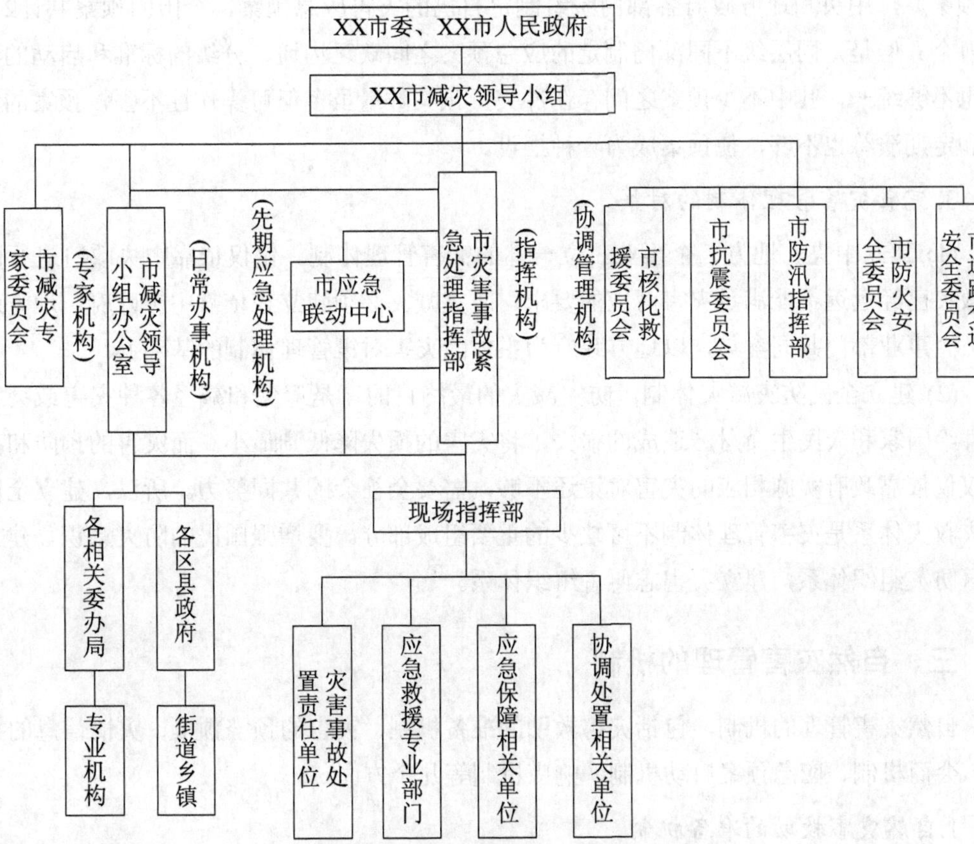


图12-3　某城市减灾组织机构图

### 2. 我国灾害管理体制存在的问题

目前我国在重大灾害管理体制上还存在许多问题，具体如下。

(1) 在国家层面没有一个统一的自然灾害协调机制。上述机构的成员单位有重叠和交叉的现象，这既带来协调难度大的问题，又会出现管理缺位的情况，同时客观上造成行政资源的浪费。在大灾来临时，原有的协调机制常常没有足够的力度进行协调，又需要成立新的更高级别抗灾指挥部作为临时协调机构。

(2) 各部门在灾害管理中的职责不够明确。当灾害发生成立临时协调机构时，会出现脱离部门的原有职能而赋予其新的救灾职能或任务的情况，造成工作脱节，影响工作成效。例如，建设厅的职能在地震前不涉及灾害管理，而四川汶川地震发生后，却被指派评估当地的受损房屋，造成技术力量的不足。此外，由于法律的缺失，政府和民间社会在灾害管理中的职责不十分明确，一些地方的减灾综合协调机制尚不健全，民间组织等社会力量参与减灾的机制还不够完善。

(3) 各部门间和各协调机制间的沟通不够顺畅。其结果是在灾害信息收集、灾情发布、灾害响应、救援队伍调动、救灾物资储备和调拨、救灾资金拨付、灾后恢复重建等各个环节都存在低效率、高成本的情况。

(4) 各部门、各层级制定救灾应急预案间的协调不够。依据《国家自然灾害救助应急预案》，中央和地方政府各部门纷纷制定自己的灾害应急预案，全国的预案共计240多万个。但是，同层级不同部门制定的应急预案之间缺乏沟通，分级的标准和启动的标准也不够统一，其中不少预案之间存在冲突，预案数量虽多但可操作性不强，预案的宣传和定期演练也不够，使预案成为一种摆设。

3. 完善灾害管理体制的对策

(1) 建立中央、地方、企事业三位一体的灾害管理体制。仅仅依靠中央政府进行防灾救灾已经远远不能满足灾害对应的要求，防灾减灾必须建立在依靠中央政府、地方政府、企事业部门共同参与，以地方政府为主体的灾害对策管理体制的基础上。

(2) 建立全民防灾减灾体制。防灾减灾的最终目的，是避免和减轻各种灾害或突发事件给国家和人民生命财产造成的损失，将灾害的损失降低到最小。而灾害的预防和减轻仅仅依靠政府实施相应的灾害对策还不够，需要全社会的共同努力。所以，建立全民防灾救灾体系是灾害管理体制不可缺少的重要组成部分。要增强国民的防灾意识，建立社区防灾组织体系，建立灾害志愿者组织体系。①

## 三、自然灾害管理的机制

自然灾害管理的机制，包括灾害救助的准备机制、灾害的预警预报、灾情信息的报告、会商机制、应急预案启动机制、响应机制等几个方面。

1.自然灾害救助的准备机制

(1) 资金准备。在灾害救助体制中，灾害保障方式包括灾害政府救济、灾害商业性保险、灾害社会援助与自我积累保障。我国实行应急救灾工作分级负责、救灾资金分级负担、以地方为主的原则。中央和地方各级财政都安排救灾资金预算。民政部组织协调发展改革委、财政部等部门，根据国家发展计划和《中华人民共和国预算法》规定，安排中央救灾资金预算，督促地方政府加大救灾资金投入力度。中央财政每年根据上年度实际支出安排特大自然灾害救济补助资金，专项用于帮助解决严重受灾地区群众的基本生活困难。中央和地方政府根据财力增长、物价变动、居民生活水平实际状况等因素逐步提高救灾资金补助标准，建立救灾资金自然增长机制。救灾预算资金不足时，中央和地方各级财政安排的预备费重点用于灾民生活救助。

(2) 救灾物资储备。国家在每年年初需购置救灾储备物资，救灾物资有多种如救灾帐篷、衣被、净水设备(药品)等。目前，我国救灾物资储备品种较为单一，在种类和数量上，现有的物资储备库尚无法应对大型自然灾害的需要。如在汶川大地震中最缺乏的是基本药品，而国家和当地物资储备库中却几乎没有。为此应建立救助物资生产厂家名

---

① 滕五晓. 试论防灾规划与灾害管理体制的建立[N]. 自然灾害学报，2004，3，(3).

录，必要时签订救灾物资紧急购销协议。救灾储备物资和储备库要实行分级、分类管理。灾情发生时，可调用邻省救灾储备物资。救灾物资根据需要实行应急采购、紧急调拨和运输制度。根据需要，科学选址，建立健全救灾物资储备库。我国已在天津、沈阳、哈尔滨、合肥、武汉、长沙、郑州、南宁、成都、西安等多个城市设立了中央救灾物资储备库，各省、自治区、直辖市及灾害多发地、县建立物资储备库、点，各级储备库储备必需的救灾物资。

(3) 通信和信息准备。通信运营部门要保障灾害信息的畅通。自然灾害救助信息网络是以公用通信网为基础而组建的灾害信息专用通信网络。要建设中央、地方灾害信息管理系统，覆盖省、地、县三级的救灾通信网络，确保中央和地方各级政府及时准确掌握重大自然灾害信息。国家应以减灾中心为依托，建立部门间灾害信息共享平台，提供信息交流服务，完善信息共享机制。要充分发挥各类环境与灾害监测预报卫星对地监测系统的作用，建立基于遥感和地理信息系统技术的灾害监测、预警、评估以及灾害应急辅助决策系统。目前，我国已经初步建成覆盖所有灾种的预警、预报体系。遥感监测系统、地理信息系统、全球定位系统及现代通讯系统等已经在灾害预警预报、灾害响应、灾情评估、灾后恢复重建等方面发挥越来越重要的作用。

(4) 救灾装备准备。中央各有关部门应配备救灾管理工作必需的设备和装备，民政部、省级民政部门及灾害频发市、县民政局也要配备救灾必需的设备和装备。

(5) 人力资源准备。人力资源准备的内容有民政灾害管理人员队伍建设，提高应对自然灾害的能力；建立健全专家队伍；组织民政、卫生、水利、气象、地震、海洋、国土资源等各方面专家，重点开展灾情会商、赴灾区的现场评估及灾害管理的业务咨询工作；建立健全与军队、公安、武警、消防、卫生等专业救援队伍的联动机制；培育、发展非政府组织和志愿者队伍，并充分发挥其作用。

(6) 社会动员准备。社会动员准备工作包括建立和完善社会捐助的动员机制、运行机制、监督管理机制；完善救灾捐赠工作应急方案，规范救灾捐赠的组织发动、款物接收、分配以及社会公示工作；健全经常性社会捐助接收网络，在已有的2.1万个社会捐助接收站、点的基础上，继续在大中城市和有条件的小城市建立社会捐助接收站、点；完善社会捐助表彰制度，为开展社会捐助活动创造良好的社会氛围；健全地区间对口支援机制。

(7) 宣传、培训和演习。开展社区减灾活动，利用各种媒体宣传灾害知识，宣传灾害应急法律法规和预防、避险、避灾、自救、互救、保险的常识，增强人民的防灾减灾意识。自2009年起，每年5月12日为我国“防灾减灾日”，其图标以彩虹、伞、人为基本构图元素。整个标识体现出积极向上的思想和保障人民群众生命财产安全之意。通过设立“防灾减灾日”，定期举办全国性的防灾减灾宣传教育活动，有利于唤起社会各界对防灾减灾工作的高度关注，增强全社会防灾减灾意识，普及推广全民防灾、减灾知识和避灾自救技能，提高各级综合减灾能力，最大限度地减轻自然灾害的损失。

组织各层级政府灾害管理人培训，开展各类专业紧急救援队伍、非政府组织和志愿者组织的培训。在灾害多发地区，组织演习，检验并提高应急准备、指挥和响应能力。

2. 自然灾害的预警预报、灾情信息的报告和会商机制

(1) 灾害预警预报。国家和地方根据有关部门提供的灾害预警预报信息，结合预警地区的自然条件、人口和社会经济背景数据库，进行分析评估，及时对可能受到自然灾害威胁的相关地区和人口数量作出灾情预警。根据灾情预警，做好应急准备或采取应急措施。各类灾害预警预报信息及时汇总到国家减灾委办公室、全国抗灾救灾综合协调办公室，并向成员单位和有关地方通报。

(2) 灾情信息报告机制。灾情信息报告内容有：灾害发生的时间、地点、背景；灾害造成的损失(包括人员受灾情况、人员伤亡数量、农作物受灾情况、房屋倒塌、损坏情况及造成的直接经济损失)；已采取的救灾措施和灾区的需求等。灾情信息报告时间可以分为几个阶段：即灾情初报、灾情续报和灾情核报。

(3) 灾情核定会商机制。这一机制有两种形式，一是部门会商核定，即各级民政部门协调农业、水利、国土资源、地震、气象、统计等部门进行综合分析、会商，核定灾情。二是民政等有关部门组织专家评估小组对灾情进行专家评估，核实灾情。

3. 自然灾害救助应急预案启动机制

当出现下列任何一种情况时，可启动国家自然灾害救助应急预案。

(1) 省(区、市)行政区域内，发生水旱灾害，台风、冰雹、雪、沙尘暴等气象灾害，山体崩塌、滑坡、泥石流等地质灾害，风暴潮、海啸等海洋灾害，森林草原火灾和重大生物灾害等自然灾害，一次灾害过程出现下列情况之一的：因灾死亡30人以上；因灾紧急转移安置群众10万人以上；因灾倒塌房屋1万间以上。

(2) 发生5级以上破坏性地震，造成20人以上人员死亡或紧急转移安置群众10万人以上或房屋倒塌和严重损坏1万间以上。

(3) 事故灾难、公共卫生事件、社会安全事件等其他突发公共事件造成大量人员伤亡、需要紧急转移安置或生活救助，视情况启动预案。

对救助能力特别薄弱的地区等特殊情况，上述标准可酌情降低。按照“条块结合，以块为主”的原则，灾害救助工作以地方政府为主。灾害发生后，乡级、县级、地级、省级人民政府和相关部门要根据灾情，按照分级管理、各司其职的原则，启动相关层级和相关部门应急预案，做好灾民紧急转移安置和生活安排工作，做好抗灾救灾工作，做好灾害监测、灾情调查、评估和报告工作，最大程度减少人民群众生命和财产损失。

4. 自然灾害救助应急响应机制

根据突发性自然灾害的危害程度等因素，国家设定四个自然灾害救助应急响应等级。

(1) Ⅰ级响应。当出现如下灾害损失情况时可启动Ⅰ级响应：①某一省(区、市)行政区域内，发生水旱灾害，台风、冰雹、雪、沙尘暴，山体崩塌、滑坡、泥石流，风暴潮、海啸，森林草原火灾和生物灾害等特别重大自然灾害。②事故灾难、公共卫生事

件、社会安全事件等其他突发公共事件造成大量人员伤亡、需要紧急转移安置或生活救助，视情况启动Ⅰ级响应。③对救助能力特别薄弱的地区等特殊情况，启动标准可酌情降低。④国务院决定的其他事项。减灾委接到灾情报告后第一时间向国务院提出启动一级响应的建议，由国务院决定进入Ⅰ级响应。由减灾委主任统一领导、组织抗灾救灾工作。民政部接到灾害发生信息后，2小时内向国务院和减灾委主任报告，之后及时续报有关情况。灾害发生后24小时内由财政部下拨中央救灾应急资金，协调铁路、交通、民航等部门紧急调运救灾物资；组织开展全国性救灾捐赠活动，统一接收、管理、分配国际救灾捐赠款物；协调落实党中央、国务院关于抗灾救灾的指示。灾情和救灾工作稳定后，由减灾委主任决定终止I级响应(如图12-4所示)。

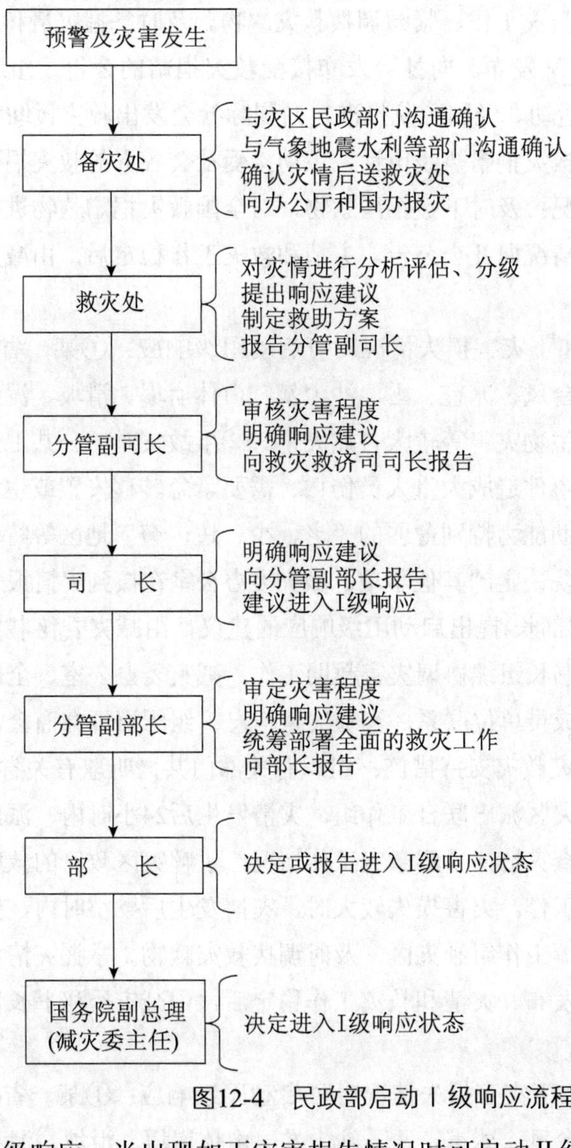


图12-4 民政部启动Ⅰ级响应流程图

(2) Ⅱ级响应。当出现如下灾害损失情况时可启动Ⅱ级响应：①某一省(区、市)行政区域内，发生水旱灾害，台风、冰雹、雪、沙尘暴，山体崩塌、滑坡、泥石流，风暴潮、海啸，森林草原火灾和生物灾害等重大自然灾害。②事故灾难、公共卫生事件、社会安全事件等其他突发公共事件造成大量人员伤亡、需要紧急转移安置或生活救助，视情况启动Ⅱ级响应。③对救助能力特别薄弱的地区等特殊情况，启动标准可酌情降低。④国务院决定的其他事项。减灾委秘书长(民政部副部长)在接到灾情报告后第一时间向减灾委副主任(民政部部长)提出启动Ⅱ级响应的建议，由减灾委副主任决定进入Ⅱ级响应。由减灾委副主任组织协调灾害救助工作。民政部成立救灾应急指挥部，实行联合办公，组成紧急救援(综合)组、灾害信息组、救灾捐赠组、宣传报道组和后勤保障组等抗灾救灾工作小组，统一组织开展抗灾救灾工作。灾情发生后24小时内，派出抗灾救灾联合工作组赶赴灾区慰问灾民，核查灾情，了解救灾工作情况，了解灾区政府的救助能力和灾区需求，指导地方开展救灾工作，紧急调拨救灾款物。及时掌握灾情和编报救灾工作动态信息，并在民政部网站发布。向社会发布接受救灾捐赠的公告，组织开展跨省(区、市)或全国性救灾捐赠活动。经国务院批准，向国际社会发出救灾援助呼吁。公布接受捐赠单位和账号，设立救灾捐赠热线电话，主动接受社会各界的救灾捐赠；每日向社会公布灾情和灾区需求情况；及时下拨捐赠款物，对全国救灾捐赠款物进行调剂；定期对救灾捐赠的接收和使用情况向社会公告。灾情和救灾工作稳定后，由减灾委副主任决定终止Ⅱ级响应。

(3) Ⅲ级响应。当出现如下灾害损失情况时可启动Ⅲ级响应：①某一省(区、市)行政区域内，发生水旱灾害，台风、冰雹、雪、沙尘暴，山体崩塌、滑坡、泥石流，风暴潮、海啸，森林草原火灾和生物灾害等较大自然灾害。②事故灾难、公共卫生事件、社会安全事件等其他突发公共事件造成大量人员伤亡、需要紧急转移安置或生活救助，视情况启动Ⅲ级响应。③对救助能力特别薄弱的“老、少、边、穷”地区等特殊情况，启动标准可酌情降低。④国务院决定的其他事项。减灾委办公室在接到灾情报告后第一时间向减灾委秘书长(民政部副部长)提出启动Ⅲ级响应的建议，由减灾委秘书长决定进入Ⅲ级响应。由减灾委员会秘书长组织协调灾害救助工作。减灾委办公室、全国抗灾救灾综合协调办公室及时与有关成员单位联系，沟通灾害信息；组织召开会商会，分析灾区形势，研究落实对灾区的抗灾救灾支持措施；组织有关部门共同听取有关省(区、市)的情况汇报；协调有关部门向灾区派出联合工作组。灾情发生后24小时内，派出民政部工作组赶赴灾区慰问灾民，核查灾情，了解救灾工作情况，了解灾区政府的救助能力和灾区需求，指导地方开展救灾工作。灾害损失较大时，灾情发生后48小时内，协调有关部门组成全国抗灾救灾综合协调工作组赴灾区，及时调拨救灾款物。掌握灾情和救灾工作动态信息，并在民政部网站发布。灾情和救灾工作稳定后，由减灾委秘书长决定终止Ⅲ级响应，报告减灾委副主任。

(4) Ⅳ级响应。当出现如下灾害损失情况时可启动Ⅳ级响应：①某一省(区、市)行政区域内，发生水旱灾害，台风、冰雹、雪、沙尘暴，山体崩塌、滑坡、泥石流，风暴潮、海啸，森林草原火灾和生物灾害等一般自然灾害。②事故灾难、公共卫生事件、社会安全事件等其他突发公共事件造成大量人员伤亡、需要紧急转移安置或生活救助，视情况启动Ⅳ级响应。③对救助能力特别薄弱的“老、少、边、穷”地区等特殊情况，启动标准可酌情降低。④国务院决定的其他事项。减灾委办公室在接到灾情报告后第一时间向减灾委秘书长(民政部副部长)提出启动Ⅳ级响应的建议，由减灾委秘书长决定进入Ⅳ级响应。由减灾委员会秘书长组织协调灾害救助工作。减灾委办公室、全国抗灾救灾综合协调办公室及时与有关成员单位联系，沟通灾害信息；组织召开会商会，分析灾区形势，研究落实对灾区的抗灾救灾支持措施；组织有关部门共同听取有关省(区、市)的情况汇报；协调有关部门向灾区派出联合工作组。灾情发生后24小时内，派出由民政部工作组赶赴灾区慰问灾民，核查灾情，了解救灾工作情况，了解灾区政府的救助能力和灾区需求，指导地方开展救灾工作。灾害损失较大时，灾情发生后48小时内，协调有关部门组成全国抗灾救灾综合协调工作组赴灾区，及时调拨救灾款物。掌握灾情和救灾工作的动态信息，并在民政部网站发布。灾情和救灾工作稳定后，由减灾委秘书长决定终止Ⅳ级响应，报告减灾委副主任。

5. 信息发布机制

(1) 信息发布的原则。坚持实事求是、及时准确的原则，要在第一时间向社会发布简要信息，并根据灾情发展情况做好后续信息发布工作。

(2) 信息发布的内容。主要包括受灾的基本情况、抗灾救灾的动态及成效等。

6. 灾后评估、救助和恢复重建机制

(1) 组织核查灾情。灾情稳定后，县级民政部门立即组织灾情核定，建立因灾倒塌房屋台账。省级民政部门在灾情稳定后10日内将全省因灾倒塌房屋等灾害损失情况报民政部。

(2) 开展灾情评估。重大灾害发生后，民政部会同省级民政部门，组织有关专家赴灾区开展灾情评估，全面核查灾情。

(3) 灾后救助。我国2010年9月1日正式实施《自然灾害救助条例》，用法律形式规范了中央救灾补助项目。中央救灾补助项目包括应急生活救助、倒塌农房重建补助、旱灾救助和冬春生活困难补助。①应急生活救助。对于因灾紧急转移安置的受灾群众，中央按照人均150元的标准帮助解决基本生活困难，对因台风灾害紧急避险转移安置的人员按人均70元的标准帮助解决基本生活困难。②倒塌农房重建补助。对于因灾房屋倒损的农户重建或维修住房，中央对地震灾害按照倒房户户均1万元、损房户户均900元的标准补助；对其他灾害倒房户按户均7000元的标准补助，损房户补助酌情考虑。③旱灾救助。对于因旱灾造成的农村居民口粮、饮水等困难，按照人均90元的标准给予补助，中央补助其中的1/3。④冬春生活困难补助。民政部会同省级民政部门，组织有关专家赴灾区开展灾民生活困难状况评估，核实情况，制定冬令(春荒)救济工作方案。根据各省、自治区、直辖市人民政府拨款的请示，结合灾情评估情况，由财政部下拨特大自然灾害救济补助费，专项用于帮助解决冬春灾民吃饭、穿衣等基本生活困难。县级民政部门每年调查冬令(春荒)灾民生活困难情况，建立需政府救济人口台账。

(4) 恢复重建。在灾害后的恢复重建工作中，要制定恢复重建方针、目标、政策、重建进度、资金支持、优惠政策和检查落实等工作方案。我国灾后恢复重建工作方针是"依靠群众，依靠集体，生产自救，互助互济，辅之以国家必要的救济和扶持"。灾后房屋规划和设计要因地制宜，合理布局，科学规划，充分考虑灾害因素。建房资金应通过政府救济、社会互助、邻里帮工帮料、以工代赈、自行借贷、政策优惠等多种途径解决。民政部会同财政部根据各省、自治区、直辖市人民政府拨款的请示，评估灾情，下拨特大自然灾害救济补助费，专项用于各地灾民倒房恢复重建，定期向社会通报各地救灾资金下拨进度和恢复重建进度，并向灾区派出督查组，检查、督导恢复重建工作。

## 四、灾害救助法规体系及防灾规划

### 1. 自然灾害救助相关法律法规体系

从上世纪90年代开始，我国开始逐步建立应对各种自然灾害的法律。防震、防洪抗旱、防震减灾、防沙治沙、气象、消防等方面基本上都做到了有法可依。我国关于防灾减灾的法律有水法、防沙治沙法、防洪法、气象法、防震减灾法、森林法、突发事件应对法等；行政法规有《破坏性地震应急条例》《防汛条例》《蓄滞洪区运用补偿暂行办法》《森林防火条例》《草原防火条例》《地质灾害防治条例》《自然灾害救助条例》等，共计30余部。

我国在灾害救助方面法律体系尚不完善，汶川地震后我国出现了过渡性安置、灾后管理、救灾资金和物资的监管等许多问题，这些问题在法律规定上尚存空白，处理巨灾缺乏法律依据。立法上的缺失导致司法的无序和低效，地震局、气象部门、民政部门等各个部门从单一角度认识应对自然灾害，以部门为界划分救助灾情。对此，学者呼吁尽快制定《灾害对策基本法》、《自然灾害救助法》、《灾害补偿法》、《灾难保险法》，并在此基础上针对不同类型灾害和灾害的不同阶段，制定更加详细的灾害预防、应急和灾后重建的法律法规。

### 2. 灾害救助标准体系

灾害救助标准体系的建立是救灾资金实现规范化管理的重要标志，灾害救助标准是救灾资金拨付制度的一项核心内容。目前，发达国家以及一些发展中国家已经制定了系统的国家灾害救助标准，如印度的国家灾害应急救助基金的救助标准，明确了29个补助项目和补助额度，每5年修订一次。我国2011年正式发布和实施《自然灾害管理基本术语》和《社会捐助款物管理和使用规范》两项减灾救灾推荐性国家标准。另外民政部还发布了《救灾帐篷》、《救灾被服》和《救灾装具》等十六项行业标准。这些标准规范了自然灾害管理用语、自然灾害救助、社会捐助款物的管理和使用。为使受灾群众基本生活得到更好的保障，我国灾害救助标准还应进一步细化和完善。

虽然我国已逐步增加了灾害救助项目、提高了灾害救助标准，但鉴于我国农村居民社会保障体系不健全，特别是贫困人群的风险抵御能力普遍薄弱的情况，农村灾害救助要适当降低接受救助的资格条件，将低收入家庭纳入救助范围，给予预防性救助，避免他们陷入赤贫。

3. 减灾规划与灾害救助预案

我国已颁布实施了《中华人民共和国减灾规划》、《国家综合减灾十一五规划》等减灾的专项规划，建立了政府统一领导、部门分工负责、灾害分级管理、属地管理为主的减灾救灾领导体制和工作机制。我国突发公共事件总体应急预案包括25个专项和80个部门预案，大部分省级应急预案编制也已基本完成。据民政部统计，全国所有省、直辖市、自治区和地市，98%的县、89.8%的乡镇(街道)、55.4%的行政村(社区)制定了自然灾害救助应急预案。由国家减灾委员会统一组织、领导，涉灾部门各负其责，上下联动、左右互动、军地合作、良性运转、专家积极参与的自然灾害应急救助机制基本形成。但是，我国减灾规划与灾害救助预案工作还不完善，如我国防灾规划的体系仍不健全，我国灾害应急预案缺乏针对性和可操作性，不同类型灾害应急预案大同小异，只有原则性的规定，缺乏具体有针对性的操作措施。

## 复习思考题

1. 什么是公共安全危机？
2. 什么是公共安全危机管理？
3. 什么是公共危机应急预案？
4. 试述突发公共事件的处理机制。
5. 社会组织为什么要参与公共安全危机管理？
6. 非政府组织是怎样参与公共安全危机管理的？
7. 什么是自然灾害？
8. 试述我国灾害救助体系内容。

## 扩展阅读

### 美国食品安全监管中的信息公开制度①

中美在食品安全问题上有着共同的经历。近年来，这两个国家相继暴发过食品安全危机，使公众和负责保护公众卫生的监管机构非常担忧。在过去的三个月中，针对遭到曝光的多种受污染食品，中国各监管机构和执法部门严厉打击了实施这些危险行为的个人和企业。

若干年前，类似的危险情况在美国的食品行业中也非常普遍。上世纪初，厄普顿·辛克莱等一批记者揭露了芝加哥肉制品产业中隐藏的秘密。辛克莱揭露的多种情况包括：将鲜猪肉储存在有老鼠出没的房间和垃圾桶中；重新出售在欧洲禁止出售的香

① 资料来源：美国食品安全监管中的信息公开制度. 凤凰网重庆站，http://cq.ifeng.com/zhongqingxinwen/detail_2011_10/05/89626_0.shtml，2011-9-22.

肠；用化学品将火腿片变成褐色，冒充“烟熏火腿”，出售给毫无戒备之心的各家各户。政府调查部门证实了辛克莱以及其他记者、调查员和研究者的公开报道。

这些内幕被披露之后，公众大声疾呼，打破了相关政治阻碍，使新的食品药品法规得以通过，解决了上述危机。

美国的食品安全监管和执行通常依靠检查，以及其他更严厉的手段，例如刑事诉讼和查封。但即使拥有这些强制手段，美国的食品安全监管部门，例如食品和药品管理局(下称FDA)也意识到无法实现食品安全。检查人员和公诉人的数量远少于数量众多的食品生产商、供应商、分销商和零售商。每年，FDA抽检全美25%的食品设备，而进口食品的抽查率不到1%。食品和药品案件年均审判300～400起，远少于平时能够发现的违规数量。

美国式方法是发动食品安全相关各方的力量，提高各方发现问题、制定解决方案并加以实施的能力。食品安全体系中关键的利害关系方有：①社会成员，包括消费者和消费者团体，其中有很多为独立的非营利性组织、学者、律师和新闻媒体；②食品生产行业；③政府。

遇到食品安全问题时，我们不能指望消费者个人具备专业能力，能够对所有问题进行分析，为复杂的社会政策和监管流程作出有意义的贡献。但消费者团体是有组织的，这种独立的非营利性组织能够发挥出集体力量和政治影响，以确保相关部门在政治和决策过程中能够听到普通消费者的呼声。没有消费者群体的参与，法律可能就无法体现普通民众的需求。

在这个问题上，无论是哪一边的利害关系人，他们只有在公开、广泛地掌握食品安全事故和各种问题的信息时，才能发挥作用。在美国的食品安全体系中，有一些核心的法律规范支撑着这一程序。

首先是政府信息公开。FDA掌握着数百万份关于食品和药品安全的文件，包括对公司的检查结果，以及食品安全操作与管理程序手册。1971年以前，FDA只是将10%的记录公之于众。但是就在那年，该机构实施了一项新规定，使90%的文件得以公开。今天，任何人都可以在其网站上找到FDA的原始检查报告。联邦和地方政府对零售商和饭店进行检查，这些部门也会将原始的数据放到网站上。

当时，许多官员反对变更这一规定。他们担心一旦信息披露，会有助于企业规避法律，或者使公众对该机构的监管效力失去信心。

例如，有些内部准则建议检查员可以在什么情况下宣布违法，一些官员担心内部准则的披露会让食品行业更容易找到监管的漏洞。还有些官员认为准则的披露会使公众认为政府容忍了一些不卫生的食品，从而认为政府监管不力。

事实上，回首这40年的发展，信息公开在很大程度上改善了FDA的工作。例如，公布检查报告，可以让消费者明智地选择在哪里吃，吃什么。食品生产行业也能从报告中了解到如何适用标准，以便更好地使其行为符合法律的预期。其他学界专家能够分析数据，更好地理解食品供应的问题可能出在哪里，并就解决方案提出建议。信息披露能够帮助社会公众增强，而不是削弱对FDA的信心。

其次，风险交流。在危机中，公共卫生部门如何与公众有效地就风险进行沟通？这是如今美国食品安全机构面临的最大挑战之一。例如，食源性疾病暴发期间，科学数据通常并不完整，事态在不断变化，决策者面临着多种未知因素。

FDA秉承的主要原则是，一旦暴发食品安全问题，考虑决定何时何地同公众就风险进行沟通时，主要目标是必须保护公众的健康，而非保护食品行业。这是该机构与公众之间信任的基础。只有建立在公众和监管部门互相信任的基础上，公众才会采取该机构要求的行动。没有信任，公众就不会听信该机构的说法，比如危机已经结束，或者食品实现安全供应。

在过去的几年中，公众对FDA处理各种国内安全危机有所不满。例如，2008年美国沙门氏菌突然爆发，这种病菌能够通过食物进行传播，并导致死亡。基于对病菌爆发的数据分析，FDA建议消费者避免食用西红柿。当时，美国16个州共有145起发病案例，都与共同的食品来源相关。因此，美国家庭在6周内大幅减少西红柿的消费，给这一产业带来了巨大损失。但是，随着调查的继续，进一步的科学数据表明事实上西红柿并非主要的污染源。

在这件事情上，FDA也受到了不同的批评声音。有些人认为该机构的信息发布太慢；而种植者也感到不满，认为该机构不应这么快就断定他们的产品有问题。即使到今天，有关这一问题还在继续争论中。但要想实现原则上的平衡，唯一的办法就是该机构预先透明公开如何应对危机，在危机中直接表明已知情况和未知情况，继续完善科学方法，以精确确定污染源。

第三，公开的立法和规则的制定流程。事实上，在过去几年中，由于对食品安全危机的公开报道，以及风险交流的困难使得立法部门和食品生产行业都意识到必须改善食品安全监管体制。

刚刚通过的《食品安全现代化法案》中的主要部分有：为供应链中的不同环节，比如生产、分销和产品的销售环节制定新的安全标准。建立食品检测实验室，为食品追踪系统建立新的标准，后者从农场一直追踪到零售商店。FDA还拥有更大的权力，阻止疑似不安全的食品流入市场，并且现在能够发布强制性召回。

新法是消费者团体、食品行业中的大小生产商、分销商以及零售商辩论和妥协的产物。立法者在制定草案时召开了多次公开听证会。有一次，消费者团体和食品行业团体联合起来，共同成立一个非营利性的组织，强烈要求政府给予FDA更多的经费。

第四，可以并便于进行诉讼。政府的执行能力受到时间、资源和人力上的限制。民事诉讼是保障食品和药品规则的执行，受害人能够获得赔偿的另一个手段。在侵权诉讼中，违规的食品生产商要承担赔偿，这能够刺激企业采取安全的防范措施。面临被起诉的威胁，以及名誉可能会遭受潜在损害，这些能够激励生产商建立并完善质量控制体系。同时这也会刺激建立与法律责任和召回相关的大范围保险体系。

但是，个人消费者通常没有足够的时间和能力去跟一个庞大的食品公司打官司。因此，美国法律制定了一些机制，例如基于意外事故的费用协议，以及集团诉讼，以降低受害一方的诉讼成本。民事诉讼也提供了信息披露的平台：原被告能够根据法律出示文件和证人，与对方进行交换。通过这一流程，事实得以公开，并教育了当事人双方和公众食品的潜在问题。

媒体曝光所带来的关注度，透明的立法与监管流程，以及侵权诉讼体系能够创建良好的环境，鼓励食品企业采取预防措施，以保护其形象和声誉。不良食品最终会损害企业的利益。那些无视所有上述机制，违反法律的企业是严格执法的重点。

尽管拥有了这些机制，今天美国的食品安全体系仍还处在发展进步阶段。在过去的十年中，食品供应链的全球化以及进口食品的增长，已经改变了食品行业的收获、加工和销售方式。与此同时，美国人的饮食习惯也有所改变，例如对海鲜和四季时令产品的需求增加。在中国以及世界各地，食品生产和消费方式正在发生变化。对于任何国家而言，要想成功应对这些挑战，不仅需要执行部门的关注和参与，还需要社会各界的参与。

# 参考文献

[1] 毕天云. 试论慈善组织的福利供给[J]. 云南民族大学学报：哲学社会科学版，2009(6)：49-53.

[2] 曹先强，贾玉良，等. 市政公用事业改革与监管研究[M]. 北京：中国财政经济出版社，2009：111.

[3] 丛春霞，刘晓梅. 社会保障概论[M]. 大连：东北财经大学出版社，2008：42-45.

[4] 崔运武. 公共事业管理概论[M]. 北京：高等教育出版社，2006：264.

[5] 陈振明. 公共管理学——一种不同于传统行政学的研究途径[M]. 北京：中国人民大学出版社，2003：98-102.

[6] 陈潭. 公共管理案例分析[M]. 北京：社会科学文献出版社，2009：347-348.

[7] 冯云廷. 公共服务产业的性质及其组织意蕴[J]. 山东财政学院学报，2004(4)：22-25.

[8] 国家"十一五"科学技术发展规划[R]. 北京：教育科学出版社，2006，15：27.

[9] 中华人民共和国教育部. 国家教育事业发展第十二个五年规划[R]. 北京：教育科学出版社，2012，8：32.

[10] 霍奇逊. 现代制度主义经济学宣言[M]. 北京：北京大学出版社，1993：238.

[11] 胡惠林. 文化政策学[M]. 太原：书海出版社，2006.

[12] 胡爱本. 体育管理学导论[M]. 北京：高等教育出版社，2004.

[13] 郭士征. 社会保障学[M]. 上海：上海财经大学出版社，2009：53，181，270.

[14] 郭岩，陈育德. 卫生事业管理[M]. 北京：北京医科大学出版社，2003.

[15] 刘卫东，彭俊编. 土地资源管理学[M]. 上海：复旦大学出版社，2005：120.

[16] 刘小兵. 政府管理制的经济分析[M]. 上海：上海财经大学出版社，2004.

[17] 陆克华，张小宏. 房地产基本制度与政策[M]. 北京：中国建筑工业出版社，2005.

[18] 吕凤太. 社会中介组织研究[M]. 上海：学林出版社，1998.

[19] 李昆明，王缅. 大国策——通向大国之路的中国文化发展战略[M]. 北京：人民日报出版社，2009：103-139，343-344.

[20] 李凌. 建设用地管理[M]. 北京：化学工业出版社，2008.

[21] 娄成武，郑文范，司晓悦. 公共事业管理学[M]. 北京：高等教育出版社，2008.

[22] 梁万年. 卫生事业管理学[M]. 北京：人民卫生出版社，2007.

[23] 孟醒. 统筹城乡社会保障[M]. 北京：经济科学出版社，2005：6.

[24] 迈克尔・麦金尼斯. 多中心体制与地方公共经济[M]. 上海：上海三联书店，2000：50，98-104.

[25] 宁骚. 试论公共决策的现代化，现代化进程中的政治与行政[M]. 下册. 北京：北京大学出版社，1997.

[26] 孙光德，董克用. 社会保障概论[M]. 北京：中国人民大学出版社，2008：75-88.

[27] 孙萍. 文化管理学[M]. 北京：中国人民大学出版社，2005：51-63，79-80，84，246-247.

[28] 魏志春. 公共事业管理[M]. 上海：上海教育出版社，2004：176，181-190.

[29] 王雅莉. 城市经济学[M]. 北京：首都经济贸易大学出版社，2008：295-296.

[30] 徐中振. 上海社区发展报告[M]. 上海：上海大学出版社，2000.

[31] 夏军，左其亭，邵民诚. 博斯腾湖水资源可持续利用——理论・方法・实践[M]. 北京：科学出版社，2003：1-4.

[32] O. 施本格勒. 西方的没落[M]. 齐世荣，译. 北京：商务印书馆，1963.

[33] 席恒. 公与私：公共事业运行机制研究[M]. 北京：商务印书馆，2003.

[34] 肖特尔，卡罗兹尼. 卫生管理学[M]. 王健，译. 长春：吉林大学出版社，2003.

[35] 杨继瑞. 房地产新政——现状、展望与思考[M]. 成都：西南财经大学出版社，2005.

[36] 张宏明. 中国城市房地产管理[M]. 上海：上海社会科学院出版社，2006.

[37] 朱亚鹏. 住房制度改革政策创新与公平[M]. 广州：中山大学出版社，2007.

[38] 张举玺. 中俄教育管理体制比较[M]. 开封：河南大学出版社，2007：122.

[39] 赵钢，雷厉. 体育场馆经营管理概论[M]. 北京：北京体育大学出版社，2007.

[40] 张举玺. 中俄教育管理体制比较[M]. 开封：河南大学出版社，2007：122.

[41] 张拓红. 社会医学[M]. 北京：北京医科大学出版社，2002.

[42] 卢晓中. 高等教育：概念的发展及认识[J]. 高教探索，2001(3)：15-18，31.

[43] 张晓明，胡惠林，章建刚. 2005年：中国文化产业发展报告[M]. 北京：社会科学文献出版社，2005：21-36.

[44] 卢晓中. 高等教育：概念的发展及认识[J]. 高教探索，2001，(3)：60-63.

[45] 曹丽. 民国初期社会教育管理制度的确立及启示[J]. 科教文汇：上旬刊，2008(11)：57-61.

[46] 丁倩，吕世辰，王俊君. 新市民社会教育管理[J]. 山西高等学校社会科学学报，2010，22(3)：37-40.

[47] 车如山. 社会教育刍议[J]. 固原师专学报：社会科学版，2000，21(2)：98-100.

[48] 程萍. 我国科技政策存在的八大问题[J/OL]. 学习时报，2009：12，28.

[49] 陈庆云. 公共管理理论研究：概念、视角与模式[J]. 中国行政管理，2005(3)：15-18.

[50] 胡赛德. 浅谈社区文化建设[J]. 福州党校学报，2001(2)：53-54.

[51] 侯文蕙. 20世纪90年代的美国环境保护主义和环境保护主义运动[J]. 自然之友通讯，2001(2)：11-19.

[52] 贺善侃. 论现代科技的社会化[J]. 科学与科学技术管理，2008(6)：20-27.

[53] 黄俊，蒋乐，周俊，朱长青. 城市道路交通规划设计规范(GB50220-95) [J]. 交通标准化，1995，8(243)：18-20.

[54] 姜永生. 市场经济条件下的文化行政管理[J]. 内蒙古宣传，2000(11)：45.

[55] 李江帆. 文化产业 ：范围、前景与互动效应[J]. 经济理论与经济管理，2003(4)：26-30.

[56] 李水金，王琼. 公共事业管理的概念内涵及其与行政管理、公共管理的关系辨析[J]. 湖北师范学院学报：哲学社会科学版，2009(6)：72-75.

[57] 凌金铸. 论文化行政转型[N]. 安徽大学学报：哲学社会科学版，2007-31(4)：126-131.

[58] 刘梅英，田雨普. 体育强国背景下我国群众体育事业发展的困境和突破[J]. 南京体育学院学报：社会科学版，2009，23(3)：27-30.

[59] 李丽，张林. 体育公共服务：体育事业发展对公共财政保障的需求[J]. 体育科学，2010，30(6)：53-80.

[60] 林家彬. 环境NGO在推进可持续发展中的作用——对日本环境NGO的案例分析[J]. 中国人口、资源与环境，2002(2).

[61] 楼慧心. 慈善活动及其社会利益调节功能[J]. 伦理学研究，2009，(4)： 40-45.

[62] 毛寿龙. 坐而论道、为公立学：制度分析与公共政策分析[J]. 甘肃行政学院学报，2005，(4)：66-68.

[63] 马陆亭. 我国高等教育管理体制改革30年[J]. 中国高教研究，2008，(11)：12-17.

[64] 孙娜. 论我国社区文化管理的发展[N]. 魅力中国，2010(3).

[65] 宋国明. 法国国土资源管理与产业管理的方式[J]. 国土资源情报，2004，(2)：35-39.

[66] 宋悦华，谢敬宇. 非政府组织在危机管理中的作用探析[J]. 实事求是，2010 (5)：50-52.

[67] 苏剑，杜丽群. 香港城市交通管理模式及其对内地城市的启示[J]. 重庆理工大学学报：社科版，2010，24(8)：39-45.

[68] 帅学明. 我国公共组织的性质与功能论析[J]. 学术探索，2003，(4)：40-43.

[69] 滕五晓. 试论防灾规划与灾害管理体制的建立[N]. 自然灾害学报，2004-03(3).

[70] 温朝霞. 文化产业与文化事业之辨与辩[J]. 广州社会主义学院学报，2004，(1)：47-49.

[71] 吴开松. 危机管理中的社会动员研究[J]. 兰州学刊，2009(1)：152-155.

[72] 徐伟宏. 非政府组织参与突发事件管理的研究[D]. 上海：上海交通大学，2008(34).

[73] 夏军，左其亭. 国际水文科学研究的新进展[J]. 地球科学进展，2006，21(3)：256-261.

[74] 肖林鹏. 论我国公共体育服务供给的基本问题[J]. 体育文化导刊，2008(1)：10-12.

[75] 杨继瑞. 和谐社会廉租房制度重构的思考与对策[J]. 高校理论战线，2007(5)：24-29.

[76] 佚名. 何谓国家创新体系[J]. 兵团党校学报，1999(3)：18-20.

[77] 王炜. 走近廉租房：988万低收入家庭如何解决住房难[N]. 人民日报，2007-5-10.

[78] 王名，佟磊. NGO在环保领域内的发展及作用[J]. 环境保护，2003(5)：35-38.

[79] 王珍燕. 科技政策的发展史[J]. 高科技与产业化，2007，(11)：83-85.

[80] 王冠. 政府和NGO在突发公共危机事件管理中的角色定位[J]. 经济研究导刊，2011，(6)：211-212.

[81] 王保树，邱本. 经济法与社会公共性论纲[J]. 西北政法学院学报，2000，(3)：62-74.

[82] 尹贻林，卢晶. 我国公共投资范围研究[J]. 上海经济研究，2007，(10)：11-21.

[83] 于美娜. 论我国体育赛事门票定价的影响因素和策略[D]. 上海：上海师范大学，2007：1-33.

[84] 王炜. 走近廉租房：988万低收入家庭如何解决住房难[N]. 人民日报，2007-05-10(3).

[85] 周义程. 公共利益、公共事务和公共事业的概念界说[J]. 南京社会科学，2007，(1)：77-82.

[86] 赵亚辉. 我国科技人力资源总量世界第一——企业成科技投入主体[N]. 人民日报，2009-9-18：50.

[87] 朱记军，杨易. 浅议我国廉租房制度[J]. 中南财经政法大学研究生学报，2007，(1)：22-26.

[88] 张青. 公共危机管理中政府与社会良性互动的研究[D]. 上海：上海交通大学，2007：1-39.

[89] 张勤，钱洁. 促进公共组织参与公共危机治理的路径探析[J]. 中国行政管理，2010，(6)：88-92.

[90] 张明国. 回眸中国共产党早期的科技政策[N]. 人民日报，2001-07-09.

[91] 教育部. 国家中长期教育改革和发展规划纲要[Z]. 2010-02-23.

[92] 中华人民共和国科学技术部. 国家“十一五”科学技术发展规划[Z]. 2006-10-31.

[93] 全国人大常委会. 中华人民共和国科学技术进步法[Z]. 1993-07-02.

[94] 全国人大常委会.中华人民共和国主席令第八十二号[Z].2007-12-29.

[95] 吴睿鸫. 廉租房为何受地方政府普遍冷落[EB/OL]. http：//news.sina.com.cn/c/pl/2007-02-09/001412267430.shtml，2014-06-04.

[96] 国家中长期教育改革和发展规划纲要(2010－2020年)，http：//www.gov.cn/jrzg/2010-07/29/content_1667143.htm，2010.7.29.

[97] 马陆亭. 我国高等教育管理体制改革30年，http：//dept2.xgu.cn/fgc/show.asp?id=59，2010.7.8.

[98] 圣才学习网：我国社会教育研究的回顾与展望，http：//www.1000jy.com/HP/20100326/DetailD887546.shtml.

[99] 佚名. 我国文化体制改革历程的回顾与启示，中国网，http：//www.china.com.cn/zhuanti2005/txt/2005-02/23/content_5793495.htm，2005.2.23.

[100] 佚名. 新修订的义务教育法呈现六大亮点，新华网，http：//news.xinhuanet.com/newscenter/2006-06/30/content_4768815.htm.

[101] 中华人民共和国住房和城乡建设部.全国近千万户居民需要廉租房[EB/OL].http：//www.cin.gov.cn.